O BRASIL NA HISTÓRIA

DETURPAÇÃO DAS TRADIÇÕES
DEGRADAÇÃO POLÍTICA

MANOEL BOMFIM

O BRASIL NA HISTÓRIA

DETURPAÇÃO DAS TRADIÇÕES
DEGRADAÇÃO POLÍTICA

2ª edição

Prefácio
Ronaldo Conde Aguiar

Copyright © Topbooks, 2013
1ª edição: 1930

EDITOR
José Mario Pereira

EDITORA PUC MINAS

EDITORA ASSISTENTE
Christine Ajuz

DIRETOR
Patrus Ananias de Sousa

REVISÃO
Clara Diament
Rosy Lamas

COORDENAÇÃO EDITORIAL
Cláudia Teles de Menezes Teixeira

CAPA
Adriana Moreno

CIP-BRASIL. CATALOGAÇÃO-NA-FONTE
SINDICATO NACIONAL DOS EDITORES DE LIVROS. RJ

B683b
 2. ed.

 Bomfim, Manoel, 1868-1932
 O Brasil na história: deturpação das tradições degradação
política / Manoel Bomfim; prefácio Ronaldo Conde Aguiar. – 2. ed.
– Rio de Janeiro: Topbooks; Belo Horizonte, MG: Puc-Minas, 2013.

 486 p.; 23 cm.

 ISBN 978-85-7475-221-1

 1. Brasil – História. 2. Brasil – Política e governo I. Título.

13-03306

CDD: 98
1CDU: 94 (81)

TODOS OS DIREITOS RESERVADOS POR
Topbooks Editora e Distribuidora de Livros Ltda.
Rua Visconde de Inhaúma, 58 / gr. 203 – Centro
Rio de Janeiro – CEP: 20091-007
Telefax: (21) 2233-8717 e 2233-8718
E-mail: topbooks@topbooks.com.br
Visite o site da editora para mais informações
www.topbooks.com.br

EDITORA PUC MINAS
Rua Dom Lúcio Antunes,180 – Coração Eucarístico
Belo Horizonte – CEP: 30535-630 – MG
Fone: (31) 3319-9904 / Fax: (31) 3319-990
editora@pucminas.com.br / www.pucminas.br/editora

Aos heróis e mártires de
6 de março de 1817
Homenagem brasileira e livre

SUMÁRIO

Prefácio à segunda edição — *Ronaldo Conde Aguiar* 15
Prefácio 27
Orientação 29

Parte 1ª
DETURPAÇÃO DAS TRADIÇÕES

Capítulo I
A história pelos grandes povos

1. Função da história e da tradição 55
2. Como e por que se deturpa a história 57
3. Egocentrismo da história 59
4. Efeitos gerais da deturpação histórica 61
5. Valores esquecidos — para serem sonegados 63
6. O subjetivismo das tradições: os grandes povos 66

Capítulo II
Deturpações e insuficiências da história do Brasil

7. O critério francês 71
8. Carapetões e dislates 75
9. A sociologia francesa 78

10. Causas de deturpação na história do Brasil 81
11. O fatal influxo do bragantismo 84
12. O Brasil modelou a América 86
13. O indefectível defensor do continente 89
14. ...omissões, calúnias, elogios,... sempre deturpação 96
15. Difamação dos paulistas 102
16. Onde estão os nefários 107

Capítulo III
Os que fizeram a história do Brasil

17. Histórias para o trono... 115
18. Some-se a história de Frei Vicente 117
19. Coriáceos, nulos, opacos e indigestos... 123
20. O da história geral do Brasil 125
21. Os sub-Varnhagen 128
22. História pela República 133

Capítulo IV
Atentados contra a tradição brasileira

23. A unidade — atribuída ao Bragança 139
24. Como se congregou o Brasil 146
25. A solidariedade pela defesa 150
26. O esforço para dissociar o Brasil 152
27. Os verdadeiros embaraços à unidade do Brasil 154
28. A centralização asfixiante 158
29. A unidade era união patriótica 163

Capítulo V
O patriotismo brasileiro

30. O patriotismo — egoísmo socializante 165
31. Nacionalismo — necessidade para o patriotismo 167

32. A tradição antiportuguesa 172
33. Oposição de motivos — interesses em luta 175
34. Ódio por ódio... 177
35. Despeito de interesses ameaçados... 182
36. O necessário antagonismo 184
37. Nacionalismo nas letras 186
38. Uma voz de rancor... hereditário 188
39. O achincalhe dos nossos grandes líricos 193

Capítulo VI
O caráter do brasileiro

40. Pacífico e dúctil... 199
41. A tranquila bondade 202
42. Ordeiro. As revoltas da colônia 208
43. Nem caudilhos, nem pronunciamentos... 213
44. Ordem... estabilidade, estagnação... 217
45. As desordens de conservação 222
46. Liberdade, mutações, progresso... 225
47. A tradição republicana 228
48. Por que a monarquia... 234
49. O presente do inglês... 239

Parte 2ª
TRAUMA E INFECÇÃO

Capítulo VII
A degeneração da atividade portuguesa

50. O Brasil de 1650 248
51. O processo da degeneração 252
52. A higiene do imperialismo inglês 255
53. O mercantilismo heroico 257

54. Do heroísmo ao comércio d'el-rei 259
55. O destino do ricaço... 264

Capítulo VIII
Degradação da atividade portuguesa

56. A alma do mercador, apenas mercador e curto mercador ... 269
57. Pobre Portugal! 272
58. Os resíduos 278
59. A degeneração no trono 279
60. A degradação dos Braganças 282
61. Coração de degenerados 288
62. Decadência de pensamento 291
63. O caráter... degradação até a covardia... 296

Capítulo IX
Sob a metrópole degradada

64. Os veios da degeneração 302
65. Os Castro de Morais... 304
66. Os tentáculos urticantes 306
67. Contato e domínio de mascates 308
68. Corrupção, injustiça, roubo, estiolamento... 311
69. Além de extorsão e opressão, estupidez e ignorância... . 319
70. ...e John Bull... 322
71. Pombal e as Companhias de Comércio 323
72. ...até nas letras 328
73. No Sul... 330
74. O desastre da "Colônia"... 333
75. São Pedro do Rio Grande... 337

Capítulo X
Abatido e dominado...

76. Triunfo sem vitória 342
77. Nas mãos de mascates 344
78. Felices, gamas, bacalhaus... 349
79. Façanhas de emboabas 351
80. Do mato da traição ao ouro de Viana 356
81. O estupor do choque 360
82. 6 de Março de 1817.. 363
83. Um cortejo de heróis 367
84. Sobre sangue generoso, lama bragantina... 375
85. Para Amaro Coutinho, Bernardo Teixeira... 379

Capítulo XI
A definitiva contaminação

86. Reações dissolventes e desorganizadoras........................ 384
87. Finanças de degradados e economia de parasitas............ 387
88. Os centros de mercância e de governança...................... 394
89. Os juízes se vendem; as autoridades prevaricam... 396
90. A purulência.. 399
91. Um consenso unânime.. 404
92. O Brasil soberano — sob o trono fugido... 408
93. Um povo de bravos, para um governo de infames.......... 411
94. E foi isto o que veio fazer o Estado do Brasil... 416

Capítulo XII
Transmissão de domínio

95. A montureira permanece 420
96. Para colher a inevitável independência............................ 424
97. O império luso-brasileiro... 427

98. Da mazorca cartista ao açougue dos Braganças.............. 431
99. O melhor do lugar-tenente e a sua *ficada*... 436
100. Quem "fica" é Portugal... 439
101. O primeiro governo brasileiro 444
102. Os beneficiados da Independência... 450

Perspectivas 457

Apêndice – A história da Independência............................... 463

Prefácio à segunda edição

MANOEL BOMFIM, INTÉRPRETE DO BRASIL

*Ronaldo Conde Aguiar**

Montados num falso cientificismo, os intelectuais do início do século costumavam culpar as *raças inferiores* e o clima tropical pelo atraso do Brasil. Em 1905, o médico, historiador e educador Manoel Bomfim publicou *A América Latina: males de origem,* no qual não só negou a validade das interpretações étnicas e climáticas ("uma ciência barata, covardemente aplicada à exploração dos fracos pelos fortes") como ofereceu uma surpreendente e inovativa análise das causas do nosso subdesenvolvimento.

Segundo Bomfim, o atraso brasileiro (e dos países latino-americanos) era o produto mais evidente da exploração econômica das colônias pelas metrópoles e dos escravos e trabalhadores pelos senhores e proprietários. Evidenciando a sua formação médica, o sergipano utilizou o conceito de *parasitismo social* para caracterizar as relações entre nações hegemônicas (parasitas) e nações dependentes (parasitados) e entre classes dominantes e classes dominadas. Numa época em que o conceito de imperialismo estava ainda em aberto,[1] o conceito de *parasitismo* permitiu a Bomfim desenhar um quadro explicativo sobre a dominação e a

---

* Sociólogo. Escreveu uma biografia sociológica de Manoel Bomfim (*O rebelde esquecido: tempo, vida e obra de Manoel Bomfim,* Topbooks, 2000).

[1] Lênin só viria a escrever sobre o imperialismo em 1916, durante o seu exílio em Zurique. O livro de Rudolf Hilferding — *O capital financeiro* — apareceu em 1910, enquanto o de Rosa Luxemburgo, *A acumulação de capital,* em 1913, e o de Nikolai Bukharin, *A economia mundial e o imperialismo,* em 1916.

apropriação do valor trabalho, seja nas relações entre classes sociais, seja nas relações entre nações. O conceito de parasitismo de Manoel Bomfim, portanto, mais que uma imagem tomada do biologismo, era um instrumento de interpretação da vida social, cuja ascendência nas ideias de Marx era mais que evidente.

Bomfim criticou ainda o Estado brasileiro ("tirânico e espoliador", definiu) e denunciou o artificialismo de uma democracia de fachada, que servia apenas para perpetuar o poder das elites dominantes e eternizar a submissão do povo. Bomfim foi, na realidade, o primeiro pensador social a evidenciar que o Estado brasileiro era o produto da transposição do Estado português para a colônia. "O Estado", disse ele, "era um corpo alheio à nacionalidade, vivendo à custa da colônia, alimentando toda a metrópole."

A saída, argumentou Bomfim, seria um amplo projeto de educação básica e pública que, além da instrução formal, ensinasse também ao brasileiro o sentido da cidadania (ou seja, "a consciência de seus direitos e deveres"), transformando os indivíduos em agentes conscientes das mudanças sociais ("do progresso necessário"). Em 1905, portanto, Manoel Bomfim desequilibrou as certezas científicas que dominavam o campo intelectual brasileiro, substituindo o enfoque étnico-climático pela abordagem da dominação e propondo uma solução ("um remédio", disse ele, traindo mais uma vez a sua origem médica) fundada na "valorização" do povo brasileiro. O grande mérito de *A América Latina: males de origem* residia justamente na sua oposição sistemática ao discurso dominante e na elaboração simultânea de um contradiscurso ousadíssimo para a época.

Como era de se esperar, o livro de Manoel Bomfim não passou em branco. Bem recebido pela crítica jornalista, foi, no entanto, duramente atacado por Sílvio Romero em uma série de 25 artigos publicados na revista *Os Anais*, de Domingos Olímpio. Romero, um ícone do pensamento social brasileiro, tinha um só objetivo em mente: desacreditar Bomfim, reafirmando os postulados de Gobineau e Gustave Le Bon, "venerandos defensores do arianismo". Entre tantos outros xingamentos dirigidos a Bomfim, Romero chamou-o de "trapalhão", de "preá", de "membro de um bando de malfeitores do bom senso" e de "mestiço ibero-americano". E isso numa época em que, segundo a ciência dominante, a mistura de raças era tida como sinônimo de degeneração étnica.

Sílvio Romero era um polemista impiedoso e temido. Nas inúmeras polêmicas em que se envolveu, atacou sem dó nem piedade autores brasileiros e portugueses, vivos ou mortos, famosos ou não. Em 1905, já se transformara num homem corroído pela amargura, totalmente descrente da viabilidade de o Brasil vir a tornar-se uma nação importante e progressista. No fundo, era-lhe apavorante a ideia de que o Brasil viesse a ser dominado por *raças inferiores*, algo, aliás, que ele julgava inevitável a longo prazo. "Como a democracia", afirmou num de seus últimos textos, "a miscigenação é, talvez, uma coisa fatal e irremediável, mas é em grande parte um mal."

A verdade é que Manoel Bomfim sentiu o golpe — e preferiu não responder aos ataque de Romero. Só voltou a publicar obras históricas e sociológicas na segunda metade dos anos 20, quando o câncer dilacerava o seu organismo e ele era submetido a constantes e dolorosas operações cirúrgicas. Manoel Bomfim morreu no dia 21 de abril de 1932.

Em *A América Latina: males de origem*, Bomfim defendeu a reforma do Estado brasileiro, que existia, segundo ele, para coagir a população, cobrar impostos ("sempre crescentes", acrescentou) e atender aos interesses das classes dirigentes e dos poderosos. No Brasil, notou Bomfim, o Estado jamais representou ou defendeu os interesses gerais da sociedade, mantendo ao mínimo as ações de "utilidade pública" — ou seja, os "gastos sociais", como dizemos hoje — em favor das despesas com a manutenção da máquina governamental e, principalmente, tal como acontece ainda hoje, com o pagamento dos empréstimos externos.

Para demonstrar tudo isso, Bomfim realizou uma demolidora análise do orçamento de 1903, evidenciando, conforme destacou o jornalista Luís Nassif, "há quanto tempo a classe política brasileira perdeu a noção de nação". Para um orçamento de 330 mil contos, 122 mil contos (37% do total) representavam os gastos com o funcionamento do governo e 133 mil contos (40%)

com os serviços da dívida, ou seja, amortizações e juros. "É monstruoso", protestou Bomfim, "que num país novo, onde toda a educação está por fazer (...), reservem-se apenas 3 mil contos (menos de 1% do orçamento. RCA) para todo o ensino, bibliotecas, museus e escolas especiais."

* * *

A obra sociológica de Manoel Bomfim não é pequena. Além dos ensaios e artigos que publicou em jornais e revistas (muitos dos quais se perderam), Bomfim escreveu *A América Latina: males de origem* (1905), *O Brasil na América* (1929),[2] *O Brasil na história* (1930) e *O Brasil nação* (1931), todos reeditados pela Topbooks. Obra audaciosa e criativa, ela procurou interpretar o Brasil e apontar as causas visíveis e encobertas dos nossos males, que, no dizer de Capistrano de Abreu, sangram e ressangram o povo brasileiro. Até hoje.

Manoel Bomfim foi um dos nossos raros pensadores rebeldes, daqueles que reúnem conhecimento e paixão, lógica e compromisso, ciência e luta. No Brasil, ele se aproxima de Caio Prado Júnior e de Florestan Fernandes. O primeiro, rompendo com o dogmatismo do Partido Comunista Brasileiro, ao qual foi filiado por muitos anos, construiu talvez a mais consequente obra da historiografia brasileira, indo às origens e percursos da nossa formação social para nos explicar as nossas desigualdades atuais. O segundo, rompendo as barreiras do academicismo descompromissado, produziu a mais consistente obra da sociologia brasileira, tornando-a ciência e militância, ambas fecundas. Sem ser temerário, chego mesmo a pensar que Manoel Bomfim foi, a seu modo, não apenas o ascendente mais notável da historiografia de Caio Prado Júnior e da sociologia de Florestan, como os seus

---

[2] Em 1935, Carlos Maul organizou uma coletânea de trechos esparsos da obra de Manoel Bomfim. Incluída na Coleção Brasiliana, Maul deu-lhe o título de *Brasil*. A coletânea, porém, era pessimamente ordenada e sem indicação da fonte, além de não trazer os textos em que Bomfim criticava a revolução de 1930 e os fascismos. Essa coletânea tornou-se uma referência negativa na obra de Manoel Bomfim.

livros serviram de referência às demais obras que moldaram a consciência crítica brasileira.

Proclamar a atualidade da obra de Manoel Bomfim é reconhecer, antes de tudo, que os problemas brasileiros, com pequenas alterações de forma e fundo, são os mesmos, desde 1905, ou antes. O próprio Manoel Bomfim acentuou, mais de uma vez, o caráter autoperpetuante das causas mais profundas da desigualdade da nossa formação histórica e a natureza intrinsecamente retrógrada das nossas elites, que aqui erigiram uma sociedade em proveito exclusivamente próprio. Movido por intenso sentimento de brasilidade, Bomfim não se limitou apenas a diagnosticar e a denunciar: sua obra é permeada de ideias e propostas, as quais, diga-se, foram compactamente ignoradas pelas classes dirigentes.

Em *O Brasil na história: deturpação das tradições, degradação política*, Manoel Bomfim empreendeu uma criteriosa e detalhada revisão historiográfica, mostrando que entre os males brasileiros estava a maneira pela qual a nossa história estava sendo escrita, contada e, principalmente, ensinada. No fundo, ao afirmar isso, Bomfim tinha em mente o velho axioma: a história é sempre, ou quase sempre, a versão dos vencedores; isto é, "a história que mais convém ser contada". E à história dos dominadores, Bomfim resolveu opor a história dos vencidos e dos dominados: esse era, em suma, o propósito de *O Brasil na história*.

Publicado pela Francisco Alves, *O Brasil na história* chegou às livrarias em 12 de fevereiro de 1931, e logo a imprensa tratou de destacar a importância do livro. No dia 28, *A Pátria* transcreveu longo trecho da obra, acentuando:

> *O professor Manoel Bomfim é, sem dúvida, um dos grandes orgulhos do magistério brasileiro. (...) O novo livro do professor Bomfim será incorporado à história literária do Brasil como um documento cheio de sabedoria, de graça e de modernidade.*

No mesmo dia, o *Correio da Manhã* estampou uma fotografia de Manoel Bomfim, sentado numa cadeira de balanço, revendo as provas do livro. Bomfim estava, na ocasião, internado na Casa de Saúde Dr. Eiras, recuperando-se de uma cirurgia. Segundo o

Correio da Manhã, o livro, "a golpes de honestidade e talento, procurava arrancar da poeira de velhas convenções sentimentais, os antecedentes históricos desta nação de 108 anos".

O *Diário Carioca*, de 1º de março, seguiu a mesma linha, enaltecendo a obra e o autor:

> *Manoel Bomfim é o pensador por excelência. Mas pensador construtivo. Quando destrói, logo edifica. Daí o mérito da sua obra. (...) No crepúsculo da vida — crepúsculo que se reveste, aliás, das pompas de uma radiosa alvorada — Manoel Bomfim, que ao leito prendera, ultimamente, pertinaz enfermidade, dá-nos, agora, um novo livro,* O Brasil na história, *em cujos capítulos o formidável pensador nos revela o passado, nele encontrando as causas geradoras dos males presentes e apontando às futuras gerações o que elas terão que fazer.*

Sob o título de "Um grande livro", *A Batalha* considerou o lançamento da obra "um grande acontecimento literário". *O Globo*, de 2 de março, destacou a "reputação sólida" de Manoel Bomfim, comentário este que contou com o apoio do *Diário de Notícias*, que acrescentou:

> *O Sr. Manoel Bomfim se encontra hoje na categoria daqueles escritores que se dedicam escrupulosamente ao estudo da nossa história. Além disso, é um professor eminente, cuja palavra tem sido ouvida por gerações seguidas de jovens brasileiros.*

Em 3 de março, a *Vanguarda* notou que *O Brasil na história* estava destinado a "repercutir profundamente em nossos círculos literários e científicos", pois reunia "algumas das páginas mais vigorosas e cruentas da nossa literatura". A revista *Fon-Fon*, por outro lado, destacou que o livro era "bem escrito, bem pensado e bem documentado. Suas páginas — algumas, sem exagero, admiráveis — revelam uma sólida, profunda cultura, digna de meio mais elevado do que o nosso". No *Diário Carioca*, comentando o estilo apaixonado do texto de Manoel Bomfim, o crítico Jaime de Barros assinalou:

Se a qualidade fundamental do historiador é a imparcialidade, não se poderá conceder esse título ao professor Bomfim. A natureza reformadora do seu trabalho de análise e de crítica, a flama de civismo que incendeia as páginas de sua obra, o ímpeto combativo, o rigoroso arremesso dos seus conceitos, fazem-no, antes, marcadamente, um polemista, um panfletário da história. Nas suas investidas, porém, o psicólogo, o sociólogo, o homem de pensamento e de cultura, apoia-se numa documentação inquietante, com a qual prepara demonstrações aflitivas das teses que atira à discussão.

Em *O Jornal* (8 de março), *O Brasil na história* foi saudado como "obra de mestre", enquanto no *Diário de Notícias* (12 de março) o analista Azevedo Amaral observou:

O Sr. Manoel Bomfim é um desses casos interessantes de temperamento vibráteis e vulcânicos, nos quais longo estudo e bem assinalada cultura científica não conseguem neutralizar os ardores passionais de uma alma fortemente dominada por intensos e profundos sentimentos.

No *Diário Carioca* (13 de março), o analista Américo Palha observou:

O livro de Manoel Bomfim tem a característica enérgica de reparar as injustiças, de reavivar, no espírito nacional, o culto pelas suas verdadeiras tradições, na consciência absoluta de sua soberania.

Frederico Kant, na *Tribuna do Povo* (16 de março), notou que a *"sociologia dos grandes historiadores, como o Sr. Manoel Bomfim, é a mais sólida e estável, porque as teorias sempre nascem dos fatos e jamais os fatos se deturpam para comprovar a teoria".*

Benjamin Lima, no *Diário Carioca* (22 de março), definiu a obra de Manoel Bomfim como *"um caso de emancipacionismo frenético num país que mentalmente se conserva colônia".* E mais:

O Sr. Manoel Bomfim é um momento excepcionalíssimo da consciência brasileira — o de uma subitânea revolta contra o despotismo da mentalidade portuguesa, sob o qual essa consciência permanece.

No *Correio da Manhã* (12 de junho), M. Paulo Filho (que utilizava o pseudônimo de João Paraguaçu) observou:

> *A história dos homens e dos fatos da nossa vida colonial é mal inspirada e pior contada. No seu recente livro, trabalho de coragem e de inteligência superior, Manoel Bomfim pergunta quantos são mesmo os nossos compatriotas atentos e cultos que conhecem o nosso passado e a gente que nele se agitou.*

O historiador Rocha Pombo, no *Correio da Manhã* (2 de julho), escreveu longo ensaio sobre *O Brasil na história*, destacando que a obra de Manoel Bomfim põe em relevo, sobretudo, a luta dos brasileiros contra a "enorme carga do passado", ou seja, a luta contra a nossa herança colonial.

> *O professor Bomfim é um dos mais operosos entre os nossos publicistas do dia. Legítimo pensador, filósofo da sociedade e da vida, os seus livros despertam sempre o mais vivo interesse em nosso meio intelectual, onde são escassas as produções que venham de tais alturas. Das suas obras apanha-se bem nítido o pensamento em torno do qual gira todo o esforço do seu espírito.*

O Brasil na história era o segundo livro da série sobre a formação social brasileira. O objetivo da obra, como vimos, era demonstrar que não só o "fazer a história" padecia de degradação política, como já evidenciara em *O Brasil na América*, mas o próprio "relatar a história". Inspirando-se em Kautsky, Bomfim resumiu a intenção do livro: "É necessário defender a história nacional."[3]

Como em todos os seus livros, Bomfim, em *O Brasil na história*, trabalhou basicamente sobre a antinomia dominadores e dominados.

> *A história — disse ele — é o campo onde se travam todos esses combates de que resulta a vitória de umas instituições sobre as outras, de classes e doutrinas, em detrimento de outras, pois que — classes, e instituições, e dou-*

---

[3] A frase de Kautsky citada por Bomfim foi extraída do livro *Terrorismo e comunismo* (sem referências): "A importância prática da história está, sobretudo, em multiplicar as forças dos que sabem utilizar as experiências do passado."

trinas — são outros tantos veios em que deriva a experiência comum,
como são os aspectos concretos em que as tradições se confrontam e se com-
batem. No final, toda a história se reduz a contendas de tradições, sem
perder, por isso, o seu papel superior — de fazer a confiança da nação nos
próprios destinos, delineados pelos fatos já explícitos.

O conceito que Bomfim tinha da história não se restringia ao simples registro cronológico dos fatos. Bomfim pensava a história como um processo social contínuo. Daí considerar — bem antes de Caio Prado Júnior, cujo livro de estreia é de 1933 — que o futuro da nação brasileira já estava, em linhas gerais, "delineado" no seu passado, nas etapas anteriores da sua formação, todas elas marcadas, a ferro e fogo, por tensões entre dominadores e dominados — ou, para sermos mais atuais, entre *globalizadores* e *globalizados.*

A abordagem crítica que domina *O Brasil na história* se deve essencialmente à perspectiva nacionalista e popular do autor. Na verdade, Bomfim parte da ideia de que as nações mais poderosas montam a história de acordo com os seus interesses, cabendo aos dominados um papel subalterno ou passivo ao longo dos acontecimentos. O sergipano é claro ao afirmar: "a deturpação se faz para proveito dos que já têm grandeza histórica, em detrimento dos menores, para maior afronta dos vencidos e dominados".

A história, segundo Bomfim, não só se configura como "orientadora e estimulante do progresso social", como, por outro lado, pode perder essa característica impulsionadora quando está a serviço da "deturpação das tradições nacionais". Em outras palavras: a falsificação da história constitui um instrumento da dominação, degradando as aspirações nacionais e minando a autoestima popular. E é justamente por isso que Bomfim privilegiou a adoção de uma perspectiva patriótica — melhor dizendo: por uma perspectiva transformadora — de recuperação da própria história, *"num esforço"*, disse ele, *"que deve ser proporcional ao valor aparente das histórias deturpadoras".*

A história é o próprio registro de cada tradição; nas suas páginas se encon-
tram os mais significativos fatores de decisão e tenacidade, os mais vee-

mentes motivos de confiança coletiva. (...) A história vale também como demonstração de mérito e capacidade de realização. (...) Cada povo se define vivendo a vida das suas tradições; cultiva-as e defende-as, por conseguinte, como cultiva as suas reservas de energias de desenvolvimento, como zela e defende a própria existência política e soberana. Ora, as tradições existem, concretamente, na história nacional, que, por isso, tem de ser defendida com a mesma vivacidade e intransigência com que são tratados e defendidos os interesses reconhecidos e o patrimônio comum.

Disposto a passar a limpo a história brasileira, expurgando-a de todas as versões mistificadoras, Manoel Bomfim realizou uma ampla e impiedosa crítica das principais "histórias do Brasil" da sua época. Classificou a *História do Brasil*, de Robert Southey, de excelente, e valorizou as obras de Capistrano de Abreu, João Ribeiro e Frei Vicente do Salvador, a quem, aliás, havia dedicado *O Brasil na América*. Em relação ao último autor, explicou o desaparecimento, por mais de dois séculos, da sua *História* pelo interesse das elites coloniais de sonegar aos brasileiros uma obra de mérito, que mostrava, pela primeira vez, a natureza da colonização brasileira.[4]

Bomfim concentrou o fogo das suas críticas no historiador Varnhagen — e, subsidiariamente, nos "sub-Varnhagen", como Pereira da Silva, Fernandes Pinheiro e Moreira de Azevedo —, a quem não poupou referências trovejantes. Varnhagen, segundo Bomfim, não passava mesmo de um "historiador mercenário".

Varnhagen, filho de alemão a serviço de Portugal, nasceu e criou-se no Brasil, tendo assistido a todo o movimento da Independência. Mas, feito o Brasil nação soberana, ele preferiu servir a Portugal, de cujo exército foi oficial até os dias de Pedro II. Então, mandaram buscá-lo para essa função a que ele dedicou a vida, o pouco talento e o mau coração — fazer a história do Brasil em favor do bragantismo.

---

[4] Redigida em 1627, a *História do Brasil*, de Frei Vicente do Salvador, esteve desaparecida até 1881, ano em que foi localizada numa coleção de manuscritos doada à Biblioteca Nacional. Quem organizou a sua publicação foi Capistrano de Abreu.

Bomfim criticou ainda Euclides da Cunha e Oliveira Lima, que vincularam a formação da nação brasileira ao bragantismo. Seduzido pela antropogeografia e pelo cientificismo que degradou o saber no início do século, Euclides, segundo Bomfim, abusou do seu enorme e justo prestígio literário no sentido de vincular a unidade nacional brasileira à monarquia. Oliveira Lima, notou o sergipano, "além do livro arranjado em louvor de D. João VI", (...) "é bem representativo dos contemporâneos historificantes, que, a título de objetivismo, ostentam-se bons moços, cortejando toda reação".

Em *O Brasil na história*, Bomfim não apenas criticou os historiadores, mas procurou ainda valorizar episódios deliberadamente esquecidos da história brasileira. Escreveu, por exemplo, páginas belíssimas sobre a Insurreição Pernambucana de 1817, "marco iluminado do nacionalismo brasileiro", a cujos heróis e mártires dedicou *O Brasil na história*. Homenageou personagens como Pedro Ivo e o vigário Pedro de Souza Tenório, ao mesmo tempo em que atenuou o peso de certas datas, como o 7 de setembro e o 15 de novembro, e de figuras históricas, como as de D. Pedro I e Tiradentes.

Em relação a Tiradentes, figura até hoje decantada nas solenidades oficiais, Bomfim argumentou que a consagração do "pobre homem de São João del-Rei"[5] foi a maneira pela qual a historiografia oficial fez desaparecerem os verdadeiros mártires e pioneiros da independência brasileira, valorizando, no entanto, um movimento (a Inconfidência Mineira. RCA) inconsequente e passivo. "Foi nos esconderijos de tais histórias que desapareceram os verdadeiros precursores, aqueles cuja existência, mesmo com a derrota que lhes tirou a vida, tornou impossível a submissão a Portugal." E mais: "que mal Tiradentes podia fazer ao bragantismo? Nenhum". Tiradentes transformou-se numa espécie de contestador tolerado pelas elites, pois, a rigor, não questionou a fundo nem levantou-se em armas contra o poder opressor dos dominantes.

---

[5] Aqui, Manoel Bomfim cometeu um erro: Tiradentes nasceu em São José del-Rei, cidade que hoje tem o seu nome, e não em São João del-Rei.

Manoel Bomfim escreveu *O Brasil na história* movido por intenso sentimento de patriotismo. Era imprescindível "defender a história nacional" contra todas as formas de "deturpações e derrotismos", que nos apresentam como um povo de segunda. Bomfim substituiu o desespero de Euclides da Cunha e a amargura de Sílvio Romero pela esperança de ver o Brasil livre, educado e desenvolvido.

Talvez por isso o seu nome, como o de tantas outras figuras que procurou reabilitar em *O Brasil na história*, tenha sido riscado da história brasileira oficial.

Brasília, novembro de 2006

PREFÁCIO

Este livro é o segundo, de uma série de três, dedicados a apreciar as condições feitas à Nação Brasileira. No prefácio do primeiro, *O Brasil na América*, já se indica o objeto das páginas de agora: estudar as causas que turbaram o prosseguir da nacionalidade brasileira, como sejam — ataques sistemáticos à tradição já definida, e efeitos da degradação e degeneração da metrópole, agindo sobre a colônia como lesões diretas e contaminação pútrida... Deturpação das tradições nacionais, infecção do organismo social brasileiro... são assuntos gerais, distintos; mas, de fato, eles se unificam, porque o mais grave e mais extenso, na deturpação das nossas tradições, vem do influxo direto, e da ação propositada da metrópole quando se degrada, e que, assim degradada, tem de quebrar todas as qualidades dignificantes em que se exaltava a alma brasileira de 1650... Um Portugal que teve de viver na abjeção do bragantismo, para ser senhor do Brasil, precisou de corromper-lhe as energias que o elevavam. Teve de corromper-lhe a própria tradição, denegrir-lhe as glórias, sonegar-lhe os seus melhores valores históricos, porque, assim degradado também, o Brasil não tivesse consciência de valer mais, e de merecer melhor. A colônia dirigida e conduzida pela política de um Portugal incorporado aos Braganças, e já sem capacidade de reagir contra uma tal miséria, veio a ser de uma metrópole que nos infectava pelas mesmas ventosas em que nos estiolava. Tanto mais quanto isso lhe era condição exclusiva de vida. Destarte, um Brasil que em 1750 fosse o desenvolvimento normal e são do que se pronunciara um século antes; esse não poderia ser colônia do Portugal de D. João V, D. José, ou D. Maria, a louca.

E, por que insistir nessa defesa das genuínas tradições brasileiras?... Por que tanto empenho, quando todo esforço de remissão parece perdido em abstrato platonismo?... Talvez, não de todo perdido. Os que dominam e exploram esta pátria tudo ousam porque a encontram a modo de abandonada. É preciso não temer, à face desses ousados. Uma voz de protesto, mesmo num deserto de opinião, pode refletir-se, ainda, pelos tempos, em ecos que finalmente os detenham. Ainda que nessa voz falem almas que extinguem: o surdo cavo da morte a aproximar-se é valor de experiência. Tanta coisa conhecemos, de visão própria, na vida desta nação!... Ora, tal não poderia deixar de ter o seu valor. Na existência da criatura humana, os anos não se contam, somente: condensam-se, e cada quadra tem a sua significação. A mocidade define os desejos... a velhice, amortecendo os ressaibos, clareia, decanta, a experiência, sublima, despersonaliza as esperanças, deixando-as ao futuro definitivo. E partimos, certos de que o bem prevalecerá. Essa crença faz a serenidade da velhice, antítese natural da risonha despreocupação infantil.

....

No meu sistema de trabalho, perco, muitas vezes, se é longa a obra, as anotações havidas da experiência e do pensamento alheio. Então, vem o texto entre aspas, para não ser colhido em intrujice.

Rio de Janeiro, outubro de 1926.
(Dado a imprimir em setembro de 1929).
M. BOMFIM

ORIENTAÇÃO

I. *A indispensável confiança* — O talento não basta e o desejo será perdido anelo, se não nos sentimos capazes do esforço preciso para alcançar o desejado. Sempre, e por toda parte, o homem realiza e produz na medida da confiança que dá ao próprio mérito. Pouco importa o valor específico da produção. O sucesso fará a necessária *triagem* — elevando a criação do talento sobre a obra do medíocre, apenas obstinado e infatigável. De todo modo, num e no outro, a realização é o constante resultado da fé que o indivíduo tem na ação a desenvolver. Sem isso, não valem os estímulos, nem haverá possibilidade de esforço útil.

Na intuição do seu valor, exaltado no trabalho em que se reforça, tem o homem o talismã que o levará ao sucesso, se, de fato, há nele qualquer centelha de gênio. Nas consciências ainda opacas, onde tal intuição não alcançou representação definida, é preciso, então, o motivo concreto, imediato, o talismã explícito, forma tangível e que vale como objeto direto da confiança, a que a alma ingênua e primitiva dá a sua crença, para satisfazer a essa absoluta necessidade — de confiar no próprio valor para a ação a que se entrega. Se não, em que ente de razão se firmaria a sua vontade para dar o esforço indispensável ao êxito?...

E não poderia ser de outra forma. O homem, na ação humana, é um valor de consciência. Tanto vale dizer: para os fins da atividade inteligente e social, todos os motivos têm que tomar um aspecto consciente. Pois não vemos? O mesmo instinto da procriação, tão essencialmente animal: exalta-se, no entanto, para ser idílio romântico, a desdobrar-se nos extremos conscientes da ternura para com a prole. Houve que ser assim, porque nas formas do espírito humano — em luz de consciência, a intensa necessidade de amor e os sacrifícios da maternidade exigem correspondente intensidade de ação, para a qual são necessários motivos bem fortes, conscientemente sentidos e nítidos, para serem potentes e dominadores. Foi pela pronunciada energia desses motivos conscientes que o homem se *elevou* e fez valer a sua eficiência sobre as coisas puramente materiais, subtraindo-se, subjetivamente, ao determinismo brutal das influências exteriores, cósmicas, subordinando-as, aparentemente, ao seu interesse moral. No homem, à natureza orgânica superpõe-se a vida psicossocial, cuja fórmula ativa é o próprio EU, trama em que se englobam e se harmonizam as energias conscientes, como no sistema nervoso se unifica a vida do organismo, e se distribuem os respectivos estímulos. No prosseguir da atividade fisiológica, depura-se e refaz-se o plasma orgânico; nas manifestações do EU, reconhece-se o espírito, afirmando o seu poder crescente, com o pensamento que se dilata e o sentimento que se sublima e as decisões em que se patenteia a própria unidade de consciência. A experiência, na atividade do espírito, renova-se como a própria vida, e o EU aparece-nos na função subjetiva bem explícita — de escolher motivos de proceder, à luz da consciência, orientado pela mesma experiência, tanto a pessoal como a da espécie, sobretudo a que nos fala proximamente, nos termos da tradição a que pertencemos.

Em verdade, todos os motivos de ação repercutem na consciência; mas os interesses gerais da espécie — moral, justiça, humanidade —, como não são irradiações imediatamente egoístas, tomaram formas de inteligência, em ideias, e, com isso, multiplicam-se em representações, nítidas, correntes, como as mesmas ideias. Então, repetidas em todas as relações sociais, multiplicadas e explícitas como valores mentais, elas se contrapõem vantajosamente aos puros motivos individuais, ainda que sejam estes mais intensos e vivazes. E, assim, obtém-se que prevaleçam as necessidades de justiça e solidariedade. Destarte, está assegurado o progresso essencialmente humano — pelo apuro e reforço constante dos sentimentos socializadores. Em formas lucidamente conscientes procedem todos esses motivos; mas a necessidade primeira, neles, vem da profundeza do instinto... Por isso mesmo, se a conjuntura é complexa e a ação difícil, instintivamente, procuramos razões explícitas para a nossa conduta, objetos definidos a que se aplique a fé íntima com que nos contemplamos, essa fé que tem virtude para a ação intrépida, eficaz, vitoriosa. E compreendemos, afinal, a fúria tigrina do selvagem — que arranca, vivo ainda, o coração do prisioneiro valente, quando este, em sobre-humana coragem, domina a sua admiração de guerreiro primitivo: no veemente desejo de incorporar no próprio ânimo aquela sublime valentia, para ter *motivo de confiar na própria coragem*, o selvagem despedaça o peito que não geme, arranca-lhe o coração bem vivo, morde-o por entre as contrações, devora-o, certo de que, no tragar aquelas fibras, absorvendo-as, está a absorver a coragem intemerata que nelas pulsava, e que será, agora, tão valente e superior ao sofrimento como aquele que soube afrontá-lo impavidamente.

II. *A tradição — consciência nacional*. Para o bom aproveitamento das energias características de cada povo, é indispensável que ele tenha consciência dessas mesmas energias e as apure. Com isso, feito em nação, ele terá assegurado o mais importante para os progressos indispensáveis, e possíveis. Progresso, valimento ou perfeição não se fazem no vazio e consistem, praticamente, no fortalecerem-se e exaltarem-se os dons naturais. Está na própria fórmula da evolução: diferenciação, notação de qualidades específicas, reforço e apuro dessas mesmas qualidades: mais casco e lentidão no jabuti, mais garra e destreza no leopardo... E compreende-se que todo progresso mental e social, para cada grupo humano, tem de fazer-se como reforço e apuro dos valores de consciência definidos na respectiva tradição. Daí a necessidade de buscar todos os fatos em que se torna sensível essa mesma tradição, e que as consciências mergulhem nela, até que a incorporem e lhe deem vida: a vida indispensável para o prosseguimento de fados próprios, pela plena expansão dos dons já revelados no passado. Não há que temer o termo: incluída no pensamento, a ideia não nos leva à reação, nem tende ao *chauvinismo*. Sim: a fórmula — tradição nacional não será para nós dique de estagnação, mas, nitidamente, fórmula de prosseguir, orientação indispensável, pois que o progresso humano — moral, político e social — só é possível como desenvolvimento e expansão da tradição em que o grupo nacional se definiu. Lucidamente conscientes, não podemos realizar verdadeiro progresso humano, sempre caracterizado no apuro da própria tradição, senão conhecendo-a bem, para, *conscientemente*, desenvolvermos todos os esforços no sentido em que ela se orienta, pelo estímulo das energias que nela se revelam. Desta sorte, a tradição vale como a mesma consciência nacional. E, conhecendo-a, nela nos exaltamos, como na consciência do próprio valor pessoal.

Do estudo das sociedades, na sua marcha evolutiva, induzem-se as duas verdades: *a)* todo progresso social e político se faz ao influxo de uma tradição, na definição que nela se contém: *b)* nessa altura da civilização, o influxo da tradição tem de ser nitidamente, intensamente consciente... Nem é preciso mais longa demonstração. Quando um processo social ou instituição histórica tem valor natural e corresponde à necessidade indeclinável, encontramos sempre, a dar-lhe base, um iniludível instinto, pois que o instinto significa exigência direta e formal da própria vida... Ora, desde os primeiros dias da humanidade, como no que ainda existe de almas primitivas, quando a ação exprime imediatamente imposição instintiva, verificamos o zelo constante pela tradição, com os ânimos a exaltarem-se nela, a levarem-se no influxo e na orientação que dela recebem. E projetam-se para a vida a prosseguir e a engrandecer a tradição a que pertencem. O selvagem, cuja consciência apenas traslada o instinto, busca inteirar-se dos feitos em que a tribo se afirmou, para praticar valores análogos, mais patentes ainda. E ele ouve as legendas de heroísmos em haustos de vida, e canta, arrogante, os próprios feitos, que serão estímulos de futuras gerações.[1] Destarte, cada gente primitiva tem o seu cabedal de proezas legendárias, em que as almas simples se revigoram. Em estado bem mais elevado, o assírio tem de obedecer ao mesmo instintivo motivo, potente, na jactância de um Tiglafalasar: "Eu enchi de cadáveres os barrancos e os cimos das montanhas; e os decapitei e coroei com as suas cabeças os muros das suas cidades..." Sempre infalível, o instinto se mantém em gritos e gestos, alheios a motivos inteligentes, enquanto a respectiva necessidade não se define na consciência como lucidez de ideia. Desse momento em diante, a essência instintiva do processo é, apenas, vigor de motivo íntimo — a impor, no regime moral, a correspondente exigência. Então, se comparamos as jactâncias brutais do selvagem com o historiar das tradições do civilizado, encontramos a mesma diferença entre a fúria da besta em cio e os lirismos do amor humano, completado com o perene carinho à prole. O fundo, porém, é o da mesma fatal necessidade com que a vida se propaga. E tudo assim se resume: progredimos humanizando-nos, quer dizer, procedendo por motivos de consciência.

Nem está em nosso poder negarmo-nos a esse evoluir — do instinto para a consciência, onde se dissolvem as mesmas formas instintivas. Então, para dar satisfação para as inflexíveis necessidades em que a vida se realiza, só nos resta, agora, a ação organizada em formas inteligentes e conscientes. Ninguém negará — que há, nos animais, um instinto de higiene: que eles instintivamente escolhem alimentos, buscam o hábitat conveniente e fazem processos hábeis de realização motora... como instintivamente evitam as intempéries e outras influências maléficas. No homem, prevalecem essas mesmas necessidades, a que o instinto animal sabe atender; mas, se fôssemos deixar ao instinto a indispensável higiene, breve se extinguiria a espécie. Então, pedimos,

---

[1] Todos os cronistas referem o ardor cultual dos nossos índios — a cultivarem e enriquecerem as suas legendas. Todos os valentes cantavam as suas proezas, para edificação dos jovens, e confiante orgulho da tribo. A começar por Vaz Caminha: "... recitam as proezas que na guerra acabaram a que dão consumados elogios..."

cada vez mais, a inteligência consciente, no máximo da sua produção, os bons recursos de higiene...

E, assim, para tudo mais que subiu às formas inteligentes e apuráveis.

III. *A tradição — Brasil* — A história seria um luxo perdido, inútil dispêndio de inteligência a que o homem não se entregaria, se não houvera a tradição, com a sua indiscutível utilidade — estímulo e orientação. Com essa concepção cinemática da tradição, tudo nos parece lógico: ela é a fórmula de uma marcha orientada. A realização social se faz, necessariamente, em esforços individuais; mas é na tradição que se definem as possibilidades de harmonia entre o indivíduo e o conjunto social. Podemos considerá-la, pois, como a própria sociedade em continuação, tanto se condensam nela, tradição, as afinidades ativas, graças às quais se mantém e se desenvolve, em cada grupo, a vida social.

Apliquem-se ao nosso caso essas verdades.

Nos meados do século XVII já havia o Brasil. Bateu, para continuar na tradição em que se fizera, a potência mais poderosa do mundo de então. E não tarda que, dilatando-se, nas próprias forças, desbrave e conquiste o interior do continente, modelando-o definitivamente. Plantado na costa oriental desta América, destinado, assim, a receber os ataques dos que pretendiam despojar os primeiros colonizadores, o Brasil soube defender-se integralmente, e, com isso, defendeu toda a terra sul-americana, salvo na parte que já ficava fora do seu resguardo, ao Norte. Foi, em plena história moderna, uma idade heroica, esse anunciar da pátria brasileira. E tudo se fez, muito explicitamente, como energia própria, pois que os mesmos fados que fizeram esta colônia conduziram a metrópole portuguesa à extrema degradação, deixando o Brasil praticamente abandonado.

Não houve, no caso, nenhum milagre. A colônia se gerara na virtude do Portugal heroico, e que fora o ânimo nacional mais forte e mais explícito na aurora da vida moderna. Nascido desse germe, levada a aproveitar as energias jovens da terra, a colônia se criara na luta incessante — pela intransigente defesa contra franceses, castelhanos, ingleses, holandeses... Calor de legítimo patriotismo, essa luta acelerara a gestação nacional, e, antes que termine a defesa, quando tal se torna mais difícil; fechando-a definitivamente, manifesta-se o Brasil, em provas de valor terminante e indiscutível. Um século, apenas, de vida, e da colônia emerge uma nova pátria. O nome — Brasil — impõe-se no jogo das nações, ao mesmo tempo que, particularizado em pernambucanos e paulistas, o povo brasileiro entra para a história universal. Enquanto isso, a América do Norte oscilava entre as pretensões dos franceses, holandeses e ingleses, a aproveitaram-se da insuficiência castelhana. Há um México, porque o asteca assim o deixara, apesar de quanto o espanhol destruiu. No Sul, destaca-se, em nome histórico, o que vem dos incas, ou a terra iluminada pelo heroísmo do aracário, ao lado de minerações revoltas, ou de míseros rurais, ostensivamente abandonados e fechados, cercados pelas *reduções* deixadas aos jesuítas, incompatíveis com o resto da colônia.

Primeira nacionalidade a definir-se e afirmar-se no Novo Mundo, condensação demonstrada de preciosas energias humanas, qual seria a situação atual do Brasil, se lhe fosse dado prosseguir na escala do seu primeiro desenvolvimento?... Por que razão não lhe foi possível continuar a marcha em que vinha, e manter a primazia inicial?... Os feitos do primeiro Brasil, isto a que chamamos de *idade heroica*, tiveram repercussão explícita na conformação do mundo atual; mas vivemos como se não soubéramos disso; de fato, quase não o sabemos. A miséria em que vergaram os nossos destinos abafou as nossas legítimas tradições, substituindo-se, nelas, o halo de glória pelas emanações do que o bragantismo deu ao Estado português, e que nos foi imposto. E, feitos de epopeia, sumiram-se sob o bolor que foi a vida pública do Brasil — de 1650 em diante.

Será legítimo falar de tradição brasileira, referida a esse passado de glória? Sim. O que, na terra brasileira, acende a resistência ao holandês — triunfante de Castela e Portugal, é o influxo de uma nova tradição, a substituir a que se desmoralizara nas derrotas vergonhosas de que fala Nescher.[2] É a necessidade de viver

---

[2] M. Bomfim, *O Brasil na América*, p. 286.

nela e de defendê-la — que traz ao forte de São Jorge, abandonados pelas milícias regulares da metrópole, os *voluntários* em quem se concretizaram as primeiras legendas pernambucanas: Só a virtude de uma tradição pátria, em almas sãs, poderia revelar os Rabelo, Barbalho, Negreiros... para uma intransigente defesa, de quase trinta anos, e que teve de terminar pela vitória sobre o invasor. A tradição da pátria portuguesa, essa que ostensivamente se fizera contra Castela: quando Portugal está rendido ao castelhano, não teria valor para tanto. Se não, que é que levantaria Olanda e outros patriotas pernambucanos para atitudes francamente nacionalistas em face do reino Fernandes Vieira, que, aliás, agia no conjunto pernambucano, com meios brasileiros?... Mães pernambucanas, irredutíveis sob o domínio do batavo, e que oferecem à guerra, uns após outros, todos os filhos, como teriam tal ânimo de sacrifício, se já não houvesse nelas uma alma nacional própria — uma alma brasileira, afeiçoada na tradição de Pernambuco? Em nome de que se levantariam, finalmente, os invencíveis *Insurgentes*, esses que estiveram prontos a passar do português a qualquer outro príncipe católico contanto que reconquistassem o seu Pernambuco, cuja tradição lhes parecia indispensável ao prosseguir dos seus destinos?

Contemplando esse passado, fora, mesmo, de qualquer orgulho, podemos afirmar: as energias vencedoras, ali, já eram virtudes expressivas da pátria brasileira. Não só naqueles heróis, mas em todos esses que dilataram o Brasil pelos longínquos sertões: pronuncia-se o surto de uma nacionalidade própria, americana, inteiramente distinta da que se impôs em Ourique. Sentiam-se brasileiros, e procediam em consequência, tomados pela necessidade de manter e propagar a tradição a que pertenciam. Motivos felizes produziram neles valor humano proporcional ao sentimento da nova pátria. E ela prevaleceu. Hoje, sufocados no ambiente deste Brasil, qual resultou do bragantismo, quase duvidamos dessa idade heroica; e, se reconhecemos a realidade histórica, dobrados ao destino implacável, indagamos: que milagre de perversão nos trouxe de tanta glória a tanta miséria?! Também não há milagre aí. O milagre foi todo lá mesmo — na metrópole:

Portugal, como subiu, declinou, numa queda mais fulminante e mais desenvolvida do que a própria curva de ascensão. Gerado nele, e ainda incluído na sua política, o Brasil teve de descer — das realizações fulgurantes de *Insurgentes* e Bandeirantes à vida pública concretizada na soberania de cá — Império ou República, e que exprime, sem variantes, quase, o Estado português plantado com o monturo de D. João VI. E tudo em que nos diminuímos — amesquinhamento de destinos, desvirtuamento de tradições, degradação dos dirigentes, mentiras e infâmias contra a nação; tudo se explica por essa mesma degradação de Portugal-metrópole, expressão necessária da degeneração em que o seu heroísmo mercantil se corrompeu. E a nossa história, que vem desses dias luminosos — de Tabocas e Guararapes —, escurece, nos miasmas opacos dessa mesma degradação.

IV. *Tradição e progresso* — A tradição tem valor muito além desta simples verificação, e, por isso, devemos caracterizar o fato na sua significação geral, antes mesmo de apreciar o que se deu no nosso caso. De nada valeriam definições, mas tudo que sirva para a feição do seu valor deve ser assinalado. Da tradição se diria, com toda a propriedade: são almas que se continuam através das idades; são os veios que traçam o viver da humanidade. Ou, melhor, é a trama viva onde se tecem as consciências, para todos os efeitos de realização humana — moral, política, religião, arte, produção econômica... que tudo se faz como expressão patente de tradições. A sociedade humana existe e se desenvolve em sociedades parciais, de valor nacional, que englobam agrupamentos menores, ou de valor mais restrito. E a vida da humanidade se reduz ao desenvolvimento desses agrupamentos, em que se incorpora a vida de uma tradição. Destarte, é a tradição mesma que se desenvolve, progride e se apura, como se amesquinha, decai e deperece. Nem outra coisa significa a morte de agrupamentos nacionais, como o registra a história. São tradições que pereceram e se extinguiram, ou porque se corromperam nelas mesmas, ou porque foram atacadas, vencidas, e assim tombaram e desapareceram. De qualquer modo, a realidade histórica é que elas foram suplantadas por outras tradições — nacionais, políticas, religiosas...

Nações que morreram, povos que se extinguiram!... Assim enunciado, para ser tomado ao pé da letra, o fato é absurdo por impossível. A Assíria deixou de existir, como o Egito de Sesostris, e o Ponto de Mitridates... não no sangue das respectivas gentes, mas nos sentimentos e nas ideias que falavam em Assurbanipal, ou nos faraós. Suplantadas, embora, cada uma dessas tradições concorre para o caráter social em que se distinguem pertinazmente as respectivas populações. Sanitas, etruscos, gregos da Calábria... são nações que desapareceram ou extinguiram-se historicamente, sob o triunfo do romano; mas todos sabemos que, vencidos e dominados, esses povos apenas sumiram, incluindo-se na grande Roma. E sumiram no corpo da nação latina sem anularem-se, no entanto. Ainda hoje encontramos a alma da Etrúria no característico do gênio toscano.

Finalmente, a substância da história é feita desses embates em que, sob a rubrica de *povos,* ou de *classes,* as tradições se afrontam e lutam, para o avassalamento de umas pelas outras, com o resultado de substituições, fusões, eliminações, extinções — lentas ou súbitas, até que prevalece a tradição que representa um maior progresso humano, ou, pelo menos, a virtualidade de progresso, em energias jovens, próprias para a indispensável renovação de formas — políticas, sociais, econômicas... E nada significam as oscilações passageiras. Pouco importa — que o maometismo turco houvesse transbordado, por tanto tempo, sobre aquela desenvolvida orla de povos cristãos: ao refluir da vaga, o prestígio da tradição muçulmana se reduziu, na medida do respectivo valimento, em confronto com os povos ocidentais. Pouco importa que o imperialismo comercial do inglês esteja a conter a Índia, que nele se estortega: se há, na tradição hindu, elementos de perenidade, ela quebrará as roscas de John Bull. Não podemos esquecer que o Império Romano — o mais realmente império sobre o mundo — sucumbiu abatido por dois adversários: o cristianismo e o potencial renovador dos bárbaros. O primeiro se impôs no valor moral dos seus ideais; o segundo, pela mocidade das energias patrióticas. Mas tudo não passou de um contender de tradições: uma política esgotada, e que tanto se estendera como se desnacionalizara, em confronto com a imaculada tradição política de povos jovens, inspirados imediatamente nas necessidades orgânicas de pátrias que ali mesmo nasciam e se manifestavam, para formas que apenas se desenhavam.

Houve luta, sempre, por toda parte, até a definitiva vitória, luta de batalhas, luta de martírios, de acordo com as tradições em litígio. E como as tradições derivam umas das outras, qual os povos mesmos, temos o exemplo desse cristianismo nascido do judaísmo, trazendo dessas origens a mesma força de expansão e de eternidade. Sim: a não considerarmos o fenômeno *tradição*, o judeu não tem explicação. Sobreviveu, resistindo a todas as desgraças em que se extinguiram os chamados povos históricos. Mas que vem a ser o judeu? Uma tradição político-religiosa, mais religiosa do que política e tão vigorosa que superou as mais duras provas, através de todas as misérias. O cristianismo, semente síria enxertada na tradição política e social do Ocidente, desenvolveu-se portentosamente, alastrando-se por todos os veios do panteísmo greco-latino. Foi a sua gloriosa grandeza que tal energia de propagação e de resistência lhe viesse da tradição judaica onde nasceu.

V. *A noção de progresso* — A necessidade de cultivar as tradições nacionais, e de inspirar-se nelas, foi uma das últimas a definir-se explicitamente na consciência. Desde sempre atenderam os povos às suas glórias históricas; mas, só nos últimos séculos, foi a história considerada como orientadora e estimulante do progresso social. O fato se manifestou com o empenho em fazer a filosofia da história, para dela tirar inspirações de progresso — para definir o mesmo progresso, cuja noção é bem recente. Parece-nos inexplicável, até, que esses gregos, cujo pensamento subiu às fórmulas filosóficas em que o conhecemos, não tivessem reconhecido a marcha evolutiva das sociedades humanas!... Tampouco o reconheceram os romanos, cuja experiência política e jurídica ainda nos guia em tantos modos. *Evolução*, em linguagem subjetiva — para os fatos humanos —, é progresso. Ora, os antigos e, menos ainda, os da Idade Média nunca alcançaram a ideia de progresso:

por quê? Porque tal noção teve que ser inferida da própria vida moral, e só muito recentemente chegou a consciência humana a esse grau de intensidade e de profundeza necessário para realizar a completa análise íntima, que permite reconhecer, em cotejo com os efeitos de outras consciências, as diferenças de grau e de desenvolvimento moral, refletidos na visão interior. É dessas diferenças, quando elas podem ser verificadas e apreciadas, que veio a ideia de progresso. Não esqueçamos que, antes de poder analisar *evoluções e mutações*, devemos ter, bem explícita no espírito, a compreensão de *estados*. Começamos a filosofar como se a natureza e o universo fossem aspectos estáticos definitivos. Só então é possível reconhecer uma evolução, que já não é somente o apreciar de um estado, senão o verificar — a transformação de uns estados em outros. Assim, a longa sucessão de formas e de *estados derivados* toma o valor de um fato próprio: é a evolução. Essa necessidade de apoiar-se o espírito na ideia de estados definitivos tem expressão, ainda, na constante aspiração de repouso mental, teorias completas, explicações absolutas, sistemas explícitos...

Só uma consciência refletida muito intensa, apurada na verificação de condições *estáticas*, senhora dos recursos da análise; só uma tal capacidade de exame poderia entrever a possibilidade de mutações incessantes e ordenadas, como é essencial no progresso. E isso nos explica, também, por que a ideia de progresso se referiu antes de tudo à vida moral: é a diretamente alcançada por essa análise intensa de consciência, em exames subjetivos. Heráclito poderia ter tido uma qualquer intuição do fato; Lucrécio, inspirado dos epicuristas, teria dado atenção aos aspectos sensíveis de uma evolução natural nas sociedades... Nenhum, porém, teve força para abalar a filosofia política e social, que, em Platão e Aristóteles, presume, sempre, estabilidade em formas definitivas. Só muito tarde, quando prevalecem as concepções da segunda metade do século XVIII, com Lessing, Prestley, Turgot, Goethe..., é que a ideia de progresso se tornou noção definitivamente aceita, a lembrar as vistas de Pascal — que a humanidade existe e avança, "considerada como um mesmo homem, que subsiste sempre e aprende continuamente". É daí que a ideia se estendeu sobre a filosofia, abrangendo a natureza toda e o próprio Universo, em *plena evolução.*

De todo modo, esse primeiro progresso reconhecido é realizado no espírito. E, como o caracteriza Condorcet? Em que hierarquias se define ele? Na conquista da igualdade entre os homens... justiça entre os povos... Ora, se tanto pretende e proclama a filosofia moderna é porque reconhece e proclama a igualdade de natureza moral entre os indivíduos. Foi, essa, a grande descoberta de que decorre a própria noção de progresso. E só se fez muito tardiamente. Para reconhecer que, apesar de todas as desigualdades sociais e de aptidões, há analogia essencial nas almas, foi preciso uma longa e aturada análise íntima, profunda, para o cotejo das propriedades congêneres e das atividades análogas, de indivíduo a indivíduo. Dobraram-se as consciências, e *refletidas,* verificaram que *somos iguais* e podemos aceitar o dever de assim viver, reconhecendo aos outros *iguais* direitos.

Na evolução da psique, a *consciência refletida* é estágio último. Já havia história e a humanidade era, ainda, uma qual nebulosa de consciência social, até que a síntese inteligência-sentimento foi bastante coesa e lúcida para examinar-se a si mesma, na perscruta dos seus processos de realização e dos próprios diferentes modos de ser. As respectivas verificações tiveram valor de *doutrinas* na interpretação do mundo político e social. Compenetremo-nos dessa primeira teoria de progresso e reconheceremos que o entendimento humano não teria ido até ela sem reiterados julgamentos morais, cada vez mais nítidos e profundos, como o exige a concepção de justiça, consagração final do que a filosofia do século XVIII reclamava. Tais julgamentos morais têm que referir-se a modelos ideais, impossíveis — enquanto a consciência era aquela opacidade do bárbaro, onde apenas luzem as formas instintivas de satisfazer as necessidades essenciais. E as coisas se passaram de forma que o progresso foi, em primeiro lugar, uma condição interna, humana, fórmula de moralidade, daí transportada para o mundo objetivo, iluminado, assim, na luz dessa íntima reflexão da vida subjetiva.

Subindo ao longo dos registros em que se patenteia o valor das análises, podemos seguir a mesma evolução da consciência:

simples representação, ou notação de impressões, sem que a consciência se reconheça a si mesma; reflexão dispersa do espírito a propósito de cada uma das suas atividades, e em que o homem examina os seus conhecimentos e discute as próprias decisões; observação da atividade psíquica em outros, para cotejo do que o indivíduo conhece de si mesmo — constatação das primeiras analogias entre as consciências; apreciação da coerência íntima do espírito — noção do próprio EU como unidade formal; finalmente, intensidade de consciência, o bastante para que o espírito se analise como continuidade, com o reconhecimento das mutações possíveis através dessa mesma continuidade.

Tal desenvolvimento evolutivo nos explica por que, além da ideia mesma de progresso, outras ideias (e até métodos) que nos parecem essenciais só tão tardiamente houvessem surgido.[3] Tal acontece com a noção de *justiça,* a fórmula de *exame crítico* e a concepção do *livre-arbítrio...* Há, mesmo, perfeita analogia entre o valor dado à noção de *progresso* e à de *livre-arbítrio*. Na realidade objetiva, não há progresso, pois que não poderia haver *melhor,* nem *pior* — há evoluções; mas, conscientes, no orientar e animar os nossos esforços, agimos como se houvera, de fato, progresso, e conduzimos a ação para aquilo que, no subjetivo da espécie, consideramos como *melhor.* Da mesma sorte: não há liberdade absoluta ou objetiva, pois que pertencemos ao determinismo universal dos fenômenos; mas, sentindo-nos subjetivamente livres, procedemos como se fôramos senhores absolutos dos nossos atos, e os modelamos explicitamente pelos valores morais, apresentando-nos, dentro da humanidade, como responsáveis por eles. Como indivíduos, vamos no sentido de uma finalidade social, realizada no grupo a que pertencemos: é o progresso — político, moral, econômico... incluído no programa nacional, e que é, finalmente, uma relação de causalidade entre ações pessoais e fins comuns, progresso que é, concretamente, a realização, cada vez mais ostensiva e completa, da tradição nacional em si mesma, como indicação das possibilidades no conjunto humano.

---

[3] "O hábito da análise de si mesmo é um traço recente na história do espírito" L. Cazamian — *L'evolution psychologique et la litterature en Anglaterre,* 1920, p. 121.

Todo esse argumentar de generalidades tem por fim tornar bem explícitos os motivos que impõem o dever de cultivar e defender a tradição nacional, na fórmula prática de defender e depurar a história em que ela se contém e se sistematiza. Toda nação tem o seu caráter, cuja expressão formal se encontra na respectiva história, registro de experiências e de motivos de confiança... Só aí, podemos achar o que nos explique o presente, e as virtualidades discerníveis no futuro. Tudo isso se deduz pela série das evoluções realizadas, e que não poderiam ser direções cortadas. E elas nos levam às construções lógicas e profícuas, se as compreendemos a tempo, se não nos obstinamos, nós mesmos, em querer fazer destinos de fancaria, contra as fórmulas naturais e necessárias de expansão e de desenvolvimento da tradição.

VI. *A degeneração psíquica* — Somos uma pátria. Compreende-se bem o empenho de definir-lhe a tradição genuína, acentuá-la e cultivá-la, fazendo para isso a intransigente defesa da sua história. Representamos essa história em todas as formas do passado que devem subsistir. Atestamo-lo na nossa própria vida. Como admitir que nos pudéssemos subtrair ao seu influxo? Esse passado, que só existe como vida que se continua, deve continuar, tanto quanto se irradie das nossas consciências a tradição em que nos fizemos, pois que nos definimos como brasileiros. Precisamos de ser assim, e cada vez mais, realizando cada vez mais, também, as energias características em que evolui a nossa tradição. Socialmente, é a única forma razoável de dar satisfação ao instinto de conservação. E o passado, subsistente como influxo, vive em cada um de nós, multiplica-se em efeitos que premem o presente em vez de retê-lo, e o conduzem tanto mais eficazmente quanto melhor compreendemos o seu lineamento e o traduzimos em orientação. A inópia em achar essa mesma orientação, o temor de prosseguir, o esforço para reduzir o valor do passado à só explícita conservação, tirando-lhe toda a legítima significação, já são tétricos sintomas de decadência e degeneração. Então, as formas políticas se pervertem, vicia-se a vida social, amesquinham-se os feitos e deturpam-se os padrões morais, até soterrar sob camadas decompostas as puras formas originais. É nesse mesmo efeito degenerativo que se têm anulado tantas nações, fechando as histórias dos grandes impérios.

Entende-se como degeneração psíquica a queda das atividades superiores do espírito, determinando a degradação do homem nas suas qualidades específicas, caracterizadas, ou propriamente humanas. É a degeneração que se manifesta nos atributos e nos valores de inteligência, de moralidade e de caráter, e que só pode ser apreciada em efeitos. Admite-se, no entanto, que seja uma degeneração essa desvalorização das criaturas, ou dos grupos, porque os seus efeitos são equivalentes do que ocorre no órgão, cujos elementos nobres foram reabsorvidos e se substituíram por tecidos inferiores — *degenerescência adiposa, degenerescência fibrosa…* Nesses casos, nota-se que, com a inferioridade de estrutura, sobrevém queda sensível das qualidades funcionais do órgão. Ora, nos povos degenerados, como nos organismos em particular, nota-se uma tão acentuada degradação das funções de socialização e de pensamento, que faz pensar numa qual *inferiorização* da própria organização nervosa. E para, aí, toda a analogia entre a degeneração somática ou de estrutura e a degeneração da vida psíquica.

Analisando no substrato material, o *degenerado*, moral ou mental, não seria reconhecível; quando muito, alguns tipos extremos, com anomalias pessoais muito pronunciadas, caracterizar-se-ão por certos estigmas… Isso, porém, não lhes tira esse caráter, nem os redime da inferioridade humana que neles se manifesta. Tal inferioridade pode ir até à loucura, e inteira desclassificação moral, ou mental, conservando-se a aparente integridade anatômica. Por isso mesmo, certas enfermidades do sistema nervoso eram qualificadas de moléstias — *sine materia,* isto é, sem alteração sensível dos respectivos órgãos. Pura aparência: tais perturbações da vida de relação pressupõem lesões materiais; mas, são lesões na própria estrutura íntima da célula nervosa, ou perturbações nos seus processos nutritivos, imperceptíveis ao exame anatômico mais apurado ou a qualquer processo de análise usual. Aliás, o fato é constante: alterações e turbações na atividade psíquica, sem modificação sensível no substrato orgânico. A simples fadiga acumulada, assim como diminui a capacidade de produção muscular, provoca enfraquecimento da memória e sensível restrição no poder de atenção... Vem, então, a explicação, que, no caso, nada explica: o trabalho provoca a formação de substâncias químicas *estiolantes*, e estas, agindo sobre os centros nervosos, os entorpecem, determinando citados sintomas, que cessam quando as mesmas substâncias são eliminadas, e que uma *secreção interna* vem restabelecer o tônus normal... É possível que seja assim; é necessário que tudo isso se dê, para que se justifique a modificação funcional; mas, de fato, continua o aspecto paradoxal: alterações profundas no valor da produção cerebral, sem aparentes modificações da respectiva estrutura. E a explicação se afigura, então, equivalente da molieresca *virtus dormitiva*. Haja, ou não, produção de substâncias *estiolantes;* ainda que acudam as endocrínicas para restabelecer-se o tônus normal, a lógica nos impõe a convicção de que a cada turbação de função psíquica deve corresponder modificação de estrutura. Não o reconhecemos. Por quê? Dados a complexidade da organização nervosa cerebral, por um lado, e o aspecto sublimado dos processos conscientes, as respectivas perturbações funcionais nos parecem excessivas, visto como nem sabemos reconhecer as transformações que se deram nos minúsculos detalhes de organização anatômica. Que modificação é precisa, na posição das lentes ou na iluminação de um microscópio ultra, para que haja, ou não, nitidez na imagem que percebemos? Consideremos, agora, que o aparelho cerebral é milhões de vezes mais complexo e reduzido em proporções de elementos do que um microscópio e que as exigências dos processos integrais de consciência são infinitamente maiores que a de uma simples imagem microscópica, e teremos o motivo — porque as diferenças nos valores de consciência parecem não ter correspondente nas alterações materiais dos respectivos aparelhos.

Daríamos uma explicação mais lúcida se disséssemos: toda atividade psíquica é atividade fisiológica, mas, no valor e nos efeitos de consciência, os atos cerebrais-psíquicos são como que infinitamente ampliados, e, desse modo, os efeitos de uma mesma causa, se os contemplamos nas manifestações de caráter psíquico, como fatos de consciência, são nitidamente distinguíveis e caracterizáveis, ao passo que, verificados como modificações meramente somatofisiológicas, são quase indiscerníveis. Tal se dá com a ação do álcool e de muitos outros dos chamados tóxicos do sistema nervoso. Numa dose comum, não mortal, o álcool não deixa vestígios materiais, próprios; abstraiam-se os sintomas estritamente psíquicos, e nenhum profissional pode com segurança diagnosticar um alcoolizado, a menos que se trate de um caso crônico, de efeitos acumulados, ou se houver ainda vestígios exteriores ao sistema nervoso — hálito, restos de bebida no estômago... Enquanto isso, na repercussão de consciência, o menos experiente reconhece prontamente um bêbedo: tudo se caracteriza numa como que decapitação do poder superior — da vontade, domínio sobre si mesmo, força de caráter, espírito crítico, intensidade de atenção, capacidade de observações... É, bem sabemos, a ação química do álcool sobre o elemento nervoso que determina esse enfraquecimento de frenamento ou inibição; mas, assim como modificação orgânica, o efeito do veneno-álcool é imperceptível, ao passo que é brutalmente frisante como diminuição da capacidade de *controle*. Imagine-se que, assim como há um tônus muscular peculiar ao estado normal de saúde, há um tônus normal de inibição, característico de cada pessoa. Pois bem, o álcool faz cair o tônus de inibição, e o apreciamos muito bem nos efeitos sobre as atividades conscientes.

Consideremos um outro aspecto, ainda, se queremos compreender alguma coisa — na significação e interpretação da degeneração psíquica. A atividade cerebral consiste, finalmente, em transformar as excitações sensoriais em estímulos de ação: a *visão* de um fruto... o *ato* de o colher... No homem, porém, dado o enorme desenvolvimeuto cerebral, os estímulos de ação psíquica se organizam de modo muito complexo e remoto; os centros da respectiva atividade funcionam bem explicitamente — como aparelhos condensadores de energia e transformadores de estímulos. É isso mesmo o que ocorre quando, sistematizando os efeitos de mil impressões exteriores, organizando-as durante anos, chegamos, finalmente, a uma decisão. Esse modo de ser da atividade psíquica superior, nos longos estímulos em que ela se faz, toma feição muito especial na vida consciente. Em conceitos humanos, são considerados motivos morais, esforços e desenvolvimentos de pensamento, determinação de vontade... Então, verifica-se que uma mesma continuidade de ação abrangerá, muitas vezes, toda a vida do indivíduo, ao longo de muitos anos, absorvidas as suas energias numa mesma propensão, como se a pessoa fosse superior a todas as outras excitações, votada inteiramente a um grande programa ou a uma fórmula superior de realização. Dizemos, neste caso: que se criam motivos íntimos, de valor moral. As coisas se passam como se qualquer ulterior excitação sobre o cérebro devesse aproveitar-se exclusivamente para ser transformada em estímulo no sentido do plano geral de ação, ou no desenvolvimento de pensamento.

Não sabemos como no íntimo se passam as coisas; mas a verdade é que, nesse modo de ser (considerado como o superiormente humano), a vida do espírito se faz numa fórmula de intensa atenção — no plano de ação, ou no objeto de pensamento, com uma constante capacidade de inibição e de *controle,* inibição para afastar da atenção tudo que possa prejudicar a realização ideada, e que não diz com esse plano, *controle,* para apreciar e criticar constantemente o valor do que se vem produzindo.

Daí, resulta uma relativa superatividade, pela condensação de todas as energias num mesmo estímulo; as funções, em contribuição de trabalho, como que se exaltam, e permitem, assim, as conquistas — mentais, morais — a que consideramos como progresso. E aí está o sublime da ação humana.

Compreenda-se, porém, que são indispensáveis certas condições exteriores, de ambiência moral e material, para que a criatura humana chegue a essa possibilidade de longos estímulos conscientes, e que são absolutamente indispensáveis para uma produção superiormente humana. Simplificando, dizemos: é sob a pressão de necessidades cósmicas ou morais que se criam e se distribuem esses longos estímulos, superiores e profícuos. Ora, o sintoma principal na degeneração psíquica é, justamente, a incapacidade para a coordenação dos longos estímulos, traduzíveis em orientação lúcida e moral. No aspecto humano da vida, há uma sensível inferioridade de ação, e daí o considerar-se um tal estado, que é sempre decadência e degradação, como degeneração, isto é, declínio da organização cerebral. Não haverá uma patente regressão orgânica, ou decadência estrutural, mas, no seu valor humano, a pessoa é *degenerada*, na medida em que lhe falecem esses longos estímulos, que caracterizam a elevação constante em humanidade. Perde-se o *sentido* da solidariedade moral, que assegura o progresso social, e o grupo decai de valor.

VII. *Decadência nos valores humanos, degradação das tradições* — A degeneração psíquica pode ser considerada, nos indivíduos, ou nos grupos, pela verificação da conduta geral da pessoa, em confronto com os seus congêneres, ou pela apreciação da situação social de momento, em confronto com a tradição. De resto, a distinção não é bem nítida. Um degenerado raramente será um isolado, isto é, único da família a que pertence. Por outro lado, mesmo quando a nação inteira degenerou, haverá sempre personalidades puras de toda decadência.[4] Além disso: a degradação existe, praticamente, na ação, que é necessariamente individual. Nessas condições, dizemos que um grupo humano degenerou quando a maioria dos seus elementos representativos apresenta os caracteres individuais de degeneração; e esta se generalizou. Há, no entanto, um aspecto bem característico da degeneração social, ou dos grupos: é a queda dos critérios de proceder. Tudo se liga, na degeneração psíquica, àquela qual incapacidade para os longos estímulos, que, em linguagem subjetiva, chamamos de aspirações, ideais, conceitos morais, critérios racionais... e, por isso, na inferiorização geral do grupo, essa incapacidade de longos estímulos se traduz, necessariamente, como restrição de todos esses mesmos motivos.

Quando a generalidade dos indivíduos já é incapaz de conter os egoísmos e dominar a sensualidade pelo estímulo de moralidade, ou de patriotismo, o próprio critério moral se reduz, e o

---

[4] Na degradação do Portugal bragantino, há os Freire de Andrade, que até parecem imunes à degeneração.

patriotismo já não é de força a fazer arrostar a morte, as continuadas privações. É o que sucede numa linhagem de fidalguia, ou numa estirpe de gozadores afortunados, numa casta inteira, na totalidade de dirigentes que não se renovam... quando o destino os coloca no gozo imediato, fácil. Foi o que aconteceu às famílias do patriciado romano, quando elas tiveram, para fartar-se, senhorio sobre todo o mundo civilizado; foi o que aconteceu aos dirigentes portugueses, com o séquito que os servia, quando deram satisfação ao ideal de mercantilismo com que se atiraram sobre os mares:

> Corram ávidas galés!
> ....
> Toda a prata que fascina.
> Todo o marfim africano,
> Todas as sedas da China...
> Fartar!...

E, na fartura e no gozo, diluíram-se os heroísmos. Os jovens romanos das legiões de Pompeu baixavam o rosto e fugiam miseravelmente aos golpes que os veteranos de César lhes atiravam, propositadamente para aí... *Morrer como portugueses?!... Queremos viver!*, respondem, na pena de Camilo, os marinheiros convidados a resistirem ao inimigo...

Nesse caráter, a decadência com a degradação por degeneração é uma realidade, a dura e triste realidade em que desapareceram todos os grandes antigos impérios, todas as castas, aristocracias e oligarquias fechadas em classes dominantes. E foi isso mesmo, o que impôs à política do mundo moderno o paradoxo da democracia.[5] O exemplo clássico de degeneração geral, com manifesta decadência nacional, é o de Roma. De fato, a história não apresenta caso mais expressivo, nem mais rico em aspectos

---

[5] *Paradoxo* — porque a maioria, não sendo de ótimos critérios, não pode selecionar, isto é, escolher o ótimo. Todavia, com o domínio das burguesias, a necessidade de renovação fez do regime democrático, por algum tempo, o melhor, na medida em que ele supria, dentre os dirigentes, os que degeneravam e, com isso, evitava dentro da classe dominante as oligarquias fechadas. Foi assim até que a concentração do capital financeiro-industrial, determinou a atual forma de patronato, que é uma verdadeira *casta*.

demonstrativos, se bem que a sua verdadeira significação seja um tanto diferente do que está universalmente admitido nos conceitos históricos de que a degeneração do grande império latino seja uma singularidade a destacar no mundo antigo. Não, pelo contrário: a decadência dos povos históricos da Antiguidade é um fenômeno tão constante que toma o caráter de uma lei.

O caso de Roma tem valor especial por ser o último, e, sobretudo, porque o declínio do povo-rei, dado o seu poder imenso, representa uma queda formidável, a maior, nos anais da humanidade. Foi como o ruir da própria civilização. Note-se, porém: quaisquer que sejam as qualidades políticas e a tenacidade patriótica dos romanos, a sua expansão histórica e a extensão do seu domínio foram resultantes mais da insuficiência de seus adversários e rivais do que do valor positivo deles. No mundo antigo, não se conhecia *equilíbrio de poder* entre as nações (Mommsen).* Desde que um povo se sentia forte, investia contra os que lhe estavam ao alcance e crescia ostensivamente à custa das conquistas. As sociedades viviam formalmente do trabalho escravo, e, desta sorte, as classes políticas, nos países mais fortes e dominantes, estavam condenadas à degradação, uma vez que, elevadas em poder, se viam na posse das riquezas havidas das conquistas. Roma veio por último, quando, pelo gozo da supremacia, Egito, Assíria, Pérsia, Macedônia, Cartago já tinham chegado à decadência. Povos em franca degeneração, esses rivais foram facilmente suplantados pelos rústicos romanos, que, assim, se constituíram em herdeiros forçados de toda a Antiguidade, como largo ventre que se abrisse para receber o mundo a esfacelar-se. Nem vale a pena lembrar o etrusco, amolentado na riqueza; mas não é possível deixar sem menção: aquela Grande Grécia, que não sabe aproveitar o gênio militar de Pirro e o obriga a abandonar a guerra quando só conhecia vitórias; o Cartago, da *Geroma*, obstinado em perder-se e a negar os recursos com que a formidável estratégia de Aníbal teria destruído definitivamente o poder de Roma; a

---

* Theodor Mommsen (1817-1903) — Nobel de Literatura em 1902 — Historiador, escritor erudito, estudioso alemão, teve intensa atividade acadêmica. Por seus trabalhos sobre epigrafia e por sua *História de Roma* (1856-1885), renova o estudo da Antiguidade latina.

Macedônia, milagrosamente conservada pela habilidade de Felipe, para sucumbir sem lutar, quase, consumida pela corrupção em que se diluiu todo o valor guerreiro dos gregos. Depois, é o Oriente todo a vazar-se no seio já podre da Roma dos Lúculos e Cíceros...[6]

Só desse modo, pela insuficiência dos outros, se explica que Roma, sem gênio militar, fosse senhora do mundo, ao mesmo tempo que um círculo de oligarca era senhor de Roma. E quando o Império latino caiu, foi como se todo o mundo civilizado houvesse ruído. Um caso único, esse; mas a decadência de Portugal não é menos expressiva e impressionante, como rápida e profunda.

---

[6] Um grande homem dessa Roma é Cícero, oratória a soldo dos publicanos, a quem chamava de *homines et honestissime et ornatissime*. Confessou, sem trejeitos, que, num só ano, arrancou, para si, da província que governava, 2.200.000 sestércios (cerca de 3.000 contos). Acusando Verres, fazia-o somente por interesse político: Verres era de Scila. *Cidade Venal!* Teria exclamado Jugurta, esgotado o ouro em comprar os oligarquias do Senado. Mommsen não pode conter o nojo ao tratar de Cícero, e, verificando a verdade do conceito do rei africano, comenta, ao citar o nome de um senador menos corrupto (168 a. C.): "Era um dos raros romanos a quem não se podia oferecer dinheiro..." Depois, repete Platão, justificando-se nos fatos: "O que rouba o Estado acaba no ouro e na púrpura." Nessa época, ainda longe da degradação definitiva, o número de padeiros, cozinheiros e outros não combatentes, ao lado dos soldados em campanha, era de quatro vezes o número dos combatentes.

PARTE 1ª
Deturpação das tradições

CAPÍTULO I

A HISTÓRIA PELOS GRANDES POVOS

1. *Função da história e da tradição*

Apreciemo-la como quisermos: uma nação é sempre um mundo de inteligências morais e vale no valor da mesma moralidade, lúcida, inteligente. Esses aspectos constantes não bastam, porém, para definir o fato, pois que a coletividade só adquire o caráter *nacional* quando nela vive e se expande uma tradição, que é a própria fisionomia social do grupo. E as consciências se distinguem, necessariamente, sobre o fundo da fisionomia nacional. Assim se condensam, então, e se objetivam as aspirações gerais, para a concreta solidariedade dos interesses da nação. No simples indivíduo, para os efeitos (p. 32) da iniciativa e tenacidade da ação, o mais importante, o *motivo de confiança,* esse tem de consistir em uma nítida consciência de virtude íntima, ou intuição do próprio valor, como que projeção de energias sobre o futuro, pelo desejo de realizar. Para o conjunto das consciências, num povo nacionalizado, os motivos de confiança encontram-se na respectiva tradição, tanto mais eficaz e potente quanto mais rica em afirmações de humanidade. E como a história é o próprio registro de cada tradição, nas suas páginas se encontram os mais significativos fatores de decisão e tenacidade, os mais veementes motivos de confiança coletiva. Mas, para tanto, é indispensável que se registre sinceramente a verdade, condensada nos feitos expressivos e característicos da mesma tradição. É quando, impondo-se para orientação, a história vale também como demonstração de mérito e capacidade de realização.[1]

Para os fins do progresso e da segurança nacional, tudo isso tem importância capital. Cada povo se define vivendo a vida das suas tradições; cultiva-as e defende-as, por conseguinte, como cultiva e reforça as suas energias de desenvolvimento, como zela e defende a própria existência política e soberana. Ora, as tradições existem, concretamente, na história nacional, que, por isso, tem de ser defendida com a mesma vivacidade e intransigência com que são tratados e defendidos os interesses reconhecidos e o patrimônio comum. Não pareça estranha esta fórmula *defender a história nacional...* A história é o campo onde se travam todos esses combates de que resulta a vitória de umas instituições sobre as outras, de classes e de doutrinas, em detrimento de outras, pois que as instituições, classes e doutrinas são outros tantos veios em que deriva a experiência comum, como são os aspectos concretos em que as tradições se confrontam e se combatem. No final, toda a história se reduz a contendas de tradições, sem perder, por isso, o seu papel superior — de fazer a confiança da nação nos próprios destinos, delineados pelos fatos já explícitos. Daí resulta, justamente, o dever de ser a história sincera, purificada, vivaz, exata... capaz de orientar, estimular e defender o desenvolvimento nacional de que participamos, e que se torna cada vez mais consciente nas aspirações comuns.

Desta sorte, cria-se, na história, mais do que em qualquer das instituições concretas, o mundo onde se encontram os desejos e as realizações, através dos tempos e das classes sociais. Vão com ela os sentimentos dominantes e fecundos, sem que isso lhe contradiga a função essencial, antes beneficiando-a, pois que o sentimento é o próprio estímulo na consciência. "Não é a razão; é a paixão que faz a história, porque é a paixão que trabalha pelo futuro." Assim julgando, Mommsen nos dá quadros da evolução

---

[1] Kautsky acentua: "A importância prática da história está, sobretudo, em multiplicar as forças dos que sabem utilizar as experiências do passado." É a história — orientação e demonstração de valor. (*Terrorismo e Comunismo*, p. 53.)

humana que são realmente inspiradores, como verificação das formas consagradas na civilização e das instituições úteis na constituição política dos povos. E vemos, então, como as novas necessidades criam novas constituições, renovada organização das forças essenciais no agrupamento humano, e que são idênticas... *Identidade, em desenvolvimento progressivo,* a tradição é o próprio espelho desse desenvolvimento, que tanto reflete o passado como revela o futuro. Para tanto, exige-se da história rigorosa coordenação de perspectivas vividas, planejadas em lógica. Sem isso, ela se anula em arrumação de relatos apenas cronologicamente dispostos, ou desorienta, com o amontoado de peripécias enfartadas de erudição caliginosa.

2. *Como e por que se deturpa a história*

Aos grandes povos, enquanto mantêm grandeza, não é difícil defender a própria história, e ter nela o necessário estímulo e inspiração. Mesmo sem tal intuito explícito, neles, a história é, sempre, a expressão, exagerada até, da grandeza nacional. O próprio valor que leva um povo a expandir-se e desenvolver o seu poder leva-o a enobrecer-se — ampliando os seus feitos, dando-lhes significação e valor muito além da realidade. Que maior importância teve nos destinos da humanidade todo o Luís XIV — as suas façanhas, em renovadas amantes e repetidas campanhas?... No entanto, a história do seu tempo, como a contam os franceses, parece dominada pelo sensual orgulhoso de Versalhes... Ao lado, os ingleses inflam (com mais direito, certamente), nas façanhas do *Grande Protetor,* com o triunfo sobre o Batavo, enquanto os alemães multiplicam os efeitos políticos do seu Grande Eleitor... Também, se não fora assim, nada mais fácil do que compor a história universal: bastaria justapor as histórias nacionais e teríamos a total historificação dos povos.

Ora, quem assim procedesse só obteria uma soma, contradizendo-se dentro de si mesma; uma verdadeira monstruosidade, visto que as histórias parciais não se completam, nem coincidem

— nos limites de umas com as outras. Então, nos povos de grande prestígio intelectual e político, para afirmação e consagração do mesmo prestígio, compõe-se uma *história geral* como complemento da nacional, isto é, cuja *generalização* se distribui especialmente para formar o fundo onde se destaquem os feitos em que se engrandece aquela a que ela vem servir, feitos cuja glória é, necessariamente, sombra para os outros povos. Resulta, finalmente, que há tantas *histórias universais* quanto há de grandes tradições nacionais, que, assim, aparecem como centros de gravitação das outras tradições. Com isso, o valor geral da história se deturpa, na medida do valor que cada historiante atribui ao seu povo, com relação aos fastos da civilização. Quem descobriu a democracia para o mundo moderno? Quem inventou liberdade política?... ingleses, franceses e americanos, não poderiam estar de acordo nas respostas. Todos eles concorreram na realização desse pedaço de progresso; mas, para cada um desses povos, vale especialmente o próprio esforço. É natural, necessário mesmo, que cada um deles se reconheça como o autor da democracia, inventor da liberdade. Em face do prestígio desses povos, uma Suíça, a arcaica Florença, não poderiam pretender primazia. Finalmente, a história fica a serviço de quatro ou cinco civilizações especiais, aquelas que apresentam, no momento, um maior ativo de contribuições, na obra da civilização geral.

A diferença de poder e de valor efetivo entre as diversas nações vem a ser tão insensível como entre os próprios indivíduos. Na realidade das coisas, fora impossível achar o limite justo entre povos *grandes* e *pequenos*, fortes e fracos. Contudo, os mais poderosos, abusando da superioridade relativa, desnaturam a situação, atribuem a si mesmos toda a força, e dividem as nações em *grandes* e *pequenas*. No domínio da história, elas ainda procedem mais desafrontadamente, que não há meio de pedir contas do abuso de prestígio. Nem, mesmo, devemos estranhar que seja assim.

3. *Egocentrismo da história*

Copérnico podia pedir que, no julgar do nosso sistema planetário, não se colocassem os astrônomos no ponto de vista da Terra, somente, mas, também, no do Sol. Ele pretendia uma coisa relativamente simples. Trata-se de valores materiais e patentes, para os quais se impõe um critério objetivo. No entanto, ainda houve resistências. Considere-se, agora, quanto será difícil obter que historiadores e outros dissertadores de coisas humanas julguem e apreciem as situações históricas, para a hierarquia dos povos, levados por um critério objetivo — não do ponto de vista nacional, mas da humanidade, do progresso da justiça!... É quase que impossível, pois que tudo se faz como apreciação de valores morais e mentais, para os quais não há outra medida senão o mesmo nível em que se encontra a consciência definidora, incluída necessariamente numa refração, que é a da tradição que a inspira. Pretender, no caso, o efetivo objetivismo é pretender que o indivíduo saia de si mesmo, que dispense todo critério de julgamento, como a divisar fora de qualquer horizonte. Não: o historiador, a definir valores, há de ficar no ponto de vista humano, na refração da tradição a que pertence.

Há uma outra circunstância a que devemos atender, quanto à constante subordinação da história geral ao critério particular de cada um dos grupos nacionais: é a necessidade de conhecermo-nos em relação com o resultado geral da vida. *Conhece-te, homem!* é uma condição indispensável de êxito, para os indivíduos, como para as sociedades. Mas, não se pode chegar diretamente a tal conhecimento quando se trata da sociedade, porque nenhuma consciência individual poderia abranger o complexo das relações em que se exprime a conexão — entre a atividade atual de um grupo nacional e o resultado geral e definitivo da vida. E como a necessidade do *nosce te ipsum* não pode ser iludida, por instinto somos levados a procurar, na história geral, a indicação do valor humano de cada sociedade. Infelizmente, a história nos responde, já o vimos, no critério de quem a faz, pois que, de fato, cada grupo vê e compreende a civilização de si para si, e deturpa os apreços gerais, como nas consciências se deturpa a noção do próprio valor pessoal. Os pretensiosos de língua chamam a esse modo de julgar de *egocêntrico*. Apesar de toda a preciosidade de expressão, o fato não teria maior importância, se não fora aquela circunstância — de que a deturpação se faz para proveito dos que já têm grandeza histórica, em detrimento dos menores, para maior afronta dos vencidos e dominados. Friedrich Schiller, para definir a função da história, admite que, da soma total dos acontecimentos que constituem a História Universal, quem "quer escrever limita-se a escolher os que exerceram uma influência essencial sobre a forma presente do mundo e as condições das gerações atualmente vivas". E aí está — a *escolha*, que é tudo.

Verificadas as condições em que se faz a história para o uso universal, cabe a cada povo defender a própria história, num esforço que deve ser proporcional ao valor aparente das histórias deturpadoras. Tal procede Blasco Ibañez, quando aprecia o passado do seu povo, hoje despojado de tudo, diminuído nas próprias glórias; e grita o seu protesto: "La istoria es una mentira..." Carlyle já havia assinalado: "No fundo, não há história verdadeira..." Kautsky, muito recentemente, registra a verdade, sem mesmo tentar correção: "A falsidade da história é tão velha como a própria história."[2] Para um Ibañez, não poderia haver outro modo de julgar, quando ele, possuído da tradição espanhola, com o seu passado de legítimas glórias, contempla essa história geral, como a distribuem os dominadores de hoje, esses mesmos cujos maiores valores, ontem, eram os *senhores feudais*, "bárbaros, grosseiros de modos e de espírito, enroupados em estamenha, comidos de piolhos...", como pitorescamente no-los apresenta ele próprio, Ibañez. Os que vieram de bárbaros feudais têm que achar nobreza na barbaria e calar todo o verdadeiro progresso, que se fez por fora dessa mesma barbaria, em luta com ela, educando-a, como em Florença, repelindo-a, como na própria Espanha. No entanto, esses são desenvolvimentos muito afastados, já. É possível julgar deles indiferentemente às

---

[2] Carlyle tem, sobretudo, o mérito da sincera franqueza. Nas mesmas páginas (O. Cromwell) em que ele dá esse conceito, exalta o assassínio do duque de Buckingham. (Ibañez, *La Catedral*, Kautsky, *op. cit.*)

opiniões consagradas, desde que não seja alguém diretamente preso à qualquer das tradições contestantes, ainda vivaces. Tal acontece a qualquer americano que procure reconhecer os rastros da civilização, no período em que se preparou a vida moderna e queira constatar os verdadeiros fatores dessa obra de socialização humana, preparadora da inteira solidariedade da espécie: a conquista completa do planeta e a aproximação da humanidade, mediante o relacionamento das suas diferentes partes.

4. *Efeitos gerais da deturpação histórica*

Franceses, ingleses e prussianos abarrotam-nos, hoje, com as suas histórias universais, feitas para dar valor à barbaria feudal, em que viveram séculos e séculos; e, levados por elas, nem podemos compreender como, da barbaria curta e devota em que eles viviam no século XV, conseguimos vir à portentosa intensidade humana dos séculos seguintes. É a história de acasos sem nexo, de milagres ilógicos. Nos mesmos volumes em que centenas de páginas se deixam para as brutalidades do feudalismo e as míseras competições das dinastias bárbaras, duas, ou três, falarão, sem maiores consequências — de Veneza, Florença, Pisa... Califados... cidades da Hansa*... o Condado Portugalense... até que, sem outro preparo, chegamos ao deslumbramento da geral *Renascença*, estupidamente explicada — pelos alfarrábios que alguns eruditos, dessa Constantinopla degenerada e decaída, trouxeram consigo, no fugirem ao Turco. Não os detêm nem a incoerência, nem o ilogismo. Que têm com esses alfarrábios — os antecedentes da expansão portuguesa, as instituições democrático-industriais de Florença, a longa e desenvolvida organização política e comercial das cidades hanseáticas e germânicas, a grandeza gloriosa da aristocrática Veneza...?

---

* Hansa – Na Idade Média Latina, a *hans* ou liga hanseática era uma associação que gozava de privilégios que lhe davam poderes meios de atuação na Europa setentrional, constituindo-se esses privilégios essencialmente nas franquias comerciais que se irradiavam para a Inglaterra e para a Rússia. Constituída em 1241 (*sic*), a *hansa* contava, no fim do séc. XV, com 64 cidades.

Roma cumpriu o seu fado. O cristianismo, na vasta trilhagem do romano, repisada pelos bárbaros, com a instabilidade social e política resultante dessas migrações pelo império latino; o cristianismo cumprira também a sua missão — de desenvolver, nas populações conhecidas, a propaganda moral e os princípios de justiça. Era uma cultura em extensão. As hordas bárbaras entraram definitivamente para a civilização latina, em troca da dose de barbaria que infundiram nas populações dominadas e da nova estabilidade que assim impuseram. Tanto fora necessário para essa cultura de vastas superfícies: os princípes bárbaros, senhores por conquista, aceitam o novo credo, com a condição de continuarem dominando, em partilha com os seus guerreiros. A igreja se refaz no acordo com a aristocracia, e os bárbaros adotam, da civilização, as utilidades que compreendem; mas impõem muita coisa da sua barbaria. Tais fórmulas de composição política permitem que as populações, pacíficas e organizadas na antiga Roma continuem a viver numa relativa cultura civil; mas, desaparecida a política universal romana, possuídos brutalmente pelos conquistadores os grandes centros de civilização e de apuro do espírito humano, estaria suspensa a verdadeira evolução da espécie, para elevação e solidariedade, se não surgissem outros centros de cultura, outras organizações em que se realizasse, de mais em mais, a socialização da espécie. E quando parece mais profundo o negrume feudal, e mais torva a barbaria, com os aristocratas *Cruzados*, transitam monges e especuladores plebeus, que trazem do Oriente muito progresso e muita cultura já esquecida, sepultada pelas camadas invasoras.

Mais importante, ainda, para a continuação do progresso é o árabe, força gloriosa, flamejante de fé, mas tolerante; o árabe, possuído dessa mesma cultura desprezada pelo bárbaro, que ergue a Espanha menos barbarizada do que qualquer outra Europa e faz, dali, o alto pensamento do Ocidente, por todo o eclipse da *Idade Média*. Enquanto Paris é um miserável agregado de lares sujos e lôbregos, nas ilhas do Sena, e que o grande duque de Normandia, poderoso rei da Inglaterra, habitava a mesquinha *White Tower*, Córdoba tinha grandeza de arte e de inteligência, riqueza e luxo, a exemplo de Roma imperial. A sua universidade era feita na filosofia de Aristóteles, na ciência de Pitágoras e de Hipócrates: "... ciudades tan populosas como las modernas capitales del mundo, poblaciones enteras eran inmensas fábricas de tejidos...". O Cairo, donde vinham esses árabes, era o conjunto de maravilhas comparáveis ao Alcazar de Córdoba, e ao Alhambra de Granada, que são grandes belezas, mesmo para os nossos olhos. A magnificência do califa Mostanser Bilah, no século XI, faria inveja a um Luís XIV; o monge Girbert, papa Silvestre II, o *homem mais notável de sua geração*, humilde de nascimento, tem a fortuna de ter educado nas universidades árabes da Espanha e traz de lá um tal saber, que os bárbaros da Europa Central o consideram feiticeiro, que outra explicação não achavam para tanta ciência, em segurança de pensamento.[3] Isso era em 1990, séculos antes da fundação da Universidade de Paris. Humboldt tem os árabes como fundadores da ciência positiva moderna; em 1833, já o califa El-Mamom fundava observatórios em seus domínios e fez medir um grau nas planícies de Palmira. Ao findar do século de Silvestre II, os sábios das universidades árabes jogavam francamente com a trigonometria esférica, e Abul-Vaja (600 anos antes de Ticho Brahe*), calculava a terceira variação lunar. Finalmente, era corrente, para eles, toda essa astronomia que os sábios ocidentais, do século XVI e do XVII, descobriram — nos livros árabes.

5. *Valores esquecidos — para serem sonegados*

No Oriente abafado em bizantinismo, no Ocidente barbarizado, a obra do progresso humano teve de continuar na ação dessa energia nova, fecundada por toda a cultura greco-latina, cultura que o árabe assimilara, guardara e enriquecera, passando-a, depois, com criações próprias, aos primeiros europeus que conseguiram romper a crosta da barbaria e vieram preparar o renascimento da Europa — florentinos, venezianos, ibéricos, germanos

---

[3] "Contava-se que o tinham visto roubar toda a ciência da Espanha, trazida nas costas do demônio que o servia". (Brooks Adams, *A lei da civilização e da democracia*, ed. americana, cap. IV).
* Ticho Brahe (1546-1601) Astrônomo dinamarquês. Suas observações permitiram a Kepler, que foi seu discípulo, enunciar as leis sobre o movimento dos planetas.

da Hansa... Nas *cidades livres*, realmente livres para uma nova forma de vida, os efeitos são apenas de socialização: receberam a lição de atividade comercial inteligente e constituíram o núcleo donde deriva toda a atividade social da moderna Alemanha, Holanda, Flandres (região da França e da Bélgica), admirável orientação para esses ingleses, que aprenderam a comerciar em Anvers.[4] Quando Carlos VII, de França, arma os seus primeiros sete calhambeques, para tentar a navegação de comércio em grandes mares, a Hansa já conta oitenta grandes cidades comerciais e tem uma organização de negócios que a torna universal, para o mundo de então. Garantidos pela proteção do *Imperador*, hábeis negociantes dali puderam levar aquela parte da Europa a um estado social sem igual, por todo o Norte e Centro. Foi um movimento de verdadeira civilização, que se estendeu por toda Vestefália e o Reno, até o Danúbio.

E assim se formaram as massas burguesas, inteligentes, úteis, produtoras, em contestação com a aristocracia feudal, inutilizada nos seus privilégios, apta, apenas, para a guerra à antiga, pois que todo o progresso militar — pólvora, facilidades de transportes — se faz sem ela, em virtude dessa mesma aproximação dos povos. Pensamos nisso e compreendemos que a imprensa nos venha de um artesão do Reno, pois ali, como na Itália industrial, o artesão é valor político e mental. Nas terras de história imediatamente romana, tão próximas dessa mesma tradição, o influxo de civilização tem efeitos prontos e as cidades italianas são centros de realização e cultura humana, como a Espanha, como a Hansa. De certo modo, têm razão esses germanos que se proclamam restauradores da civilização romana. Sim: ali se refugiou, e se adaptou à vida moderna, muita coisa do espírito romano, no que ele tinha de universalizador e socializante. Nos hanseáticos e

---

[4]"Em 1426, eram 108 as cidades da *Liga hanseática*, com um grande número de cidades estrangeiras a elas associadas, conformando-se com os seus estatutos marítimos e comerciais; ela podia armar, então, cerca de 260 grandes navios contra a Dinamarca, com 12.000 homens de desembarque. Ora, a Hansa de Lubeck não era a única... Havia a liga das cidades do Reno e a de Suábia, reunindo as cidades do Danúbio. Que se julgue, por aí, a grande diferença de avanço comercial e industrial dos dois países e, por conseguinte, político e social, com referência à França, e que se veja de que lado se realizaram maiores serviços à civilização, durante a Idade Média". (Ad. Coste — *L'experience des peuples*.)

flamengos, como nos ibero-árabes, lombardos, venezianos e toscanos, estão os verdadeiros e imediatos continuadores da obra de socialização do Ocidente, quando já não há *romanos*. Ontem, orgulhosos da grandeza feita na política prussiana, hoje abatidos em poder militar, os alemães reconhecerão que a sua verdadeira obra de progresso e o respectivo valor humano estão na atividade social e inteligente expressa na vida da *Hansa* e no pensamento desses que, de Leibniz a Goethe, foram legítimos criadores, na formação do espírito humano. Os franceses, que tão dificilmente subiram para a liberdade, e tão tardiamente se incorporaram à obra de socialização do planeta, perturbam-nos sempre, com a facilidade das suas generalizações, quando vêm dar-nos como decisivos, para o total do mundo, os seus demorados progressos sociais e políticos. Pois não é verdade que hanseáticos,[5] florentinos, ibéricos, suíços, ingleses e americanos precederam os franceses na evolução política? No século XVI, a Inglaterra e a França alcançaram italianos e espanhóis — que vinham fazendo a vanguarda do progresso intelectual; mas, dois séculos antes, a diferença entre uns e outros é a que vai do pensamento e arte da *Divina Comédia*, em que ainda nos exaltamos, e as puerilidades rudimentares dos menestréis da *Mesa Redonda*, ou a suporífica versalhada de *Meliador*.

E tanto é verdade essa inferioridade dos povos mantidos na política feudal, que toda a riqueza, comércio, cultura, arte e indústria da Idade Média se fizeram com as populações urbanas. A vida rural era a ociosidade belicosa do aristocrata, *senhor* da terra, e a miséria da gleba, inclusive os servos. Incapazes de compreender e realizar qualquer progresso nas culturas e de melhorar o tamanho do chão, esses donos da terra deixavam-na à mercê dos acidentes

---

[5] F. T. Perrens, do Instituto de França, ao estudar a *civilização florentina*, no século XIV, reconhece o *facho quase extinto da civilização, só ali se mantém aceso...* "Tandis qu'a Paris on dispute sur Aristote sans qu'aucun des disputeurs en ait lu le texte original, a Boulogne e a Rome on commente les monuments authentiques du droit ecrit. C'est la naissance de l'esprit critique". Adiante, o mesmo Perrens nos mostra — Petrarca motejando dos pueris poetas *das canções de gesto*, mesmo na sua obra capital — *Romance da Rosa. (La Civilisation Florentine du Siècle XIII au XVI* p. 133). Se, para o mesmo tempo, Perrens houvesse examinado as condições da Ibéria, verificaria que ali, muito antes dos ingleses, havia a instituição *do habeas corpus*. É certo que os ibéricos involuíram em liberdade civil, mas deram o exemplo.

climatéricos e das vicissitudes meteorológicas: charcos que se agravam em pavis, savanas que se esterilizam de mais em mais, encostas que se desnudam e empobrecem... inundações e secas, contra as quais não há remédio. Não há processos, nem meios de fertilizar o solo exausto, ou de corrigir a corrente fluvial, que, perto, alaga e afoga pastos e plantios, longe deixa a terra deserta. Não é que a atividade rural não seja, na evolução da espécie humana, fase definitória das civilizações em progresso; mas, no caso, o que se destaca é a diferença de nível entre a população agrícola e a burguesa. O que distingue, então, o momento político e o tipo social é o fato de uma terra já feita num nível superior, e que, conquistada depois pelo invasor bárbaro, a ele enfeudada, é convertida em gleba para trabalho servil e apoucado, ao passo que nas cidades vizinhas há esforço de progresso e o tom geral da vida se eleva.[6]

6. *O subjetivismo das tradições: os grandes povos*

Todo esse alegado de fatos banais seria inútil, até descabido, se não fora a necessidade de tornar evidente a deturpação constante da história, ora podada, ora exagerada, segundo convém às tradições dominantes, no fim de dar valor a sucessos inferiores, exclusivos delas mesmas, sem maior repercussão na evolução geral da humanidade. Na verificação das falsidades e distorções históricas, adquire-se a liberdade de espírito, como é preciso, para elevar o julgamento por sobre preconceitos, e estimar, das histórias contadas, o que merece estima e apreço. Aos povos de tradição humilde, isso se impõe como condição essencial, indispensável, se querem ter a justa compreensão da sua própria história, no valor real dos sucessos que a fazem. Assim, desprezando os critérios interesseiros das grandes tradições, os humildes poderão verificar conscientemente o valor da sua tradição nacional, pro-

---

[6] Ad. Coste (*L'experiénce des peuples,* p. 128) mostra que os continuadores do *petit roi de France,* antigo duque da ilha de França, estavam ainda muito longe de ser o chefe incontestado de uma nação, quando o Avis já tinha como expressão do seu poder um Estado perfeitamente unificado e ordenado.

clamá-lo desassombradamente, e tirar dessa mesma tradição indicações e estímulos, para a sua plena expansão.

Nenhuma das nações obscuras tem mais motivos para protestar contra a atual destribuição de valores históricos do que o Brasil; em nenhuma é mais urgente a necessidade de reivindicar a situação que as qualidades e os feitos do seu passado lhe conferem. Não por estulta vanglória, mas porque daí teremos justos motivos de confiança, e a compreensão de que o mesmo passado nos impõe o dever nacional de não a desmentir. Já agora, será preciso desenterrar a nossa legítima tradição, e limpá-la, para que a tenhamos como convém aos fins de contemplação patriótica. Toda a nossa formação, e os seus antecedentes, são deturpados e diminuídos. Na própria história europeia, há uma sistemática sonegação de valores humanos que nos interessam especialmente: é o que se refere ao papel de Portugal, no preparo do mundo moderno, para a completa socialização do planeta. Interessa-nos, já o notamos, porque o Brasil resulta diretamente dessas energias que fizeram dos portugueses o primeiro povo ultramarino, o único realmente ultramarino, que tudo mais é acaso, ou aproveitamento direto da experiência portuguesa. No entanto, isso não consta das grandes histórias. Nelas se relatam, desde os fins de Roma, desenvolvimentos parciais, donde devem sair franceses, ingleses, prussianos, castelhanos... até que, um belo dia, acabou a *Idade Média*, e está pronto o mundo moderno, nos respectivos *grandes* povos. A vida que a humanidade vai viver, agora, a civilização em que ela se encontra, é referida como resultado natural dos sucessos políticos e das aventuras dos bárbaros feudais, enquanto se educavam, por sucessivas gerações, para um regime no nível da cultura jurídica de Roma, e para um pensamento onde pudessem caber as letras e a filosofia dos gregos. Ao abrir a porta para a era moderna, haverá um capítulo onde se fala de Renascença, descobertas, viagens... tudo como ocorrências sem antecedentes, quase, manifestações esporádicas, e que, por acaso, tiveram consequências duráveis. É uma história feita para determinadas nações; histórias nutridas no viver exclusivo dessas mesmas nações, quando a maior parte do movimento de que resultou o mundo moderno se fez por fora, pode-se dizer, das atuais

67

grandes histórias nacionais, como os respectivos historiadores as compreendem.

Foi assim, para tudo que se refere à conquista completa da terra e à solidariedade dos destinos humanos. De todas as nações de então, somente Portugal fez da *expansão sobre o mundo* um programa nacional, num prosseguimento de século. No entanto, julgando do caso pela extensão dos domínios que o acaso trouxe a Castela, as histórias fazem parelha, nas descobertas marítimas de Espanha e Portugal, quando Castela nunca chegou a ser, de fato, marítima e navegante. De Colombo, genovês, de escola portuguesa, à *Invencível Armada*, o que há de maior façanha marítima, para a Espanha, é o feito do português Magalhães. Este é bem o caso em que, da história, se deve dizer — *es una mentira...* O prestígio marítimo, comercial e colonizador da Inglaterra, com o seu valor positivo no mundo atual, tem uma tal projeção sobre o passado, que tudo mais desaparece, eclipsado. Portugal, mesquinho, decaído na sua degeneração, é menos que ceitil, em face da opulência inglesa. Pois bem: essa diferença de hoje, entre um e o outro, é, invertida, a mesma que existe entre os feitos e o valor da nação que, em intrepidez sua, ostensivamente, afronta tudo para dominar os mares, e o apoucamento do povo que, ainda depois de tal exemplo de expansão, só nos fins do século XVI começa a sair por sobre os mares, isto mesmo, nas nefárias piratarias de Drake; e as infâmias do negreiro Haukins.

Se não pensamos nisso, não podemos dar à ação portuguesa o seu preço exato, e, se não lhe damos o devido apreço, não chegamos a alcançar todo o valor dos que fizeram o Brasil, e o mantiveram, contra todos os grandes e fortes do mundo. É preciso considerar um tal valor, para critério capaz de desprezar os conceitos que, em falsas induções *climáticas,* ou nas conclusões de uma *sociologia para brancos,* nos dão como essencialmente indolentes, de ação restrita e morna, incapazes das superioridades dolicocéfalas e norte-euras. São deformações teóricas, do mesmo valor das que nos explicam as iniciativas marítimas dos portugueses — pela sua situação litorânea, sem explicar, no entanto, por que outros povos, mais litorâneos ainda, como os ingleses, tiveram de esperar os resultados obtidos por Portugal, para atirarem-se ao Atlântico, ou, ainda, por que outros litorâneos, como todos os eslavos do Mediterrâneo, nunca foram marítimos.

Tais despautérios constituem as últimas falsificações de critério, no sentido de diminuir ou, mesmo, desclassificar os povos hoje decaídos, em favor dos dominadores do momento, e que se atribuem, por isso, superioridades essenciais. O fato seria para indignar, se não compreendêssemos que toda tradição é um aspecto subjetivo do desenvolvimento social e que, nos julgamentos definitivos, muitos desses valores subjetivos têm que ser descontados. E é por isso mesmo que os *superiores* do momento procuram reforçar os seus valores de tradição com esses motivos de aparência científica — *dolicocefalia* e *arianismo:* pulhices que se desmentem na própria história.[7] O pior, no caso, é que, finalmente, nem se pode lobrigar a realidade do passado, na distorção a que o submetem, de tradição em tradição, e tudo nos aparece como turbação e falsificações de uma história sem lugar para desenvolvimentos lógicos e necessários. Mentira verificada, mas consentida e aplicada no valor de exatidão, a história afasta a verdade, a restringe, no julgamento do francês, ou a isola, em presunção, com os germânicos, para, ao mesmo tempo, deprimir o brio do holandês, ou do mexicano. Antes, a pura ficção. E o mal se agrava, se o historiador, avesso aos legítimos intuitos da história, louva-a no que Carlyle chama de *Draydust* — indigestão de erudição, para mostrar, como arrotavam os etruscos, e a que horas se benzia Camarão... Como achar, aí, quando a sandice substitui o critério, aquilo que deve estimular e orientar um povo?

Max Nordau, num longo livro sobre *Le sens de l'histoire,* julga ter explicado a essência das deturpações, quando nos diz: "O que

---

7 Mommsen, que era ariano, e, certamente, *dolicocéfalo...,* sendo historiador de verdade, teve de reconhecer que o verdadeiro surto de civilização, em que o homem se elevou acima da brutalidade, para ser valor de inteligência, esse não se fez em arianos, nem em louros: "A crença e a ciência são patrimônio particular das nações aramianas (semitas), e vieram do Oriente aos indogermanos... A mais antiga metrópole da observação científica, e das suas aplicações práticas, foi o país do Eufrates; foi lá, provavelmente, que o homem pela primeira vez seguiu o curso dos astros, e falou e escreveu pela primeira vez; foi lá que começou a refletir sobre o tempo e o espaço e as forças ativas da natureza; lá se encontram os primeiros traços da astronomia, da cronologia, do alfabeto, dos pesos e das medidas." (*Op. cit.* livro III, cap. I.)

era história para japoneses e hindus nunca o foi para europeus e americanos... Logo, a história varia segundo os tempos e os lugares."[8] Nordau não chega a explicar coisa nenhuma; mas a observação tem valor porque acentua o fato essencial. Hegel, na sua laboriosa dialética metafísica, faz compreender melhor os motivos da deturpação: "A Europa é a finalidade incondicionada da História Universal...". Noutro momento, ele nos mostra: *a Ásia marcada no destino de ser eternamente escrava,* a América, minguada, para ser, perenemente, a simples colônia. Foi a custo de muita névoa, mas, ao cabo, verifica-se que toda a sua filosofia serve, apenas, para dar a amostra de como um europeu faz a história na pura tradição europeia. Se o seu pensamento fosse acessível à singeleza dos conceitos, Hegel teria dito, simplesmente: *A Europa fez a civilização, que tem de ser dela mesma.* Mais verdadeiramente filósofo, Aristóteles julgou do caso, mostrando-nos: a poesia mais filosófica e mais útil que a história. De fato, se o que vale, em definitivo, é a verdade clamada com sinceridade, a poesia será sempre superior a uma história necessariamente deturpada.

---

[8] Max Nordau, *Le sens de l'histoire*, p. 4.

CAPÍTULO II

DETURPAÇÕES E INSUFICIÊNCIAS DA HISTÓRIA DO BRASIL

7. *O critério francês*

Há uma história do Brasil, oficializada, corrente... Mas, se nos voltamos para ela, buscando a significação e o valor da tradição nacional, encontramo-la, a essa história, peada, contrafeita, distorcida, sem saliências de méritos reais, diminuída pela sombra de estranhos, deturpada, falha, levada sempre por motivos que não lhe são próprios. Desta sorte, o nosso passado de humildes mais humilde se faz, e os nossos destinos hesitam e se turbam, na razão de todas essas falsificações e carências, características dos historiadores trôpegos e curtos. Dir-se-ia que nos falta a capacidade de verificação crítica dos fatos sociais e o discernimento preciso para achar o valor das realidades humanas. Por que uma tal deficiência de critério histórico quando se trata de registrar as nossas tradições?...

São muitas as causas, entre as quais avulta o influxo do espírito francês.

Facilidade de língua, relativa proximidade de tradições — latinas, sedução de forma, no gosto dessa mesma tradição, e, mais, o irresistível encanto das generalizações harmonicamente dispostas... tudo isso nos levou para a mentalidade em que a França se distinguiu, e vamos com o seu influxo, até nas tendências de turbação, até nas insinuações de erro. Julgamos, em grande parte,

71

com os juízos que ali se formulam. Ora, o francês é um critério sempre falho ao julgar os outros povos, sobretudo no mundo moderno. Enquanto o resto da Europa se expandia sobre o mundo, e as respectivas tradições se enriqueciam em novos estímulos, os franceses, menos tenazes nas aventuras ultramarinas, deixavam-se ficar no valor da ação europeia. Sublimaram-se, é verdade, no que era próprio do seu gênio, mas, em compensação, cristalizaram-se, perdendo a plasticidade, que permite a cada povo, sem sair da sua tradição, fecundá-la no contato de outros povos. Com isso, perderam, também, a visão para distâncias, sobre estranhos, tornando-se, assim, como que incapazes de distinguir a verdade, e de reconhecer a realidade, desde que não seja em coisas próprias. Finalmente, tratando do que não é a França, eles são registros de inexatidões. Capacidade de crítica, esse mesmo *sens de la mesure*, de que tanto se ufanam, a própria lucidez de lógica... tudo os abandona, no desamparo em que se sentem, quando se veem entre gentes e coisas exóticas.

São clássicos os despautérios de escritores franceses, no notarem o que viram noutros países, ou o que *sabem* a respeito do estrangeiro. Nada os detém. Desde que se lhes afigure obter qualquer efeito de pitoresco, ou de estranheza, ei-los levantando e aceitando as mais ventrudas inverossimilhanças. Mesmo sem insistir no caso dos excursionistas de Afonso Arinos, e que falam dos milhares de negros, *mortos* de fome, pelas brenhas, em seguida ao 13 de Maio;[1] mesmo sem tomá-los em consideração, buscando em páginas de maior prestígio, destacam-se exemplos expressivos. Os Goucourt foram das mais nomeadas figuras do seu século, no portentoso Paris, e firmaram o seu nome, sobretudo, como inflexível sinceridade em arte e verdade em tudo. As

---

[1] Trata-se de uns oficiais franceses, trazidos por Afonso Arinos, para percorrerem as quebradas onde se fez a epopeia dos *bandeirantes*. Apesar da verdade minuciosa que eles encontraram nas informações diretas de Arinos, tão senhor na atualidade como na história dos nossos sertanistas, esses visitantes contam, a propósito do 13 de Maio, que, "dado o edito do Imperador libertando os escravos, estes partiram, *droit devant eux, sans bout, sans raison... Combien purent, même regaigner les centres? Le nombre en est effroyablement restreint...* Dos outros, nunca mais se ouviu falar, Morreram, assim, centenas deles... nos grotões, nos planaltos, tanto como no lamaçal dos pântanos... morreram aos bandos, de inanição e de cansaço." (Jean de Montlaur, *Sur la trace des bandeirantes*, Paris, 1918, p. 201.)

verdades, nuamente ditas nas páginas do seu *Jornal*, trouxeram-lhes aborrecimentos constantes. Não as poupavam ao próprio semideus Renan. Pois bem, Edmund de Goncourt não teve um momento de hesitação em aceitar e consagrar, nas suas *páginas de verdades*, esse estúpido carapetão, estúpido, sobretudo, porque, todo ele, ressumbra ilogismo e inverossimilhança: "1890 — de setembro. O jovem Benedetti, que passou dois anos no Brasil, como *attaché* à legação, põe-se a conversar da febre amarela, terrível moléstia que, mesmo sem ser epidêmica, continua a matar por dia, em Buenos Aires, nunca menos de 25 pessoas. Falando da rapidez da morte, ele me conta que um engenheiro francês... partia no dia seguinte com a mulher e os filhos. Benedetti achara-se em relações com o casal, e, na véspera do embarque, oferecera-lhe um jantar. O casal partira muito tarde, todo mundo muito bem de saúde. Às quatro horas da manhã, vieram anunciar-lhe que o engenheiro falecera (de febre amarela). Então, houve uma cena terrível entre ele e a esposa (viúva): ela queria adiar a partida, para assistir ao enterro do marido. Ele lhe objetava que não devia ficar, porque às seis horas o seu marido estaria enterrado: a decomposição dos corpos sendo tão rápida que o enterro tem lugar duas horas depois. E, no medo de que se declarasse a moléstia na mulher ou nas crianças, com o auxílio da polícia, ele embarcou à força a viúva e a pequena família, em meio às injúrias da mulher... que, chegada à Europa, lhe enviou uma carta de agradecimentos". Não há dúvida que o adido se divertiu, numa lúgubre invenção. É espírito de diplomata, e não espanta; o que admira é que uma inteligência de criador de escola literária não tenha o critério elementar para reconhecer tão deslavada mentira. É bem de ver: no caso, só há de exato o nome da moléstia; tudo mais é fora da verdade, como a capital que ele dá para o Brasil.

Dir-se-á: é a proverbial incapacidade francesa para a geografia. E, por que tal incapacidade? Porque, de coisas estrangeiras, parece, nem a materialidade geográfica é acessível à sua mentalidade. Um outro caso, igualmente expressivo, distante no tempo e no assunto, são os comentários e informações do tradutor das *Viagens*, de Koster.

Poderíamos considerá-las uma aposta para ganhar em estultices e inverdades. O nome do sr. A. Jau não tem importância, mas o fato é muito significativo, por ser o prefácio de uma obra, toda ela em verdade e singeleza. Esse livro de Koster é tal que, ainda hoje, mais de um século depois que o seu autor conheceu as gentes e a terra de que fala, nos reconhecemos nos retratos que ele traça e nas paisagens que desenha. Pois bem, para introduzir o leitor nessas páginas de verdade, o sr. Jau começa: "Aqueles que leram a história do Brasil (de Southey) não ignoram que as margens do Amazonas, por ter sido a primeira escala dos portugueses, não foi o seu principal objeto. Eles pretendiam sobretudo a posse exclusiva do Rio da Prata. Desde o ano de 1553, isto é, cinquenta anos após a descoberta, a colônia do Santo Sacramento se elevava em face de Buenos Aires...". São, apenas, em cinco linhas, cinco erros aniquilantes, cujo mais leve é o de dar Buenos Aires como já existente em 1553. E são erros de muita significação, porque resultam de explícita invenção em falso, com a necessidade íntima de não dizer certo. Erros tais, no entanto, por si mesmos se corrigem; qualquer historiador sensato os repele. Mais graves e funestas são as apreciações quanto à natureza e às gentes, dificilmente verificáveis, e que, em estulta fantasia, resultam ser mentirosas e parvas: "Quem quiser conhecer o país, entrando no Brasil pelo estreito de S. Catarina, vê elevarem-se... rochedos cônicos, maciços de laranjeiras e limoeiros... Veria o Rio de Janeiro, desenhado em anfiteatro, com os seus edifícios e jardins *vis-à-vis* do rio que lhe dá o nome... Mas, que seja este o termo das suas viagens; que não o tente penetrar nesses retiros selvagens, que a avareza quereria esconder a todos os olhares; que um desejo curioso não o arraste sobre esses rochedos a pique, no meio desses precipícios bordados de mil esconsos, no meio dessa natureza áspera e estéril, cujas ameaças o homem não sabe interpretar. Então, sombrios pensamentos..." E continua a parvoíce, em tom de apropriada filosofia. Faz referências históricas, para lembrar que (em 1720): "o porto de Santos e o de S. Vicente não se orgulham mais dessas frotas triunfais, carregadas de tão opulentos tributos... Sem os jardins a moradia no Brasil nada teria de agradável a oferecer aos estrangeiros..."

Assim, o descritério de um tradutor torna suspeito um dos mais verídicos e sinceros testemunhos sobre o Brasil: O grande Southey, por todo o curso da história que fez, teve de, insistentemente, corrigir as destemperadas patranhas de autores franceses, contra a verdade e o próprio bom senso. Uma das últimas reações do inglês foi contra um francês, *empregado pela família de Pombal*, para organizar notas sobre a vida desse estadista. Southey, apesar do que lhe impõe o ânimo de homem culto, não se contém: "A imprudente ignorância desse escritor é incrível: Diz que Mendonça Furtado é governador de Maranhão e Paraguai". É nada, isso! O homem afirma que: *Ce fleuve* (Amazonas) *conduit les portugais á la riviere de la Plate."* E o caso ascende de valor porque, sendo o escritor do século dos filosofistas, teve que fazer filosofia, o bastante para censurar duramente os portugueses que, catequisando os índios, os vestiram: *"On habilla ces nations qu'il faloit laisser nues... On ne sauroit croire combien l'habillement influe sur les moeurs d'un peuple qui n'a jamais eté vetu."*[2]

8. *Carapetões e dislates*

Indiferentes à verdade, sempre que se referem a estranhos, os franceses são especialmente descriteriosos quando tratam da América, para não dizer do Brasil. Gilbert Chinard, uma bela inteligência francesa, dilatada por uma segura cultura norte-americana, pois que ele mesmo é mestre de conferências na Brown University, fez um livro sobre *L'exotisme americain*, na literatura francesa. Confessa que, para escrever o seu trabalho, teve às suas ordens, além do mais — *"...les richesses considerables de la John Carter Brown Library, de Brown University..."* Pois bem, dando mais de um terço das páginas aos sucessos dos franceses no Brasil, por tão importante lhe parecer o caso, ele não consegue ter nenhuma noção da realidade das coisas. Começa notando que Villegagnon se estabeleceu *"dans l'ile fort marecageuse de Ganabra".* E nunca mais

---

[2] *L'Administration de Pombal, T. 1*, 144.

escreve a palavra de outro modo, como nunca mais acerta com a verdade. Depois, foi à beira de um rio que Villegagnon se fortificou; depois foi no Maranhão, que ele, Villegagnon, fez o seu estabelecimento; depois Caramuru era rei com os seus súditos; finalmente, confunde a Flórida, onde esteve Ribeaut, com o Brasil...[3]. O mais interessante do caso é que Gilbert tem indignações motejantes para as mentiras de Thevet, que, trezentos e cinquenta anos antes, descrevia, de vista, "... o haíí, animal de face humana, modos doces, alimentando-se de vento". Thevet, já ridicularizado por Léry, que dizia dele — ter visto o Brasil *par le trou de son chapeau;* Thevet foi, apenas, o iniciador; mas teve prestígio para até hoje, pois, além de cosmógrafo do rei, autor de uma *Cosmografia geral,* mereceu um prefácio, em verso, do grande Ronsard, que o chamou de *Ulisses.* E daí para cá, o descritério tem aumentado, produzindo efeitos na proporção do mesmo aumento.

Passemos para uma literatura rigorosamente objetiva, científica. Em 1907, dois professores de universidades belgas, de tendências francesas, vêm fazer uma obra de grande erudição, coroada com o *prêmio do Rei,* e dizem coisas destas: "A influência de Espanha diminuía nas Antilhas, e aumentava gradualmente no continente americano, a tal ponto que a colonização espanhola tomou um caráter essencialmente continental, oposto à colonização portuguesa, que foi antes de tudo costeira..."[4] E foram os descendentes dos portugueses que ficaram com todo o interior do continente! São homens de responsabilidade científica; leem tudo que realmente informa, e, ao cabo, dão esta prova de alheamento ao assunto: "Os portugueses estabeleceram uma colônia em face de Buenos Aires — Sacramento, hoje colônia." Vamos a uma obra mais ostensivamente científica: *A Terra e a evolução humana,* pelo professor Lebvre, da Universidade de Estrasburgo, IV tomo, da primeira seção, *Pré-história,* da Síntese Coletiva: *A evolução da*

---

[3] A ordem de páginas. é: 81, 83, 86, 108, 135. Na altura de 83, é, que ele diz: "Villegagnon comprit vite que l'entrepise mal commencée n'avait aucune chance... les portugais firent une descente dans l'ile de Maragnon..."

[4] *Histoire de l'expansion coloniale des peuples européens,* Ch. De Lannoy, prof. na Universidade de Gand, e H, Van-der Linder, da Universidade de Liège, com dois editores, Lamartin, Bruxelas e Alcan, Paris.

76

humanidade, dirigida por Henri Berr. Com todos estes títulos, é de 1922. Febvre, que transunda ciência positiva, quando se refere ao Brasil, leva tudo em conta da floresta, no tipo da selva amazônica, a única de que tem notícia, não obstante a magnífica distinção de Humboldt e que nenhum homem de ciência real deve ignorar, se quer discorrer sobre tais coisas. No seu critério, a floresta brasileira é um embaraço definitivo à exploração da terra. "Eis aqui a selva equatorial... Difícil de habitar: tal é a alta floresta tropical; tal... com os seus troncos enormes, maciços, prodigiosamente altos e juntos, subindo retos como flechas, para um céu deslumbrantemente branco, mas inacessível à vista, ligados em baixo, e como cimentados uns aos outros por um intrincado de lianas, epífitos, moitas e espinhos, procurando subir até à coroa da floresta... Insinuar-se através dessas muralhas vivas e opacas, problema árduo; achar uma saída... quimera... fertilidade aparente... No fundo, uma natureza vegetal sem sorrisos para o homem, e nenhum (*point...*) recursos acessórios: o balanço é pobre." Antes, já ele havia deixado o conceito definitivo: "O que impede a exploração da floresta equatorial é a extrema variedade das madeiras...". Para ser completo, o professor de Estrasburgo repete as safadas tolices dos primeiros que, na França, confundiram *água* de *coco verde* com *o leite* do coco seco, e conta como desse *"líquido leitoso* dos cocos não maduros se extrai manteiga...". Tudo isso porque ouviram falar em *manteiga de coco...* Então, na constante leviandade de critério, logo assentaram que o líquido bebível deve ser leitoso, para dar creme — *manteiga...* O parágrafo se termina com a apresentação de casas, móveis, utensílios e navios... construído com o tronco do coqueiro... No fim, em conclusões supremas, ele nos afirma que a extensão da cultura do café, no Brasil, não foi nem por *facilidades do chão agrícola,* nem *por influência do clima... En aucune façon. Frais de transports, seulement ...*"[5].

Basta atender a essa descrição da selva brasileira, na pena de Febvre, para apanhar um dos motivos mais importantes nas inexatidões dos franceses: eles contam e julgam por preconceitos li-

---

[5] Pp. 158, 189, 219 a 223, e 260.

teratizados, a que subordinam a própria fantasia. E a floresta tropical deve ser tal que não dá saída... os cadáveres de infecção amarílica hão de apodrecer — numa rapidez proporcional à gravidade da mesma... uma ilha no Brasil não pode deixar de ser pantanosa... Fechados em casa, os franceses como que perderam a capacidade de estender os olhos por outros horizontes e são inacessíveis às outras realidades. Possuídos da *manière*, eles são inverossímeis, quando não puramente convencionais. Alguns, de verdadeiro talento, reconhecerão o reduzido critério com que observavam, mas, nesse mesmo critério, eles encontram explicação e justificativa: *"Les forets ne nous plaisent que par le plaisir d'y envoyer des jardiniers...".* Assim, pretende Remy de Gourmont louvar-se de não saber ver uma floresta. É nas mesmas páginas em que, filosofando de coisas chãs, ele dispensa toda modéstia, para apresentar o povo francês como essencialmente esteta, ao passo que o norte-americano não passa de um suíno para as belas coisas. Por exemplo, na produção industrial, para o acabamento de uma obra: *"Temos o gosto da perfeição...".* E chegam, sem rubores, à fatuidade ingênua: "O francês é o povo mais inteligente do mundo... o mais espirituoso, o mais artista, o mais generoso..."

9. *A sociologia francesa*

Feita numa história restrita, a França mais se isola quanto mais se enfaixa, assim, de presunções. Na França nasceu a Sociologia, primeira expressão do *Positivismo*. Ora, apesar do nome, nada menos positivo do que essa construção, onde se prende a evolução do espírito humano à celebre *lei dos três estados*, onde se faz da *ordem* condição essencial à mesma evolução.... Por isso mesmo, contemplemos a obra de Comte: ela nos aparece com grandeza de gênio, mas rígida, em proporções geométricas, incompatível com a maleabilidade da vida, pois toda essa obra é armada em generalizações preconcebidas. A intenção evidente era dar uma fórmula de vida bem humana, na ascendência para uma socialização cada vez mais perfeita, pela cultura da simpatia entre os homens, e resultou, do esforço de Comte, a doutrina mais antipática e mais avessa à verdadeira humanização da espécie; doutrina sem ductibilidade para corresponder aos imprevistos e novos aspectos da evolução social, doutrina onde as qualidades gerais de uma mentalidade média dominaram o gênio do indivíduo, pervertendo-o, esterilizando-o no abuso das generalizações *à outrance*, e no exagero das fórmulas, tão nítidas quanto vazias. Essas qualidades formam uma ambiência, ou gênio coletivo, a que se subordina toda atividade.

Acontece, por isso, que a tradição francesa é como a expressão de uma grande civilização — sem grandes gênios, e cujas obras de maior beleza — Paris — são de realização coletiva. Em todos os momentos, grandes talentos — muitos Racines e Gounots, para reforço da mentalidade coletiva, contra a qual as individualidades não têm poder bastante, sobretudo no que é preconceito...[6]. Gilbert, talvez porque abriu um tanto o espírito noutros horizontes de pensamento, lobrigou um pouco da verdade, se bem que aplique a todos os observadores e viajantes o que é vício essencialmente francês: "...os literatos em viagem vão, em geral, procurar nos países longínquos a confirmação das suas imaginações e dos seus desejos bem mais do que visões verdadeiramente novas... Chateaubriand, Gauthier, Flaubert, talvez mesmo Loti. O próprio Taine não escapou completamente a essa tendência deformadora, e por si mesmo a nota".[7]

O francês, pouco acessível ao que lhe é estranho, compensa a deficiência de realidade com as generalizações, a que só pedem que sejam nítidas e acessíveis. As informações que recebe não são sugestões para observações próprias, mas matéria de teorias imediatas. Tal aconteceu com *o fetichismo*, cuja história e concomitante teoria nasceram de observações escassas, superficiais, incompletas e mal induzidas, recolhidas de quem não tinha qualidades para fazer ciência. No entanto, foi o bastante para que o critério francês aceitasse o fetichismo como forma religiosa universal, na humanidade primitiva, e, assim, entrou em todas as construções

---

[6] Também Roma foi uma grande civilização sem gênios...
[7] *Op. cit.* p. 90.

sociológicas, inclusive o positivismo. Ora, está verificado de modo definitivo que muitos dos povos primitivos nada têm de fetichistas. Mas isso não curou a doença: tão facilmente generalizou sobre fetiches, o francês, como adotou *totens* e *tabous*,[8] de tal sorte que, hoje, todas as sistematizações sociológicas começam em *fetiches*, ou tabus, para acabar na história de França, com rápidas e falhas referências ao mundo antigo e clássico. No entanto, numa verdadeira história para discriminação de valores, a conquista do Atlântico, apreciada nas condições e nos esforços que a produziram, tem muito mais importância para o resto da humanidade do que tudo que vai, limitadamente, de S. Luís à revolução de 89. Em verdade, que pode valer uma sociologia que se faz sem a Ibéria e sem a América? Ora, para um francês, no círculo fechado da França, Carlos VII, o *Vitorioso*, é um vértice de história, quando, no cotejo das grandezas da época, ele é um poder insignificante, sem nenhuma ação sobre o mundo, ao passo que a *Casa de Avis* era uma verdadeira ascendência sobre o refazer do Ocidente. Erguer construções, para o total da humanidade, com induções havidas somente da história francesa, equivale a minguar o homem, para metê-lo num bolso de calça.

O fato, o aspecto restrito da história de França, explica-nos o pequeno alcance de conceitos dos respectivos historiadores, ou mesmo a flagrante impropriedade de julgamento, sempre que têm de referir sucessos que não possam ser incluídos em qualquer influência francesa. Tudo isso porque não sabem sair dessa mesma influência. Espíritos como o de um Elisée Reclus, ostensivamente libertário, enfaticamente *superior a preconceitos de pátria:* refaz a história das grandes descobertas marítimas para dar aos bárbaros piratas normandos da Islândia pelas pequenas aventuras dali à costa fronteira, a autoria da descoberta da América. Segue a rota dos grandes iniciadores da navegação oceânica, os portugueses, no intuito explícito de ir apontando lendas e notícias incompletas,

---

[8] Isso não significa negar o fato de o totemismo, principalmente porque na própria crônica da colonização do Brasil em relação com o gentio, encontram-se referências que dão testemunho de que os nossos índios tinham, também, os seus totens. Fr. Vicente assinala, explicitamente que os tupis não comiam do tamanduá, na crença de que esse animal representava o antepassado da raça. Também é certo que a carne desse animal é altamente indigesta e nociva. (Du Graf.)

donde possa resultar dúvida quanto à influência deles na grande navegação. Ocupado em achar o que possa nublar a glória portuguesa, o grande geógrafo não chega a notar que esses mesmos navegadores deixaram, por todas as costas, de todos os continentes, traços tão vigorosos, que as posteriores camadas de holandeses, ingleses, franceses... não conseguiram apagar. Foi um rastro indelével. No entanto, mesmo quanto ao Brasil, acha Reclus que destacar a fútil pretensão de Granier de que os piratas de Diepe, um J. Cousin, ao lado de Pinzon, tivessem visitado as costas brasileiras em 1488. Nem o perturba a monstruosa anomalia: franceses, da *grande* França, normandos e outros ousados, fazem as descobertas, e quem aproveita delas é o *pequeno* Portugal; no entanto, bastou que Colombo, em meio de castelhanos, com alguns castelhanos, tivesse descoberto as costas da América, e Castela, sem tradição de grande navegação, faz um império colonial. É bem mais elegante fazer como os alemães, e dar o mérito aos verdadeiros grandes navegadores, ou deixar, como os ingleses, a glória das suas primeiras descobertas aos cabotos, com toda a sua tradição italiana. Se não fazemos história com o ilogismo dos milagres, ou na insuficiência dos acasos, temos que achar a causa natural dos sucessos portugueses, e compreender o desenvolvimento formal do seu império ultramarino, exemplo de todos os futuros impérios, como escola de colonização moderna. Tudo mais é deturpação, que nos interessa, todavia, tanto quanto se reflete diretamente nos antecedentes do Brasil.

10. *Causas de deturpação na história do Brasil*

O reduzido critério histórico dos franceses tem sobre os nossos julgamentos efeitos mais acentuados ainda, porque, nas últimas lutas pela liberdade política, a França entrou com um contingente excepcionalmente valioso, num tom relativamente novo — quando associava a liberdade limitadamente política, em regime democrata, à própria liberdade de consciência e uma justiça mais humana. A respectiva campanha pronunciou-se no vigor intelectual dos seus enciclopedistas, e todo o seu desenvolvimento doutrinário se fez numa forma superiormente equilibrada, harmonizando-se o pensamento aos encantos do estilo, como é próprio da mentalidade francesa. Sobre nós, desamparados mentalmente, na degradação da tradição bragantina que nos guiava; isso, ao influxo das reivindicações revolucionárias do século XVIII, teve uma repercussão sem igual, de povo para povo. Víamos pelos olhos dos críticos dali; julgávamos com os seus doutrinadores. E é muito natural. De um momento para outro, como nascíamos para a vida política e intelectual, na insignificância da mentalidade portuguesa de há cem anos; nós, de todo modo, feitos em tradição latina, encontramos o mundo agitado no turbilhão dessas reivindicações, com a embriaguez de doutrinas enternecedoras, ou exaltantes, de Rousseau a Fourrier: que nos era dado fazer, se nos tomava a ânsia de pensar em alto pensamento, se nos agitava o desejo de ter vida política, em regime moderno? Entregamo-nos à orientação do espírito francês, rendidos à qualidade sensível dos seus processos, e fomos, decididamente, caudatários das doutrinas que ali se propagavam, caudatários trôpegos, sem dúvida, mas exaltados e convencidos. Tivemos, ali, os nossos grandes mestres, com a vantagem de uma assimilação pronta, e as desvantagens de uma necessária distorção dos nossos julgamentos, sem maiores fundamentos em observação própria, produzindo-se, com isso, uma forçada deturpação da nossa história, pois que a orientávamos, e julgávamos dela, com um critério de empréstimo, já de si insuficiente, sem o influxo daquilo que é a nossa tradição efetiva. Grande parte dos conceitos em que consagramos heróis e feitos são reflexos imediatos, modelagens passivas, de ideias francesas. Contamos e escolhemos como eles próprios o fariam.

A última forma desse influxo foi na voz e no prestígio do positivismo. Quantos valores não se turbaram, no apreciar da nossa história, pelo nesgamento dos dogmas tirados secamente das doutrinas de Comte?[9] Chega a ser monstruoso o como se impuseram nas nossas apreciações conceitos que, mesmo no mundo donde

---

[9] Note-se que *o progresso* de Comte deixa de ser progresso, pois que não pode ir além daquilo que ele definiu como *estado* último da humanidade.

foram inferidos, nunca tiveram aplicação possível! No entanto, santificamos e consagramos os que fizeram o Brasil pelos julgamentos gerais de uma doutrina cujo criador era inteiramente alheio às condições da nossa formação, sem a possibilidade de ter um critério justo a esse respeito. E, assim, há um dia para a consagração de Tiradentes, e a queda da Bastilha, e a descida de Pedro Álvares na ilha da *Coroa*... e não há sugestões, sequer, para que os brasileiros pensem patrioticamente na gente que já era o Brasil, e que lhe deu, na primeira massa da população, tudo que de bem tinha em si, toda a sua experiência da terra, até o alimento corrente, e que é o nosso alimento nacional até hoje. O positivismo não conhecia o índio; nada sabia do quanto ele serviu para a nação que aqui se fez, e, por isso, não temos consagração oficial da raça que, se parece desaparecida quase toda, é que foi absorvida nas gentes brasileiras, que se bem caracterizam nessa caboclada, persistente dos nossos campos. O positivismo, no mesmo desembaraço com que prendeu *o progresso à ordem*, distribuiu as raças em *afetivas* e *não afetivas*, para acabar organizando as sociedades em teocracia sem Deus... Não havia lugar para o caboclo, muitas vezes revel, indiferente ao progresso, quando a *ordem* o desagrada, e inteiramente alheio a hierarquias, com ou sem Deus...

Vai passando o positivismo; já não é um influxo, quase. Mas, outros motivos externos de deturpação sobrevirão, e, se queremos alcançar um desenvolvimento legítimo, natural, no aproveitamento das energias que nos são próprias, temos que depurar a nossa tradição, expurgando, bem explicitamente, a nossa história de todos esses influxos deturpadores, incoerentes, por isso mesmo que são estranhos, às vezes hostis, até ao nosso passado. Todos esses motivos, e outros que são próprios às nossas condições nacionais, fazem da história do Brasil um forçado enleio de sequências disparatadas, num todo confuso, desinteressante, nada estimulante e inspirador. Ora, é bem certo que mais facilmente se chega à verdade pelo erro do que pela confusão. A primeira necessidade, pois, está em dar lógica às derivações de efeitos históricos ao longo do nosso passado, e, para isso, reconhecer as causas de turbação no critério histórico, assinalar as mesmas deturpações e acentuar a realidade do caráter brasileiro, como resultado efetivo e necessário dos antecedentes, isto é, da nossa formação histórica.

11. *O fatal influxo do bragantismo*

Seria lógico distinguir as causas de deturpação, na história do Brasil, em *exteriores* a essa história, e causas *interiores*, quer dizer, ligadas às condições peculiares dela. As causas exteriores têm um efeito apenas negativo: diminuem os valores brasileiros, assim como restringem o critério dos nossos julgadores oficiais. As causas interiores são de efeito positivo, pervertendo a opinião corrente, negando ostensivamente o valor dos que fizeram o Brasil, condenando heroísmos, infamando brasileiros de essência, naquilo mesmo em que eles foram grandes, nobres e eficazes, como afirmação de tradição.

Causas de deturpação, inerentes à nossa própria história, são esses influxos resultantes de uma metrópole decaída, degradada em todas as suas energias e que perverte os motivos políticos e o ambiente social, no mesmo esforço em que se apega à colônia que lhe dá vida e força aparente. Insídias e má-fé dos processos, no Estado português bragantino; corrupção, incapacidade e, finalmente, má vontade das representantes da metrópole; decadência geral da mentalidade portuguesa, no século XVII e no XVIII; inclusão formal do português no Brasil; processo de independência, com a transmissão, à nação brasileira, do deletério estado português que cá estava, inclusive a casa reinante... tudo isso se fez como constante violência sobre o nosso desenvolvimento natural, desvirtuando completamente a história desta pátria. Naquele momento do mundo, com as condições de formação nacional, os povos americanos tinham que organizar-se em forma democrática livremente, sem restrições dinásticas, pois que em nenhum deles havia a necessidade histórica de que resultaram as monarquias constitucionais, pois que todos precisavam das possibilidades de iniciativa, como só as puras democracias podem ter. Mas, como a longa perversão, não só perverte a história como as mesma fontes em que ela se cria, o Brasil que recebemos trouxe um passado enraizado nos sedimentos podres de quase dois séculos de bragantismo. Com a tradição do respectivo estado português, superposta à legítima tradição nacional, tivemos que fazer, mesmo depois de três revoluções, uma política tal que, em regime republicano, é esse monstruoso e infame oligarquismo como se organizou definitivamente a República brasileira — oligarquias de coelomas aparentados, com toda a podridão de ventres fartos, em organismos que só vivem para o ventre.[10]

Sobre tristezas, não valem recriminações: coube-nos, porque patenteamos força, arrastar uma sobrecarga de misérias e torpezas. Foi um destino. Pensemos, agora, em apelar para essas mesmas energias em que crescemos: por elas remiremos o que nos diminui e elevar-nos-emos em correspondência com o vigor dos primeiros anos. Contemplaremos a nossa história para exaltado conforto do espírito, e, nutridos dessa mesma tradição, teremos a segura direção de progresso e os motivos de justa confiança nele. Southey, num interesse que só pela verdade e a justiça se explica, diz-nos a razão de tal confiança: "Ao acaso abandonado o Brasil, tem sido com o esforço individual, em empresas particulares, que tem crescido este império, tão vasto como já é, é tão poderoso como um dia virá a ser." Nesse critério de verdade e de legítimo entusiasmo é que devia ser feita a história da nossa tradição, para que se realizem os seus fins. Esqueceríamos misérias e torpezas, e teríamos o destino merecido, como confirmação dos fados que em nós se anunciaram. Para tanto, porém, é indispensável refazer a história que aí está, afeiada e diminuída, onde todo o esforço tem sido para tirar luz dos negrumes que velam os verdadeiros clarões em que o nosso passado se revela. E, distorcida, apoucada, sem outro talento nos que a retocaram oficialmente senão o do apoucamento, ou o do elogio imbecil e suspeito, toda ela se resolve no olvido obrigado do que deve ser lembrado, e a ignorância intran-

---

[10] Koster assinala, entre admirado e pesaroso: "Encontrei poucos camponeses que tivessem conhecimento da guerra de Pernambuco contra os holandeses...". No seu tempo, 1811, já não se sabia onde ficava o sítio das *Tabocas*... (II, cap. I.)

sigente do que seria conhecido, se bem conhecêssemos os nossos interesses morais e patrióticos. A verdade desse laivo de pessimismo, todos a sentirão, quando procurarem responder: Quantos brasileiros sabem como se fez este Brasil?... Opacos relatos de governadores, notações de uma política logo pervertida em feroz espoliação, não poderiam contar como aqui se organizou a vida, como se fez uma nação. Qual a primeira revelação do que é tradição distintamente brasileira? Quais os transes em que ela se definiu como caráter de um povo em evolução?...

E, de tantos atentados contra essa tradição, resulta que ela se desintegra, sensivelmente, lamentavelmente, porque a tradição, que vale como consciência nacional não pode subsistir se nela se insinuam motivos que a contrariem, minando-lhe a coerência de desenvolvimento. Também a consciência individual, no seu equilíbrio de saúde mental: se nela penetra um motivo de incoerência e dispersão, vem ter à loucura.

12. *O Brasil modelou a América*

O zelo de uma tradição impõe como primeiro cuidado *procurar, acentuar* e *afirmar* os seus títulos históricos, para bem marcar a situação que lhe cabe no cômputo das influências que vêm conduzindo a humanidade. Quando a apreciamos a esse respeito, a tradição brasileira parece-nos insignificante, nula. O mundo moderno, como existe, apresenta-se nos quadros das grandes histórias, que nada concedem à tradição brasileira, ao distribuírem os valores em que hierarquizam os méritos dos povos. Seria até irrisório que o pobre Brasil pretendesse ter lugar entre os fatores históricos que colaboraram na geografia do mundo moderno. No entanto, a menos que se negue qualquer significação à distribuição da América, com as nações que definitivamente aí se formaram, temos de reconhecer que, nessa distribuição, para a feição que é hoje a do Novo Mundo, foi o Brasil um dos motivos mais importantes, importante pelas suas mesmas energias de formação.

Essa anulação da tradição brasileira quanto a efeitos mundiais vem a ser a deturpação exterior a que nos referimos (p. 81). É indispensável levantar a depressão em que nos afundam. Se fora sombra de outras causas, simples e passiva matéria plástica, sob o influxo de energias estranhas, a nação brasileira ofereceria poucas constantes de garantia. Iríamos com ela, no apego necessário, mas timorato, porque teríamos de provar ainda, a nós mesmos e aos outros, capacidade de ação fecunda. Felizmente, não é o nosso caso. A história moderna se tem arranjado para mais grandeza das grandes nações, arbitrariamente, sem nós, esquecendo-nos... Pouco importa. Por isso mesmo, é ela inconsequente, avessa à lógica, como quando consigna a constituição definitiva da América em nações — todas ibéricas, no Sul, quase nada dessa origem no Norte, isso depois de haver contado como na primeira distribuição o Novo Mundo era exclusivamente das nações ibéricas. Coisas de lógica, as histórias que procurassem a causa de tal singularidade encontrariam, em função dominante, as energias em que se formou o Brasil, sobretudo as energias em que ele mesmo se revelou.

Para que não pareça parvoíce de orgulho nacional, destrinche-se o caso.

Quando se formularam definitivamente pretensões portuguesas e espanholas às terras descobertas, o Tratado de Tordesilhas dividiu o mundo, de sorte que a Portugal coube a grande saliência da América do Sul, no Atlântico e a Castela, o resto do continente — toda a América do Norte e a América do Sul, a oeste da linha fixada no mesmo tratado. Os limites entre as extremas pretensões portuguesas e castelhanas não coincidiam. Pouco importa, uma vez que para o Brasil ficou quase tudo quanto era reivindicado por Portugal, muito mais do que de boa mente lhe concediam os castelhanos. Pouco importa, também, que as outras nações negassem valimento ao mesmo Tratado de Tordesilhas.[11] Pelo contrário:

---

[11] Logo de começo, o *Rei Católico* deu a Pinzon terras do Brasil porque as reputava do domínio da sua Coroa. Logo em 1500, o mesmo Pinzon e Diego de Lepe estiveram no Amazonas. Cinquenta anos depois, nos dias de Hans Staden, Castela se considera senhora dos territórios de Santa Catarina, tanto que D. Juan Calazar mandou para ali, a 18 léguas de São Vicente, representantes seus, para que fundassem um estabelecimento e fizessem culturas, em se abastecessem as frotas espanholas. Hans Staden esteve nesse estabelecimento. (Capistrano, pref. à *Hist. da Colônia*, de S. P. de Sá; E. Reclus, *L'homme et la terre*, volume I, p. 248.)

para a verificação dos valores que distribuíram a América, devemos começar por assinalar os protestos dos ingleses, franceses e holandeses, contra a famosa partilha do mundo, como a fizeram os *descobridores*. Essas nações reagiram de modo realmente eficaz: investindo sobre os territórios americanos, e daí resultou que, onde não houve capacidade de defesa, onde as energias colonizadoras não chegavam sequer para tornar efetiva a posse da terra, franceses, ingleses e holandeses fizeram colonização sua, para a feição geográfica que hoje apresenta a América. Dá-se mesmo o caso de que, no continente Norte, a colonização se caracteriza por tantas flutuações que a feição dos fins do século XVI não faz esperar o estado em que ela se encontra nos fins do século seguinte, o qual, por sua vez, não dá os antecedentes lógicos da distribuição definitiva.

Por toda a primeira metade do século VIII ainda predominavam na América do Norte espanhóis e franceses, de modo a fazer acreditar-se que a maior parte do continente seria para os seus descendentes. Os colonos britânicos limitaram-se, por mais de século, à faixa que a brisa do mar afagava. Em verdade, a grande expansão territorial dos Estados Unidos foi uma simples posse por compra, no transbordar de uma grandeza sem contraste. Por si mesma, e nos povos que formou, até os fins do século XVIII, a Espanha não soube defender os seus territórios, que estiveram, sempre, para quem os quis. No tempo de Felipe II, era tão ostensivo o seu domínio por toda parte da América, que os estadistas de Madri já pensaram em rasgar o istmo para ter a franca passagem entre os seus mares. No entanto, que resta hoje dos seus estabelecimentos no continente Norte?

Em contraste com as flutuações do Norte, no continente Sul, a colonização tem, desde o primeiro momento, caráter definitivo. Não é que faltassem, contra ela, tentativas porfiadas e poderosas, cujos efeitos ali estão ainda, nas Guianas, em terras de Castela. Enquanto isso, o que coube a Portugal, quaisquer que fossem as investidas, foi intransigentemente conservado para a tradição portuguesa, ou, mais propriamente, para a nascente tradição brasileira, pois que, de fato, o mais eficaz, na defesa definitiva, já foi feito de brasileiros, na realidade do respectivo patriotismo, defendendo-se contra ataques mais duros e prolongados do que os que as colônias espanholas jamais sofreram.

13. *O indefectível defensor do continente*

Situado o Brasil na parte mais acessível do continente sul-americano, defendendo-se e garantindo para si aquilo que considerava seu, ele garantiu com isso, para as gentes de Castela, todo o resto do continente, com exceção, justamente, do extremo norte, cuja conquista, com o respectivo domínio, não dependia dessa defesa. Com toda a propriedade, podemos dizer: as colônias espanholas da América do Sul garantiram-se por trás do Brasil. Se os povos que tentaram estabelecer-se nesta parte do continente não tivessem encontrado essa defesa, que foi obstáculo definitivo; se, em vez disso, eles se tornassem senhores das colônias que tentaram, outra seria a sorte da América castelhana. Por maior que pareça a obra colonizadora dos espanhóis, é incontestável que maior triunfo, em torno dela, foi essa glória, até hoje apagada e surda, dos que mantiveram, intransigentemente, para a tradição portuguesa, as longas costas, atacadas por todos quantos, então, pretendiam expandir-se em colônias. A França era um valor que perdura, sempre em primeiro plano entre as potências belicosas; as suas tentativas, persistentes, por todas estas costas, duraram mais de um século, e resultou delas que o Brasil foi o único país do mundo onde as armas francesas só conheceram insucessos. Que a França era capaz de fazer colônia, prova-o o que ela obteve no Canadá, e, por aí até o Mississippi, e o que ela realizou depois, criando o segundo império colonial, atualmente. Note-se que, nas suas investidas, os franceses não eram estimulados, apenas, pelo motivo longínquo de fazer uma colônia, senão pelo empenho de prosseguir num comércio, o do pau-brasil, que lhe era excelente, e, ainda, pela necessidade de ter uma escala, *estação*, diríamos, hoje, para a sua navegação proveitosíssima de pirataria sobre as naus das Índias.

Não pareça de somenos importância o motivo — pirataria. Toda a expansão marítima holandesa fazia-se ostensivamente com esses intuitos; as grandes Companhias das Índias — *Orientais, Ocidentais* — eram, de fato, empresas de pirataria, destribuindo dividendos na razão das naus e dos galeões que apresavam. As expedições formavam-se em caráter um tanto livre, como se foram empresas privadas, porque era esse o eufemismo da pirataria oficial; mas, em essência, a ação era do Estado. Duguay Trouin, que, a título de vingar Duclerc, pirateou por aqui (garantido pela covardia parva de Morais), era da marinha real, e o seu nome, ainda hoje, tem a consagração oficial de simbolizar uma das unidades da marinha de guerra da França. Não esqueçamos as origens do grande e poderoso Império Britânico... Os piratas diziam-se *corsários*, para tornar possível aceitar as riquezas e outros resultantes de aventuras e saques, em que o tanto de valentia despendida era, mil vezes, ultrapassado pela insídia sórdida, a inumanidade feroz e a torpe ganância. No entanto, os grandes piratas formavam personagens oficiais — Drake, Raleigh, o almirante Cavendish, o almirante Cook... até lord Clive e Hastings. Praticamente piratas eram esses batavos, que chegaram a desmontar a poderosíssima Castela, e mostraram-se, durante decênios, os mais fortes da Europa. Foi nesse momento que eles (Holanda) se estabeleceram no Brasil. Então, há o milagre de energia patriótica: Pernambuco, único no mundo, resistiu às Províncias Unidas e bateu-as. Dir-se-á (e o argumento encontra-se, mesmo, em Histórias do Brasil) que os *Insurgentes* só venceram porque a Holanda havia entrado em declínio, batida pelos ingleses. Tanto vale mentir, para não dar à memória dos bravos pernambucanos um preito absolutamente merecido. Os holandeses foram batidos, sem mais remissão, de Tabocas à última dos Guararapes, em 1649, e, então, pelo resto do mundo, o seu poder era incontestado. Nesse período, a Inglaterra que os bateu depois estava anelante, nas vascas da sua segunda guerra civil, a decisiva. De 1649 em diante, nem tentativas sérias os holandeses fizeram, senão a desorientada excursão sobre o São Francisco, em 1650, e que foi, de fato, simples ronco de estertor. É este um caso em que as datas dizem tudo: o último reduto dos holandeses, o Recife, foi tomado em 1653; a guerra da Inglaterra à poderosa Holanda foi declarada em 1652, mas só terminou dezenas de anos depois. Nos primeiros combates, o próprio grande Blake foi vencido. Apesar da indomável pertinácia de Cromwell, servido por almirantes geniais, a definitiva vitória só veio quando não havia, quase, nem a lembrança do domínio batavo no Brasil. E foi preciso o surto de um povo que, para tomar novos destinos, quebra violentamente as suas mais caras diretrizes políticas. A primeira grande vitória dos Insurgentes — *Guararapes* — é de 1548, a completa eliminação dos holandeses, deixando o Recife, é de 1523; ora, em 1572, as Províncias Unidas ainda têm um impressionante poder sobre os mares, poder que é o da armada de Ruyter — 150 navios, com que ele vai afrontar os ingleses (juntos aos franceses), nos seus próprios mares, obrigando o duque de York a retirar-se. Desta sorte, o malogro do domínio em Pernambuco foi a primeira derrota para a Holanda, invicta até então. Note-se ainda: o poder holandês não era apenas valor militar, se não, também, riqueza, apuro intelectual, superioridade de instituições políticas. O batavo, que tinha feito fortuna na pirataria, possuía, no momento, a maior soma de verdadeiro dinheiro, em bons metais. Um outro fato decide bem esse caso — ascendência dos holandeses, em face de todos os outros povos, nos meados de século XVII: é aquele, a que já nos referimos, da colônia de *Nova Amsterdã*, na foz do Hudson, estabelecimento próspero, de mais de meio século, e cujo domínio foi deixado aos ingleses mediante arranjo diplomático.

Com o poder supremo sobre a Europa, em seus dias de grandeza, a Holanda aspirava explicitamente apoderar-se das fantásticas riquezas das Índias, de Castela. A luta que obstinadamente manteve pela posse do norte do Brasil, onde se estabeleceu, era, principalmente, o esforço para manter o ponto de apoio, indispensável na repetida campanha que lhe daria a desejada posse das fabulosas riquezas. Por seu lado, o rei católico bem compreendia a absoluta necessidade de reconquistar Pernambuco e não poupou esforços, empenhando nisso forças e finanças de Castela, além do que tirava de Portugal. Nada conseguiu Felipe, a não ser aquele fustigar contínuo dos guerrilheiros pernambucanos, em que se roeu o brio holandês. Não fosse isso, para a vitória definitiva dos *Insurgentes*, fossem os holandeses senhores definitivos e pacíficos do Brasil, como lhe era deixado, depois, pelo Bragança, e outro destino seria o das colônias castelhanas. Ninguém contestará que, naquele século, dado o precário da navegação, era impossível tentar a conquista da América Espanhola, do Peru ao Prata, sem ter uma base de operações na costa do Brasil. Assim que a tiveram, mesmo na insegurança dos ataques brasileiros, os holandeses atiraram-se a operar contra os domínios de Castela. Do Recife, partiram expedições, felizes nos resultados, contra as Antilhas e, sobretudo, contra as escoltas dos famosos galeões. Era tal o receio de ataques desfechados por esses corsários, que os castelhanos os pressentiam até pelo Amazonas acima. Pernambuco tornou possível a expedição holandesa que tomou pé em Valparaiso, chegando a construir um forte; do Recife ia partir, que já estava pronta, a esquadra que devia tomar Buenos Aires, quando a insurreição do Maranhão, vitoriosa, fez compreender,[12] aos holandeses, quão frágil era essa base, indispensável para estenderem-se sobre as Índias Ocidentais. Sustou-se a expedição, e não foi mais possível prover e sustentar os que se tinham estabelecido no Chile. O ânimo brasileiro protegera, na melhor forma, as colônias de Castela.

Na sua intransigente defesa, enquanto se formava, teve o Brasil de eliminar das costas do Atlântico quantos conquistadores as procuraram. Com isso, ter-se-ia conservado intacta a América

---

[12] A batalha de Solbaia durou um dia inteiro; o almirante inglês, o duque de York, obrigado a abandonar o seu navio capitânea, não teve meios de voltar a afrontar a tática de Ruyter. Voltaire comenta o caso: *"Le comerce même des Holandais se soutenait* (mesmo depois de perderem Flandres); *on ne voyait que leurs pavilons sur les mers des Indes")... (Siècle de Louis XIV*, 101). No entanto, o sr. Alves Nogueira, soltando-se a cantar o conde de Nassau, sacrifica ao seu culto toda a grandeza dos que libertaram Pernambuco, abocanhado pela pirataria holandesa, e decide historicamente o caso, de uma maneira definitiva: "Os holandeses teriam ficado para sempre até o Rio São Francisco, *se não foram* as complicações internacionais na Europa e os erros da própria Companhia das Índias Ocidentais...". As *complicações europeias* são os dissídios com a Inglaterra, até a vitória desta sobre os mares; os *erros da Companhia* estão em que ela não deu tudo — em exércitos, que Nassau lhe pediu. Ora, quanto à ação do inglês que obrigasse o holandês a sair de Pernambuco, tal foi inteiramente nulo. A prova nós a temos no fato de que, estabelecidos os batavos, desde 1610, onde é hoje Nova York (Nova Amsterdã), lá estiveram até 1663, e daí saíram não militarmente, mas mediante acordo diplomático.

do Sul, se Castela tivesse capacidade, ao menos, para guardar as suas Guianas. Não seria mais difícil do que foi, para os de cá, guardarem o Amazonas, que era, aliás, o grande objeto de cobiça. Recebemos o primeiro embate dos povos que se levantaram para fazer a história definitiva da expansão europeia em substituição à Ibéria, rebatendo eficazmente o ataque de todos eles, o Brasil decidiu, *uma vez para sempre*, não só a sua própria sorte, como o assinala Southey, mas a de toda a América do Sul. Então, por isso mesmo, mudaram-se completamente os destinos do continente ao norte, até mesmo na parte[13] que já era domínio efetivo de Espanha, até mesmo nessas Antilhas onde primeiro desceram os castelhanos.

Incapaz para defender a posse dos territórios que lhe foram vivamente disputados; perdendo-os em proveito de ingleses, franceses e holandeses, Castela patenteou essa mesma incapacidade: foi o começo do seu declínio como nação de ultramar. Agora, os grandes piratas vão disputar, entre si, a presa que caiu das mandíbulas frouxas do espanhol e do próprio português, lá por fora do Brasil. E a Inglaterra, a mais apta em tenacidade e segurança de planos, é quem recolhe a melhor parte, em detrimento mesmo do holandês. Mas essa partilha final já não interessa à nossa demonstração de que o Brasil modelou explicitamente a América do Sul e influiu decisivamente na distribuição do resto do Novo Mundo. Parecerá excessiva a proposição. Pondere-se, no entanto, na realidade dos fatos: a América do Norte foi tirada à Espanha por esses mesmos que tentaram estabelecer-se no Brasil; as tentativas felizes, naquele continente, foram todas contemporâneas ou posteriores às tentativas frustradas sobre o Brasil; é natural, pois, que os sucessos daqui tivessem influído na marcha dos de lá. São conjecturas; contudo, há toda razão de examinar

---

13 *"Just at this period, the ambition of the Dutch appeared to swell to the highest point. Count Mauritz determined to push his conquests to the south, and had even prepared an expedition for the captur of the Spanish town of Buenos Aires; but the attempt was frustrated by the hostility of the Portuguese and Indians (in Maranhão) nearar home. Al this time, of course, Dutch fleets had been harring the Pacific coast, and the Dutch had actually obtained a footing in Southern Chili, althoug this was not destined to prove permanent… it was but natural that the dificulty of preserving their dominion should increase."* (Koebel, History of South America, *p. 104.)*

A mais antiga das Antilhas inglesas, a Jamaica, foi tomada aos espanhóis em 1655.

tais efeitos conjecturados, uma vez que se desenham em necessidade de lógica.

Antes, porém, de qualquer outra apreciação, é mister acentuar a ação explicitamente *modeladora* da expansão dos paulistas. Já foram notados, em palavras de platinos, os efeitos da energia dos nossos sertanistas, obrigando o governo espanhol, inábil nos seus meios oficiais, a entregar o desbravamento das terras e a assimilação do gentio aos *padres da Companhia*. Southey julga-se obrigado a, fazendo a história do Brasil, juntar-lhe a do Prata, do Paraguai, castelhanos, tanto os sucessos dali derivam dos do Brasil. Além disso, há a circunstância de que essa mesma intervenção dos jesuítas resultou da experiência feita na colônia portuguesa. Foi, tudo isso, vida do Brasil, que, repercutindo no sul, deu estímulo às populações ali abandonadas pela metrópole espanhola. O Prata começa efetivamente quando, na costa oriental da América do Sul, já havia, explícito e intenso, o desenvolvimento de uma nova sociedade americana-colonial, a brasileira, a primeira, repetimos. Outras nações americanas andaram com os seus limites, até ontem, à mercê de acordos diplomáticos, ou das incertezas da guerra. Os limites do Brasil, nas suas linhas gerais, estão definitivamente feitos desde os fins do século XVII: foram limites ativamente desenhados, na dilatação pertinaz dos brasileiros. As decantadas *questões* resolvidas no correr do século passado são devidas a extravasamentos da influência nacional e não desmentem o acerto. Há uma exceção, sim: no Sul, onde o caso foi, ostensivamente, dirigido pelo governo português, com a sua *Colônia do Sacramento*. Destarte, a geografia do Brasil, feita pela sua história, se nos apresenta simples, nítida, facilmente compreensível, quando alcançamos acompanhar o seu desenvolvimento natural.

Seria pueril vir discorrer: se os brasileiros não houvessem repelido eficazmente os primeiros ensaios dos ingleses; se não foram as suas vitórias sobre os franceses; se os holandeses houvessem ficado por aquele norte até o S. Francisco; o Norte da América seria assim… e mais assim… Conjecturas sérias não podem ir até as formas ulteriores. Mas, com toda a segurança, pode-se afirmar que: se o Brasil tivesse ficado aos que tentaram domínio nele, e aqui se fizessem fortes populações francesas, ou holandesas, ou inglesas, os destinos da parte norte seriam necessariamente diferentes: em vez de uma América, ao sul, inteiramente ibérica, a par de uma, ao norte, com absoluta predominância de neo-ingleses, teríamos aspectos inteiramente diversos. Uma coisa podemos conjeturar, concretamente, com toda a firmeza: se tivesse prevalecido aquela França Antártica, de 1550, não haveria motivos para que o Canadá devesse ficar para os que hoje dão caráter à nação que lá prevaleceu. Aos franceses que fundaram o Canadá, com energias desbravadoras mais sensíveis que as dos ingleses vizinhos, não faltariam qualidades para realizar a sonhada França. Então, quais as consequências sobre os destinos da Europa? Com uma forte e florescente colônia nas abençoadas terras do Brasil meridional, a França de Richelieu abateria a Casa d'Áustria bem mais eficazmente, numa política ostensivamente ultramarina, e a França de Luís XIV não se contentaria de contar triunfos em efêmeras vantagens no Reno e em Flandres... E a Inglaterra, que novas e formidáveis dificuldades não encontraria, chegada à última hora, em 1650, para tomar conta do mundo?... Seria tudo bem diferente...

Para essa deturpação negativa também concorreram os nossos historiadores, tomados pelo empenho de enaltecer o império, ou ocupados em deslindar pequenices, que parecem tiradas aos cestos dos verdadeiros historiadores: quem primeiro viu o Cabo de Santo Agostinho, qual mais incapaz dos dois incapazes, se Fructuoso ou Costejon... Com o olhar preso nessas mínguas de histórias, não o poderiam trazer para procurar a projeção do Brasil sobre o mundo. Não é coisa que conste explicitamente de documentos, como dar-lhe importância? Como aferir o valor de *bandeiras*, se não em índios baixados e em trilhas deixadas? Southey lhes mostrou o caminho: "A história do Brasil a nenhuma outra de Portugal é inferior..." Eles preferiram ficar na mentalidade de um Oliveira Martins: "Gloriosos, não tivemos influência sobre o mundo"... Como se houvera, para o mundo em que Portugal apareceu, maior influência que daquela vontade absoluta que deu os mares ao tráfico de todos... "Da empresa desses homens obscuros (os primeiros brasileiros) derivam consequências mais amplas, e provavelmente mais duradouras, do que as produzidas pelas conquistas de Alexandre ou das de Carlos Magno." Fiquemos com esse conceito de Southey, nosso amigo, sim, mas sempre justo, e sempre capaz de alcançar o longínquo dos efeitos em que a formação do Brasil se refletiu sobre a distribuição da América.

14. ... *omissões, calúnias, elogios... sempre deturpação*

A degradação de Portugal pesa sobre a história do Brasil em toda a sua longa miséria e multiplicada maleficência. Em 1650, já existia o Brasil no ânimo vigoroso dos *Insurgentes* pernambucanos, como na bravura tenaz e patriótica dos sertanistas; mas, em expressão, está ainda incluído em Portugal. Só na voz de Portugal, para os seus efeitos de glória e de patriotismo, podia ser feita a história do Brasil, e como Portugal já é decadência, não se consagram os fastos do Brasil. Não se consagram, também, porque, no avesso desses fastos, está patente a torpeza em que se resolve a degeneração do mercantil heroico. Essa degeneração é um apodrecer abafado, pois que a torpeza e o crime devem esconder-se. Foi quando a mentalidade portuguesa, no valor de zero, ainda tem o poder de enojar. A história, que tivera ali o grande valor de Azurara, ou de João de Barros, descai para as sensaboronas estultices do *Elogio dos Reis* e da *História Sebástica*. No Brasil, murado em ignorância, para que nunca pudesse avaliar a miséria a que está condenado; no Brasil, só aos clérigos é permitido lavor de inteligência. Então, em meados do século XVII, já há um brasileiro para fazer uma *história*, que é de fato *do Brasil:* Frei Vicente do Salvador. Mas, tal peso nos comprime daí em diante, que o livro do frade baiano foi por séculos uma lenda: enterraram-no, e só nos nossos dias o desenterraram, mármore que os bárbaros houvessem abandonado à montoeira, tesouro que sicários tivessem escondido...

Propositadamente sumida, a *História* de Frei Vicente continuava, por mais de dois séculos, sonegada e desconhecida, enquanto se derramava, na pestilência do ambiente, em vapores de sebo, a suporífica *História da América Portuguesa...* O título, o espírito escravo em que é feita, a salvaram e a impuseram. Havia séculos que a colônia existia no seu nome — Brasil; estrangeiros haviam falado da sua história nessa denominação; estava bem viva, ainda, a memória da *História do Brasil,* de frei Vicente, e o digno súdito do trono bragantino entende fazer a história da América *Portuguesa.*[14] Southey a julgava conscienciosamente — "... obra magra e desalinhavada, que só na falta de outra tem podido passar por valiosa". Em todo esse período, que vem da história perdida de Frei Vicente, até a grande obra de Southey, não há, no Portugal degradado, quem faça a história *do Brasil* em mérito de verdade; nem, também, no Brasil sufocado. Há, porém, nos que pertencem aos interesses da metrópole, um multiplicado ataque a tudo que é tradição propriamente brasileira, ataque direto, ou indicioso, sempre covarde, porque vem daqueles que têm o poder; ataque de que resulta forçosamente a deturpação histórica, em prejuízo do Brasil, naquilo que seria glória e força para a inspiração dos seus destinos. Sob as camadas de lodo das dependências coloniais, abafam-se as lembranças dos heroísmos pernambucanos, da mesma forma que, para amesquinhar os paulistas, foram aceitas e repetidas todas as acusações dos seus tradicionais inimigos, os jesuítas, convertidas, as suas façanhas, em objeto de libelos, para que, assim, ficassem os herois do sertão despojados de tudo — de glórias e de minas. Capistrano de Abreu, a cujo coração tanto repugnavam os processos dos bandeirantes para com as tribos, insuspeito, por conseguinte, ao apreciar a política de Lisboa para com os paulistas em face dos emboabas, é peremptório: "O governo da metrópole sacrificava conscientemente São Paulo a Minas...". *Minas,* aqui, é o séquito de Manuel Viana. Eram, aqueles bandeirantes, os ânimos mais fortes sobre a terra americana. Viveram, sempre incluídos no Brasil, na forma corrente do regime colonial; mas tão vigorosos e destemidos, que davam a impressão de um povo independente. Tal o designam as histórias mal feitas de

---

[14] Capistrano de Abreu define assim o valor de Rocha Pita... "informações farfalhantes da sua acatassolada *História...* (*Notas* a Fr. Vicente, 441.)

europeus. Temiam-nos os castelhanos, respeitava-os a chusma dos reinois vorazes, olhava-os com desconfiança a mesma Lisboa. "O preço dessa independência e dessa altaneira sobranceira", comenta Paulo Prado, "foi a fama espalhada por toda a colônia e por toda a América castelhana, até a Europa, de crimes hediondos cometidos pelos mamelucos de S. Paulo." Tais crimes ficavam além do que, dezenas de anos depois, ainda se fazia nas colônias holandesas, inglesas e francesas,[15] e era, talvez, mais humano do que o que nos conta A. Gide *(Voyage au Congo... Retour du Tchad)*, dos processos franceses na África Negra.

Falhos contra os paulistas, vingavam-se os castelhanos e os seus jesuítas em infamá-los. Como não ser assim? Era a insofreável represália a esses mamelucos que, por iniciativa própria, nos simples recursos de que dispunham, isolados terços de bandeirantes, sobem ao recesso da colonização espanhola, atacam Vila Rica do Espírito Santo, derrotando completamente os 1.000 soldados regulares de D. João de Andina *(Paulística)*. Essa era a voz que condenava os paulistas, e os reinois a repetiam, e a repetirão longos anos ainda, porque lhes é preciso roer o prestígio dos que têm de ser despojados. Aviltava-os, infamava-os o espanhol colonizador, esse mesmo que em quem Blanco Fombona assinala de característico — a hiperestesia de rapina e sangue...

Em 1812, pouco mais de um século depois de desaparecerem os capitães das grandes vitórias dos Guararapes, Koster verifica que o povo, em Pernambuco, desconhecia os lugares santificados em tanto patriotismo: velaram-se os heroísmos, pois que ele, que de tudo fala, e tudo nota, não tem ocasião de constatar referências a *Tabocas, Tejucupapo* e outros sítios onde começou uma história propriamente brasileira. Entre aqueles dias, aurora de uma tradição, e o momento de Koster, véspera da revolução de 6 de março, há toda a sequência de desapontamentos, insídias, perseguições... donde resulta que o sentimento brasileiro tem de sofrer, amesquinhado por *mascates*, e ainda há de suportar a cruel-

---

[15] A África Equatorial, francesa, tinha, em 1913, 4.500.000 habitantes, hoje reduzidos a 2.600.000, devido ao regime em que vivem.

dade torpe de Luís do Rego, penhorada na justiça infame de Pereira Coutinho. São vitórias da peçonha contra a infância, vitórias em que nada se poupa, nem a vida, nem a reputação dos vencidos. A nobreza viril de Pernambuco é rebaixada a disputar a existência e a liberdade, em confronto com a ignomínia de *Tundacumbe* e a ferocidade abjeta dos homens de Congominho, almas de tanta infâmia que dá para o poluir os próprios cadáveres.[16] A uns torturam e roubam, a outros tiram a vista, a outros assassinam, a outros matam lentamente na imundície do Limoeiro, ou anulam pelo desterro... E a todos caluniam e infamam, como o fizeram bem explicitamente com o sargento-mor Bernardo Vieira de Melo, de quem se faz um réprobo, porque ele incide num desses casos tão comuns, então, de vingar brutalmente, cruamente, um preconceito de honra. No entanto, nem se compreende que um valente, daqueles tempos, aceitasse o fato sem reação violenta. Apesar de tudo, era a sociedade colonial do Brasil a menos sanguinária de então, a mais avessa a crueldades, por simples maldade. Só as situações que envolviam questões de honra podiam levar a tais processos.[17]

Como, em evolução pervertida, chega, então, o momento em que um nome brasileiro aparece no cabeçalho de um livro, que faz de todas as glórias do Pernambuco de 1640: um fogaréu em honra ao conde de Nassau. Em face de uma nacionalidade ao desamparo, o desimpedido historiador sacrifica a esse avesso, de consagração nacional, tudo, até a verdade. Leem-se aquelas páginas apologéticas, e, através do rançume da forma, fica-nos a impressão, única: no Brasil da primeira metade do século XVII, só

---

16 Foram os que desenterraram o cadáver santo do padre Pessoa, para ter a satisfação chacalesca de cortar-lhe a cabeça e deixá-la exposta durante meses...

17 O ato de que, sem maiores provas, é acusado o filho de Bernardo V. de Melo, mesmo contado ao sabor dos portugueses, não era dos que, na moral do tempo, pudesse infamar uma pessoa. Apresentando o sargento-mor como assassino, os portugueses procuravam infamar a sua memória, para futuras averiguações. Senão, vejamos: o procedimento de André, o filho de Bernardo, desenvolve-se em acordo com toda a família — pai, tio, e a própria mãe, e do público em geral, a quem ele se apresentou, e que o aceitou como um simples vingador da honra conjugal. O Bispo, conhecedor do fato e chamado a pronunciar-se, reconheceu que, pessoa daquela situação social, *não podia viver de baixo de uma nota de infâmia*. Southey, que aceita todo o horrível libelo como se fora verdade, admite que é tudo resultado de horríveis costumes...

houve uma grande figura humana — Nassau... Que pena houvesse partido daqui, sem nos ter feito uma pátria!... Para tal efeito, o pró-holandês começa calando as puras manifestações do patriotismo brasileiro, naquele encontro. É sabido: na Bahia de 1524, a guarnição portuguesa foi infame de covardia, só deixando para mais ignóbeis os reinois mercantis, que, sem tardança, se passaram para o invasor; mas a gente da terra nunca aceitou o domínio do holandês, e, em torno do bispo, auxiliada pelos que logo vieram de Pernambuco, organizou a resistência, que prendeu o invasor aos muros da cidade. Um desses primeiros guerrilheiros foi Padilha, por isso especialmente odiado pelo holandês. Pois bem, não podendo calar o fato, nem deixar de consignar a intervenção admirável das forças improvisadas, o sr. Alves Nogueira repete, mais de uma vez, as odientas e suspeitíssimas acusações do despeitado vencido: "... o coronel Van Dorth, perdendo o cavalo que montava, foi degolado pelo capitão Padilha... o capitão Kijf, comandante das forças, teve de entregar-se... e depois da rendição foi trucidado...".

Senhores de Pernambuco, os piratas das *Índias Ocidentais* apossam-se dos engenhos de açúcar, a título de que estavam abandonados, e Nassau, ansioso por fazer dinheiro, manda vendê-los em hasta pública; são as propriedades arrematadas por lavradores brasileiros, que, atormentados pela guerra, naturalmente não tinham as somas para o pagamento imediato. Apesar disso, foi um bom negócio para o batavo, que pôde fazer maiores receitas. Mas, definitivamente derrotados, os piratas buscaram uma justificativa, e que é integralmente adotada pelo sr. Alves Nogueira: "Assim, formou-se uma numerosa e influente classe de devedores, que consideravam a destruição da autoridade neerlandesa meio certo de liquidar todos os compromissos que tinham com a Companhia. A esta classe pertenciam Fernandes Vieira e outros chefes da insurreição...". Não fora possível incluir nesses devedores remissos Vidal de Negreiros, mas o pró-holandês não o esquece porque não poderia esquecê-lo o próprio vencido dos Guararapes. É na mesma página: "Digna de admiração fora a bravura das tropas (holandesas), a perícia dos oficiais, a habilidade do comando. A incansável atividade do conde de Nassau... Em terra porém... os escassos recursos militares não tinham podido obstar as ferozes depredações dos terços de Henrique Dias, Vidal de Negreiros e Filipe Camarão".[18] Antes de assim amesquinhar o grande organizador da *Insurreição*, vencedor definitivo dos holandeses, o sr. A. Nogueira tem o cuidado de justificar, por entre elogios, a formidável derrota de Nassau, na primeira tentativa contra a Bahia, e aproveita o ensejo para infamar definitivamente o grande índio Poti, dando-o como vendido aos holandeses: "Camarão tinha entabulado negociações com o conde de Nassau... Seduzido, porém, por promessas de maior prêmio, continuou a militar nas fileiras luso-espanholas...". Sebastião do Souto, que traíra aos seus, ao mesmo tempo que Calabar, mas arrependera-se do crime, e procura remir o mal já feito, é, por isso, infamado também: "... Sebastião do Souto, cuja traição tinha acarretado o aprisionamento de Calabar...". Destarte, não é quando Souto comete a traição que é *traidor*, mas quando volta da traição... Antes, e por isso mesmo, Souto é o *desleal*, o *pérfido*... Então, o profuso apologista dá o mameluco, ou mulato, Calabar como *etnograficamente alheio aos dois contendores...*, e, com isso, em todo o direito de trair os brasileiros, que eram, de fato, os adversários intransigentes do holandês. E chega ao ponto de que a própria bondade do coração brasileiro é levada à conta de influxo de Nassau. A admirável retirada de Barbalho é feito único, do gênero, em toda a América. Os próprios batavos, a quem Barbalho superou sempre, tiveram de registrar-lhe a extraordinária façanha. Por isso, o historiador a seu crédito consigna-o, tendo o cuidado, porém, de restringir: "... a memorável retirada fora digna... se Barbalho não houvesse maculado o seu nome em atos de requintada crueldade...". A crueldade foi bater o mesmo holandês, por toda parte onde o encontrou. A façanha dos vitorienses, subitamente atacados por oitocentos holandeses e repelindo-os heroicamente, é reduzida a uma simples infelicidade dos holandeses...[19]

---

[18] *O príncipe Maurício de Nassau*, por M.T.A.N. de pp. 84 a 167.
[19] Nos seus dias melhores, já clamava Saldanha Marinho: "Deturpam a história para lisonjear o rei..." (*A política do rei*, p. 61).

Mas — por que tanta atenção a um livro mau? Porque, insinuando-se em imparcialidade e *objetivismo*, a destacar uma figura realmente interessante, as páginas do sr. Alves Nogueira serão sempre nefastas à consciência brasileira que não esteja prevenida do que elas, de fato, valem e significam: repetem a justificativa despeitada do holandês das *Províncias Unidas*, batido pelo exclusivo heroísmo dos *Insurgentes* pernambucanos. São páginas que se contam entre as que deturpam as atacam as nossas tradições. De fato, elas valem como de um historiador tão alheio a esse primeiro Brasil de que trata, que dá os índios brasileiros como vivendo exclusivamente de caça e pesca!...

15. *Difamação dos paulistas*

Ao norte, os sucessos da crise *Mascates* resolvem-se no enxovalhamento da tradição brasileira, e um deplorável trauma da nacionalidade que, daí por diante, tem de continuamente refazer-se, constantemente atacada nas suas energias essenciais, à medida que a vida da colônia se contamina da infecção bragantina. E como é preciso quebrar e diluir a tradição brasileira pelos outros centros, São Paulo é também atacado, e sofre de um trauma semelhante, que deriva em efeitos análogos — ataque direto aos representantes da legenda bandeirante, ataque bem caracterizado nos feitos de traição, (mato da *traição*), difamação e aviltamento dos nomes mais prestigiados nas façanhas sertanistas...[20].

Borba Gato é, sem dúvida, um dos mais representativos e dos mais temíveis na ação paulista. Além do valor próprio, refletia o heroísmo consagrado do *Caçador de Esmeraldas*, dilatado nos outros filhos; e Borba atraiu, desde logo, a atenção do reinolismo ávido de ouro, como atrairá, mais tarde, a malquerença caluniosa dos seus cronistas. Companheiro de Fernão Dias, e que com ele

---

[20] Motivo de repetido ataque à memória dos bandeirantes e a destruição de guaíra: "... trucidamento de pobres índios por um exército armado de fuzis..." Ora, não é verdade: os poucos centos de guerreiros de Raposo, e cujo grosso era também de índios, foram armados de machetes e couraças de algodão. Não havia talvez, em toda a expedição, cinquenta mosquetes. Em toda S. Paulo não havia 100 arcabuzes. P. Alcântara Machado, *Vida e morte do bandeirante*, p. 255.

minerara, era Borba Gato o depositário das suas descobertas. Logo que se divulgaram os resultados da grande bandeira, em cujo retorno faleceu o velho Paes Leme, os representantes da metrópole entenderam colher imediatamente os resultados das respectivas descobertas. É quando surge a figura ridícula e agourenta de D. Rodrigo, fidalguia nula, a campar de sertanista e minerador. Era um refugo castelhano, aproveitado pela metrópole portuguesa, e que, assim aproveitado e aceito, demonstra a absoluta carência em que o Portugal bragantino se sumia. Gabava-se de entender do assunto e o mandaram, de início, a desentranhar as propaladas riquezas de Itabaiana. Gastou à larga, na medida da ostentação com que se apresentava. Daí passou a explorar as minas possíveis do sertão do Rio de Janeiro, com um insucesso que o qualificou para o descobrimento de ouro e prata em Paranaguá e Sabarabuçu. Só para a expedição de Paranaguá, foram-lhe dados 5.000 cruzados, milhares de alqueires e arrobas de mantimentos, liquidando-se tudo num malogro mais desastrado, ainda, que o de Itabaiana. Foi quando lhe pareceu aberto o caminho feito por Fernão Dias, e o jactancioso fidalgo por ele se projetou, armado, para mais efeito, com o pomposo título de governador das minas. Em verdade, era indispensável que o marcassem oficialmente de minerador, sem o que ninguém assim o reconheceria. Desde o primeiro momento, Pedro Taques (*Paulística*) classifica-o — *parlapatão*. Quando chegou a sua vez de qualificá-lo, Pais Sande, do Conselho Ultramarino, di-lo sem rebuços: "D. Rodrigo nunca nas Índias (Ocidentais) foi escrutador ou bruxulo das minas pelos cerros; nunca foi mineiro; nunca foi senhor de minas... se falava em alguns termos era por ouvir dizer... não era descobridor de minas, penetrador de betas, nem temperador de prata." Fixado em cobiçar o sucesso de Fernão Dias, procurou estar em relação epistolar com ele, e quando chegaram, de volta, os primeiros companheiros do grande bandeirante, D. Rodrigo tudo fez para agregá-los a sua aventura. Assim, nomeou tenente-general a Cardoso de Almeida, sertanista de fama, o qual, para manter a inteira liberdade, não aceitou retribuição. Todavia, os processos de D. Rodrigo como que indispuseram o mesmo Cardoso de Almeida, cuja conduta foi tida por ele como suspeita, e, do conjunto, resultou que o irmão de Fernão, o padre João Leite, levantou veemente protesto, na câmara municipal, contra o que já lhe aparecia como trama do *parlapatão*. Varando pelo sertão, D. Rodrigo foi diretamente ao encontro da expedição, que voltava sob as ordens de Borba Gato e Garcia Paes, filho de Fernão Dias. "Garcia Paes se submeteu facilmente às ordens da metrópole, entregando ao espanhol as amostras que trazia do sertão; o cunhado, de índole mais rude e agressiva, repeliu com energia o estrangeiro intruso" (Paulo Prado). Seguiu-se fatalmente a morte violenta de D. Rodrigo, imputada desde logo, como crime, a Borba Gato, que teve de internar-se, longos anos, a evitar o castigo.[21]

Dava-se, porém, que, na conjuntura, era o genro de Pais Leme um penhor seguro do segredo dos descobertos, e o reinolismo teve de transigir, na pessoa do governador Arthur de Meneses, que obtém o perdão de Borba Gato e o proclama pessoa honrada e da sua confiança. Com as indicações de Borba Gato completando as de Arzão, abrem-se os veios de ouro, a que se atiram as ondas de *emboabas*, bem representativos do Portugal cuja decomposição se completa nas minas achadas pelos paulistas.

Agora, serão despojados os descobridores. Não só despojados, mas aviltados, desprestigiados, infamados... pois que são intrépidos, capazes de defender os seus direitos. É gente que nada teme; antes ameaça.[22] Muito naturalmente o primeiro a ser aviltado foi Borba Gato, pois que teve a coragem de reagir: foi acusado, perseguido... perdoado, elevado em honras e em confiança, para que desse os seus segredos. Colhidos os descobertos, quando

---

[21] Paulo Prado apresenta as três versões da morte de D. Rodrigo: a de P. Taques, que faz Borba Gato, em violenta discussão com o fidalgo embusteiro, dar-lhe um tranco e precipitá-lo numa cata profunda, onde ele caiu morto; a de Bento Furtado de Mendonça, segundo a qual, dado que D. Rodrigo requisitara a munição de guerra a Borba Gato, este se nublara, pelo que, pois, os seus pajens o vingaram, irados contra o fidalgo; oficial: o conde Val e Reis, em ofício, dá conta de que Rodrigo fora assassinado por três tiros partidos de uma emboscada. (*Paulística*, 116).

[22] Ameaçando Anchieta a um mameluco paulista com a justiça da Inquisição, respondeu-lhe o bravo: "Acabarei com as inquisições a frechas..." (P. P. *Paulística*, 25). O lance vem demonstrar que, desde cedo, foram temíveis e temidos aqueles mamelucos, como faz compreender que os jesuítas do Brasil não podiam deixar de concorrer para a difamação dos paulistas. Começou com Nóbrega e Anchieta, avezados contra João Ramalho e a sua filharada mestiça, e continuou enquanto prevaleceram os jesuítas. Já nos seus dias clamava o padre Vasconcelos: "Tais os Ramalhos, de ruim árvore piores frutos"...

104

no grande sertanista se reforça a legenda paulista, a sua memória teve que ser infamada. Ainda se lavravam as minas por ele indicadas, e o portuguesismo já inventava a mais deslavada mentira em que pudesse amesquinhar e aviltar o seu nome: é um trecho de história em que Borba Gato figura como desbriado ambicioso, tudo sacrificando à ganância, para ser, finalmente, reduzido e dominado pelo povo das minas, que não o pôde sofrer. Nessa crônica, para justificar a infâmia, põem-no em confronto com o reinol chefe dos *forasteiros,* empreiteiro das *traições* contra os paulistas, o próprio Manuel Viana, para que, do mesmo confronto, o brasileiro tenha de sair — vencido, abatido, desprezado...

No caso, mais vale reproduzir as palavras do brasileiro Manuel da Silva Pontes, quando, há oitenta e três anos, protestou contra as calúnias do reinol o que, em obediência à *Ordem* régia de 1782, escreveu uma *memória,* nutrida de mentiras, no intuito explícito de sujar a memória do genro de Fernão Paes Leme. As razões de Silva Pontes são irrespondíveis por si mesmas e têm, ainda, o mérito de patentear o que, desde os seus dias, era manifesto e reconhecido — a sistemática deturpação da nossa história, em correspondência com os interesses da metrópole. Diz o reinol, nas suas mentiras: "Arrogando Borba Gato o título de governador de Minas... procedeu naquele despótico governo como um desvio total daquelas prudentes máximas que devem ser inseparáveis da conduta e da pessoa de quem tem a seu cargo semelhante regência. Por isso, fatigados os povos de sofrer os pesados efeitos de um comportamento irregular, desde o ano de 1698 até o de 1708, elegeram à pluralidade de votos, para seu chefe, a Manuel Nunes Viana, homem branco e europeu. E ele aceitando a nomeação e o cargo... empreendeu logo a expulsão dos paulistas do continente de Minas e conseguindo indisputavelmente... Eu não individuo muitos fatos acontecidos com paulistas e europeus, durante a regência de Viana, porque serviriam de escândalo à posteridade, sendo demonstrativos da irrelição com que viviam os homens ocupados unicamente da ambição do ouro."

Em comentários, para limpar a memória de grande paulista, Silva Pontes rememora os sucessos que deveriam ocupar a pena do vereador, se, de fato, quisesse fazer a história de Sabará; aponta, documentadamente, a mentira das acusações do reinol e dá, finalmente, a razão — porque ele fez da *memória* pedida o pretexto de acusar o sertanista: "O redator dessa memória, alienado pelas doutrinas antissociais de alguns filhos da metrópole, abusou da confiança do vereador, que a subassinara. Em lugar de... passou ex-inspirado aos encômios do seu conterrâneo, chefe dos forasteiros." Agora, Silva Fontes entra a acentuar o empenho do reinol *memorista*, em elevar Manuel Viana, com detrimento de Borba Gato. Para tanto, não mede mentiras: os paulistas que estiveram à testa do movimento de então foram Domingos da Silva Bueno, delegado do governo, e Domingos da Silva Monteiro, que fora o *maioral dos* paulistas na própria luta. "A intromissão de Borba Gato, no caso", continua Silva Pontes, "é um verdadeiro anacronismo... E, para que nem a inscrição faltasse no seu quadro, lançando o nome de paulista sem predicado, qualificou a Nunes Viana de branco e europeu! O que revelou, no ano de 1785, esta antítese tão ociosa? Revelou a duração da propaganda, apoiada pelas asserções despeitosas de Moschera, Vaisset, Carlevoix, contra os paulistas... revelou que o genro de Fernão Dias Paes, o varão recompensado com o posto de tenente-general, fora um indivíduo abjeto..." Silva Pontes repassa os estudos de Cláudio Manuel da Costa, Aires de Casal, Monsenhor Pizarro, e mostra que nenhum deles menciona esse papel atribuído a Borba Gato, que serviu de pretexto, ao reinol, para infamá-lo. "É portanto singular e errônea nessa parte a memória assinada pelo vereador Carneiro, a qual, por desgraça, pesou tanto na consideração de Mr. Southey, na sua excelente *História do Brasil...* A matéria deduzida dos três primeiros membros da memória é um libelo difamatório".[23]

Foi, esse, um bom esforço o de Silva Pontes, para redimir a memória dos primeiros patriotas brasileiros no sul. Ele zurze forte e veemente contra os aleives. Não foi o bastante, porém, para impedir que as misérias se repetissem, e tanto que, ainda hoje,

---

[23] R.I.H.G. t. VI, p. 269. É evidente que Silva Pontes tem elementos para afirmar que a tal memória foi escrita ou redigida por um português conterrâneo de Manuel Viana.

histórias oficializadas contam as primeiras aventuras dos nossos sertanistas (em Guaíra, por exemplo) como ferozes e exclusivos atentados à civilização. E não há, das calúnias levantadas, então, pelos implacáveis adversários dos paulistas, que não seja referida como verdade.

16. *Onde estão os nefários...*

Lisboa, a quem se destina a *memória* caluniosa, bem sabe o que valem Borba Gato e a sua gente, mas aceita a calúnia, nutre-a, que é do seu interesse. Aceita-a e procura-a, como procura e aceita os serviços do filho de Fernão Dias, esse ingênuo Garcia Paes, que abre o caminho direto das minas ao Rio de Janeiro, a subtraí-las dos paulistas, como salva os metais preciosos, que a covardia infame de Castro Morais ia deixar na Casa da Moeda, para serem pirateados por Duguay-Trouin. Lisboa tem a sua política: tudo aproveitar do Paulista, enquanto a colheita depende do seu valor... esgotá-lo, prostrá-lo, quando normalizada a mesma colheita. Em 1693, Antônio Paes de Sande recomenda ao Conselho Ultramarino: "... para os descobertos das minas, sirva-se de encarregar aos moradores de São Paulo este negócio...". Sande foi ouvido e Arthur de Menezes obteve quanto quis de indicações; mas, vinte anos depois, quem recebe as honrarias de Lisboa é Manuel Viana, que pôde deixar aos seus forasteiros — desertores e contrabandistas — o largo usufruto das jazidas reveladas pelos bandeirantes.

Agora, têm longos ecos as acusações dos tradicionais inimigos dos paulistas. O motivo, nas reiteradas condenações, é sempre o mesmo: implacável fereza em escravizar o gentio, crueza nas guerras... Os jesuítas, diretamente prejudicados, pois que lhes diminuíam a *seara*, não tinham peias em malsinar o nome paulista: *"Toda la tierra que han pisado sus sacrílegos pies..."*, vocifera um. O grande Montoya chega a esquecer a qualidade sacerdotal e perde toda compostura: "São como bodes em curral de cabras...", diz dos lares de Piratininga. Completando-os, o conde de Chinchon, vice-rei do Peru, propõe a Filipe, pois que é de Castela e Portugal, que destrua São Paulo: "...comprando-o, ou sem comprá-lo, mande destruí-lo...". Enquanto estes vociferam, os bandeirantes agem, mas, no fundo, a indisposição, o ódio, a incompatibilidade são recíprocos. Ao acordar os ecos da epopeia sertaneja, Paulo Prado tem de insistir, para ser verdadeiro: *"Duas paixões no piratinigano — a riqueza e o ódio ao espanhol... o velho ódio ao espanhol...".* E o castelhano, jesuíta ou não, tanto como odeia, respeita o mameluco paulista. Por toda parte onde se chocam os ódios, nas povoações civis, ou nas *reduções,* o piratiningano procede como em face de inimigos tradicionais: é o brasileiro paulista, a dilatar e afirmar a sua pátria. Esse é o fato que não deve ser esquecido.

Southey, animado de justiça para com os jesuítas protetores dos índios, deixa-se levar pela eloquência dos *padres,* única voz na história do momento, e se torna vigoroso acusador dos paulistas: "Cruéis, sanguinários... destruidores das tribos indefesas...". Respeitemos os conceitos, porque fala neles um grande coração; mas, visto que em suas páginas se fazem todos os historiadores secundários e sem vigor para um critério próprio, tomemo-los, a tais conceitos, e apuremo-los à luz da realidade histórica. Comparemse, no tempo, os nossos sertanistas com quaisquer outros ocidentais que tenham estado em contestação com as tribos americanas, se com valor para não serem detidos por elas, e vejamos se eles, paulistas, eram mais cruéis e desumanos do que espanhois, holandeses, ingleses, ou franceses... Em verdade, o que uns e outros faziam com as raças dominadas, já nas vésperas do século XIX, é mais torpemente injusto que o proceder dos paulistas, que, *com o seu valor apenas,* tiveram de conquistar todo o centro do continente. Southey é o que considera diminuídos os heroísmos de paulistas e pernambucanos — em vista da crueldade em que se faziam: "... cujos triunfos pouca alegria nos podem causar, porque não menos cruéis eram eles que os índios que guerreavam". Mas, ele mesmo, Southey, consigna, mais de uma vez, que muito justificadas eram as bárbaras represálias dos pernambucanos contra os holandeses: "Para crueldade dessa natureza (processos dos holandeses para com os brasileiros) só mesmo pena de talião, e os portugueses proclamaram da mesma forma guerra de extermínio aos holandeses." Antes, já o historiador tinha notado que, para com os negros, "os holandeses se mostravam mais cruéis ainda que nenhum outro povo".

Para negros, ou vermelhos, os holandeses, como todos os colonizadores da época, eram desumanos e implacáveis, desde que tanto fosse preciso para garantir o domínio, para haver lucros. E não só com os índios e negros, mas de brancos para brancos. Na mesma época em que os pernambucanos lutavam contra holandeses e os paulistas conquistavam sertões aos índios e castelhanos, desenvolvia-se, na pátria de Southey, a terrível guerra civil, conduzida pelo espírito puritano, em que o historiador poeta é tão afirmativo.[24] Pois bem: ali, no âmago da civilização europeia, em meados do século XVII, as populações das cidades tomadas eram passadas a fio de espada pelos soldados do grande inglês Cromwell. "Os homens do coronel Rainsborough e do coronel Hammond entraram no forte e passaram imediatamente quase toda a guarnição a fio de espada".[25] Se acompanhamos os ingleses fora da Europa, nas Índias, por exemplo, ainda que seja um século depois das façanhas dos paulistas, e que se trate, não de tribos selvagens, mas de populações de uma civilização mais antiga e mais respeitável que dos anglo-saxônios; se contemplamos os seus processos, verificaremos crueldades, torpezas, abominações, em face das quais os nossos bandeirantes aparecem como tipos de humanidade.[26]

---

[24] Que não nos ofusque a visão da Inglaterra atual; na daqueles tempos, de Jacques I, os condenados políticos, por simples delitos de opinião, eram expostos no Pelourinho, marcados a ferro em brasa *(Sedicious Libellist)*.

[25] Carta de Cromwell, transcrita por Carlyle, na obra dedicada ao mesmo grande homem, sob o número XXXL.

[26] Mais de um século depois das características façanhas dos paulistas, os parisienses podiam testemunhar, em plena paz, sobre um dos seus, ferocidades como esta: "Em 1757, um denominado Damiens cometeu um atentado contra a vida de Luís XIV, fazendo-lhe com um canivete uma ferida que em absoluto nenhum perigo apresentava. A vingança foi terrível: Damiens teve a mão direita cortada e queimada aos seus olhos. Fizeram-lhe — nos braços, nas pernas e no peito, feridas, regadas com azeite fervendo e chumbo derretido. Ataram-no em seguida os membros a cavalos, atirados em direções opostas, de sorte que o corpo foi despedaçado". *(Terrorismo e comunismo,* Kausky, trad. francesa, p. 147).

Notemos, ainda, as condições em que tais façanhas se apresentam: nas Índias, os atacantes-salteadores eram representantes ostensivos de uma grande nação e os casos são contados por historiadores dos mais reputados — Macaulay e Burke; o motivo de todas essas misérias foi o saque material — roubar, literalmente. Há, ainda, a circunstância de que Macaulay serviu na administração de Calcutá como alto funcionário, onde colheu informes diretos: "Clive caminhava entre montes de ouro e prata, coroados de rubis e diamantes... uma chuva de dinheiro começou a cair... Acumulavam-se (os ingleses) em Calcutá fortunas enormes, ao passo que trinta milhões de criaturas humanas se achavam reduzidas ao último grão de penúria e desgraça. O governo dos ingleses em Bengala se tornou tão mau que era quase incompatível com a própria vida da sociedade. O procônsul romano que, num ano ou dois, extorquia a uma província com o que construir palácios e banhos na campanha, e compor vasos de âmbar para beber, exibir exércitos de gladiadores; o vice-rei espanhol que, deixava, após de si, as maldições do México ou de Lima, e entrava em Madri com um longo séquito de carros dourados e de cavalos ornados de prata e ferrados de ouro, estavam distanciados".[27]

Mais horríveis, ainda, são as atrocidades de Hastings. Houve que submetê-lo a processo, em que tomou parte o próprio Burke, que, depois, comentava: "Uma soma de quarenta milhões de libras foi trazida das Índias para a Inglaterra (por Hastings). Destes quarenta milhões, um décimo foi arrancado dos Rochilas, que, para isto, foram massacrados, e Hastings viu tranquilamente queimar as suas povoações, degolar as crianças e violar as mulheres..." Um milhão e duzentas libras foram tirados às princesas de Oude — "encarceradas, reduzidas pela fome... até que consentissem...".[28] Os *ensaios* desses dois escritores são das publicações mais vulgarizadas na Grã-Bretanha; os de Macaulay, especialmente, têm sido muito criticados; mas, quanto à horrível pilhagem e aos massacres da Índia, nunca foram desmentidos.

---

[27] Macaulay, *Critical and historical*, T. IV, p. 347.
[28] Macaulay, *op. cit.* T. IV, pp. 260-287.

É verdade que o governo inglês vem influindo na publicação de brochuras tendentes a mascarar essas verdades, sem maior resultado, no entanto. São definitivos capítulos de história. No tempo em que Hastings e Clive dão largas à sua implacável e feroz ambição (1769-1775), já são, os paulistas, para o próprio Southey, gente humanizada: "Nenhuma razão havia, agora (em 1745), para que as Reduções de Chiquitos receassem a repetição daqueles males que da parte dos paulistas haviam experimentado as reduções de Guaíra e Tapé. Tinham a influência das leis e o espírito de um século mais humano mitigado a ferocidade do caráter paulista, sem abater-lhe a atividade e o espírito de aventura..."[29] Atendamos, agora, a que os paulistas tinham de enfrentar não somente tribos selvagens, mas, sobretudo, populações feitas no regime de turbulência inexorável, tal que Sarmiento e Garcia Calderon, insuspeitos, assim as descrevem, a propósito das lutas civis após a independência dos povos platinos: "... volta ao caos primitivo. Multidões vagabundas, bandos armados desolavam os campos e incendiavam as cidades. O assassinato, o roubo, a devastação das propriedades, a guerra sem mercê, o fogo invasor, todos os poderes de destruição...". Era gente assim que os paulistas deviam conservar em respeito: "Centauros brutais ocupavam as cidades onde a civilização espanhola atingia o seu apogeu. Carretas nômades que transportavam, através dos pampas argentinos, os penates nacionais, eram brutalmente assaltadas..."[30] Ainda nos nossos dias, os norte-americanos deram lugar à formação de uma pavorosa legenda, quanto aos processos, ferozmente ignóbeis, usados com os filipinos, muito além da guerra que lhes fazia; e Coolidge, ao tratar do assunto, nem sente necessidade de negar os fatos — a *tortura da água*, os tratamentos violentos... antes os justifica, como inevitáveis *represálias*...[31] E, ainda nestes dias: o que alemães, belgas e franceses têm feito com os pobres negros africanos, a título de colonização!... Leiam-se as páginas

---

[29] *Op. cit.* T. V. 445.
[30] Sarmiento, *Conflictos y armonias de las Razas, en América,* cap. IX; Garcia Calderon, *Les democraties latines de l'Amerique,* p. 347.
[31] *Os Estados Unidos, Grande potência,* p. 177.

documentadas de Conan Doyle. Por parte dos franceses, o caso é mais criminosamente característico: tratam com populações — marroquinos e indo-chineses, de civilização comprovada pelo tempo e que, no entanto, são reduzidas à condição de alimária vil, exterminadas pelas bombas dos aviões, encadeados, os sobreviventes, em longas correntes de ferro, que os prendem por gargalheiras... E não se pejam de que tal espetáculo se mostre nos jornais filmados.

Em face de tudo isso, as populações brasileiras, mesmo nos primeiros tempos, parecem-nos admiráveis de compaixão e bondade, inclusive os mesmos paulistas. *Caçadores de escravos...* eis a suprema acusação: e os negreiros — portugueses, franceses, e, sobretudo, os ingleses?... Haverá, no proceder dos nossos bandeirantes, atrocidades comparáveis ao que, um século depois, ainda faziam esses abjetos traficantes, sob a bandeira de grandes nações? Para aqueles dias, a medida da alma brasileira, em humana bondade, nós a temos nos conceitos de um Frei Vicente do Salvador, espírito cristão sem jaça, sem laivo de ódio, mas sem condescendência com a crueldade, como quando se refere à conduta de Anchieta para com Boulez. ... É um clérigo, no entanto, na sua alma só prevalece o puro sentimento de humanidade: "Casos são estes que desculpa a divina dispensação e a caridade, que é sobre toda lei, e, sem isto, mas são para admirar que para imitar...".

Levantar esse cotejo não significa absolver os predadores de índios da muita crueldade que cometeram. E compreende-se bem um Capistrano quando, humano e justo, levanta a dúvida indagadora: "... compensará tais horrores a consideração de que por favor dos bandeirantes pertencem agora ao Brasil as terras devastadas?...". Não se trata de medir compensações, que toda a Terra não merece o sacrifício de uma linha de justiça; não é isso o que se tem de apurar, quando se pesam acusações tais, mas os móveis a que obedecia a atividade sertanista: Somente cativar índios e caçar minas?... Não. O maior valor constante em toda a história dos paulistas são os intuitos patrióticos dos seus cometimentos aventurosos, a dominar territórios. O governo da metrópole sempre o reconheceu e os próprios adversários o constataram mais de uma vez. Já em 1627 a Câmara de São Paulo avisava às autoridades da metrópole que "os espanhois de Vila Rica e mais povoações vinham dentro das terras da coroa das terras de Portugal e cada vez se vinham apossando mais delas...". E, só por isso, porque procediam em patriotismo, a nacionalidade brasileira se pôde afirmar ao sul. Na situação histórica que lhe foi feita, não havia para a raça forte de Piratininga outra forma de afirmação. E, então, aos temíveis predadores de índios coube a missão de corrigir, no continente Sul, a monstruosa partilha de Tordesilhas.

Admite-se que o jesuítismo castelhano multiplique as suas injúrias contra quem lhe arrancou territórios e catecúmenos; mas repugna quando se encontram as mesmas injúrias, a título de sinceridade histórica, na pena de brasileiros. São escrutadores de arquivos, mas, para eles, nada vale a observação de um Silva Guimarães quando, a propósito dos Apiacás, nos conta de uma aldeia fundada pelos jesuítas espanhois, nas cabeceiras do Cuiabá, e que foi destruída pelos sertanistas — *por ser clandestinamente levantada em terreno nunca pertencente à coroa de Espanha;* nem os comove, a tais historiadores, o que destila da pena de um Muratori, a escorrer sobre tradição caracterizadamente brasileira: "São Paulo não tinha mais de 400 habitantes em começo, e, hoje, (1720) conta muitos mil — Admite-se, ali, a escória de todas as nações... É o asilo de todos os malvados portugueses, espanhois, ingleses, holandeses, que escaparam da Europa, dos suplícios que mereciam pelos seus crimes, e que aspiram levar uma vida impunemente licenciosa..."[32] Ora, essa escória de gente já era — Bicudo, Prado, Cardoso de Almeida, Leme... e todo aquele cerne paulista que tratou com Salvador Correia. As acusações repetem-se até estafar, mas todas elas devem medir-se na bitola dos conceitos históricos em que os paulistas são apresentados como um *povo independente...* por todo o período da formação brasileira. Ora, todos sabemos que tal independência nunca existiu, e que tudo não passa de uma inferência mal tirada das páginas de Southey, quando acentua neles a sobranceria do caráter, o vigor, a ação e a

---

[32] *Paraguai,* p. 74.

latitude das iniciativas. Afora isso, sobre que nada valia o domínio da metrópole, São Paulo viveu no regime político e administrativo do resto da colônia. Em 1613, que seria a fase da mais despeada independência, os paulistas, de tão pouco independentes, até se queixam ao rei — de excesso de dependência: "...os capitães e ouvidores que V. M. manda... os governadores gerais em outra coisa não entendem, nem estudam, senão como nos hão de esfolar, destruir e afrontar. Nisto gastam o seu tempo, eles não nos vêm governar e reger, nem aumentar a terra que o sr. Martim Afonso ganhou..." Noutra parte, pela mesma época, os paulistas acusam: "... as aldeias desta Capitania, sempre sujeitas aos capitães e justiças desta capitania, agora... os padres andam dizendo publicamente que as ditas aldeias eram suas...". De fato, São Vicente, ou São Paulo, no tempo, nunca deixou de ter o seu capitão-mor, o seu governador, tão representante do domínio metropolitano como os das outras capitanias. Independência havia, mas era toda íntima — o ânimo forte, que não teme a natureza e não recua na perspectiva das brenhas; toda a liberdade e ação política consistiam em que, sem nenhum auxílio oficial e sem outros recursos além dos meios pessoais, os intrépidos sertanistas cumpriram todas as suas façanhas. O governador de São Paulo não tinha alçada ao lado das bandeiras, antes estava à mercê dos que as armavam e conduziam como no caso D. Rodrigo. E um Bartolomeu Bueno, ou Antunes Maciel, ou Paschoal Paes, quando se achava em plena vastidão desconhecida, ainda inominável, não tinha senhores a quem dar conta. Era independente e livre, qual o marujo já sem vista de terra, e que tem de contar consigo, tão somente, quando a tempestade lhe sacode o barco e lhe ameaça a vida.[33]

---

[33] Oliveira Martins é um dos que repetem, na facilidade dos seus conceitos, toda essa história — de crueldades dos paulistas... e de paulistas — povo independente... Que valor se pode dar a tais conceitos, na pena de quem, não obstante a obsessão de tornar culpados os jesuítas pela miséria de Portugal bragantino, não soube reconhecer a origem da difamação contra esses brasileiros?...

CAPÍTULO III

OS QUE FIZERAM A HISTÓRIA DO BRASIL

17. *Histórias para o trono...*

O Portugal restaurado pelos inimigos de Castela guardou o domínio do Brasil, e, como já era incapaz de outra coisa, teve de viver exclusivamente do mesmo Brasil. A Índia e o seu famoso comércio sumiram-se através da degradação geral da nação; a África era a simples colheita para os negreiros. Restava a colônia americana, fruto das energias sobrantes de 1500, a fecundar a ingenuidade heroica do gentio tupi. E o Brasil, assim gerado, teve de continuar no seio da nação portuguesa. Mas, agora, mudou completamente a situação da metrópole para com a colônia, esta, que se apresenta com as suas energias crescentes bem demonstradas — na capacidade de defesa e na produção de riqueza, ao passo que Portugal, decaído, essencialmente degenerado, só é mantido em soberania pelo eufemismo da aliança inglesa. Nessas condições, a questão se resolveu pela nova política adotada para com o Brasil, e que consistiu em destruir tudo que pudesse concorrer para a afirmação da nova nacionalidade, já manifesta, mas que devia morrer. De fato, se o não contrariassem e abatessem tão sistematicamente, como o fizeram, o Brasil teria chegado à completa expressão nacional, rompendo para a soberania; ora, a nação que vivia exclusivamente de *ser metrópole* não podia aceitar a situação de suicídio, e teve de dedicar todos os seus esforços *a lutar pela vida* na forma da sua capacidade.

E como a tradição é fator essencial na afirmação da nacionalidade, o esforço se dirigiu explicitamente para aí: Portugal restaurado foi, desde o primeiro momento, o inimigo implacável da tradição brasileira; e a Casa de Bragança, para quem se fez a *restauração*, foi o principal condutor da deturpação e adulteração da nossa história nacional. O mal teve extensão de verdadeira calamidade porque, tudo conseguindo — até o assenhorear-se da independência do Brasil —, os Braganças lhe impuseram a voz dos seus interesses, dinásticos e portugueses, realizando, finalmente, uma história contra a verdadeira tradição brasileira. Em verdade, o império foi o olvido sistemático, quando não a difamação, dos heroísmos genuinamente nacionais, pela consagração daquilo mesmo que a eles se opunha. Houve, até, um qual ortodoxismo histórico, em correspondência com o ambiente da política imperial, ortodoxismo que consistia, justamente, em dar corpo a tudo que pudesse valer como prestígio para os que exploravam esta pátria, contrariando mesmo, explicitamente, a expressão dos seus legítimos sentimentos, velando as verdadeiras glórias da sua história. Foi assim que a *Insurreição Pernambucana* deixou de ter significação, no silêncio em que a esqueceram, ao passo que se apuravam os opacos heroísmos no Prata; assim se criou a lenda mentirosa — de que "a unidade do Brasil foi resultado da independência com a monarquia bragantina, e que, autônoma, a nação se desencadeou em desordens e facções, finalmente dominadas pela força orgânica da política monárquica…".

Um trono plantado no Brasil pelos portugueses, com o intuito explícito de desviar a inevitável independência para os interesses portugueses; um trono que era, para todo o mundo, uma monstruosidade — contra a natureza, contra o espírito americano, contra a própria história, irritante às nossas legítimas tradições; um trono assim mal parado precisava justificar-se e ter aparências de motivos. Surgiu, então, o coro dos historiadores bragantinos, com o intuito mal escondido de demonstrar que a nação devia pertencer à dinastia "que fizera a independência". E como esse título só não bastasse, entraram, os empreiteiros dessa história, a infamar o Brasil, sonegando qualidades essenciais do

116

seu caráter, inventando vícios e crimes por conta da nação, para terem ocasião de apontar serviços e benemerência do mesmo trono. O primeiro efeito dessa história desnaturante e antibrasileira foi o crime de deixar-se ignorada, para o grande público nacional, a obra em que o Brasil é apresentado ao mundo, pela primeira vez, como nação definitiva, de valor demonstrado — a *História do Brasil*, de Robert Southey. Então, sobre ela, mas em oposição à tradição nacional, que nela se patenteia, surgem os historiadores por encomenda, opacos refratores, sem outro maior valor que o da distorção. Um Varnhagen, apenas superado, em capacidade de deturpação, pelo inesquecível escrevedor da *Fundação do Império;* comparável em descritério aos Moreira Azevedo e Fernandes Pinheiro. Não havia, para esses, outra orientação histórica, senão os degraus do trono. Foi assim enquanto houve trono... Depois, para que reagir?...

18. *Some-se a história de Frei Vicente*

Varnhagen tem destaque especial, como modelo: é o sistematizador dessa história — para o império e contra o Brasil. Terá, por isso, parágrafo também especial. Por ora, vejamos nele o homem que, conscientemente, sonega a primeira e genuína história do Brasil, escrita por um brasileiro, a de Frei Vicente do Salvador. E, nesta altura, chegou o momento de contar, do caso, o bastante para dar ideia do que se fazia para abafar o Brasil, desde que ele se revelou numa história sua, mesmo porque tais processos se continuaram no *grande historiador* do império.

Frei Vicente, brasileiro da Bahia, escreveu a sua história animado por um português seu amigo, amador de erudições históricas, aparentado no Brasil, Manuel Severim de Faria.[1] O trabalho,

---

[1] Severim de Faria era irmão do frade Christovam de Lucena, da mesma ordem que Frei Vicente, de quem era amigo. Frade Christovam, a quem o nosso historiador chama pelo nome Faria, serviu muitos anos no Brasil, no Norte. Era pertinaz maldizente, contra Bento Maciel, Barreiros, o jesuíta Luís Figueira... Tudo faz crer que ele tinha razão; mas os excessos da sua língua não são nada cristãos: "...uns frades que cuidam que tiram de si o que põem nos outros... o capitão des-

terminado em dezembro de 1627, foi prefaciado pelo autor em dedicatória ao mesmo Severim, e a ele enviado, para ser publicado. "... junto com vossa mercê ma querer fazer de tomar a impressão a sua custa". Frei Vicente estava certo de que o seu prometido mecenas, por ele comparado a Alexandre, lhe publicaria o trabalho. Finou-se, dez anos depois; fez adições, ainda, a alguns capítulos; mas morreu sem o consolo mínimo de ver o seu livro divulgado, não obstante que o mecenas Alexandre continuava rico, amador de histórias... Por que não se publicou o livro?... Porque não tivesse mérito? Não: tanto mérito havia nele que, mesmo não sendo papel oficial, duas cópias foram recolhidas ao grande arquivo de papéis históricos do Estado português — a *Torre do Tombo*. Quer dizer: os que retinham os destinos do Brasil julgaram o livro de Frei Vicente coisa especialmente importante, e que devia ser conservada... mas escondida. Tanto tinha valor esse trabalho que, apesar de nunca impresso, rompeu a cova onde o enterraram e era conhecido, de fama, pelos que posteriormente se ocuparam da história do Brasil. Tanto tinha valor, que ainda o tem, hoje, para nós outros, que nele encontramos um testemunho de fé, em depoimento pitoresco e expressivo, insubstituível quanto ao que foi diretamente conhecido pelo autor, eloquente, no que nos diz da tradição já formada, e que revela e

---

ta conquista que anda solicitando as mulheres casadas com publicidade, e ao padre da Companhia (Figueira) andar dando liberdade de consciência a todos para deste modo se fazer benquisto... tramas e enredos do padre Luís Figueira... o piloto como covarde, queria... não vos vades fiando facilmente de relações porque são falsas, principalmente as dos padres da Companhia que tem alguns por granjearia falar bem ou mal segundo o pouco ou muito que correm... a verdade da linha para cá raríssimamente se encontra...". Contudo, esse maldizente chama frei Vicente de *honrado*. É na mesma página em que recomenda ao irmão que obtenha de Frei Vicente que se refira aos dois, Severim e o próprio frade Christovam, na sua obra. E o nosso frade assim o fez, se bem que em termos perfeitamente dignos e justos. Severim, historador — de uma *História Portuguesa* —, não cometeria o crime, inútil para ele, de enterrar a obra de Frei Vicente. É verdade que Severim tinha alma irmã da do irmão, devia ser jactanciosamente convencido do próprio valor, talvez incapaz de concorrer para a glória de outrem: "...administrei os ofícios que tive com a maior inteireza... de nenhuma coisa fui mais liberal que da vida, lidando em contínuos trabalhos, no que toca os riscos da vida não tem cá sua magd. soldado que tantas vezes visse a morte diante dos olhos... nos perigos em que animosamente me pus... fiai-vos só das informações que de cá eu vos mandar porque sou muito cioso do crédito...". Muito naturalmente, o frade Faria estende à família o alto juízo que faz de si. Diz ao irmão, a propósito da história portuguesa, "...o vosso livro me pareceu coisa divina, assim pela erudição como pela excelência do estilo..." Por um motivo qualquer, ou um concurso de motivos, o fato é que, da mão de Severim, o livro de Fr. Vicente passou para a sepultura. (Doc. L. O. pp. 233-255.)

incorpora em preciosos comentários. "Houve alguma força superior que a paralisasse?..." (a publicação do trabalho do frade baiano). Nessa pergunta, o espírito penetrante e ponderado de Capistrano de Abreu deixa patente admitir que *tivessem impedido a publicação...* Ninguém conhece melhor essas coisas do que o anotador de Frei Vicente. Um dos seus primeiros reparos é que o iniciador da nossa história já tenha acentuado a importância da colônia em face da metrópole, tanto que poderá *vir a ser o centro e refúgio do governo português.* Antes, porém, porque era o que mais se impunha ao sentimento brasileiro de Frei Vicente, ele havia assinalado males que já atormentavam o Brasil, ao mesmo tempo que dava a responsabilidade deles aos representantes da metrópole e aos outros reinóis: "... depois da morte de D. João III, não houve outro que dele (o Brasil) curasse, senão para colher as suas rendas e direitos. E deste mesmo modo se hão os povoadores, os quais tudo pretendem levar a Portugal... O que é fontes, pontes, caminhos e outras coisas públicas é uma piedade... nenhum as faz, ainda que bebam água suja... e tudo isto vem de não tratarem do que há de ficar, senão do que hão de levar para o reino...". É nesses termos, que o frade baiano apresenta o Brasil, cuja história entra a contar, sem esquecer de notar todas as excelências da terra, ao mesmo tempo que discute a sem razão — dos que dão a zona equinocial como imprópria para a espécie humana.

Toda a história é conduzida, acentua Capistrano de Abreu, "com o sentimento de amor à terra natal". A prova desse amor nós a temos, não tanto no bem que ele diz do Brasil, como na vivacidade com que defende os interesses próprios, da sua pátria, seja contra quem for, ostensivamente contra os maus processos da metrópole. Quando a ocasião se oferece, ele mostra um homem da terra prestando serviços... "sem receber mercê alguma, porque os serviços do Brasil raramente se pagam".[2] Quase ao findar, quando contempla as condições da colônia, onde só os brasileiros têm coragem de avançar pelos territórios desocupados e incultos, pois que os reinóis, já decadentes, não têm outra capa-

---

[2] *Op. cit.* p. 272.

cidade além da mercância nas partes povoadas, Frei Vicente diz-lhes a verdade: que os *portugueses não sabem povoar...*

Consideremos desde já que o nosso primeiro historiador era um *caráter,* num *grande coração.* Não hesitou, nunca, em chegar ao termo do seu pensamento, ainda que houvesse motivos para conter-se. Bem o vemos no caso de Anchieta a trucidar Boulez. Exprimiu, sem reservas, o seu sentimento de brasileiro; mas não há no seu livro um grito de reivindita, como não há laivo de ódio. Foi sempre discreto no censurar e elegante no condenar: "O que os inimigos haviam deixado, levaram os amigos..." é o seu modo de comentar a deslavada rapinagem da gente de D. Fradique, na Bahia.[3] E quando os fatos lhe bastam, ele não vai adiante: tal acontece no referir a miserável insídia das autoridades portuguesas para com Zorobabé. No entanto, houve momentos em que os seus conceitos (os já citados) vão até a veemência. Devemos reter, a esses conceitos, porque neles está, certamente, um dos motivos que levaram a gente de Portugal a dar sumiço a sua história. Ela era, já, um vivo protesto do Brasil contra as misérias com que o afligiam. Esconderam-na, e, apesar disso, a obra de Frei Vicente teve um sucesso superior ao de muitos livros impressos, firmados por autores feitos. Foi uma repercussão que se estendeu até os nossos dias. Davam-lhe atenções especiais — porque era perigoso deixá-la ao alcance dos brasileiros, e porque havia nela muita coisa a colher e roubar. Todos que estavam na intimidade dos interesses portugueses conheciam-na muito bem. Frei Agostinho de Santa Maria, o do *Santuário Mariano,* surrupiou dali o melhor dos seus capítulos.[4] Ora copiava, ora roubava. E roubava mutilando...

Havia, na Torre do Tombo, dois exemplares da *História do Brasil* de Frei Vicente, um que, incompleto, foi copiado para o Brasil e é o vulgarizado como publicação oficial do governo; um outro completo, anotado e corrigido pelo próprio Frei Vicente. Este foi lido por Varnhagen e se sumiu depois... O exemplar final-

---

[3] *Op. cit.* p. 598.
[4] Capistrano de Abreu, *Notas a Frei Vicente.*

mente conbecido estava todo podado, faltando-lhe doze capítulos inteiros, fora pequenos trechos esparsos. Saiba-se, agora: a maior parte dos pedaços aproveitados pelo autor do *Santuário* são desses capítulos desaparecidos e estão evidentemente deturpados.[5] Os termos de uma das notas de Capistrano mostram-nos as falsificações que se fizeram nas páginas de Frei Vicente, e se atendermos aos assuntos truncados facilmente reconheceremos os motivos que determinaram tais profanações. De tudo isso resultaram maiores males, para o Brasil, do que o imaginavam os próprios perseguidores da nova nacionalidade: a primeira história do Brasil era a revelação de um espírito novo, na novidade de uma tradição nacional própria; tinha em si, por isso mesmo, inspiração para novos modelos no historiar de uma pátria. Capistrano, depois de mostrar, em Frei Vicente, "... o amor da pátria e certeza do seu futuro, sentimentos raros naquele tempo...", desenvolve o comentário: "Imaginemos que a história de Frei Vicente, em vez de ficar enterrada... viesse logo à luz as consequências podiam ter sido consideráveis: serviria de modelo. Os arquivos estavam completos e teriam sido consultados... As entradas sertanejas teriam atraído a atenção, e o conhecimento delas não ficaria em nomes escoteiros; muitas anedotas teriam sido colhidas, quebrando a monotonia pedestre ou solene com que os Rocha Pitas, os Berredos, os Jaboatões afrontaram a publicidade. Frei Vicente ultimou a sua história em 1627; só um século mais tarde, saiu Rocha Pita com a sua... *História... da América Portuguesa*".[6]

Em Capistrano se repete a natural aspiração do espírito brasileiro: se *viesse à luz...* Não podia vir: seria luz para uma nacionalidade que se anunciava na colônia, e Portugal-metrópole não podia consentir nisso, uma vez que o Brasil devia ser, apenas, um ubre. São coisas incompatíveis ou existências inassimiláveis — *nacionalidade* e *ubre...* E, para sufocar essa entidade, cuja existência era

---

[5] "Faltam os capítulos de 10 a 17... de que podem considerar-se fragmentos os trechos do *Santuário Mariano*... Este omite qualquer referência a Alexandre de Moura (começam a aparecer os brasileiros) e cala-se quanto ao proceder de Caldeira no Maranhão. Já estaria truncado o exemplar utilizado por Frei Agostinho de Santa Maria?" *Nota* de Capistrano ao livro V, p. 428.

[6] Frei Vicente, *Prefácio* de Capistrano de Abreu, p. XX.

anúncio de morte para a metrópole, sepultaram imediatamente a obra de Frei Vicente[7]. Só podia aparecer, então, aquela história em que até o nome do Brasil se ofuscava, quanto mais a tradição!...

Voltemo-nos, agora, para o sr. Varnhagen, que, em 1750, seria Rocha Pita...

O livro do frade baiano, sumido pelos portugueses, era, para o espírito brasileiro, mais do que para o mundo geral da inteligência, o *Consolatio* ou o *De Virtutibus*... porque, sendo por si mesmo uma obra de valor efetivo, era, ao mesmo tempo, a aurora da mentalidade brasileira e da história nacional... Havia, em quantos se interessavam pelo Brasil, ânsia de curiosidade, no irreprimível desejo de conhecê-lo. Seria tarefa a que um historiador realmente brasileiro daria gostosamente a existência: desencavar a história de Frei Vicente. Pois bem, o *grande* historiador, que, de tanto valer, acabou titulado em Porto Seguro, esse conheceu, ainda bem moço, o livro tão ardentemente desejado; leu-o, no exemplar completo; explorou-o o mais que pôde, já dissimulando a origem das informações, já fingindo honestidade num esquivo F.V.S. Chegou a publicar um capítulo isolado, e que lhe foi comunicado por João Francisco Lisboa; mas preferiu não cumprir o dever de brasileiro e de historiador, e não fez conhecido Frei Vicente. Há mesmo a circunstância de que o exemplar que esteve em suas mãos desapareceu. Por que procedera assim o sr. Varnhagen? Ou julgou não dever concorrer para reforçar as legítimas tradições brasileiras, fornecendo mais argumentos contra a metrópole, ou preferiu guardar para si a descoberta, servindo-se, no encoberto desescrupuloso, do trabalho, de Frei Vicente. O mais acertado será admitir a combinação dos dois motivos: o sr. de Porto Seguro era um meditado, e tinha sempre fortes razões de proceder. Aliás, parece que era vezo, no seu historiar, o esconder documentos de que se servia. Além dessa vez, Capistrano aponta duas outras em que, a respeito de Pero de Góes e de Cosme Rangel. "... Varnhagen encontrou documentos que não especifica e não são conhecidos...". E, agora, no interesse da história do

---

[7] Frei Vicente, *prefácio*, pp. III, IV, V.

Brasil: Que respeito e crédito pode merecer um tal historiador? Que orientação esperar de histórias assim entendidas e realizadas?

Finalmente um acaso, num desenvolvimento de dezenas de anos, levou uma cópia do manuscrito do frade à Biblioteca Nacional, e a geração dos últimos dias do império já conheceu a sua esplêndida narração histórica.[8]

19. *Coriáceos, nulos, opacos e indigestos...*

Ao contar a história do *achado,* o incisivo anotador de Frei Vicente chama o Marquês de Olinda ex-regente do Brasil — figura *primacial* do segundo reinado... Sim, como Varnhagen fora primaz entre os nossos historiadores... Imagine-se que é que valerão os outros, sem nobreza, nem primazias!... A medida desse valor, nós a temos, no Estado e na história que uns e outros nos fizeram. Os nossos empreiteiros de história criticam, pontificam... mas sem grande preocupação de sucesso na crítica e na doutrina. Para eles, desde a *História Geral do Brasil,* o verdadeiro mérito está na quantidade de erudição com que encharcam as páginas, uma erudição bem no espírito de Dryasdust, escolhido

---

[8] Foi um aumentativo de acaso. Uma comissão do governo brasileiro andara a fazer copiar documentos na Torre do Tombo, e, sem saber bem o que valia a coisa (cópia de assalariados), trouxera um exemplar da *História* de F. Vicente do Salvador. Agora, começa outro desenvolver de sucessos, onde se patenteia que isto aqui era bem aquele Estado feito na Independência de 22. As cópias foram levadas ao Ministério do Império (Interior), cujo titular, o Marquês de Olinda, sem mais cerimônias, mandou tudo para casa, como coisa sua. Naqueles tempos, havia absoluta *honestidade* nos homens públicos, mas entendia-se que a honestidade se referia, apenas, a negócios de dinheiro: não se roubava em espécie... E o marquês, que ajudará a fazer o Estado de que era ministro, não sabia nada do valor da obra de que se apossara; deixou-a tão desprezada que, com o tempo, nuns restos de *inutilidades* vendidas a preço ralo, a cópia foi parar num *sebo,* cujo dono, mais sagaz que o sr. de Olinda, mais patriota, que o sr. de Porto Seguro, doou o manuscrito à Biblioteca Nacional, em 1882. E ainda foi tempo para que a obra aparecesse publicada, numa edição miserável, a pior, das más, de que tem segredo a *Imprensa Nacional:* papel de jornal, colunas de jornal... qualquer coisa a indispor o leitor que não fosse verdadeiramente patriota. Há oito anos, apenas, quase quarenta anos depois de reachado o manuscrito é que a *História* de Frei Vicente teve uma edição razoável, feita por um editor de nome estrangeiro, e que certamente acertou num excelente negócio. Neguem, agora: que a alma de Severim de Faria paira, ainda, por sobre os nossos destinos. Capistrano de Abreu admite que João Francisco Lisboa sabia bem o que mandara, pois que o prometera ao sr. Varnhagen; então, este soube da chegada do manuscrito e, ainda assim, deixou que ele ficasse ignorado, enquanto ele, Varnhagen, vinte anos depois disso, continuava a servir-se do trabalho de Frei Vicente... Que historiadores e que estadistas!...

123

motejo de Carlyle — para símbolo da nulidade irritante, inane de ideias, mirrada de expressão. Vastas, desenvolvidas em pormenores, essas histórias distendem-se, recheadas de utilidades, desenxabidas, inertes, indigestas, próprias somente para abafar do passado o que tenha valor, qual acontece na nossa guerra holandesa, quando marcam o dia em que o batavo deixou partir o secundário Barreto, notado no mesmo valor em que são apresentadas as peripécias de Barbalho em retirada... Tentam, com esse esforço erudito, encher o vazio de pensamento e a nulidade de lógica.

O mal será constante em todas as histórias, e, por isso, o mesmo Carlyle, falando da história inglesa, chega à veemências de imprecação: "Pesado pedantismo, ocioso diletantismo enfatuado, estupidez tornada de todos os pruridos... feita de trevas e não de luz... O ruído do que sai daí não é uma voz, transmitindo o conhecimento ou a memória de coisas terrestres ou celestes; é um soporífico, inarticulado borborinhar difuso, emanando do lago do Eterno Sono, implorando o esquecimento, a abolição e um honesto silêncio... Confusão amontoada em confusão... obscura, num sinistro crepúsculo como as sombras da morte... lúgubres por áridas solidões, somente povoadas de pedantes sonambúlicos, diletantes e dolentes fantasmas, erros e coisas inconcebíveis, pesadelos... avalanches de estupidez humana... Conheci nações sem imprensa e sem meios de erudição, sem outra coisa além dos seus velhos cantos e amontoados de pedra como arquivos, e que, no entanto, tinham uma memória mais verdadeira das suas coisas memoráveis do que esta... A escrita é, então, a arte de enterrar no caos os heroísmos passados e os mais altos feitos?... A história da Inglaterra não é mais que um morno e sombrio labirinto, onde o espírito inglês, se é sincero, confessará que, em qualidade de coisas conhecíveis (pode-se mesmo dizer — *concebíveis)*, interessantes, nada achou, ou o que achou é pouco mais do que nada. Como se nada de bom houvéramos feito sobre a terra; como se foram pesadelos, e não homens, que escreveram a nossa história!... Estupidez de linguagem, sem par! Que podem fazer, em tal caso, os pobres heroísmos ingleses, se não cair inertes no domínio do pesadelo? Porque, verdadeiramente, a estupidez é forte, muito forte. Como canta o poeta Schiller: *Contra a estupidez, os próprios deuses lutam sem esperança...*".

Em queixas tais, grita-se o zelo de quem vive uma tradição dominante como a inglesa: que seriam, então, as queixas de um brasileiro, se elas pudessem ter o vigor das de Carlyle?... Pois não é para adoecer — que as legítimas grandezas da nossa história sirvam, apenas, para, em desenvolvimentos mortos, entendiar e enfastiar definitivamente a quem as procura, ao passo que as chatices decorrentes do 1808 sejam a trama que, urdida nas repetidas traições, vem formar as próprias flâmulas das legendas consagradas?... Nem vale, talvez, formular julgamentos para comentar a tristeza da história que desse modo se fez: seriam, finalmente, exclamações de protestos, repugnâncias, cólera, motejo, repulsa... Para o intuito destas páginas, basta-nos destacar aquilo que, nas historiagens de hiatos, acasos, erudições chulas e elogios parvos, se tornou patente como efeitos antinacionais.

20. *O da história geral do Brasil*

Tomemos, dos que chegaram a renome de historiador do Brasil soberano, esse mesmo Varnhagen. Foi, se não o primeiro, pelo menos o principal, em dar o Brasil à casa reinante. Teria valido como escarafunchador de arquivos... Esse mesmo valor, ele o perdeu, no apossar-se da história — para torná-la coisa sua e fazê-la nos interesses da sua fofa ambição. Historiador, grande historiador, não tinha nem a capacidade reconstrutora de Mommsem, nem o poder evocador de Thierry, ou a ciência estilizada de Taine, ou o tom humano de Michelet e Gibbon. Hirto, nos desvãos em que se meteu, sem pensamento para suster um passado, foi um panorama de cemitérios: fez obra de secador absorvente e ressequiu os assuntos, ao mesmo tempo que velava os documentos. Quando chega o momento de dar de si mesmo, quando não podia ser, apenas, inerte e opaco, encontramo-lo — o menos humano dos homens, brasileiro de encomenda, sem bondade, num patriotismo de convenção.[9]

Historiador mercenário, todo ele se revela no como trata os patriotas pernambucanos de 1817. Contratado para ser brasileiro, no seu critério, fala somente a política que inspirou as insídias ferozes do Conde dos Arcos, as crueldades covardes de Luís do Rego, e as torpezas a preço de Teixeira Coutinho. Pouco lhe importam a verdade e a justiça. Dentro da tarefa que aceitou, Varnhagen afirma que a revolução de 6 de março de 1817 era absolutamente sem motivos e sem premeditação; que surtiu exclusivamente do conflito com que começou. E, para demonstração, volta-se para a *consciência* do leitor: "...diga — se podia haver razão para um tal movimento?...". Depois, *eleva-se* na importância do papel que lhe deram, para zombar torvamente dos vencidos martirizados, incluindo-os nos humildes Luiz das Virgens e o negro Lucas Dantas, a quem infama com o epíteto de *facinorosos*. Conclui em náuseas, a pedir desculpas — *"de tratar de assunto tão repugnante... Deixá-lo-ia em silêncio, se, historiador, pudesse desprezá-lo...".*

Varnhagen tem na *História da Independência* o seu melhor, ou o seu livro modelar. Tratando-se de um período curto, em fatos precisos, ele pôde documentar-se relativamente bem, e, dada a natureza do assunto, ele se apaixona para largar-se ao seu maior talento — de deturpador da história do Brasil. Pesadão, deselegante, sem arte,[10] o seu livro tem vida, no entanto, a própria vida da sua paixão — de reacionário bragantista. Têm vida, as suas páginas, no sentido de que não as podemos ler sem estremecer de

---

[9] Varnhagen, filho de um alemão a serviço de Portugal, nasceu e criou-se no Brasil, tendo, quase adolescente, assistido a todo o movimento da *Independência*. Mas, feito o Brasil nação soberana, ele preferiu servir a Portugal, de cujo exército foi oficial até os dias de Pedro II. Então, mandaram buscá-lo, para essa função a que ele dedicou a vida, o pouco talento e o mau coração — fazer a história do Brasil em favor do bragantismo. Recebia do tesouro, na qualidade de diplomata. Foi *brasileiro* dessa qualidade até o fim da vida. O filho, herdando dele a espessa indiferença por essas coisas de pátria, preferiu ser chileno. Foi uma excreção de que nos aliviamos.

[10] Estilo de Varnhagen: "Foi José Bonifácio nomeado mordomo-mor do Palácio, cargo que já exercera interinamente, em várias solenidades anteriores, contra todos os usos da corte portuguesa, em que o símbolo da mordomia-mor, que era um bastão tendo no castão a cabeça de uma pretinha, se não conferia, ainda interinamente, senão a um dos grandes, de maior categoria... Mostravam-se por toda parte os brasileiros satisfeitos de terem um imperador, que este se via em sê-lo..."(p. 242).

indignação e cólera, como quando o vemos qualificar os pernambucanos de 1824 de *indignos, ambiciosos, covardes...* ou tachar os deputados brasileiros, às *cortes*, os da turma Muniz Tavares, Carneiro da Cunha e Martiniano de Alencar, de *insidiosos* e moderados... ao mesmo tempo que chama o espião e traidor Mayrink Ferrão de notável pernambucano,[11] e, em elogios, intenta reabilitar o carrasco Luís do Rego, na mesma pena com que insinua ter Barata rejeitado a comenda do Cruzeiro despeitado "ao ver Antônio Carlos feito grã-cruz". Foi um dos primeiros a afirmar que a unidade da nação brasileira resultou da adesão das províncias ao príncipe (p. 187). Colocado entre o lusitanismo antibrasileiro e as aspirações nacionais, o sr. de Porto Seguro foi desbragadamente, agressivamente, por aquele, com Vilela Barbosa, a quem apresenta como exemplo de patriotismo, ao lado de Clemente Pereira pomposamente recomendado como *belo caráter...* Foi a propósito dos sucessos da *Praça do Comércio,* sucessos considerados por ele *batismo de sangue do liberal brasileiro* (José Clemente)... Tachando de *inqualificável* a pretensão da mesma assembleia, chama de justas as ordens do príncipe ao mandar dissolvê-la... Daí, as duas diretrizes do seu historiar a crise da Independência: justificar e elogiar a dissolução da *Assembleia Constituinte* e atacar implacavelmente os Andradas, apesar de bragantistas. Eram, apesar de tudo, brasileiros, reagiram contra as pretensões do lusitanismo, e Varnhagen não os podia tolerar. Por isso mesmo, muito logicamente foi um apologista do Chalaça, a quem só tratava de cons. Francisco Gomes da Silva... E justifica o libelo contra os constituintes brasileiros reproduzindo as próprias palavras do Chalaça, de cuja *Memória* sobre o assunto diz: "... fiel narração,... estilo vigoroso, repassado de sentimentos de convicção...". Pois bem, o

---

[11] Varnhagen nunca está a curto de erros: Mayrink não era de Pernambuco e é o próprio a afirmá-lo, a fé de juramento, nos autos da devassa de 6 de março, quando o acusam de — haver aderido à revolução e ser patriota: "Minha pátria não são os penhascos de Vila Rica, que me viram nascer. A minha pátria, eu digo e entendo, é o meu governo, é a constituição da monarquia portuguesa, a que pertenço... A este corpo moral é que eu chamo pátria". O Barão do Rio Branco, apesar de todo o seu bragantismo, e, do mais que o levava para o lado do Visconde de Porto Seguro, é obrigado a reconhecer que, no caso de Pernambuco, o famoso historiador guiava-se pelos portugueses, nossos inimigos. (Nota à *História da Independência do Brasil*, p. 403).

mérito desse estilo vigoroso está em, cotejando lusitanos e nacionais, chamar àqueles de *"parte mais útil e mais industriosa da população..."*. Quanto aos deputados brasileiros, são: "... assassinos furiosos, que ultrapassaram as raias da decência, em lugar de representacão nacional...". Um Muniz Tavares é *um filiado aos jesuítas, inteiramente* destituído de princípios e de talentos...[12].

Por isso mesmo, historiador do primeiro Império, Varnhagen achou que era dever não deixar de referir-se à singela irmã de José Bonifácio, para apresentá-la como *malcriada e grosseira*, a propósito de um incidente insignificante. E, nessa má vontade para com os Andradas, nem a mentira o detém, como quando afirma: "A proclamação de D. Pedro como imperador... foi obra exclusiva da maçonaria, José Bonifácio não pensava em tal...". Adiante não hesita em dar o mesmo Andrada como responsável pelo que se publicava, no *Sentinela.* Num certo momento, quando quer justificar a *dissolução*, levanta, ancho, a opinão de Lisboa, sem atender a que esse jornalista tanto era contra a política de Pedro I que se incorporou aos revolucionários de 1824. Noutro momento muda de opinião a respeito de Cochrane, segundo este se manifesta a favor ou contra a política do mesmo imperador... Tal foi o homem que fez história para os brasileiros.[13]

21. *Os sub-Varnhagen*

Enciumado de um prestígio que assim se faz, o sr. Pereira da Silva vem exceder o próprio Varnhagen. Para insinuar-se de im-

---

[12] *História da Independência do Brasil,* pp. 79, 80, 187, 190, 234, 242, 260 279, 301, 302, 315, 318, 397, 417. Nos últimos anos da colônia houve um sábio brasileiro, de nomeada europeia, Câmara Bittencourt, aproveitado para intendente da mineração de diamantes, e que, nesse posto, aceitou intentar a produção do ferro em alto-forno. Obteve resultado, comprovadamente; mas os sucessos da crise política desviaram a atenção do caso. Depois, foi o pai de Varnhagen encarregado da fábrica de ferro de Ipanema; por isso, a famosa *História Geral do Brasil* incluiu a afirmação de que, apesar de grandes gastos, Câmara Bittencourt não obteve nenhuma fundição de ferro. Felício dos Santos pormenoriza toda essa interesseira inexatidão de Varnhagen. (*Memórias do Distrito Diamantino*, pp. 298-300.)

[13] O próprio barão do Rio Branco, da escola de Varnhagen, e que, assim, aceita e justifica a dissolução da Constituinte de 23; mesmo esse indigna-se das afrontas de Varnhagen — quando ataca os Andradas e nega valor aos serviços de José Bonifácio. (Notas à *História da Independência*, p. 191.)

parcial, lembra que os revolucionários de 1817 não mereciam, talvez, tanto desprezo e vitupério, e supondo-se aceito, repete quanto de malévolo já se tinha dito e cria outras malevolências: que a revolução não tinha motivos, nem os seus homens tinham raízes na opinião... Domingos Teodoro, o chefe de revolucionários vencedores, e que não pratica uma só crueldade, é *atrabiliário, ignorante* (oh! sábio!) e *pervertido*... A revolução é *tresloucada,...* não encontrava "uma só simpatia... o feito malfadado dos pernambucanos...". Os revolucionários, simples "ambiciosos vulgares, desordeiros perversos, que não trepidaram em sacrificar a seus interesses particulares e seus instintos revolucionários, a sorte e felicidade da pátria". E parte a decantar o como eram bem administrados os pernambucanos, quase felizes, traçando um quadro dessa felicidade que assombraria a Koster, que a conheceu de perto e dela nos deixou o completo inventário...[14] Sem nenhum respeito pela verdade, ele continua a obra de Varnhagen — tornar condenável e odienta a revolução pernambucana: *não tinha raízes... foi o resultado do imprevisto...* Mas, chegando aos fatos, o inefável historiador enumera as reuniões de conjurados a preparar o movimento, e, logo adiante, refere que a "província de Pernambuco abraçou em geral com simpatia a revolução persuadida de melhoramentos governativos e de obter liberdades públicas". Incapaz, sequer, de ajeitar as coisas para justificar as afirmações que vai deixando, o Sr. Pereira da Silva estende-se em páginas: finanças que se arrebentam, fisco de exações, administradores incapazes, despóticos, corruptos... "o geral deles gente ignorante e déspota, que espalhavam o terror em derredor de si, e que se recolheram ao reino locupletados de riquezas e fortunas extorquidas e roubadas, e acompanhados das maldições dos povos que tinham avassalado e martirizado... péssima escolha que o governo da metrópole fazia dos empregados para as repartições do

---

[14] O autor do *Primeiro reinado*, sr. L. F. da Veiga, que, aliás, aceita todas as histórias do Sr. Pereira da Silva, teve necessidade de, três vezes, apontar citações em falso — pp. 49, 266 e 290. O Cons. Drumond é mais categórico: "...o que escreveu o Sr. Pereira da Silva é um tecido de falsas apreciações, calúnias (Nos *homens ilustres*)... que só merecem o mais profundo desprezo". *(Anotações,* p. 110.)

Brasil... Ódio entre europeus (portugueses) e brasileiros, pela exclusão que das pessoas destes faziam aqueles, até mesmo para caixeiros... Parece incrível o como andava atrasado o estado intelectual desta numerosa população da colônia...". Depois de enumerar tantos e tão justos motivos de revolta, o homem da *Fundação* condena os heróis de 6 de março de 1817, e o faz em termos que não deixam dúvidas quanto às razões do julgamento — ter ensejo de infamar as vítimas do regime de estúpida opressão, para satisfação dos que só têm significação pelo mesmo regime. A principal figura é Domingos Martins, e ele o xinga baixamente — *ambicioso vulgar*, "que se serve da posição a que a revolução o alçara para enriquecer-se com desdouro e prejuízo alheio...". Do padre Pessoa, tanto infeliz quanto venerado e digno, ele sempre achou o meio de tomar-lhe a alma, na própria hora da morte, para tachá-la de *misérrima!*

Não estranhemos a conduta do homem: DEZESSETE é o ânimo brasileiro que protestará em VINTE E QUATRO, para ressurgir em QUARENTA E OITO... Não teria morrido, ainda, nos seus dias; e o homem servia para matar, pela infâmia, a tradição de brasileirismo, que ameaçava aquele império, cuja fundação tivera nele o mais digno historiador, império que resultou da vitória do bragantismo, sobre os brasileiros executados por Luís do Rego. Quando tem de contar o fim da ignomínia, obrigado a retratar as cruezas covardes em que se faz todo o processo das vítimas, cala o que é realmente grave: que os interessados em esconder tais misérias fizeram desaparecer dos arquivos seus o principal da devassa realizada, e de que resultaram novas execuções. Nisso, o sr. Pereira da Silva vai naturalmente com o sr. Varnhagen; mas é ele quem mais merece nestas referências, porque tem coragem mesmo contra a verdade manifesta. Diz, impassível, que Antônio Carlos serviu à revolução com repugnância, e o diz, ainda, que sabia das cartas em que esse Andrada anuncia aos seus o ter, francamente, em toda a liberdade, entrado com os republicanos de Pernambuco.

Não se alegue que isso só se refere aos tempos anteriores ao estabelecimento da dinastia no Brasil. Não: o homem da *Fundação* tem vagares — para descrever as ondas de *fidalgos pedintes*, caudatários do monarca fugido... e dá bem ideia do que valia toda aquela gente, quando pinta a covardia geral e a miséria de ânimo com que abandonaram o velho reino a caporalismo dos soldados de Napoleão. Aqui estabelecida tal gente, criaram-se serviços, não para o bem do país, mas para dar meios de vida aos mesmos: "Era necessário dar pão a tantos famintos... o que ocupara os cuidados dos governantes fora a urgência de criar repartições para acomodá-los, mais ainda que as necessidades do serviço público... aplicando-se-lhes todos os antigos regimentos de Portugal, posto que extravagantes, obsoletos e atrasados... Deixaram assim, intactas, as instituições coloniais das capitanias. Não lhes modificaram o governo militar que as acabrunhava. Não o cercaram de garantias civis para se conseguir a segurança pessoal e de bens... para se conterem os absolutismos, arbitrariedades e prepotências dos capitães-mores, capitães-generais e governadores, que se consideravam superiores às leis... Passou o tesouro público pelas transformações acompanhado do conselho de fazenda penhorado ainda com a complicação das vedorias, que mais embaraçavam do que auxiliavam a administração. Recebendo assim o cortejo de erros e de defeitos que o caracterizavam em Portugal, e que o tinham inteiramente desmoralizado na opinião geral da nação, não perdeu nem uma das fórmulas altaneiras, fatais, falaciosas e chicanistas do sistema fiscal português... Se já em conceito desfavorável era tida a administração das rendas públicas, tanto no reino como nas colônias, aumentou-se mais o descrédito com as novas providências... "que em vez de melhorarem a ação do fisco serviram só para coadjuvar poderosamente a impunidade dos funcionários malversores...".[15]

Depois de tudo isso, patenteada, assim, a inadiável necessidade de um movimento que expurgasse o Brasil de tudo que lem-

---

[15] Carlos Maul faz notar — *História da Independência* —, em justa apreciação, que Domingos Martins tinha que ser vituperiado pelos historiadores da Casa de Bragança. O escritor podia acrescentar — *... e infamaram Pedro Ivo como haviam infamado Vieira de Melo...* É de justiça destacar, em louvor, o discurso de Barbosa Lima, no Instituto Histórico, por ocasião do centenário da Revolução de 6 de março. Correndo as páginas da nossa verdadeira história, ele deu ao culto dos republicanos, e dos brasileiros em geral, os seus legítimos heróis.

brava um tal regime, quando chega a ocasião de referir-se à propaganda dos democratas brasileiros de 1821, no sentido de uma independência radical, a pena do sr. Pereira da Silva não hesita: "... propaganda esquisita, extravagante... desordem geral de princípios, anarquia inteira de doutrinas...". Esse termo *anarquia* voltará frequentemente no lambuzo das suas páginas, como nas dos subsequentes, porque, sem talento para dar ao leitor os motivos de um julgamento histórico, eles substituem os argumentos por epítetos. Era natural que, num tal critério, o brasileirismo de Barata, nos seus cândidos extremos, fosse motivo de enxovalho e calúnia: *a Fundação do Império* diz que esse patriota, deixando Lisboa nas condições em que o fez, *"abandonou o seu assento de deputado na constituinte de Lisboa..."*. A lógica intransigência do revolucionário brasileiro de então, contra os reinóis, ele a avilta, levando-a à conta de *ódio* e *despeito,* pelos insultos que sofreu dos portugueses, em Lisboa. Nem lhe é possível sentir e compreender o que se passa no ânimo de quem, impávido e temível, afronta adversários tais, naquelas condições.

Os seus julgamentos por conta própria são todos nesse critério antibrasileiro. Se registra a proclamação de 7 de setembro é para afirmar que — *Só com Pedro I, o grande edifício do império lograria enterrar raízes na terra, e segurar-se vigorosamente.* O refalsado tiranete, puro reinol, dissolveu a *Constituinte* brasileira, e o sr. Pereira da Silva, na capa de historiador brasileiro, só destaca, daí — "as bastas ondas de povo, que, em ovações e vivas... agradeciam ao imperador a energia desenvolvida na salvação da pátria... procedendo D. Pedro com a mais cavalheirosa dignidade...". Com a mesma pena, ao tratar da revolução de 1837, na Bahia, ele resume todos os conceitos no tachar os revolucionários de "partido recrutado na mais ínfima classe (o dr. Sabino, lente da Faculdade de Medicina!)... da plebe... com os instintos perniciosos da população...".[16]

---

[16] *História da fundação do Império Brasileiro*, T. I., pp. III, 160, 164, 236, 240 e 242. T. II, pp. 135, 140 e 286, T. III, p. 160, 164, 225 e 267.

Mas, se tanto vale o homem, por que insistir em repetir-lhe os despropósitos?... Porque há o peso dos muitos e espessos volumes que ele deixou, e, para a maior parte do público, não há outra medida de valor. Nas suas páginas, justificam-se muitos dos que são incapazes de julgar da história do Brasil por si mesmos.

Varnhagen, secundado pelo homem da *Fundação*, fez escola. Assim se explica que nas nossas histórias saíam infamados heróis como Pedro Ivo e o dr. Sabino; é assim que os puros iluminados de 1824 a 1832, frementes no seu brasileirismo, não lhes merecem outros epítetos além de *anárquicos, desordeiros*. Fernandes Pinheiro, Macedo, Moreira de Azevedo... são, na sua pobreza de espírito, os legítimos continuadores desse historiar, e, com isso, lambuzões de elogios rançosos. Não têm outro critério histórico senão o de qualificar de anárquicos, demagogos, facciosos... a todos os republicanos e democratas. Moreira de Azevedo é o próprio que, a propósito das lutas na Bahia (p. 34), vai ao ponto de repetir a calúnia, levantada pelos portugueses — de que a morte de um brasileiro tinha sido obra dos mesmos patriotas, no intuito pérfido de lançar a responsabilidade para portugueses. Não é de estranhar que se eleve o filho de Carlota Joaquina como *franco, expansivo, generoso, com talento...*[17]

22. *História pela República*

Foi nos esconderijos de tais histórias que desapareceram os grandes mártires e verdadeiros precursores da independência do Brasil, aqueles cuja existência, mesmo com a derrota em que se lhes tirou a vida, tornou impossível a submissão, ou, ainda, a simples união do Brasil a Portugal. E assim se explica que hajam distinguido o pobre homem de São João del-Rei, para nele consagrar a aurora da nacionalidade. Era preciso, para esconder ao Brasil a glória dos seus verdadeiros libertadores, se, por acaso,

---

17 *História pátria*, pp. 10 e 52.

alguma liberdade resultou da crise de 1822. As histórias oficiais fizeram-se o túmulo infame, onde se soterraram os grandes brasileiros de 1817 e 1824. E o ingênuo esquartejado foi a pedra com que o fecharam. Em verdade, o afastado e isolado Tiradentes: que mal podia fazer ao bragantismo vicejante sobre o Brasil? Bem diferente era o caso, se a nação fosse levada a conhecer e venerar os próximos heróis de 6 de março, revolução triunfante, só vencida por ter sido generosa... Depois, a República realizada chega a provocar saudades do bragantismo integral. Nem há o que estranhar, pois toda a nossa educação política se fez no seio de uma nação que, ao dizer-se livre, repudiou os homens de *Dezessete*. E ela própria, a República, que nada fez para louvar e venerar os seus feitos?... Não criou o seu culto, nem lhes deu a merecida situação na história brasileira. Se desde 1822 houvessem trazido para o coração dos brasileiros aqueles que, de fato, se tinham sacrificado em amor desta pátria; se os seus méritos reais viessem valer de estímulo nas consciências... É natural que a sonhada democracia não desse nisso em que nós aviltamos...

Com a República, o caso se agravou porque, mantido o critério histórico de sempre, como de fato se manteve, já não se pode esperar correção: os historiadores republicanos, por isso mesmo, impõem-se com imparciais nos seus conceitos a respeito do que toca o regime anterior. Então, derrama-se a história de um Galanti, jesuiticamente imparcial, para ser eficaz nas opiniões que entende propagar. E vemo-lo contar os sucessos de dezessete numa tal *serena* imparcialidade que o leitor brasileiro não tem ocasião, nunca, de sentir qualquer aversão pelo regime dos Congominhos, Luís do Rego, Bernardo Teixeira... A revolução de 6 de Março foi entusiasticamente aceita pela população?... O padre historiador tem, pronta e imparcial, a explicação do caso: "... pois que havia de fazer o povo quando de repente tinha ficado sem o governador e agora via os padres e os frades à testa da revolta cantando *te-déuns* e praticando outros atos religiosos para o bom resultado da insurreição?" O movimento é todo inspirado e conduzido por clérigos, como o padre Pessoa, o vigário Tenório... isso em nada comove o *imparcial* historiador. Quando chega à altura de referir a torpe profanação do cadáver santo do padre Pessoa, quase pede desculpas — de lastimar o fato, e redime-se perante o bragantismo com o notar que o relata na fé de monsenhor Tavares... Ora, essa ignomínia teve uma publicidade absoluta. Finalmente, arranja as coisas de forma a insinuar que, segundo a versão do mesmo monsenhor Tavares, os presos foram tratados com relativa brandura... Leiam-se as páginas do padre pernambucano, e lá está — que até deixavam os presos sem alimento!... De fato, o regime do Conde dos Arcos não poderia encontrar defensor mais hábil.

Sem reclamos de imparcialidade, mas alçando-se em competências, aí está o sr. Oliveira Lima, com todo o peso da sua multiplicada produção. Além do livro arranjado em louvor de D. João VI: na sua mal-alinhavada *História do reconhecimento do Império*, a nação brasileira aparece como obra do Bragança — da sua *ousadia*... Ora, em 1824, o aulicíssimo e bragantíssimo sr. Carneiro de Campos, um dos primeiros marqueses do novo império, apesar disso, atesta: "... a proclamação da independência fora efeito da virilidade em que se achavam estes povos... a própria consciência das suas faculdades, progresso e recursos, motivara a sua emancipação; sem que jamais se deva presumir que a revolução de Portugal, as injustiças das suas cortes, ou outros quaisquer eventos de condição precária, pudessem ser mais que causa ocasional de aceleração desse natural acontecimento...". Depois disso, o volumoso historiador vem garantir que, em 1824, com a dissolução da Constituinte, a deportação das principais figuras da *Independência*, prisões a eito, clamorosas perseguições, o norte todo a revoltar-se..., que Pedro I *estava em plena popularidade...* Com o mesmo critério e a mesma abundância em louvar, ele, que já o tinha destacado, na glória de guerreiro como o *único rei conquistador que o Brasil teve*, fez a consagração de liberal para D. João VI: "...quanto à entrada de livros, o seu governo foi perfeitamente liberal...". O sr. O. Lima é bem representativo dos contemporâneos historificantes que, a título de objetivismo, ostentam-se *bons-moços*, cortejando toda reação. Isso os desobriga do labor preciso para alcançar a verdade histórica, garante-lhes a boa vontade de quantos se acolhem às falsas lendas e lhes proporciona a consagração dos juízos feitos: *Em 1822, só era possível a independência com a monarquia... A dinastia de Bragança foi o penhor da unidade nacional... Foi um bem que a sede da monarquia portuguesa se mudasse para o Rio de Janeiro... D. João VI foi o verdadeiro proclamador da soberania brasileira...* Pois não vemos um Euclides da Cunha abusar do seu enorme e justo prestígio literário para, no pretexto de resumir os antecedentes da república, recapitular o lendário do bragantismo até o ponto ligar a unidade nacional brasileira à monarquia!? De caminho, porque assim o faz a falsa legenda, ele dá ao príncipe embusteiro bravura, cavalheirismo... ao mesmo tempo que, em rápidas linhas menosprezantes, recalca a revolução de 6 de Março sob o grande vulto que faz para o imbecil, desgracioso e apavorado que foi D. João VI.

E como há esse desenvolvido prestígio intelectual em torno do nome do Euclides, é indispensável considerar em especial os seus conceitos a esse respeito.

Se o Brasil tivera tido uma legítima história; se andassem pelas consciências os nomes e os feitos dos que realmente merecem a gratidão desta pátria, estaríamos por outros destinos, que nunca teríamos saído da legítima tradição da nacionalidade: não haveria lugar para o espaventoso bronze, que Otoni logo repudiou, que Varela apontou à maldição dos brasileiros; e ele não continuaria ali, fanfarrão de bronze, traidor em todos os gestos, no entanto arvorado para simbolizar a energia com que o Brasil afirma a sua soberania; não se manteria a sua imagem — para cunhar a comemoração centenária da independência da nação, cujos chefes mais não aspiram do que impar ao lado de reis... Se tivéramos história realmente brasileira, Pedro I só poderia ser evocado, em consagração da nacionalidade, como fator da reação nacional que lhe abriu as portas de saída; como o drástico benéfico num organismo intoxicado. Assim o entenderam os bons brasileiros do tempo em que se clamava: *constitucional quer dizer brasileiro*, ligando-se, propiciamente, o amor da liberdade ao sentimento nacional. Uma longa noite, outros embustes, para mais extensa deturpação, como que diminuiu o espírito da nação; tudo aquilo em que ela se afirmava foi abandonado, e vemos uma república que, no tocante à história e ao zelo das verdadeiras tradições brasileiras, lá vai trôpega, a consagrar definitivamente, com a sua aceitação, todos os crimes anteriores contra essa mesma tradição brasileira. É uma república que, mesmo nas consagrações de significação histórica, só tem lugar para os potentados da hora, em motivos de pura vaidade. Os bronzes de vivos, as estátuas mentirosas, aí estão ridicularizando o culto nacional, e não há um retalho de mármore, nem um recanto de rua que lembre aos brasileiros os nomes dos dois grandes criadores da história nacional — Frei Vicente e Southey. Perdoa-se-lhes, aos mesquinhos detentores do Brasil, mais essa miséria de ânimo, porque isso mais se explica por incapacidade, estupidez e ignorância, do que por propósito de maldade. Quantos, entre os milhares que vivem de ser governantes; quantos compreendem a importância que tem, para um povo, a verdade no culto das suas tradições? Quantos buscaram as páginas de Frei Vicente — para contemplação desse passado, em que a consciência nacional se ilumina? Quantos saberão dizer a importância que houve, para o Brasil, nestes muitos anos que o filósofo poeta dedicou a esta nação, fazendo-lhe a história, para realce dos seus legítimos valores? Quantos terão lido, sequer, as páginas de Southey?... Não estranhemos: eles são os puros representantes desse Brasil de D. João VI, de tradições desnaturadas, esquecidas, contrariadas, e que, por deixá-las assim desnaturadas, se descaracteriza, até desaparecer informe nesse conjunto sem realidade — a *América Latina*, como agregado disparate de povos indolentes, turbulentos e inorganizados. São eles os verdadeiros difamadores do Brasil.[18]

---

[18] Dentre os historiadores consagrados, são exceções Capistrano de Abreu e João Ribeiro. Não se confundem na mentalidade dos clássicos deturpadores. O primeiro, grande pensamento voltado à história do Brasil, superior a doutrinas e a consagrações, timbra em ser, apenas, um lúcido e incansável pesquisador, a organizar bom material para a verdadeira história do Brasil. Podia ter aceitado ser o autor dela; mas incoercível modéstia tem-no afastado sempre da grande tarefa, para a qual todos o apontam. Não é que lhe falte horizonte de ideias, nem capacidade de generalização e segurança de conceitos, ou senso crítico, para estender o pensamento por toda a realidade do Brasil — tempo e espaço, em síntese vivida e fecunda. Para demonstrá-lo, bastariam as páginas em que resumiu a evolução do Brasil-Império *(O Jornal,* de dezembro de 1925), ou o *Prefácio à história da Colônia do Sacramento,* de Pereira de Sá, onde se sucedem os julgamentos lapi-

dares, na moldura de boa erudição: "Foi o inglês que nos obrigou a abrir mão da Cisplatina". No entanto, quem tenha tratado com esse puro espécime de homem de ciência — a sua ciência — guarda a convicção de que ele jamais se atirará a uma obra de conjunto, que tanta vez exige afirmar por simples dedução, ou compor em imaginação, a projetar conceitos sem outro sustentáculo além da pura lógica. Pesquisador intransigente, prendeu-se ao regime mental do rigoroso objetivismo. Eis a significação da sua obra.

João Ribeiro, historiador por direito de magistério, historiador por direito, principalmente, de muito saber, na lucidez de um descortino seguro, preferiu limitar-se ao didaticismo — uma série de manuais. No entanto, mesmo aí, a sua obra tem sido de boa orientação, lineada com coragem e precisão. O volume destinado ao *curso superior* abre-se com esta apreciação que vale por uma profissão de fé: a história nacional tem sido "escrita com a pompa e o grande estilo da história europeia; perdeu-se de vista o Brasil interno". Inteligência ávida, perenemente incorporada à atividade do pensamento moderno, João Ribeiro, sob a máscara de displicência ou de impassibilidade, tem como característica mental o gosto pelas generalizações e o pendor pelas doutrinas. Destarte, rara será a conjuntura histórica em que ele não engaste uma teoria, muitas vezes original, ou, pelo menos, um julgamento pessoal, penetrante, apesar de quanta convencionice possa haver em contrário. "Não se pode sustentar (o que aliás tem sido feito) que o regime das capitanias fosse um desastre", proposição de grande verdade, e que bate o preconceito corrente. Foi um dos primeiros a destacar o papel histórico e a obra, de valor capital, realizados no movimento dos rebanhos com que os criadores se apossaram dos sertões. E, não só acentuou o fato, como deu a justa explicação do silêncio em que o mantinham as histórias correntes: "A criação não produzia o imposto, por isso deixa de interessar a coroa; nem sequer é mencionada nas histórias das administrações…" Não haverá nele amor especial pelos brasileiros que brotam com o Brasil novo — as gentes misturadas, como não há preocupação de justificar intuitos revolucionários; mas, chegado o momento, ele consigna a verdade: "Os mamelucos, desde o século XVII, almejavam a república, o federalismo, a abolição…". Mais de uma vez, com toda a justiça, condena as intervenções do império no Prata, e tem conceitos generosos a respeito da guerra acom o Paraguai, e contrários à estreiteza patriótica, que entende justificar, em tudo, aquela desumana guerra de extermínio. E, com tudo isso, na rapidez de páginas exíguas, as generalizações e as doutrinas lhe dão um caráter esquemático, que, algumas vezes, aproveita a preconceitos em que se amparam os que deturparam a história nacional: "…mesmo hoje, se não fora a monarquia, a independência seria um problema insolúvel". A tese será justificável; mas, concisa, isolada de maior demonstração, ela provoca repulsa. Ou esta outra: "…sem os exaltados, é impossível fazer revoluções, e, com eles, é impossível governar". E a Inglaterra de 1645? E a França de 1789? E a Rússia atual?…

138

CAPÍTULO IV

ATENTADOS CONTRA A
TRADIÇÃO BRASILEIRA

23. *A unidade — atribuída ao Bragança*

Vimos as nossas tradições desnaturadas, os seus heroísmos infamados, falseada a essência da sua história... E ainda não é tudo; nem é, mesmo, o mais grave. A deturpação suprema, verdadeiro crime contra a pátria, está nos defeitos positivos imputados ao Brasil, nas desenvolvidas mentiras com que contaram decorrências mínimas, a fim de fazer valer a ação dos Braganças, a quem queriam engrandecer. Inimigos, não caluniariam a nação brasileira como fizeram os seus historiadores, repetidos nos políticos. Em suas obras, confusas e opacas, desaparecem as qualidades características do povo, qualidades propositadamente escondidas, quando não são ostensivamente negadas. *Histórias* — essas páginas dadas ao registro dos nossos feitos?... Não: cavalariças... Um legítimo historiador teria de varrer tudo isso, expurgando, assim, os vícios e defeitos nacionais apontados, cotejando-os com a realidade, para, desassombradamente, limpar o passado nacional, e deixá-lo nos valores demonstrados pelos fatos.

Em tal propósito, uma das primeiras falsidades a corrigir diz com as origens e os motivos da unidade política no Brasil.[1] Inde-

---

[1] Nenhum mais parvamente criminoso, nesse ponto, do que o inventor do *moderantismo*, com que se abafou a revolução de 1831. Evaristo da Veiga, gênio da banalidade, teve o ânimo de afirmar: "... Se existimos como corpo de nação livre, se a nossa terra não foi retalhada em pequenas re-

fectível, positiva, indestrutível, essa unidade é essência que dimana perenemente desta ideia sentida — o Brasil. Nasceu com ele, com a sociedade que aqui se formou, se desenvolveu e se fortaleceu, como cresceu e tomou feição a nacionalidade tão cedo afirmada em função desse nome. Míopes, tendo de julgar horizontes, eles, historiadores para a atualidade, não puderam tirar os olhos daquilo que lhes estava no focinho: não souberam ver além da *Independência*, e derivaram a nossa unidade nacional, com os seus efeitos definitivos, da mais precária das causas — a torva independência de 1822, com aqueles que a fizeram. Tudo mais, na vida colonial, rica, expressiva, logicamente seguida e demonstrada a respeito; tudo, que não a trôpega sequência de traições da *Independência*, não tem valor para eles. Quisessem olhar para a tradição; fossem capazes de acompanhar um desenvolvimento histórico, eles, de boa-fé, chegariam a outras conclusões. Começada na experiência, em parte, malograda das capitanias, ou, melhor, abandonada essa fórmula ao cabo de quatorze anos, a colônia se unifica explicitamente, subordinada a um *Governo Geral*, topograficamente central, e que vem centralizar todos os motivos e interesses gerais. Isso se faz apesar de que a colônia se dispersa em territórios desmedidamente desproporcionados aos da metrópole, apesar de que as populações coloniais se desseminam em ralos povoados, espalhados pela vastidão mal conhecida, isolados uns dos outros, separados por extensões vazias de civilização, possuídas pelo gentio muitas vezes hostil. O regime das capitanias parecia o único possível em tal caso: que cada capitão, forte para colonizar, fosse senhor para, defender-se e dominar, livre de federar-se quando lhe parecesse, de aliar-se com os outros, ou mesmo de procurar aliados estranhos, quando tal fosse preciso. E esse regime não pôde prevalecer, apesar do sucesso de Pernambuco, São Vicente...

O fracasso das capitanias infelizes levou a metrópole a modificar o seu sistema... explicam os historiadores rápidos nos moti-

---

públicas inimigas, aonde só dominasse a anarquia e o espírito militar, devemo-lo muito à resolução que o príncipe tomou de ficar entre nós, de soltar o primeiro grito de independência". *(A. Flum.* nov. de 1834.)

vos. Ora, o governo geral foi criado quatorze anos, apenas, depois de iniciadas as capitanias. Não era período bastante para fazer a experiência completa do regime. Além disso, convém não esquecer que as primeiras medidas tomadas, com a missão de Tomé de Sousa, não foram as de acudir aos territórios batidos pelo gentio rebelado e hostil, mas restringir as prerrogativas, o poder, em geral, dos próprios donatários em prosperidade, que os outros não tinham meios de poder. Destarte, foi a unificação em torno de um centro o remédio aplicado ao Brasil das capitanias, e assim foi porque tal era a escola política, já agora tradição, em que se fizera o Portugal que, em 1500, se expandia para leste e oeste, de Macau a Porto Seguro.[2] O gênio político que inspirava os criadores do império ultramarino impusera-se no Brasil, desde que este foi uma possibilidade de poder nacional. E esse gênio se infundiu na sociedade política aqui formada, de tal sorte que quando o domínio lusitano caía aos pedaços pelo Oriente a fora, e que o próprio glorioso Portugal desaparecera no estômago indigesto dos Felipes, reis germânicos da latiníssima Castela, o Brasil tem uma alma nacional para reagir contra o invasor holandês. Sobrevém a degradação bragantina; a soberania portuguesa, joquete dos interesses holandeses, franceses e ingleses, só se pronuncia para vender a terra pernambucana e embolsar o respectivo preço; e é quando aquele Brasil concentra energias, bate e alija o holandês invicto por toda parte, e ainda tem forças para arrancar-lhe os pedaços do antigo império português, no que lhe ficava mais próximo — Angola e São Tomé —, tomados pelos fluminenses e mamelucos de Salvador Correia.

Toda essa história, através da qual se solidarizam os destinos e se unificam os sentimentos, para a realidade de um Brasil bem nacionalizado; essa história não existe para um Euclides da Cunha, que cria motivos, em fórmulas pomposas e ocas, a fim de apresentar, em 21-22, uma nação brasileira anista, informe e des-

---

[2] A simples criação do *Governo Geral* já era uma restrição essencial ao regime das capitanias e uma fórmula explícita de unificação. Além disso, Tomé de Sousa trouxe regimento com restrições especiais, categoricamente centralizadoras: "... grande alçada de poderes e regimento em que quebrou os que tinha concedido a todos os outros capitães proprietários..." (Frei Vicente, p. 148.)

caracterizada, a ser unificada e incorporada na própria independência: "...o único destino da monarquia entre nós, o de agente unificador... As revoltas parciais, que iriam irromper... sujeitar-se-iam a destinos vários... e na melhor hipótese pressagiavam, a exemplo do que sucedera no vice-reinado do Prata, a formação de minúsculos estados... Impediu-o o príncipe regente...". Não há novidade no conceito que se identifica bem no resíduo de convencionices e falsidades cultivadas pelo bragantismo; mas era preciso chegar seriamente a tais conclusões, e o *objetivismo histórico* de Euclides derrama-se, através das abstrações pretensiosas que devem impor a indução: "O Brasil amplo demais para os seus três milhões de povoadores de 1800... Além disto, à contiguidade territorial contrapunha-se completa separação de destinos. Os vários agrupamentos em que se repartia o povoamento rarefeito... de todo desquitados entre si, não tinham uniformidade de sentimentos e de ideias que os impelissem a procurar na continuidade da terra a base física de uma pátria. Formações mestiças... em combinações díspares e múltiplas se engravesciam com o influxo diferenciador do meio físico... chegavam ao alvorar da nossa idade com os traços denunciadores de nacionalidades distintas." Como se vê, são afirmações, apenas, sem valor probante, quando não desmentidas pela história. Então, ao mover-se para a liberdade e a soberania, não possuía unidade de sentimento o povo brasileiro? As manifestações eram locais, sim; nem se admite pudessem ter outra forma. Sem unidade de sentimento, porém, como explicar que a revolução de *Dezessete* alastrasse, como alastrou, e levasse as suas pretensões do Ceará até a Bahia e a própria sede da corte?... Antecedendo a decantada Independência, há o funcionamento das cortes portuguesas, com a participação de deputados brasileiros, enviados pelas diferentes províncias: onde Euclides vislumbrou os traços denunciadores de nacionalidades distintas? Pelo contrário: apesar do desconchavo do ambiente, o que se nota, por parte dos brasileiros, é, sempre, a mais completa unidade de aspiração nacional. Ao lado de Feijó, Monsenhor Tavares, Lino Coutinho, Barata... timbram no mesmo brasileirismo.

Há, sem dúvida, mistura de gentes e de raças na formação nacional brasileira, sem que isso signifique, como aprouve ao bel-prazer de Euclides, *profundas discordâncias étnicas a separar-nos*, e, menos ainda, que estivesse o Brasil *fadado a decompor-se em repúblicas turbulentas, sem a afinidade fortalecedora de uma tradição secular profunda*. Levasse ele o seu estudo até a efetiva realidade da nossa história, e aí teria encontrado, justamente, a tradição de uma irrecusável afinidade, ao longo de todos os séculos. É unidade de sentimento, em virtude de afinidades profundas, que leva o Pernambuco de 1822, apesar de toda a sua esquivança pelo bragantismo de José Bonifácio e da patente repugnância pela monarquia, a render-se à frágil intervenção de Drummond, tudo aceitando, só pelo interesse superior de concorrer para constituir-se um Brasil independente. Fluminenses e paulistas estiveram a combater na Bahia e em Pernambuco, que se defendiam do holandês, e Euclides não hesita em afirmar que toda essa luta do norte contra o invasor se *abriu e se fechou com o divórcio completo das gentes meridionais...* Não pode haver mais frisante atentado à realidade histórica. As distâncias dificultavam extremamente os auxílios enviados do sul; a política ostensiva de Lisboa, após a restauração, velava tais auxílios; contudo, eles se realizaram, bem explicitamente — nos terços de paulistas que acudiram combater por Pernambuco.[3] Pelo seu lado, contidos pelo governador geral, os baianos manifestavam sua solidariedade nos multiplicados votos pela vitória dos *Insurretos*. São esses antecedentes que nos explicam as ostensivas exigências, dos baianos de 1711, para que o governador-geral mande socorros contra os piratas de Duguay-Trouin. Em face de tudo isso, ainda que sejam páginas de estrito objetivismo didático, João Ribeiro consigna a verdade: "A união necessária pela guerra holandesa..." e, no momento oportuno, mostra como o nosso "particularismo local

---

[3] As histórias oficiais não o mencionam, mas a verdade de um testamento executado o consigna: "Em 1630 voltara de Pernambuco Valentim de Barros, que fora àquelas partes, com os seus índios, combater os holandeses. Era paulista, fazendeiro na sua capitania, pessoa de *muita qualidade*, e ganhara o posto de capitão de infantaria." (Alcântara Machado, *Vida e morte do bandeirante*, p. 57.)

distingue-se ainda pelo espírito superior de unionismo, penhor da grande pátria brasileira".[4]

Não poderia, mesmo, ser de outra sorte. Formado, embora pela natural expansão de centros distintos, topograficamente autônomos, o Brasil, no entanto existiu desde sempre, e bem explicitamente, como conjunto político, a gravitar para a formal solidariedade. As necessidades administrativas locais têm satisfação no governo das diversas capitanias; mas os aspectos superiores, essencialmente sociais, dizem com autoridades que o são formalmente para o conjunto do país. Em 1605, 1633, 1648, os provedores-mores de órfãos, defuntos, resíduos e ausentes — Sotil de Siqueira, Cirne de Faria, Pereira Franco — abrangem na sua ação pública todo o Estado do Brasil, nos limites daqueles dias. É Minas que se agita no sonho revolucionário de 1789; mas quando lemos a página de Jefferson, solicitado por Joaquim da Maia, encontramos a aspiração de um Brasil total, com referências explícitas a *brasileiros*, não simplesmente aos de Minas Gerais. Mal se compreende que o portentoso tracejador d'*Os Sertões* veja o Brasil em *agrupamentos... de todo desquitados entre si...* ele, que tão bem soube achar e compreender o cerne da raça brasileira — o *sertanejo*, caracterizado na *mesma* fórmula humana, afirmando-se na *mesma* alma, potente, arcaica e simples, "das raias setentrionais de Minas a Goiás, ao Piauí, aos extremos do Maranhão e Ceará, pelo ocidente e norte, e às serranias das lavras baianas, a leste". Pois, não é verdade que Euclides aceita e acentua a importância histórica do vaqueiro? No vigor que lhe é próprio, mostra como na trilha dos rebanhos se desbravaram os sertões, lineando-se comunicações definitivas, humanizando-se as remotas e vastíssimas extensões com esse nomadismo de pastoreio, em que as gentes se aproximaram até identificarem-se num tipo inconfundível. E vai além: ao contemplar a intrépida energia do sertanejo do médio São Francisco, Euclides admite que ele derive dos antepassados bandeirantes, que naquele vale se estabeleceram, e que, destarte, o lendário valor daqueles se perpetuou, a renascer em

---

[4] *Hist. Curso Superior*, pp. 77 e 344.

forma específica. É quando ele nos fala das *entradas* — a fazerem o *entrelaçamento dos extremos do país.*

Ao verificar e analisar as afirmações de Euclides, historiador, atende-se ao excepcional prestígio do nome, não ao valor intrínseco dos conceitos, que se encontram nas mesmas páginas em que ele menciona o *poder moderador,* do império, como instituído pelos *moderados,* no Ato Adicional, consecutivo ao 7 de abril de 1832.[5] Lacunas, incongruências, contradições... fariam pensar em obra de fancaria, elaboração apressada, se o próprio vigor de pensamento e o tom genial do talento não nos dessem a legítima explicação do caso. Na mente estuante e estrepitosa de um Euclides as ideias substanciais, como *nacionalidade, raça, unidade...* turgidas e potentes, vivem, evoluem, inflam, contorcem-se, numa qual oscilação de valores, donde as aparentes falhas, os lapsos e as contradições. Acrescente-se a esses motivos, a excessiva confiança que tais mentalidades dão ao próprio ajuizar, e teremos um total que é, muitas vezes, distorção de critério. Felizmente, aí estão os fatos, que acabarão corrigindo o mais frisante na deturpação. No transe mesmo da independência, quando a colônia é apresentada como cortada por *discordâncias profundas, fadada a decompor-se em repúblicas turbulentas,* espontaneamente correm os cearenses a socorrer o Piauí, ainda dominado pelas tropas portuguesas, e, juntos, piauienses e cearenses vão em prol do Maranhão, se bem que, na fórmula de desde sempre, este nem fazia parte do Brasil. O Brasil a *decompor-se em repúblicas turbulentas!....* Ninguém que possa melhor ajuizar do caso do que Feijó, convencionalmente apontado como o último anteparo contra a turbulência e o desmembramento do Brasil. É no mais vivo da crise, discurso de 16 de maio de 1832: "... nem uma província deu a menor demonstração de querer separar-se da capital, apesar de conhecer que ela não tem forças para subjugá-la".

---

[5] *Os Sertões,* pp. 97 -99; *Da Independência à República,* R. I. H. G. tomo LXIX, parte II.

24. *Como se congregou o Brasil*

Povo unificado em sentimento, nacionalidade afirmada em provas explícitas, tal se patenteia o Brasil no mais expressivo da sua história. Acompanhamo-lhe o desenvolvimento, ao longo de toda a formação, e encontramo-lo, desde sempre, um solo político, por sobre o qual se aproximam e se solidarizam as gentes, tanto quanto o permitem a época e a ambiência. Nenhuma divergência a separar os núcleos de população, e, assim, nem conflitos, nem lutas localistas e dissolventes. Pelo contrário. Se abstraímos a estreita faixa litorânea sob o imediato influxo do português, a vastidão interior, onde se forma o verdadeiro e exclusivo Brasil, pronuncia-se numa atividade nitidamente entrelaçadora, unificante. São as vigorosas correntes em que se faz essa circulação de gentes, e que, por sobre centenas de léguas, galgando serras e transpondo vãos, finalmente aproximam os campos de Guarapuava dos do Rio Branco. A primeira dessas famosas *circulações*, iniciada com a expansão de Pernambuco, é, depois, toda ela, por água, e com isso tanto se facilita que, vinte anos após a conquista do Pará, Pedro Teixeira e Favila alcançam para lá do Napo. Bento Maciel avança para o norte, como abre o longo caminho terrestre, a cinquenta léguas da costa, para ligar Pará-Maranhão. Nunca mais aquelas muitas águas deixaram de ser sulcadas por todo o labirinto de parás a igarapés.

Ainda não estão completamente reveladas as terras amazônicas, e as gentes da terra, a seguir os rebanhos de gado vacum pelos chapadões e caatingas, desenvolvem uma estendida *circulação*, que, a irradiar do São Francisco, faz comunicar costumes, interesses e sentimentos, do rio das Velhas até para lá do Parnaíba. Encontrando-se, chocando-se, baianos, pernambucanos, paulistas, aproximam-se em alma, tanto quanto se identificam pelas origens, a língua, a religião, o sangue, por sobre a continuidade da terra. Capistrano de Abreu dá muitas das suas páginas magistrais[6] para ilustrar as correntes em que se unificou humanamente o sertão

---

[6] *Capítulos de história colonial*, pp. 175-190.

brasileiro: "A solução foi o gado vacum." Ao sul, participando ao mesmo tempo da circulação sertaneja (pois que havia mais de cem paulistas com fazendas de gado no alto São Francisco), a atividade bandeirante cria o formidável movimento a derramar-se por todos os grandes vales, ligando-os numa só população, e cuja tradição envolverá, finalmente, todo o Brasil, dos campos da Vacaria e Iguatemi... a Cuiabá, Coimbra, Santo Antônio do Madeira... com veios convergentes, para o Paraíba, o São Francisco, o Parnaíba... E, como se continuam no tempo, encontram-se, completam-se e confundem-se no território, de tal sorte que não é possível fixar-lhes um limite, nem separar ou isolar os respectivos influxos. Correntes que se ajustam, elas fazem-se penetrantes, para criar a profundeza de sentimento nacional, que a tudo resistirá.

Destarte, quando se define uma política própria à colônia, ela se exprime num movimento nitidamente unificador, para uma centralização cada vez mais acentuada, apesar das distâncias. Começa com a reação contra o regime inicial, das capitanias hereditárias, e continua ininterrupta, pois que é a expressão de uma tendência formal. Cada um dos grandes governadores vale, sobretudo, como realizador dessa política. A exemplo de Tomé de Sousa, Mem de Sá trouxe e produziu novas restrições nas alçadas dos donatários. E a tendência prossegue em efeitos que se multiplicam, tanto que, apesar das necessidades reconhecidas, a dualidade do governo geral não pôde subsistir. Lisboa mantém sob a sua imediata jurisdição o Pará-Maranhão; mas tanto se aproximam e se identificam as gentes que, sob a tradição comum, não se lobrigam limites. Nem se compreende fosse de outra sorte. Não há um só, dos grandes formadores daquele norte, que não seja alastrada influência, desde o São Francisco às águas amazônicas — Bento Maciel, Sousa Dessa, Fragoso, Coelho de Carvalho e os múltiplos Albuquerques, Cavalcantis, Lins, Maranhões...

Por isso, quando o Brasil tem vida política para ser um vicereinado, ele o é de fato — unificado, solidário... solidário principalmente em sentimentos, que são as bases primeiras de um Estado nacional. Capitanias que malogram, capitanias em pleno êxito... e as que se absorvem na coroa... e novas capitanias... vêm a ser as províncias do *Estado do Brasil*. E dessa disposição primeira, em parte obra do acaso, resulta a maravilhosa harmonia de efeitos em que a nação se unifica de mais em mais, apesar de quanto cresce, pois cresce a modo dos organismos vivos, e se solidariza na proporção em que cresce e se desenvolve.[7] Pernambuco e São Paulo são os grandes centros de atividade, na expansão do Brasil; Bahia dá a fórmula política e assimiladora, na ação sensível dos Tomé de Sousa, Mem de Sá, Gaspar de Souza, Botelho... Se é Pernambuco quem preside e dá as energias vivas para a conquista de todo o norte, chegado o momento decisivo — último ataque aos franceses — vai para Olinda o profícuo Gaspar de Sousa, apesar de que aquilo ainda seja o feudo valente dos Coelho e Albuquerque. Se tivessem razão os que denunciam para o Brasil esse fado de divergências íntimas e desmembramentos, em vez da assistência que encontrou, Gaspar de Sousa teria provocado violentamente repulsa, qual ocorreu tantas vezes entre castelhanos coloniais.

O influxo de união nacional, nós o tivemos, não há que regatear, da própria tradição política dos portugueses. As condições especiais do Brasil deram estímulo novo a essa tradição. E resultou dessa combinação de coisas um valor excepcional na caracterização da nova sociedade política em terras brasileiras. Se atendemos bem a esses motivos primeiros, até nos parece milagre — a perfeita unidade do Brasil, perfeita, por isso mesmo que é, sobretudo, unidade de tendências essenciais, superior a contingências quaisquer, de tempo e de rumo. Milagre, dizemos, pois que toda a formação do Brasil se fez com essas precárias comunicações pelo interior, sem outras comunicações marítimas senão as permitidas pelas monções de sazão.[8] A formação nacional se inclinou definitivamente para essa união, contra a qual nada puderam restrições que vieram depois,[9] na época em que a tradição brasileira foi

---

[7] Personalidades como a de Maciel Parente foram excepcionalmente ativas para a união e solidariedade do Brasil: desenvolveu ação em cinco das grandes capitanias, de São Paulo ao extremo Norte.

[8] Não há grandes rios navegáveis no Brasil, se não aqueles que já não são interiores, quase, como os rios limitantes — Paraguai e Amazonas.

[9] Houve momento em que a política do decrépito Portugal bragantino atentou formalmente contra a unidade nacional do Brasil, Para melhor garantir a sucção, isolaram-se as capitanias umas das

duramente perseguida. Foi quando a sociedade colonial se agitou em lutas civis — *mascates, emboabas...*

Lamentavelmente perturbadoras, essas crises não chegaram a provocar desunião no que já era, de fato, brasileiro. Tomaram desde logo, ostensivamente, o caráter de dissensões nativistas e, de certo modo, serviram para avivar os laços nacionais. Tanto assim que, em Pernambuco, há espírito de união para subsequentes revoluções; no sul, as populações brasileiras que se formaram em Minas não manifestam nenhum sentimento para com os paulistas que se possa interpretar como resquícios das lutas anteriores. E quando é preciso dominar quilombos, lá vêm os paulistas (o de martírios). Formado sobre um tão vasto território, colônia de uma nação insuficiente para o respectivo povoamento, assim como para promover o necessário desenvolvimento, o Brasil teve que receber vários outros influxos além do português. Finalmente, dos fins do século XVII em diante, os fatores sociais em São Paulo são totalmente diferentes dos que se pronunciam em Pernambuco, e fazem esperar gentes de índoles perfeitamente diversas. No entanto, se as respectivas populações se definem em caracteres próprios, o fundo mesmo desse caráter são qualidades idênticas, essas em que, brasileiros, todos nos reconhecemos. Quem negará que entre o maranhense e o catarinense há mais aproximação social e mais semelhança moral e mental que entre o picardo e o *auvergnat*, o milanez e o napolitano?...

Essa virtude de unidade herdada do português foi, depois, contrariada pela metrópole, quando segrega administrativamente Pará-Maranhão, quando restringe o intercâmbio das capitanias, e, finalmente, quando, no delírio de 1822, tenta dissolver a nação em colônias parceladas... Nada podiam, todavia, efêmeras contingências contra o que era substancial, na estrutura do Brasil. Quando o país se congrega em torno dos que lhe exploraram a Independência, sobreveio, naturalmente, por toda parte, um mo-

---

outras, e do centro: Felício dos Santos nos mostra a Capitania das Minas, por isso mesmo sujeita diretamente a Lisboa. Chegaram a proibir o tráfego de umas capitanias com as outras, ao mesmo tempo que anulavam inteiramente a ascendência do governo do Rio de Janeiro, em detrimento do de Lisboa.

vimento afirmativo, necessário, e que era expressão de uma tendência nacional, superior a todos os outros motivos. Os que ligam tal movimento ao fato da monarquia veem pelo inverso: a monarquia contrariava os mais vivaces dos motivos determinantes da Independência, e se esta prevaleceu foi, em grande parte, porque a força de união dominava qualquer contrariedade. Veremos, em tempo, que foi a monarquia que pôs em perigo a unidade da nação. Depois da invasão holandesa, nunca o Brasil passou por uma prova tão dura, a esse respeito.

25. *A solidariedade pela defesa*

O exemplo de há pouco — Pernambuco — é eloquente e demonstrativo porque se trata de uma capitania fundada e desenvolvida nos recursos limitados do respectivo capitão-mor. Seria de estrito direito que Pernambuco se isolasse nos seus interesses imediatos. No entanto, dali saíram as gentes para os sucessivos avanços até o extremo Norte. Isso durou um século; a expedição de Jerônimo, para a conquista do Maranhão, já levava muita gente da terceira geração dos colonos que vieram com Duarte Coelho. E ainda não acabara a conquista Pará-Amazonas, quando aqueles nortistas têm de reconquistar a sua pátria mesma. Durante esse tempo, a Bahia estendia-se, no dorso do São Francisco, até o coração do Brasil Centro-Sul: ligava-se aos paulistas, e estes, que nos historiadores de oitiva são apresentados como pioneiros livres, independentes, ao lado do Estado do Brasil; os paulistas são os brasileiros de essência, que acodem aos repetidos chamados da Bahia, na defesa contra o gentio aimoré, como acudirá na defesa contra o holandês, como acudirá a Pernambuco, para resolver o caso dos Palmares... Essa foi a escola da gente de São Vicente, desde os dias em que deram a Estácio de Sá os recursos para bater franceses e tamoios.

Assim se fez o Brasil. Na veemência da necessidade patriótica imposta pelas repetidas invasões, reforçada na unidade do gentio tupi, a preciosa tendência de unificação nacional produziu o máximo dos seus benéficos efeitos. A lutar contra o estrangeiro, ao longo de toda a sua formação, o Brasil concentrou-se na consciência de ser *uma* pátria; reforçaram-se os motivos de solidariedade e o princípio de unidade dominou todas as outras considerações. No ânimo dos brasileiros, o sentimento de união nacional foi anterior a quaisquer outros móveis sociais: o Brasil é *um,* assim o sentiram sempre. Mesmo na *Insurreição Pernambucana,* se não foram as objeções do governo bragantino, teríamos visto a reação total do país, como foi no primeiro momento da Bahia, como foi por todo o período anterior no Norte. A história de Frei Vicente é para um século de Brasil, apenas; mas quem a lê sente que, na consciência do bom do frade, esse *Estado do Brasil* é valor bem nítido, e estimado, apesar de tudo, apreciando, o baiano, como o mesmo Brasil, tudo que diz da sua Bahia, Rio Real, Ceará, Espírito Santo, Rio de Janeiro e São Paulo... Não há maior entusiasmo na sua voz ao falar da reconquista da Bahia, do que ao rememorar a jornada do Maranhão. Passam os sucessos, e a sociedade que neles se revela una e solidária. E tal aspecto concentra-se e focaliza-se nesse Brasil, motivo novo e especial no ânimo dos que aqui se formam, para a tradição nacional já é nossa, explicitamente nossa, pois que é brasileira.

Portugal, que legara à colônia a boa tendência de unificação, dava-lhe ensejo, agora, a desenvolvê-la em manifestações afirmativas e potentes. Constantemente atacado por inimigos externos, teve o Brasil de viver numa repetida luta de defesa, em que os patriotismos se exaltam. E isso se dava quando, ao primitivo poder de Portugal, sucedia a degradante miséria dos seus governantes, cada vez mais insuficientes para fazer respeitar os domínios do Estado. Já vimos noutras páginas:[10] da conquista da Paraíba em diante, a capacidade da metrópole vai esmorecendo, ao passo que as gentes da terra, inflexíveis na afirmação do seu querer patriótico, por si mesmas o tornam efetivo e respeitado. Dos fins do século XVI para cá, a colônia apelará para a metrópole, a esperar auxílios; mas vive na convicção de que o essencial da defesa será, como o

---

[10] *O Brasil na América,* §§ de 45 a 49.

repete o próprio governo português, *as tropas da terra....*[11] E é por isso que se o Portugal decadente, mero exaustor de tributos, vem intervir na distribuição política do Brasil, em disposições que contrariam a unidade nacional, isso não a altera substancialmente. Destacara-se Pará-Maranhão, Estado à parte, distinto do Brasil, diretamente subordinado à Lisboa, e aquele extremo Norte continua apesar de tudo, a ser tão brasileiro como a terra-máter, que dera as energias para a respectiva conquista; na preamar da degradação, retalha-se São Paulo, amputa-se Pernambuco... e as novas províncias serão, apenas, novas revelações do sentimento em cujo influxo pernambucanos e paulistas que se encontram nas brenhas do Piauí entendem-se e fraternizam para distribuir a tarefa na conquista que ainda têm de fazer dos respectivos sertões.

26. *O esforço para dissociar o Brasil*

Nas minas, a miséria do estado português dará razão, finalmente, à ganância dos forasteiros que se atiraram contra os paulistas, para que estes se afastem, como vencidos, atônitos, de traição em traição. Mais ao sul, em atividade de contrabandistas, far-se-á a expansão para o Prata, obra de soldadesca espúria, incapaz de desenvolver o Brasil que já existia. Daí, resultarão multiplicados desastres e males. No coração do Brasil pernambucano, estimular-se-á a torpeza gananciosa do reinol mercantil, para enfraquecer os da terra, em longa luta civil, e, depois, amesquinhá-los no perdão, e, depois de perdoados, persegui-los ainda, matá-los nos degredos, ou nas masmorras imundas do Limoeiro... Pouco importa: através de todas essas e de futuras provas, o Brasil continuará unido.[12]

O Portugal bragantino, empenhado em *manter a colônia* para ubre em que alimente a sua incapacidade, torna-se o implacável

---

[11] *Instrução militar* para o governador e capitão-general da capitania de São Paulo, R. I. H. G.

[12] O sr. Oliveira Lima demonstra, fartamente que o ministro britânico, Caning, teve um grande trabalho em convencer os estadistas de D. João VI, de que não lhes valia a pena provocarem o desmembramento do Brasil, uma vez que este ia ficar na família reinante de Portugal. (*Op. cit.*, p. 154).

inimigo da tradição de *um* Brasil unido. E, compreendendo que é preciso quebrar essa união, em que a colônia o apavora, repete os ensejos de desunião. Mas, pois que tais ensejos são, de fato, ataques ao Brasil, com eles mais se condensa a tradição, que teve a sua grande prova quando, na defesa da Bahia, se encontraram os pernambucanos de Cavalcante de Albuquerque com os fluminenses e paulistas de Salvador Correia. E tal vigor se encerra na tradição, que ela engloba esse mesmo Rio Grande do Sul, de formação relativamente heterogênea, onde se incorporaram influências outras de vizinhança, a ponto de um Capistrano considerá-lo avesso ao ânimo brasileiro.[13]

Compreende-se o zelo do historiador, que é realmente brasileiro; mas é preciso reconhecer que o Rio Grande foi, justamente, *a marca* indefectível, em que o Brasil resistiu, desde os meados do século XVIII, à expansão, muitas vezes violenta, do castelhano. Os descendentes de uma colonização heterogênea — refugo de portugueses aventureiros, vigorosos açorianos, últimos bandeirantes, salteadores e contrabandistas, tais descendentes absorveram a tradição brasileira, como lhes era possível, sobretudo porque ficaram abandonados, muitas vezes, nos seus recursos exclusivos, para resistir ao platino, que, agora, era o representante de um novo surto de nacionalidade. Neles, nos sul-rio-grandenses, devemos admirar a nímia expressão desse espírito de nacionalidade única, milagrosamente única, quando os povos que nele se caracterizam vêm de origens tão distintas: Pernambuco, de que logo se desprega Pará; São Paulo, em cuja ilharga se forma, imediatamente, o Rio de Janeiro; Bahia, com toda a sua imposição de capital... E há, ainda, centros securidários, mas nitidamente diferenciados, desde o primeiro momento: um Sergipe, longo refúgio de tupinambás, caetés e cariris, escorraçados da Bahia e de Pernambuco, nascido de necessidades especiais, e, depois, por longo tempo, a marca do Brasil brasileiro, em face do domínio holandês; Ceará indestrutível

---

[13] "Separada a província cisplatina, que ficava significando o Rio Grande do Sul?... doutrinário, ou sanguinário, ou pecuário, ou caudatário, ou federativo... grassa o artiguismo além do cabo de Santa Marta... a alma de Artigas — chacal conjurado a Moloch, ulula, duende impropiciável, pela campanha e sobre as coxilhas." (Prefácio à *Nova Col. do Sacr.*, de Pereira de Sá, p. XXXIV.)

reduto do gentio Potiguara, em todo o seu brio, guardando a tradição do longo trato com o francês; Espírito Santo, primeira freguesia no Brasil colonial, e que, deixado a si mesmo, é um sacrário, de longas tradições locais...

Cada um dos grandes centros é uma constante irradiação de tradições e influxos especiais, a que resistem, no entanto, os centros secundários, todos gravitando para o motivo geral, superior, o Brasil unido e solidário pelo menos em sentimento, quando não lhe deixavam meios de unir-se concretamente. Assim, nunca se produziria, no desenvolvimento do Brasil, situações como essas em que, no Prata, às populações coloniais foi proibido o uso do idioma do colono, resultando que, numa capital histórica, qual Assunção, o falar do gentio veio substituir, para a massa da população, a língua castelhana. Teria havido, por uma grande parte da colônia, uma primeira época em que a língua geral fosse mais usual do que o português;[14] mas a tradição política, em que se formou o Brasil, logo corrigiu o caso, a ponto de que, aldeias de caboclo puro, na terceira geração cristã já haviam esquecido o falar dos avós.

27. *Os verdadeiros embaraços à unidade do Brasil*

Desse modo se fez a legítima história do Brasil. Mas houve a crise de depressão ligada à longa infecção bragantina, e a nação brasileira teve que ser independente — guardando toda a miséria do Estado português que aqui se achava coroado no embusteiro e jactancioso filho de D. João VI. Foi o bastante para que historiadores falhos, arvorando-se em historiadores do Brasil, viessem afirmar que a unidade nacional resultou da forma de independência — com o trono... Ora, monarquia dinastia dela, todo o regime... eram coisas tão precárias que, apesar da mesma prostração, o primeiro príncipe foi banido e enxotado e o segundo ainda veio a ser eliminado, levando consigo o regime. Desta sorte, é parvoíce, se não má-fé para calúnia, o pretender-se que coisa tão fraca, frouxa e viciada pudesse ter virtude para efeitos tão vastos e definitivos.

---

[14] *O Brasil na América*, § 23.

Tais historiadores, que tanto andaram pelas páginas de Southey, não tinham a compreensão bastante para apanhar as perspectivas em que o inglês, ao longo de séculos, por extensões de mundos, viu aqui, uma só história — a do Brasil. Nem mesmo depois que tal lhes foi apontado documentadamente, puderam ou quiseram eles reconhecer a verdadeira causa da unidade nacional do Brasil, e fizeram presente dela, que é uma verdade, à mentida independência do príncipe. Isso fizeram porque era o meio mais próximo, ainda que o mais torpe, para condenar o movimento de 1817 e o de 1824. Incoerências, os próprios anacronismos, não os detêm. Repetem que Amador Bueno repeliu a coroa que lhe ofereciam, e com que se dividiria o Brasil; referem toda a longa luta dos paulistas contra os *forasteiros*, sem apontar, no entanto, qualquer veleidade separatista ou a possibilidade de desmembramento; antes, já haviam consignado a revolta dos mesmos paulistas contra Salvador Correia, e que terminou em composição honrosa, tanto lhe faltavam motivos de reivindicações localistas; citam demoradamente as dissensões graves no Pará, e mais: a revolta de Bekman, a revolta de Felipe dos Santos... até o ensaio de tentativa de conspiração dos poetas de Vila Rica que davam os lazeres a levantar os entusiasmos fáceis do Tiradentes... Tudo notam sem deixar suspeitas, sequer, de que haja parcela da população maldisposta para com o resto do Brasil, ou desviada do espírito de união nacional. Todos esses movimentos são localizados, estritamente limitados, pois que isso resulta dos próprios motivos que os determinaram; mas, apesar de localizados, nenhum deles é apresentado como tentativa de desagregação das gentes, ou luta de umas populações com as outras. Depois de tudo assim contado, vem um Varnhagen, e, com a sem-cerimônia de quem dá do que não é seu, afirma — "O Brasil deve a Pedro I a sua unidade...", asserto que será repetido pelo sr. O. Lima, já, agora, na ação do almirante mercenário: "A esquadra às ordens de Lord Cochrane foi o agente principal da nossa união"...

Admite-se que um neocastelhano, na mentalidade de quem se fez numa atmosfera de facções, possa afirmar que é geral, na América Latina, a tendência à desagregação. Nas páginas de brasileiros, se conhecem a tradição nacional, afirmações destas são requintadas falsificações a serviço de motivos mesquinhos. Os primeiros deturparam, mentiram, por interesse de proselitismo; os seguintes repetem a mentira, por incapacidade de crítica, ou falta de valor para restabelecer a verdade. E, ainda hoje, encontramos nas suas histórias: ...*se não fora a Independência com a monarquia, ai! do Brasil! Ter-se-ia desmanchado em mil pedaços... e seria como nas antigas colônias espanholas...* Não discorrem num pensamento: babujam proposições sediças, sem um momento de crítica superior — para reconhecer que, no caso da unidade nacional, não pode haver paridade entre os efeitos da colonização castelhana o e o que resultou da formação do Brasil. Sinceras, tais histórias só têm uma explicação: são as vozes dessa mentalidade que admitia ser possível fazer um Estado livre e moderno com os restos esgotados de negreiros decaídos e degradados, sem valor, sequer, para compreender a própria degradação; são os historiadores próprios para essa política que reduziu o Brasil dos fins do século XIX a discutir a sério de oportunidade a questão da escravidão legal e a ter como ideal mais generoso a libertação dos negros escravos, quando, pelo resto do mundo, havia dezenas de anos, os condutores de ideiais difundiam o socialismo, o comunismo, a anarquia libertária... com a eliminação de quaisquer fronteiras convencionais entre os homens.

A mentira dessas histórias é mais irritante ainda porque, de fato, a independência de 1822, longe de ser benéfica à unidade nacional, foi um motivo de divisão da nação brasileira, ao mesmo tempo que eram suplantados os verdadeiros apóstolos da emancipação do país, na realização de um regime livre. Apreciaremos, a seu tempo, o enleio daquela independência e verificaremos, então, que, se apesar de tudo o Brasil conseguiu sair-se dali ainda unido e coeso, foi porque a sua unidade de longe lhe vinha: era indestrutível, a ponto de poder resistir à prova máxima de uma política de expedientes curtos, sem alma de legítimo patriotismo, política em cujos momentos salientes só encontramos atentados contra o Brasil. E a independência foi, finalmente, aquele embuste que nos obrigou a refazê-la, já agora em penosas complicações internas, e nos levará de novo a refazê-la, pois o verdadeiro obstáculo contra ela é essa infecção de que ainda sofremos.

Há perversão substancial em afirmar-se que foi a Independência, com a monarquia, que criou a unidade, quando esta já existia, como expressão mesma da nacionalidade, tão explicitamente patenteada. A unidade é francamente anterior aos feitos de 1822, e tanto que um dos mais veementes motivos dos paulistas, na sua representação de fins de 1821, foi o intentarem, as cortes, *desmembrar* o Brasil. Nesse mesmo tempo, as *juntas provinciais*, não obstante serem instituições locais, manifestam-se, todas, partidárias de um Brasil unido, e, por toda parte, tratam as tropas constitucionais como inimigas, pela razão de que, por toda parte, essas tropas se mostram partidárias das cortes — que intentavam dividir o Brasil. Naquele momento, todo movimento de independência seria ostensivamente oposto à política das cortes para com o Brasil: seria para uma união explícita. Compenetrando-se dessas verdades, veio o príncipe embusteiro colocar-se na corrente do movimento, para desviá-lo em benefício próprio, ainda que pondo em risco a mesma unidade.

Destarte, quando os abstrusos teoristas — da unidade pela monarquia — apontam motivos de desagregação, que foram dominados ou eliminados pelo governo monárquico, não fazem mais que registrar efeitos produzidos exclusivamente pela independência mentida, como a fizeram, efeitos cujos desenvolvimentos poderiam, realmente, ter recortado o Brasil. Se não: quais foram as dificuldades políticas a que teve de atender o Governo da Independência? Desde logo, a desconfiança com que foi recebida a mesma independência tramada em benefício do reinolismo renitente e realizada com os absolutistas da véspera. E a desconfiança desatou em efeitos de que o Brasil muito sofreu: protestos explícitos contra o modo como burlavam a nação; desorientação nuns, desânimo noutros, quando sinceramente pretendiam ação patriótica; reação na própria política imperial, desde que José Bonifácio, na sua indiscutível probidade política, procurou realizar um estado alguma coisa brasileiro; dissolução acintosa e pérfida da constituição e pronunciados excessos contra os mais explícitos estadistas nacionais. Resultaram daí as crises violentas, essencialmente turbadoras e estiolantes, por que passou o país, iludido, abocanhado pelo dinasta de curta aventura, em cuja alma lutavam as duas degenerações, de Carlota, fogosa cruel e do D. João — lorpa insídia covarde. E, com isto: a revolução de 1824, em que ressurge o legítimo Brasil a lutar pela sua independência; o estado de irritação desorientadora e desorganizante a que ficou reduzida a nação, agitada entre as aspirações brasileiras e as reivindicações do lusitanismo renitente. Ao mesmo tempo que todo o país arquejava nas garras das comissões militares, com que o imperador português procurava eliminar o que era legitimamente nacional, uma guerra injusta e inglória esgotava a nação e a tornava odienta, assim como a desprestigiava nas repetidas derrotas...

Tal é o ativo dessa independência, que aniquilaria o Brasil, se nas suas energias essenciais não se encontrasse o brio que atirou para o seu verdadeiro lugar o *libertador* charlatão e traiçoeiro. Onde, por toda aquela longa crise, as tentativas de divisão da nação, e os sintomas de desagregação? Das rápidas lutas, na Bahia, no Maranhão e Pará, não há que referir, porque tudo não passa de reação contra os interesses portugueses: dos que são das *cortes*, dos que são de José Clemente. Seguem-se reivindicações legitimamente brasileiras, em que não é possível achar nem manifestações facciosas, nem influxos de desunião: *vinte e quatro* é a legítima, e muito lógica, continuação de *dezessete*.

28. *A centralização asfixiante*

Tão profundo se tornou o mal, tão extensos os efeitos, que a crise de 1831 não bastou para resolver a situação: o movimento expurgatório teve a ação de um drástico. Tudo que, da infecção, já estava no íntimo da nação aí ficou. Da crise resultou o regime frustros e incompleto da *Regência*. Apenas capaz de curar a instabilidade, e, atendendo a menores necessidades nacionais, organizar a vida política, para dar ao país a consciência de conduzir por si os seus destinos. Regime bastardo e tímido, a *Regência* fez o que pôde, mas guardou os germes, e quando a cura ia em meio, amadurecidos, esses germes se alastram na campanha implacável contra Feijó, abatido por Vasconcelos sobre Araújo Lima, para dar lugar à revolução palaciana do insólito e ridículo *quero já*. São novas formas, processos adequados a outro temperamento, mas, em essência, volta o Brasil ao bragantismo destemperado. A prova de como essa unidade da monarquia era a superfetação, grude de embustes empastando e afogando a verdadeira unidade, nós a temos em que, apesar de regularizada de qualquer modo a vida política da nação, surgem os protestos contra o regime, estupidamente centralizador, próprio somente para ajoujar o Brasil ao mecanismo do *Governo Geral*, central, único, em que se representaria a vontade popular e democrática, se tanto fosse possível tentar na sombra de um poder imperial, sobre províncias governadas por delegados desse mesmo poder...

O resultado foi que a nação era do imperante, a manejar mentiras. Em vez de um Brasil uno, havia um país e a respectiva população submetidos a uma corte exótica, valendo exclusivamente pela mentalidade de um sub-Habsburgo, suavizado em dicção brasileira, empenhado, apenas, em não deixar que a voz do Brasil se alteasse, iludindo a nação com *plaqués* de liberalismo e intelectualismo... enquanto fazia a *política do trono* — a transigir com o negreirismo e os senhores de escravos, que infamavam o Brasil. Regime inadequado ao país, nutrido de falseamentos, estúpida e exageradamente centralizador, ele agia como dissolvente da união nacional. Até a independência, a unidade brasileira era uma tendência, por isso nimiamente ativa e orientadora, desde as suas ·origens. Falava nela uma sensível necessidade: o brasileiro aspirava dar forma política à solidariedade nacional de que se sentia animado. O império, de um salto, cristalizou o extremo oposto: fez-se união-cerco, como a conter membros dispersivos... E a tendência primeira, de verdadeira unidade ativa, anulou-se, eclipsada pela verdadeira união formal, passiva.

No regime do absolutismo colonial, como sequência histórica, compreendia-se a fórmula das capitanias-províncias; num regime de soberania nacional e liberdade interna, aquelas províncias submetidas ao gabinete do imperador eram monstruosidades, só próprias para asfixiar inteiramente a nação. Unido por sentimento, quando soberano, o Brasil deverá ter os meios de livremente realizar as suas tendências de união, para bem propriamente coordenar e tecer os legítimos interesses regionais, as franquias políticas locais — comunais e provinciais — com os interesses gerais da nação soberana. Para acudir aos reclamos gerais e fingir que tal império não era um sufocante desequilíbrio dos poderes, atamancaram o *Ato adicional*, que, logo depois anulado, provocou a reação — para a propaganda, de um regime republicano de base federativa, isto é, em que o Brasil pudesse continuar unido, em expansivo realce das suas tradições, mas que lhe permitisse conciliar — a expansão da democracia num grande país, com a unidade nacional... Mas, por isso mesmo, a propaganda foi desorientadora.

Nas condições territoriais do Brasil, a unificação tem de ser essencialmente de sentimentos, com uma bem-entendida e livre solidariedade de interesses gerais. A política de união tem de ser exclusivamente a da boa compreensão desses interesses gerais, sob a forma de propaganda solidarizante, com vistas a uma grande pátria — pálio de muitas pátrias, alimentadas, em cada parte, das respectivas paisagens e tradições locais. Em cada uma dessas pátrias, congregadas ou federadas, os brasileiros têm que existir politicamente livres, com a restrição, apenas, de não fazer mal à grande pátria. E esta, em nenhum momento, a nenhum propósito deve parecer um ônus, ou um entrave, ou uma tirania.

Foi a monarquia, agravada na centralização, que pôs em perigo a tradicional unidade do Brasil. Para dominar sem contraste, o Governo Imperial aproveitava todos os momentos de enfraquecer as províncias, chegando mesmo a atirá-las umas contra as outras: Bahia combatendo Pernambuco de 1824 e de 1848; Rio de Janeiro, Bahia, combatendo Minas de 1842, as do Norte lutando contra os farrapos... Landulfo Medrado não hesita em lançar a acusação: "Fomentarem entre as províncias rivalidades funestas...."[15] E, com isso, a constante opressão, de um centralismo estiolante, praticamente tirânico e corruptor, capaz de provocar protestos da parte de

---

[15] *Os cortesãos*, p. 47.

um Saraiva, moderado, monarquista, conselheiro e homem de governo. Em 1859, já ele apontava — uma "opinião ardente e surda, que invade as províncias do império, e descrê dos benefícios do poder central... feito em doutrinas que podem resfriar o sentimento santo e profundo que todos nós nutrimos a respeito da verdadeira unidade nacional". Lá está apontado, sessão de 31 de maio no diário do parlamento — *numerosos apoiados!...* Tavares Bastos, que é da época, deixou o comentário: "...eis o que as províncias recebem da corte. Se não houvesse nelas uma convicção profunda de que, ainda assim, sempre é melhor viverem unidas no seio da paz interna do que desnudas, na anarquia, eu não sei o que sustentaria a integridade do império".[16]

Era patente o espírito de união, o amor à paz. Contudo, não faltaram protestos, em crises agudas e ameaçadoras. *Confederação do Equador, Sabinada*, guerra dos *Farrapos*, revolução de 1842, revolução Praieira... são outros tantos momentos em que o Brasil esteve a pique de desmembrar-se, devendo lutar, depois, longamente para refazer a sua coesão política, tudo isso provocado pela política do império bragantino. A mais séria dessas crises, a guerra dos *Farrapos*, pode ser levada à conta das tendências facciosas das respectivas gentes. Já o vimos: um Capistrano preferiria, até, que aquele Sul não se tivesse incorporado ao Brasil... Haverá um tanto de artiguismo nos sul-rio-grandenses. Mas isso mesmo se explica, e não os incompatibiliza com a nossa tradição. Puro no seu brasileirismo, o estrênuo defensor das nossas tradições, no enlevo delas, esquece que para resistir às erupções dos que lutavam nos processos de Artigas, era preciso adaptar-se um tanto ao mesmo artiguismo. Contudo, ainda fazendo política à gaúcha, as gentes do Sul desempenharam perfeitamente, em legítimo patriotismo brasileiro, o seu papel, na *marca* do Brasil, cuja guarda lhes ficou. Então, quando ali se reorganiza a propaganda republicana com a geração dos Júlio de Castilhos, Pinheiro Machado, Demétrio Ribeiro, Casal... o jornal do precursor Venâncio Aires toma o nome simbólico de Padre Feijó.

---

[16] *Cartas do solitário*, p. 322.

Pobres de glórias, numa história curta e singela, nós — o Brasil —, em face do mundo, estamos numa situação incomparável quanto à união. Não se encontra, por todo o resto da humanidade, um tão estendido país, em dezenas de milhões de habitantes, tão aproximados em coração, tão isentos de ódios e tão livres de motivos de dissensões — tão *unidos*, enfim, como se vê na nação brasileira. De continente para continente, já é excepcional a condição da América do Sul: uma só linguagem (que de castelhano a português há compreensão imediata), uma só crença, uma mesma remota origem. Turbulenta como seja a América Latina, é a única porção da humanidade que, nos últimos cinquenta anos, tem caminhado sensivelmente para a paz e a harmonia. As lutas civis, ou outras, que têm ocorrido nesse período, são insignificâncias. Se nos comparamos aos do continente norte-americano, há vantagem, a esse respeito, para nós, neo-ibéricos: a questão de raças, nos Estados Unidos, as diferenças de tradições, nas populações canadenses, os antagonismos entre mexicanos e outros neocastelhanos relativamente aos ianques, são motivos que, por longos séculos, hão de embaraçar a união entre aqueles povos, são motivos de que estamos livres.

E, agora, reflitamos em que, dentro dessa América do Sul, correspondendo a quase metade dela, o Brasil tem primazia essencial quanto à união. Para muitos dos outros neo-ibéricos, a união é ainda aspiração: para nós é uma realidade, desde os primeiros dias da colônia... O paulista vive no Pará sem constrangimento, sem o sentimento de estar entre estranhos; o cearense está em Minas, ou mesmo no Rio Grande do Sul, sem ser um transplantado. Alastrou-se por todas as terras atingidas pela tradição primeira uma alma nacional, em que as gentes se aproximam e se irmanam espontaneamente.

Lembrar esses trâmites históricos não significa admitir que a federação, como a fizeram no Brasil, tenha-lhe dado o legítimo regimen federativo, isto é, de bom equilíbrio entre o poder nacional e as partes federadas, com justa ponderação de motivos entre os interesses locais e os gerais. Tudo se fez como concerto mau. Com a monarquia, a união brasileira sofreu pelo exagero do poder central; com a República, ela — a união do Brasil — sofreu mais gravemente pela tirania dos *grandes* Estados, nessa federação sem equilíbrio de unidades, e em que o país chega a essa monstruosa situação de só tirar o chefe da nação de uma ou duas das mesmas unidades... E a monstruosidade se completa com o decantado *critério geográfico* para a escolha dos outros postos de mando.

29. *A unidade era união patriótica*

A unidade brasileira era uma esplêndida realidade, porque se fez no patriotismo dos que defenderam o Brasil, e, assim, o sentiram no valor da vida que lhe ofereciam. Era a unidade explicitamente proclamada no orgulho de um nacionalismo ostensivo. Os movimentos de rebelião contra a metrópole opressora tinham que ser locais, mas os resultados pediam-se para todo o Brasil. A mais real e expressiva dessas revoluções, a de 6 de Março, foi a proclamação da República independente, em Pernambuco, mas, não para Pernambuco, isto é, não para Pernambuco somente. E como rebenta, o movimento se alastra: os *patriotas pernambucanos* (assim tratados, desdenhosamente, pelos carcereiros portugueses) fazem a Independência para o Brasil inteiro e estendem-na quanto o podem — do São Francisco ao Ceará... Ninguém terá dúvida: vencedores eles teriam redimido todo o país e nesse intuito mandaram à Bahia o companheiro, que veio cair nas mãos dos que não hesitaram converter a adesão em traição, como mandaram ao sul — Rio de Janeiro — os que, confiados numa tradição maçônica desde a conjura dos Cavalcantis, supunham que na atmosfera da corte de um D. João VI pudesse haver outro patriotismo que não aquele em que ela respirava. A República de 1817 recebe os primeiros golpes justamente nos seus pontos de extensão — Alagoas, Ceará...

O relato de Monsenhor Tavares é universalmente tido como transparência de verdade; e quando ele, que foi do movimento, nos conta sobre o caso, mesmo sem o propósito de alegar intuitos de união, deixa ver que ninguém pensava em Pernambuco particularmente, ou isoladamente: "O rápido progresso da revolução não era suficiente a apagar o fervor dos patriotas de Pernambuco; suas vistas estendiam-se pelo bem ser do Brasil." Num outro momento, outro companheiro de 1817, e um dos seus mentores, José Luís de Mendonça, mostra, de passagem, que o pensamento político, ali, abrange a totalidade da nação: "Fazendo aplicação destes princípios ao nosso Pernambuco, ou antes ao Brasil todo..." Por sua vez Cabugá, ao pedir a intervenção dos Estados Unidos, é para o Brasil todo...[17] Esse espírito de solidariedade e união com o resto do Brasil patenteou-se na crise de 1822, quando Pernambuco vibrava nos mesmos sentimentos de *Dezessete*. Desassombradamente avesso ao Bragança, mal contendo a repugnância que sentia pela Independência arranjada pelos portugueses, e nacionalizada nos brasileiros de D. João VI, Pernambuco hesitou muito em entrar no movimento. Essa hesitação foi mal interpretada, mas não tardou que, ostensivamente, se proclamasse a adesão da província revolucionária e republicana ao Brasil independente, ainda que com a monarquia.

---

[17] A carta de Alvear, confirmada em palavras do consul inglês, mostra que o movimento era geral.

CAPÍTULO V

O PATRIOTISMO BRASILEIRO

30. *Patriotismo — egoísmo socializante*

Sentimento que brota da terra através dos corações que dela vivem, o patriotismo é fórmula de solidariedade vivaz, explícita, vigorosa, concreta, porque procede na nitidez e no vigor dos motivos egoístas, para efeitos nitidamente sociais. Elimina o que não pode englobar, mas traduz-se forçosamente em unificação, e funda disparates, como aproxima longínquos, com tanto que as mesmas repetidas necessidades tenham repetido a ação de uma defesa comum. De outro modo, como poderia haver patriotismo para suíços, separados de raça, de tradições idiomáticas e religiosas, mais do que os separam os próprios despenhadeiros alpestres?... Na paisagem de patriotismo — a terra impregnada do homem —, hábitos, ideias, estímulos, lembranças... conduzem-se para um motivo pessoal e superior, que é o vínculo vivo entre gentes definitivamente localizadas, confiantes no chão em que se amparam.

Tanto quanto o repitam, nunca será demais proclamá-lo: a conquista definitiva da civilização definiu-se no sedentarismo agrícola. Por quê? Porque assim teve o homem todos os recursos para apurar a si e a natureza, e, sobretudo, porque, só então, foi possível a legítima expansão patriótica. Ninguém pretenderá negar que o homem seja essencialmente social: um *animal político*... Mas outra verdade indiscutível é a de que a socialização humana realiza-se concretamente, em grupos nacionais, levados por motivos patrióticos. Assim como dentro de cada sociedade nacional existem, por necessidades indeclináveis, os grupos — classes, corporações, círculos, institutos —, também, na humanidade, particularizam-se as tradições histórico-políticas, e o viver social se faz, imediatamente, como o viver de agremiações históricas — as nações. De outro modo, seria preciso que as consciências não se reconhecessem na sua unidade de motivos pessoais, seria preciso que as necessidades comuns não fossem compreendidas como interesses gerais, referidas às condições especiais do agrupamento. Acontecerá que, dentro da mesma paisagem tradicional, encontrem-se classes distintas em luta: não se negará, com isso, a realidade das afirmações patrióticas, e toda divergência se reduzirá a disputarem-se, as classes opostas, a situação política dentro da pátria.

Há, já o notamos, poderosos elementos egoístas no patriotismo; mas isso não o rebaixa, nem o incompatibiliza com os motivos essencialmente sociais e de significação grandemente moral. Só nos animais ganglionares (insetos sociais), exclusivamente instintivos, de socialização somatofisiológica; só em tais seres seria impossível que o egoísmo interviesse em efeitos socializantes. No homem, pela sua compleição nervosa, dada a riqueza cerebral para repetidas iniciativas, a vida moral e social há de ser, sempre, um qual compromisso ou ponderação de egoísmo e simpatia (altruísmo), em todos os lances que dizem com a família, a corporação profissional, os motivos nacionais, os interesses de classe, os ideais de humanidade. A ideia de que há formal oposição ou antagonismo entre *indivíduo* e *sociedade* é puro preconceito, sem mais valor que o de dar um tema às seródias dissertações do bacharelismo em ostentação de sociologia. Pelo contrário, esses aspectos completam-se, em vez de repelirem-se: indivíduo e sociedade, egoísmo e simpatia, organização e revolução... combinam-se, na realização da vida social, como em cada personalidade se combinam hábito e iniciativa, conservação e reforma, consciente e inconsciente, aspiração de repouso e horror à monotonia, disciplina e exigências de liberdade... Ideal de exclusiva humanidade será quimera; mas, uma humanidade realizada no ajuste sincero das pátrias, com a eliminação ou unificação das classes, é conquista possível, próxima, talvez, quando os grupos nacionais houverem compreendido o não valor dos dissídios que enfraquecem as pátrias, em vez de engrandecê-las; quando os verdadeiros educadores sentirem a monstruosidade das organizações sociais feitas no predomínio de uma classe sobre as outras e na exploração destas por aquela.

31. *Nacionalismo — necessidade para o patriotismo*

Reconhecido que não pode haver realização social sem o agrupamento nacional, nutrido de patriotismo, temos de admitir a legitimidade, a necessidade, mesmo, do nacionalismo. Corresponde ao que há de egoísmo no patriotismo e manifesta-se, explicitamente, como sensibilidade de orgulho, mote em que se repetem as exigências do sentimento patriótico. Nele, no nacionalismo, fala concretamente a defesa da tradição. Diletantes de patriotismo, insinceros, moles e tíbios, desarticulados de convicções, desmentem o empenho de afirmação nacional e a condenam, para evitar os choques provocados pelas atitudes nítidas e intransigentes. E afastam-se mais depressa ainda, a fugir da vilta lançada sobre o nacionalismo, pelos que precisam enfraquecer o espírito de nacionalidade, para terem as mãos livres, na exploração de que vivem. Que se afastem: não são esses que fazem os destinos das pátrias. Aos que não se envergonham de pertencerem a uma tradição, se querem ser humanos, justos e bons cidadãos, se precisam de justificar-se perante a própria consciência, que leiam um Hoffding, humano, mas imparcial no assunto. É ao fazer moral filosofica, moral de quem nunca foi outra coisa senão psicólogo, moralista e filósofo: "O sentimento nacional só se torna claro, na consciência, chocando-se e irritando-se contra os estrangeiros. Uma lei psicológica quer que seja necessário um contraste mais ou menos forte para dar a um estado de consciência o seu caráter nitidamente acentuado... O sentimento nacional só pode existir, em pleno ardor, manifestando-se com a força cega do instinto. Ele foi uma poderosa força histórica... e teve por efeito manter e fazer crescer a coesão nacional".[1]

Condição natural, necessária, na realização da sociedade humana, o nacionalismo não deve ser considerado degradante, ou motivo de menosprezo. No caso, a grandeza de ânimo não estará em negá-lo, mas em elevá-lo, depurando-o de tudo que é agressivo e inumano. Para tanto, não é preciso diminuir o zelo com que consideramos a nossa própria pátria; como para amar e estimar aqueles que no-lo merecem não desistimos do orgulho com que nos consideramos a nós mesmos. Como povo, reconhecemos-nos numa tradição, e, como fórmula de vida, a consciência de um povo é nacionalismo, valendo por uma profissão de fé que, em cada ânimo, se desdobra: confiança íntima no destino da nação e solidariedade absoluta com esse mesmo destino. O explorador transitório, que só deseja facilidades para a sua exploração, terá por ideal pátrias sem fisionomia, desnacionalizadas, onde se aceitem todas as fórmulas, e que, por isso mesmo, não terão outro destino senão o de serem eternamente exploradas; mas quem sinta a necessidade de afirmar-se por si e pela tradição humana em que existe em quem não se contente em ser matéria informe, para o gozo exclusivo de exploradores e queira concorrer para o desenvolvimento e o progresso de um grupo humano; aspira definir e apurar a sua tradição nacional: será nacionalista, pretenderá que a sua pátria não suplante ninguém, preferirá que ela se levante ao sol de uma humanidade bem humana, em plena justiça; mas há de querer que ela tenha um lugar próprio sob a luz desse mesmo sol.

Repassando os sucessos de *Dezessete*,[2] Barbosa Lima teve de reconhecer a nossa deficiência em "defender os foros de autonomia próprios às fortes individualidades, que podem e devem viver por si com inconfundível e acentuada personalidade, de fisionomia estável e definida". Pois não é lamentável que cheguemos a

---

[1] *A Moral*, trad. francesa, pp. 276-277.
[2] *Independência e República*, p. 26.

isso, que hesitemos nesse direito a ter fisionomia e que nos iludamos quanto à necessidade de afirmação nacional? Alberti — argentino — transuda anglicismo por todas as juntas do pensamento, mas, quando chega o momento, é peremptório e reclama até "uma filosofia argentina, das necessidades sociais e morais do nosso país, clara, democrática, progressiva, popular...", tudo com vistas ao povo a que pertence. Um Reclus, já o notamos. E distorce a história, reforma o mérito dos fatos e dá aos navegadores franceses ou normandos um desenvolvimento de ação além do que é legítimo. Um Blasco Ibañez, também com a preocupação de desprezar preconceitos de pátria: quando julga o passado da sua Castela, mostra-a gloriosa, próspera e elevada em espírito, enquanto era conduzida pelas dinastias nacionais; passa a príncipes estrangeiros (a Casa da Áustria), e é como que ferida nas suas forças vivas, atirada à decadência, desnacionalizada: "... Carlos V e o filho roubaram-nos a nacionalidade".[3] Na pena de um quase libertário, a fórmula é preciosa. Iremos pelos mais desimpedidos revolucionários afora, até o comunismo integral, e encontraremos sempre, quando humanos, a defesa da nacionalidade, quer dizer a afirmação da pátria. Um Rappaport, teorista do comunismo, em pleno marxismo: *"La nacionalité est um fait qui crève les yeux...* é um fato que salta aos olhos. Não basta soprar sobre ela para fazê-la desaparecer. Melhor ainda. Quanto mais procuram eliminá-la pela violência, mais se afirma a nacionalidade, mais procura impor-se... Defendendo as suas particularidades nacionais mais insignificantes contra a brutalidade dos povos conquistadores, as nações oprimidas defendem a sua liberdade, a sua dignidade".[4] O próprio Lenin, no momento crítico — às vésperas da revolução de Outubro —, no mesmo brado em que procura arrancar as massas à guerra imperialista, exorta-as a que defendam, intransigentemente, em *guerra justa,* a nova pátria, proletária, que se institui.[5]

Parte de uma tradição, cada um desses revolucionários generosos teve que se render à necessidade de ser representativo da

---

[3] *La catedral,* p. 187.

[4] *La doctrine et l'histoire,* colaboração semanal na *Humanité,* 1927.

[5] *No caminho da revolução,* 1924.

mesma tradição e bem afirmar a sua nacionalidade. É impossível resistir ao influxo da humanidade imediata, e, franco, ou latente, todo verdadeiro apóstolo social fala com a voz de uma pátria e é um nacionalista. Pode, o homem, ampliar a consciência até alcançar o conjunto da humanidade e dilatar sobre ela a alma dos afetos, para sentir-se irmanado em dores e aspirações; mas, em si mesma, cada consciência refletirá, necessariamente, a tradição em que foi formada, e o coração palpitará concretamente ao influxo de lembranças e imagens que são dessa tradição. Caracteres de abnegação irão até o sublime da ação moral, em sentida solidariedade, mas, ao reclamar para todos a inteira justiça, o apóstolo incluirá nessa justiça o direito de dar à sua consciência o tom que é próprio — o tom da sua tradição, sagrado direito à vida moral.

Qualquer que seja a condição histórica de um povo, a afirmação nacional tem de fazer-se pelo destaque bem explícito dos relevos da sua tradição, e isso inclui a necessidade de ajustar a esses relevos todas as contingências da atualidade. Finalmente trata-se daquela mesma necessidade — realizar o presente sob a inspiração da tradição, estimulado pelas suas energias latentes. Se a lembramos, agora, é que chegou o momento de, sem hipocrisias, reclamar, da história, o indispensável estímulo, em afirmação de nacionalismo. E como a nossa tradição é simplesmente uma derivação divergente da tradição portuguesa, não a podemos afirmar senão em contestação e como divergência, dessa mesma tradição da metrópole.

Nisso se condensa uma das mais expressivas fatalidades históricas, para nós, como para qualquer dos povos-colônias. Coolidge, professor de diplomacia, numa obra de intuitos ostensivamente diplomáticos, não pretende sequer iludir-se quanto a essa necessidade e afirma: todo o nacionalismo dos norte-americanos se fez formalmente contra os ingleses... "Foi o programa obrigatório na educação cívica das sucessivas gerações de ianques." Por outro lado, ninguém contesta que a grandeza formidável a que chegou aquela república foi devida a causas que vão além dessa concretização de nacionalismo. Para crescer, eles como que se sugestionavam com o lema — *The greatest country on earth...* e alcançaram a situação desejada. Mas, lá não chegariam se, antes de formular o programa de conquistas, não se sentissem distintos entre as povos, capazes de uma grande missão no mundo, e esse sentimento, nas suas energias essenciais, fez-se explicitamente como nacionalismo, em contraste com a Inglaterra: "Era uma teoria corrente — de que um dos primeiros deveres do ensino de história, na escola, para o livro, como para o mestre, estava em inculcar às crianças ideias patrióticas... A Inglaterra estava naturalmente designada como inimiga natural, batida, repelida, mas sempre ameaçadora e perigosa. Ninguém poderia exagerar o efeito produzido sobre milhões de alunos, e a que ainda se juntavam os livros para a mocidade, romances populares, discursos de *4 de Julho* e outras obras no mesmo estilo. E isso foi assim, assinala o mesmo professor, até 1899, quando, finalmente, em guerra a nação americana, a Inglaterra veio colocar-se, francamente, ao lado da sua antiga colônia." A outro propósito, a exposição do Sr. Coolidge nos mostra: "... a opinião pública muito hostil à Inglaterra... As causas de antagonismo entre os dois povos de língua inglesa eram tão numerosas que faziam esquecer outras influências... Com a Inglaterra, relações raramente amistosas..."[6] Durante mais de um século, separados nessa *antipatia tradicional,* os dois povos se diferenciaram e distinguiram tanto, que podem vir a uma relativa aproximação, sem que haja perigo de que a tradição americana se relaxe, que a nação possa perder nas suas qualidades de caráter e alterar os seus destinos. Além disso, a grandeza a que chegaram os Estados Unidos é, por si mesma, um poderoso motivo para que a nação se despreocupe um tanto desse aspecto de defesa.

Bem diferente é o caso do Brasil. Ao passo que nas colônias inglesas o movimento nacional só se manifestou quando houve o motivo que determinou a própria independência, aqui, sociedade mais prontamente constituída, e, desde cedo, ignominiosamente

---

[6] *Os Estados Unidos, grande potência;* cap. XII. Coolidge fala do passado e admite que esse espírito de defesa agressiva para com a Inglaterra cessou; mas, esta semana mesmo, telegramas da imprensa diária transcrevem os termos da intervenção de uma das muitas igrejas dali — no sentido de atenuarem-se os ataques nacionalistas incluídos nas histórias didáticas, dirigidos explicitamente contra a Inglaterra (25-10-26).

tratada, logo se manifestou um sentimento nacional muito vivo, que levou os brasileiros a lutas ostensivas, mais de uma vez, em mais de um lugar. Foi o inelutável destino. Com o regime feito para a colônia, Portugal, a degradar-se, tornou-se um motivo de irritação constante e de irredutível antipatia para a nacionalidade que se formava. E esta, por fim, levanta-se explicitamente contra a antiga metrópole. Portugal transigiu, é verdade; isso, porém, só serviu para prolongar e agravar a oposição dos sentimentos e interesses brasileiros e portugueses. Quando começou a situação histórica, em que as divergências entre as duas populações já fossem motivos de conflitos?... Certamente na luta da *Insurreição*, para ser formal na indisposição contra *mascates* e *emboabas*... Acaso, antes: quando o grande mameluco Jerônimo de Albuquerque teve de opor a sua sobranceria às impertinências de Diogo de Campos, e quando afrontou as perfídias de Caldeira Castelo Branco.[7] E como a miséria se agrava, desde 1640, há oposição manifesta entre o Brasil que quer existir e afirmar-se e a metrópole degradada, que, degradada, vem viver de oprimir e espoliar o Brasil. Por isso, quando na colônia houve gente brasileira para ser um povo, o português lhe apareceu como a premência do mal, contra o qual se fez preciso lutar — repelindo-o, eliminando-o, banindo-o. Na consciência da sua nacionalidade, o brasileiro teve que concentrar em Portugal a máxima aversão, em repulsas e repugnâncias irredutíveis. Perigos de opressão, lembranças de perfídias e covardes atrocidades, tensão de esperanças mentidas, desesperos de dolorosas derrotas... e mais esperanças para mais decepções e mais despeitos... tudo se fundia em sentimento nacional, ostensivamente dirigido contra o inimigo já secular.

32. *A tradição antiportuguesa*

Viemos de Portugal, vazados numa abundante infusão de outros sangues, temperados de outras tradições, que, por simples,

---

[7] *O Brasil na América*, § 50.

não eram menos vivazes ; viemos dali, mas formamos nova tradição, distinta, diversa, cada vez mais diversa — ramo que se destaca, e mais se afasta quanto mais braceja e se estende para a vida. Independentemente dos motivos políticos: tiranizados, espoliados, diminuídos pela metrópole apodrecida, os brasileiros tinham que acentuar e caracterizar o seu nacionalismo em oposição ao português, porque esta é a lei das diferenciações históricas: no mesmo surto em que uma nação afirma a sua existência, apodera-se das suas qualidades características, isto é, as que já lhe são próprias; cultiva-as atentamente, dando a essa cultura o vigor de uma luta de tendências, relativamente aqueles, justamente, que lhe são mais próximos, e com quem poderia haver confusão. Nesse conflito, reforçam-se as qualidades divergentes. Ao longo da história, encontram-se frequentes exemplos de tais lutas, sendo que nenhum é mais eloquente do que aquela que deu lugar a formar-se um Portugal, tão diverso de Leão-Castela, onde nascera.

Uma tradição não se engana, porque já é definição e caracterização de vida, em expansão instintiva. A nossa tradição se fez como expressão constante de nacionalismo, como a de todos os povos vindos de uma ramificação histórica, sobretudo quando estiveram submetidos a uma metrópole. Assim, explicitamente nacionalistas, haveremos de conduzir-nos, até que, firmes e garantidos por vitórias decisivas, tenhamos, com isso, neutralizado os efeitos das persistentes ascendências.[8] Uma tradição vizinha, sobretudo se teve ascendência e se mantém influência com intervenção ativa, será sempre turbadora da nova tradição, turbadora por irritante e retardadora. Vale, então, como atração embrionária, a embaraçar as novas formas de vida que se desenham. Nela revivem germes, que serão, como na biologia, tumores cancerosos, a crescerem com o sacrifício do organismo inteiro. A saúde de um povo é, de certo modo, a pureza das respectivas tradições, tanto que, mesmo sentindo-se forte, cada nação continua a zelar e a defender a sua história, linhagem de desenvolvimento que

---

[8] Um Melo Morais (pai), depois de bem estudar e meditar o nosso passado, não hesita em afirmar: "Sendo o povo brasileiro diferente em índole, usos e costumes, do povo português..." (*O Brasil social e político*, p. 101.)

deve prosseguir, sem desnaturamento, sem outras modificações além daquelas que incluem a própria evolução progressiva da sociedade nacional.

Em nenhuma parte da América são mais formais essas condições do que no Brasil. Sendo o povo onde mais cedo se manifestou sentimento nacional, é aquele cuja tradição tem sido mais embaraçada pela influência da metrópole, devido à insistente promiscuidade de gentes e de interesses... Quando procuramos, nas palavras de Frei Vicente, qual o valor da nova pátria sobre os corações, já o encontramos distinto do ânimo português, que é, ali, diretamente visado "... tudo vem de não tratarem do que há cá de ficar, senão do que hão de levar...". Insignificante reparo de passagem? Não: o baiano se repete, para mostrar-nos que é uma constância de sentimentos. Trezentas e cinquenta páginas adiante, quando lhe vem a estima por D. Francisco de Sousa, é porque este "... caricia as vontades dos cidadãos e naturais da terra, e se fez cidadão e natural com eles", ao passo que os outros "tratam mais do que hão de levar e guardar". Feitas as gentes brasileiras nesse espírito, foi como se se cavasse uma definitiva separação, em tom de incompatibilidade. Mal a sentimos naqueles dias de D. Francisco *das Manhas;* mas desde que se aproximam, portugueses e pernambucanos, no *Arraial de Bom Jesus,* surgem rivalidades dolorosas de que já sofre a colônia. Congregam-se os *Insurgentes,* e a vontade do Brasil tem de impor-se, mais de uma vez, contra pretensões do portuguesismo...[9] Não se passam três gerações, e a separação é *ódio,* a denunciar irredutível necessidade de eliminar o mal. É o ódio com que são combatidos *mascates e emboabas.* A luta se decidiu pela derrota dos que apenas começavam a viver, e, daí por diante, toda a vida do Brasil será ungida nesse ódio, conduzida pela necessidade de lutar contra o objeto dele... As vitórias que mantêm os portugueses na situação privilegiada serão novos motivos de separação e de malquerer. E a tradição se reforça nesses motivos, bem definidos nos sucessos que deles derivam.

---

[9] Aires de Casal é um que profliga os portugueses — que tudo levam para a sua terra... (referências de Southey, VI, p. 492).

174

No norte, como no sul, bem cedo se patenteia a oposição nacionalista contra os reinóis.

33. *Oposição de motivos — interesses em luta*

Pernambuco, ninho do primeiro brasileirismo explícito, explodiu no movimento *antimascate,* que deu caráter a sua atividade política por todo o resto da formação do Brasil, e ainda transbordou pela política da nação soberana. A fórmula da gente de Olinda é definitiva — *"Queremos ser donos da nossa terra, reconquistada com o nosso sangue.* Não admitimos o regime de exploração em que vivemos até agora; não admitimos a ascendência de mascates, sem outro interesse na terra além da sua mercancia."* E porque tinham direito absoluto nas reivindicações que faziam, agiram no papel de conservadores, ao lado da autoridade que substituíra o governador arbitrário, do primeiro momento; converteram os *mascates* em rebeldes e assim os trataram. De fato, ali, naquela conjuntura, consagrava-se a transformação do regime colonial, como o Bragança o vinha fazendo, a fim de converter o Brasil em simples objeto da sua exploração. Por isso mesmo, apesar de que a Câmara de Olinda e o bispo governador representassem a legalidade, Lisboa os tratou finalmente como réus, porque, na realidade, não se pensava com legalidade ou rebeldia, mas em interesses dos portugueses e interesses dos brasileiros. Os mascates não eram contra o bispo: queriam tê-lo ao seu lado contra os pernambucanos... Maximiniano Machado, que assim define a situação, já havia notado: "O sentimento nacional, (na crise dos mascates) ficou tão profundamente arraigado, que não admitia o exercício das prerrogativas soberanas se não em indivíduos nascidos no país como capazes de zelar os seus privilégios locais." E historia na verdade dos fatos, consagra o comentário.

Apenas pronunciado o movimento, o povo pernambucano se levantou contra o governador mancomunado com os mascates e foi o que o obrigou a fugir: "... levantou-se o povo em diversos lugares, atacou os dois presídios, tomou-os e avançou contra o

Recife..." E como o movimento era, bem nitidamente, uma reivindicação nacionalista, ele se alastrou pelas capitanias vizinhas — portuguesas, pelos mascates, brasileiros, pelos olindenses. Maia da Gama, o reinol senhor da Paraíba, fez-se de coração e atos com a política de Sebastião de Castro: enviou tropas e socorros materiais em benefício dos mascates. Pernambuco foi invadido como em guerra, as propriedades saqueadas, as populações brasileiras sacrificadas, até que a tropa de Olinda desbaratou e castigou os homens de João da Maia, comandados por Pedro de Melo. Tudo isso se fazia contra os sentimentos dos paraibanos, que, de coração, estavam com os pernambucanos. É o próprio João da Maia quem o atesta: que a gente da Paraíba preferia ser contra el-rei a ser contra os seus patrícios ...[10] Um outro reinol, que, segundo os seus interesses, comentou os acontecimentos sob a rubrica... *Calamidades de Pernambuco*, confirma isso mesmo: "Como visse o governador João da Maia... que o cerco do Recife se apertava... dizem que por duas ou três vezes intentara vir pessoalmente socorrer a praça, porém por advertirem que, se tal fizesse, os paraibanos na ausência fariam o que na sua presença não ousavam, principalmente os devotos da nobreza pernambucana, que eram muitos..."[11] Passam os anos e o historiador ainda tem a registrar "quantos *ressentimentos e animosidades que a guerra dos mascates deixara* naquela capitania... (da Paraíba). Veio a paz, mas a paz do sepulcro em terra estranha. A união, esta nunca, porque o ódio, resultado desses profundos golpes, foi passando com o sangue das artérias dos pais aos filhos até desgraçadamente os nossos dias !..."[12]

Ao mesmo tempo que os pernambucanos afirmavam a sua qualidade patriótica contra os holandeses, os fluminenses, pela voz da sua câmara, opunham-se eficazmente a que o sargento-

---

[10] Maximiniano L. Machado, *Hist. da província da Paraíba*, pp. 387, 359, 363 e 367.

[11] Citação de M. L. Machado, p. 383.

[12] M. L. Machado, *op. cit.* 412, 402. É de notar que esse historiador era filho de português, que foi contemporâneo das lutas de 1817, pode ser considerado insuspeito. Era, no entanto, um espírito de justiça, perfeitamente feito na tradição brasileira: foi o criterioso e franco prefaciador da edição da *História da Revolução de Dezessete* de Monsenhor Tavares, mandada fazer pelo Instituto de Pernambuco, voz legítima das legítimas tradições brasileiras.

mor do presídio empolgasse o poder, e reivindicavam o direito de fazerem o governo, na falta de representante legal. Começa o sulco, o mesmo em que, com as bandeiras, se apartam paulistas de reinóis: antes que os brasileiros do Norte queiram eliminar os mascates, já os fluminenses estão de tal modo contrários aos portugueses, que estes enviam ao rei uma representação, em que se queixam "de não serem admitidos na Câmara pelos brasileiros, e pedem ter representação equivalente aos da terra, tanto na edilidade como no pelouro".[13] Não tarda que os paulistas tenham de lutar, como brasileiros, contra a enxurrada de *emboabas...* São também vencidos, consagrando-se a desgraça num regime em que se não permite que *nenhum paulista seja oficial nas milícias das minas...*[14]

34. *Ódio por ódio...*

Está definida, explicitamente, a incompatibilidade entre o espírito brasileiro e as pretensões dos reinóis, e começa a difamação sistemática dos nacionais, tão sistemática como a própria espoliação. A citada *memória* da Câmara de Sabará, reflexo do ânimo português na exploração das minas, é o bastante para patentear as dissensões profundas entre os elementos da população de então. A todo propósito, faz-se a separação nítida — *paulistas e europeus...* Falava o reinol em 1785, vésperas da conjura de Vila Rica, e quando Joaquim da Maia argumenta pelo Brasil junto a Thomas Jefferson, a sua alegação vigorosa é a do *ódio profundo, implacável, entre brasileiros e portugueses,* que tornava impossível a vida em comum. Nem de outro modo teria razão Barbosa Lima, para lembrar, ainda hoje, essa *rivalidade rancorosa,* como encontrava-se nas gentes que deviam ladear-se na colônia. É a própria realidade histórica; e a melhor documentação nós a

---

[13] *Cata Régia,* de 8 de outubro, de 1712. *Op. cit.* p. 48.
[14] R. I. H. G. V. 10, p. 108.

temos nessa devassa, de cuja fé resultou o esquartejamento de Tiradentes.[15]

Por toda parte, o reinol aparecia como o obstáculo ao progresso, como a opressão, a extorsão, o achincalhe. Koster não hesita: "É nas gentes portuguesas, que deixaram a sua terra para vir fazer fortuna no Brasil, que se nota a grande dificuldade em aceitar os melhoramentos".[16] Enquanto isso, na sinceridade da indignação, os revolucionários de *Dezessete* proclamam: "... não sermos mais governados por ladrões, que vêm de fora chupar-nos".[17] Toda a colônia o sente: essa é a origem essencial dos males de que a afligem, o próprio Varnhagen, desde que se chega aos fatos, tem de mostrar os reinóis da Bahia indicando às suas *cortes* as medidas de opressão e espoliação com que ferir o Brasil reivindicante.[18] Por isso mesmo, Drummond, que é da época, disse-o peremptoriamente: "No Brasil, quando se sofre alguma desgraça, o instinto nacional leva logo a reconhecer nos portugueses a causa dela."[19]

Desse modo se criou a situação histórica, tão bem definida por Monsenhor Tavares, depois de haver repetido a acusação corrente — "O Brasil, que a cobiça portuguesa por três séculos extorquia... Crescia o Brasil, e a maior rivalidade se desenvolvia contra os portugueses. Estes, naturalmente orgulhosos, escudados na força material, reputavam-se os únicos senhores do país que os acolhia e elevava. Nascer brasileiro era um título de inferioridade". A isso respondiam os nacionais com odiento desprezo. Quando os irmãos Cavalcantis fundavam as primeiras lojas maçônicas, nelas não se recebiam portugueses. O mesmo Koster, vivendo, então (1810), em Pernambuco, traz o seu testemunho: "— *portugueses e brasileiros relativamente separados, opostos...*". E o

---

[15] ... "que ele, respondente, alferes Joaquim José, ouvira no Rio de Janeiro, aos negociantes, ainda que em muito segredo, que, na verdade era pena que uns países tão ricos como estes se achassem reduzidos a maior miséria, só porque a Europa (Portugal) como esponja que lhe estivesse chupando toda a substância. E os excelentíssimos generais de três em três anos traziam uma quadrilha a que chamavam criados, os quais, depois de comerem a honra, a fazenda, os ofícios que deviam ser dos habitantes, saíam rindo deles para Portugal, mas que o Rio de Janeiro já estava com os olhos abertos, e que as Minas, pouco a pouco, os havia de ir abrindo". (Interrogatório do coronel Inácio de Alvarenga).

[16] *Op. cit.* T. I., p. 83.

[17] *Proclamação aos Cearenses.*

[18] e [19] Cits. de Barbosa Lima, *op. cit.*, pp. 32 e 37.

bom do inglês, não obstante nascido em Portugal, não resiste ao influxo da justiça e toma partido pelos brasileiros: "Os portugueses em Recife vivem relativamente separados da população brasileira..."; [20] ao mesmo tempo, ele só se refere à convivência com brasileiros. Até o sr. Pereira da Silva, apesar de todo o bragantismo, teve que registrar a feição das coisas: "...briga quase permanente dos militares portugueses e brasileiros... o enfraquecimento do Brasil pelos portugueses, aos quais conservavam sempre os brasileiros de então entranhado ódio". [21] Falando para os de ontem, Araripe Júnior consigna o fato: "Naquele tempo (1817), havia ódio ao partido português, que representava a opressão." [22] O fermento de ódio produz os seus efeitos: sobrevém o 6 de março, e quando a situação se define no conflito, é isso o que aparece como causa das causas. Montenegro, apesar da insuficiência, tem de tomar conhecimento de que *entre os nascidos em Portugal e os nascidos no Brasil* há dissensões e partidos. Quem fomenta tais partidos lhe parece gente *empestada*... [23]. Mais formal e mais arguto do que Montenegro, outro desembargador português, João Osório (escrivão da alçada de 1817), informava, para Lisboa, "que o projeto de revolução, em Pernambuco, era velho", e lembrava os intuitos revolucionários de Paula Cavalcanti e o irmão, dando-os como ligados, originariamente, aos Arrudas de *Goiânia*... Ao mesmo tempo, fala "do ódio geral antigo e entranhável dos filhos do Brasil contra os europeus, que chamam de *marinheiros*". [24] Para dar-lhe razão, ali está o cônsul inglês, que assistiu aos acontecimentos de *Dezessete* e atesta "...universal antipatia contra os portugueses [25] e a franca corrupção da gente no governo".

O patriotismo brasileiro sucumbiu em luta contra a infâmia e a torpeza, servidas pelas almas — Conde dos Arcos, Congominhos, Rodrigues Lobo, Bernardo Teixeira... Não seria isso que dissiparia a incompatibilidade, que já era cabedal de tradição nacional. Aos

---

[20] Nota de Carlos Maul — *História da Independência,* p. 118.
[21] *Fundação,* T. II, pp. 127 e 307.
[22] José de Alencar, p. 8.
[23] *História da Independência,* p. 90.
[24] *Anotações,* p. 89.
[25] *Op. cit.* T. II, p...

sucessos de *Dezessete* sucedem, de parte a parte: ódio justo, mal contido desprezo... despeito rancoroso, do sicário subjugado, perdoado, depois livre para desforrar-se do vencedor, que, generoso, o humilhara... Monsenhor Tavares nos fala de *um português lembrado sempre com horror...* Cada vencido teria o seu a lembrar...

Mesmo no Rio de Janeiro, com a profunda infecção da corte de um D. João VI e Carlota Joaquina. Na rude cidade colonial, tomada pelos 15.000 fidalgos podres de 1808, houve que dizer ao Bragança — a longa e profunda separação entre o ânimo do Brasil e os miseráveis interesses portugueses. Foram *provarás* apresentados ao rei, num dos quais se apontava "... que as terras de Brasil ficaram, desde D. João III, entregues à Divina Providência; que Portugal procurou sempre abatê-lo e aniquilá-lo, proibindo-lhe todas as fábricas e manufaturas e permitindo somente a mineração e os engenhos de açúcar, pela precisão que tinham dele e do ouro... que foi sempre conservado este *ciúme* de Portugal para com o Brasil, até chegou ao ponto de se mandar arrancar plantações... demolir teares..." A história de Frei Vicente continuava bem sumida, mas a explícita recriminação do frade lá está, patenteando uma viva tradição brasileira, agora desenvolvida e crescida, em relação com o evoluir de um mal que vem de Mendonça Furtado a Luís do Rego. Aí, no Sul, desde o *sucesso* do mato da *Traição,* a incompatibilidade ou separação é mais em aversão íntima do que em ostensiva hostilidade; o sonho dos poetas não tem possibilidade de desenvolver-se em plano de ação, e seria pulhice sem o heroísmo resignado e santo de Joaquim Xavier. O ódio não chega a explodir, e ganha em extensão, como no norte sobe em veemência. Armitage, inglês, amigo dos Braganças, dá o seu insuspeito testemunho: "... um enxame de aventureiros, necessitados e sem princípios, acompanhou a família real (1808)... A rivalidade sempre prevaleceu entre os portugueses e os brasileiros natos, e este procedimento da parte do governo português tendia a aumentá-la..."[26] Havia a vida de corte "... apareciam ali ambos os partidos... e separavam-se, depois, irreconciliáveis inimigos como dantes..."[27] Em Lisboa, nas cortes, a condição

---

[26] e [27] *História do Brasil,* ed. Egas, pp. 4, 7 e 18.

é a mesma. A camada dos deputados brasileiros passa: é azeite sobre água. E assim se explica a atitude de um Vergueiro, português de nascimento, mas feito ao influxo da natureza do Brasil. Vai ao ponto de dizer-lhes, em pleno parlamento: "É muito difícil unir Brasil a Portugal; há *antigas rivalidades*... os portugueses sempre foram *malvistos* pelos brasileiros, porque *só pensavam em explorá-los*..." Nessas condições, nem é de estranhar que, em fevereiro de 1822, apareça no Rio de Janeiro uma brochura (37 páginas de Moreira e Garcez) com este muito expressivo título — *Ensaio histórico-político sobre a origem, progressos e merecimentos da antiga e recíproca aversão de alguns portugueses europeus e brasilienses*... O sr. O. Lima, com todo o seu bragantismo, para dar realidade às suas páginas históricas, tem de recorrer a "um viajante inglês que esteve no Rio de Janeiro em 1821", e conta "quão efervescente estava o sentimento constitucional e nacionalista, isto é, adverso ao absolutismo e à metrópole".[28] Labatut, general francês a serviço do Brasil, na Bahia, não achou melhor estímulo para as tropas que combatiam Madeira do que lembrar-lhes a tradição de *inimizade entre brasileiros e portugueses*... Passam-se os anos, afogando esperanças sob desilusões e rancores, e quando o mesmo sr. O. Lima apresenta a situação em que se preparou o *Reconhecimento*, tem de fazê-lo nestes termos: "O ódio ia crescendo entre um lado e o outro, e a política conciliatória do imperador... estava longe de poder aterrar o fosso da desunião e apenas alheava cada dia mais o monarca do sentimento nacional... O Brasil e Portugal conservavam-se arredados, tornando-se mais viva cada dia a antipatia que os distanciava."[29] Liquida-se a miséria da *Independência* com a torpeza do reconhecimento comprado; já fermentavam novas formas de reação brasileira, quando, retratando os dias de 1817, o próprio Sr. Pereira da Silva deixa consignado: "... os brasileiros consideravam os portugueses inimigos permanentes..."[30] Bernardo de Vasconcelos, que perscruta o sentimento da população para orientar a sua ambição, volta-se para o príncipe e

---

[28] *Rec. do Imp.* p. 106 — Acrescente-se: o Conde de Louzã tinha como propósito não dar empregos a brasileiros, e caprichava em que esses, os brasileiros, soubessem o quanto os detestava. (Drummond, *op. cit.*, p. 97).

[29] *Rec. do Imp.*, pp. 143 e 147.

[30] *Segundo Período*, p. 351.

os seus portugueses, e lhes grita: "Que ódio ao sangue brasileiro!..."[31] Seguem-se os dias que levarão às *garrafadas,* para que a população carioca tenha de arvorar o laço de cores simbólicas, em que os brasileiros se reconheçam, na mistura forçada com os mesmos *inimigos permanentes.*[32]

35. *Despeito de interesses ameaçados...*

O sr. J. Pereira de Sampaio é um velho republicano histórico português, revolucionário, filósofo sob a rubrica de *Bruno.* Em 1898, escreveu um livro *O Brasil mental,* com o intuito explícito de ser amável para conosco. Ora, há um momento em que, sem pensar nisso, Bruno dá o motivo essencial do ódio português para o Brasil: "Algumas vezes, o brasileiro se destacou em frente a nossa compreensividade; mas, destas, sempre revestiu um aspecto que não se nos tornava nada agradável sua contemplação, bem como se nos fazia fácil o seu exame. Uma dessa feita, ele era temeroso para nós, como quando acordava, em lúgubre rebate, a reminiscência das insurreições antiportuguesas. O nome de Nunes Machado e sua dedicação heroica esquivavam-se-nos; mas as fuziladas de Pernambuco ainda nos agitavam no sobressalto de que perdessem a partida as tropas fiéis ao governo constituído, e que para os nossos conterrâneos, ali residentes, representava, a garantia da segurança."[33] Aí está: nunca houve *jacobino,* no Brasil, que em tão singela verdade definisse os motivos das nossas *agitações,* e a função do governo constituído, no Estado fundado pelos portugueses de 1821. E por aí explica-se tudo mais. Na alma deles, já estruturados em instinto, persistem os motivos de sempre. Como se mantém a indisposição da vítima, mal redimida, e, por isso, mais ciosa da sua tradição, perpetua-se, na tradição do

---

[31] *Carta aos eleitores de Minas,* p. 175.

[32] Ainda agora: há que um jornalista desligado dos interesses de anúncios, homem de letras, ao auscultar o sentimento geral atesta: "Dificilmente se encontrarão duas raças que tão cordialmente se detestem" — como portugueses e brasileiros. (Antônio Torres — *As razões da Inconfidência,* p. XXXVIII.)

[33] *O Brasil mental,* p. 20.

outro, o despeito do parasita despojado, e que apenas guardava o retalho de pensamento — *ter sido senhor*... Não estranhemos, agora, que esse motivo tenha sido levado para a política: para a defesa eficaz dos interesses era mister poder agir como governo. Na quadra da *Independência*, tão expressiva, como decisiva para os destinos do Brasil, a política se caracteriza nitidamente em que: os portugueses formam um *partido*, com essa mesma ostensiva denominação, e são *ultrarrealistas, absolutistas*, unionistas (relativamente a Portugal); os brasileiros são *patriotas, constitucionalistas, liberais*... com uma esquerda republicana, e, em verdade, incompatíveis com os portugueses. Esse fato domina todo aquele lúgubre período, quando o filho de Carlota Joaquina se desmascara. E a incompatibilidade é ódio, fúria de ataque, em que os brasileiros, pelo fato de serem brasileiros, são assassinados pelos magotes de reinóis (*garrafadas*).

Antes, Pernambuco acordava os heroicos patriotismos de *Dezessete* e o protesto dos primeiros dias se tornava revolução republicana contra o imperante português. No concreto do movimento, é o velho ânimo antimascate que ressurge: nos primeiros momentos de aspecto popular, a luta é a revolta contra *marinheiros*... Venceu o imperador dos *marinheiros*, sem que, por isso, cessasse o motivo essencial de reivindicação. Em 1848, a *Revolução Praieira* é ainda um arremedo de nacionalismo. Nunes Machado, na proclamação revolucionária, di-lo, sem reservas: "Pernambucanos! Salvemos Pernambuco da ignomínia de uma conquista, tanto mais ignóbil, quanto tem por objeto dar ganho de causa aos portugueses." Linhas adiante, ele se referirá explicitamente ao partido político ainda subsistente como *luso-guabiru*... *Quarenta e oito*, no seu programa, incluía, até, a nacionalização do comércio a retalho, medida de ostensiva defesa contra os portugueses.

O Bragança não hesitou em garantir, a si e aos interesses portugueses, sobre os cadáveres dos brasileiros que ainda insistiam em ser das suas tradições. Um longo ocaso se fecha sobre o Brasil. As vozes de esperança daquela Assembleia de 1826; a reação que abate o intruso e o leva a *abdicar;* os ensaios democráticos das regências...

tudo se esvai na infecção com que o estado bragantino contaminava esta pátria. Sobre ela, a crosta dos resíduos se reorganizará para possuir definitivamente o Brasil: faz-se o *quero já!...* O sangue de Nunes Machado e Borges da Fonseca corre surdamente, e mais escurece a caligem de um imperialismo escuso, como é preciso para manter um trono, ao sol da América, contra as genuínas tradições brasileiras. De 1850 em diante, os que intentam fazer a crítica do regime pintam-no, invariavelmente, como um despotismo baço, corruptor, estiolante para a nação, falseando-lhe o critério, mentindo a todas as duas legítimas aspirações... Regime de *Cesar caricato,* catonice de bolso, para as mesquinhas insignificâncias políticas e os longos crimes contra a justiça humana — manutenção da escravidão, cultura do analfabetismo, destruição do Paraguai... crimes que ainda longamente pesarão sobre o Brasil.

36. *O necessário antagonismo*

Das condições duras e tristes que a história nos impôs, nenhuma é mais dura e lastimável do que essa necessidade de afirmarmos a nosso caráter e toda a tradição nacional contra esse povo, mesmo, que nos formou. Não poderia haver, agora, responsabilidades a apurar; houvesse, e elas recairiam sobre quem produziu toda essa maldade a que o Brasil respondeu com dores e ódios; a quem explorou implacavelmente as miseráveis superioridades de metrópole, e as explorava à custa da vida mesma da colônia, e, ainda hoje, explora o que pode desse passado de privilégios e exclusividade. Num regime colonial onde haja, realmente, liberdade, sem ostentação de superioridades, haverá, ainda ciúmes; contudo, é possível que daí não saiam prevenções e incompatibilidades. Tal sucederá, talvez, nos domínios livres da coroa britânica: é uma prova a tirar. Em todas as outras nações de origem colonial, inclusive, já o vimos, os Estados Unidos, a regra é essa oposição, necessária, fatal, como a própria origem. Ninguém o demonstra melhor do que esse mesmo Coolidge, ao justificar a ação dos seus compatriotas nas Filipinas. Admita-se que a grande república não tenha outro intuito, ali, se não o de educar a população indígena para um *self-governament*. Mesmo assim: do trato de uns e outros, da situação recíproca, resulta, inexoravelmente, que os norte-americanos provocam justificadas antipatias. Com toda a sinceridade (e só pode ser sinceridade), Coolidge nos mostra como é *impossível estabelecer boas relações...* com o funcionário americano, guindado na sua importância, ou com o colono da metrópole, mais importante *e mais arrogante ainda do que o funcionário:* "... essa atitude arrogante, mas explicável, fere ao vivo a vaidade sensível do nativo. O cidadão rico e instruído de Manilha, que tem sangue europeu nas veias, não admite ser maltratado pelo primeiro aventureiro ianque".[34]

Notada a observação, figuremos, agora, o que seriam, naquela atmosfera de absolutismo apodrecido, as arrogâncias vorazes dos *mascates,* contra os quais tiveram de reagir os brasileiros de Pernambuco... Dilate-se a sórdida ganância do mercantil de hoje (como o conhecemos) nas filáucias do reinol onipotente e teremos as almas que esgotavam a paciência, a resignação e todo o espírito de subordinação dos pobres brasileiros de século XVIII. Ia-se mais que o sangue do Brasil: a razão de viver, a capacidade de ressurgir legitimamente para a vida. Retenhamos, ainda, as verificações de Koster: "Os portugueses são geralmente aventureiros, que começam em funções baixas, mas cujos esforços, dirigidos para o fim exclusivo de juntar dinheiro, acabam dando-lhes a opulência. Raramente, deixarão as primeiras ocupações de exercer uma influência sobre o seu caráter, que, geralmente, não é nem generoso, nem liberal. Desprezam os brasileiros".[35]

Soberanos em sua pátria, poderosos de todo o poder do Portugal do século XVI, os portugueses malsinavam os judeus avarentos e longamente descreviam a sorte dos seus, nas garras da *judiaria:* "E posto que de todos sejam gabados, possuem a grossura da terra (a substância, a riqueza), onde vivem mais folgada-

---

[34] *Op. cit.,* p. 183.
[35] *Op. cit.* II, p. 307.

mente que os naturais; porque não lavram, nem plantam, nem pelejam, nem aceitam ofício nem engano. E com esta ociosidade corporal, neles se acha mando, honra, favor e dinheiro; sem perigos das suas vidas, sem quebra de suas honras, sem trabalhos de membros, somente com seu andar miúdo, que ganha os frutos de todos os trabalhos." Felicitemo-nos e honremo-nos de que o Brasil não conhecerá, nunca, os horrores em que acabaram essas queixas.

37. *Nacionalismo nas letras*

Na asfixia do segundo império, o nacionalismo brasileiro virá arquejante, sem forças para mais do que o próprio desânimo. A vida política é um liberalismo de língua, chulo, criminosamente estéril. Passam os anos, cumprindo a sua função: fazem esquecer anelos, propósitos e as próprias necessidades. O país continua a ser a colônia de uma metrópole, agora dispersa, incluída nele mesmo. A pátria é uma coisa incaracterizada convenção vazia, gozo de um regime em que se expande um D. João VI limpo e ledor, princípe liberal para um país de escravidão, arremedo de pensamento sobre uma turba de ignorantes, democrata para a política da sua exclusiva vontade. Sobre a estagnação chilra e morna esvoaçarão alguns espíritos, desvairados no desvirtuamento geral, e que, se buscam um ideal e aspiram humanidade, têm de contentar-se em pedir a *abolição* do cativeiro ostensivo de uma raça e reclamar a simples democracia, sob a forma de República, a república que liberte a nação da asfixia da corte... Quando tudo está amesquinhado, aviltado, os próprios ideais se reduzem: em fins de século XIX, os grandes revolucionários brasileiros são os *abolicionistas* e os *federalistas*. Nem se sabe, mesmo, como atender à situação econômica da transformação do trabalho, e, menos ainda, como ter democracia num país de analfabetos. O império mantinha a escravidão, fez a guerra do Paraguai, até esgotar os poucos recursos, até matar o último bravo dali nas encostas dos Andes; o império fazia parlamentarismo de embustes para a nação, com partidos de comparsaria ... Em tais condições, como haver lugar para uma expressão de verdadeiro patriotismo? O mais puro e legítimo dele foi morrer matando o paraguaio heroico, ou teve de revolucionar o país para impor a *abolição*.

Todavia, a surda necessidade nacional continuava a premir as almas brasileiras, e, desde que o momento parece propício, despreza-se o antinacionalismo bragantino: as gerações de 1890, no empenho de refazer a alma brasileira, sentem que é dever relembrar passadas lutas, para manter bem vivo o nacionalismo indispensável, num Brasil mal conquistado ainda para a pátria. Fez-se a Abolição, mal feita e tardia de 1888, fez-se a República canhestra e já infectada de 1889, com a respectiva e monstruosa federação... Foi o bastante para os brasileiros de voz deixassem falar o coração e houve um novo surto de nacionalismo. Em tais casos, a verdadeira expressão nacional se faz num estrugir anônimo, anônimo porque é geral, como foi o movimento jacobino de 92-97... Com esse renovar de nacionalismo, um livro de educação cívica, para os jovens brasileiros, volta-se para os dias da *Independência*, no intuito bem explícito de mostrar que todo o mal, então, vem da ação dos portugueses: "A monarquia foi obra de José Bonifácio, mas a implantação do absolutismo que nos governa e do predomínio do partido português que ainda nos perturba e que na sua evolução histórica atravessou o império em todas as suas vicissitudes e contingências, sempre reacionário, em luta aberta contra as aspirações nativistas, os desejos de progresso e de liberdade do povo, foi obra de José Clemente Pereira."[36] Pela mesma época, então, e que já é dos nossos dias, com o prestígio e as responsabilidades do seu grande nome (apesar das suas tendências monárquicas), Joaquim Nabuco marca o destino da *Academia Brasileira*, por ele inaugurada; e, no intuito de fazê-la realmente brasileira, traça um programa do mais acentuado nacionalismo, mesmo nas letras: "A Academia, conservando a federação política do Brasil, proclama a unidade literária; não terá nenhuma ligação com Portugal, do qual os destinos brasileiros estão completamen-

---

[36] Rodrigo Otávio, *Festas nacionais*.

te separados, e a sua fundação deve ser mais uma afirmação de independência nacional."[37] Um português da época, espírito em transe de liberdade, constata a manifestação brasileira e a comenta: "É incontestável: o Brasil não quer nada conosco." Antes, já o mesmo sr. Pereira Sampaio (*Bruno*) havia longamente mostrado como, sem motivos de ocasião, nem conhecimento de causa, os portugueses letrados se esgotam em peçonhar contra o Brasil e os brasileiros. E ele, Sampaio, lamenta o fato, estranhando a manifesta má vontade, pois que não lhe vê causa justa. Causa?!... É todo aquele mesmo ódio, perceptível até para o vesguice do historiador da *Fundação*. É o reverso, ou, antes, é o próprio motivo da nossa tradição nacionalista.

38. *Uma voz de rancor... hereditário*

A má vontade dos portugueses para com o Brasil teve os seus grandes azos com o sr. Castelo Branco, o preá de tantos romances sem almas, avessos à realidade, e que não tiveram outro sabor senão o de fazerem-se em torno de um *brasileiro*, rico, com oportunidade para os tradicionais despeitos. Se não eram do Brasil, os brasileiros de Camilo mais patenteavam o intuito de sujar, em tipos desprezíveis, o nome de nação lembrada. Leiam-se os tais livros: os defeitos e vícios de caráter giram, todos, em torno dessa riqueza do *brasileiro*... Foi o motivo em que se envenenou a alma do literato. Para completa expansão veio o célebre *Cancioneiro*, estalão de quem não tinha medida e que não teve maior préstimo que o de submeter os nossos mais queridos e nacionalizantes poetas aos tratos da sarna em que sofria o espírito do sr. Castelo Branco.

Como valor positivo, um Camilo mais, ou menos, nada significa. Mas, o seu caso tem de ser notado, porque se trata de um dos mais representativos, na mentalidade portuguesa do momento. A vida inteira, que já era o fim; um grande nome, feito exclusiva-

---

[37] Vergeiro afirmou, nas cortes, que os portugueses sempre foram malvistos dos brasileiros... "porque só tinham em vista a mais despótica exploração...".

mente nas letras, atestam que havia no homem um artista, poeta, certamente, pois que o artista em expressão verbal é sempre um poeta. No entanto: artista, poeta, quando lhe chega às oiças a poesia essencial, exuberante, comovente de singeleza, dos nossos grandes líricos, ele não tem outro movimento d'alma além do que se manifesta na chufa irreverente e chilra; mais que irreverente — repulsiva. Em vão buscamos onde lhe esteja o coração. A morte de verdadeiros e infelizes poetas; dor para todo coração de artista, só lhe merece sarcasmo. O malogrado estro de um Castro Alves; exaltado na mais generosa humanidade, a tragédia de um Álvares de Azevedo, cuja voz de vinte anos ainda nos arrebata e enleva com os seus toques de gênio, toda a pungente resignação de Fagundes Varela, a dar-nos a sua miséria em beleza; tudo isso só lhe merece remoques, de mau doente, para quem a dor é vileza, e que se atira a essas memórias queridas num verdadeiro sadismo de difamação "... Álvares de Azevedo, quando o vesúvio de dentro não tinha mais lava que vulcanizar, atirou-se a si à cova... Sofreu e morreu por conta de Byron, de Musset e de Espronceda. Empestou-o a cólera da paixão do conhaque em que ardia a França...". Não esquece de lembrar que os poetas da sua terra ficaram imunes do tal cólera. E prossegue: "Deploro os poetas brasileiros que morrem cedo, e também deploro os que morrem tarde, contanto que *me dispensem de ler...*" A essa manifestação, que já não é somente para o poeta vilipendiado, mas para todos do Brasil, o gafeirento junta pilhérias, que, pela insistência, devem ser maravilhas ao gosto de lá: "... que, se não fora o grito do Ipiranga, Portugal havia de engordar os poetas brasileiros, e dar-lhes decência, e dar-lhes possibilidades de vida em fazer deles amanuenses...". Por todo o resto da obra, não há mais espírito do que isso; mas há, sempre, para todos os daqui, o esforço de amesquinhar e de ser desagradável.

Demência de mau, sensibilidade monstruosa e tétrica, seria o caso do sr. Camilo se nele houvesse, apenas, o sentir do literato, e, não, como realmente é, o reflexo, no tisne do temperamento camiliano, de uma mentalidade geral: tradição para tradição. Eles nos veem em esgares, como nós os víamos em ódio, e, ainda hoje, os vemos em desconfiança. Por isso, os conceitos dessa crítica malevolente servem de patrão. O sr. Castelo julgava os nossos poetas como pretexto para vazar-se por sobre o Brasil todo, dizendo, sem rebuço, o que sentia de povo a povo. Toma por motivo o portuguesismo de Gonçalves Crespo, e esfarela-se, a imaginar que moteja do Brasil: "... poeta que me diz pouco do sabiá no raminho do jatobá, e da araponga na copa do jequitibá, e das falenas a esvoaçarem-se nos anda-açus, e do macaco a gemer nas tranças do ipê, nem me fala do jurubá, nem das flores do manacá e perfumarem as brisas dos cafezais, nem do inhambu a estorcer-se nas unhas do papagaio". Pode que não cheguemos a sentir a extensão do malquerer camiliano; mas o homem dá-lhe todo o talento de que é capaz. Mordido, no despeito tradicional, ele cria as ocasiões literárias de exibi-lo, a esse malquerer: "Até dos brasileiros gordos extraíamos espírito, como se de mexilhões se pudessem tirar pérolas." De toda a sentida obra de Fagundes Varela, ele só pôde notar uma qual insuficiência gramatical, que o seu critério não dá para mais: "Afinal, este sujeito híbrido dos brasis conclui destarte o seu prefácio original". E lá vem o grande crime literário, de haver dito "... lhe favoreçam"...

Xingador sem superioridade para ouvir as merecidas réplicas, se do Brasil lhe pediam contas, subiam-lhe os humores à cabeça, vinha-lhe à boca a essência do talento e dava de si tudo o que era. Quando já não tinha de que se despejar, a afinidade o levava a Ezequiel: "Que pena se este Gaspar se estraga com a cachaça brasileira!... tome um vomitório daquilo que Jeová mandou comer a Ezequiel (c. IV, 12), e depois misture e beba." Com isso, toma gosto ao *Ezequiel,* de que se apropria, e que, ao passar-lhe nas veias, mais se putrefaz. Dois brasileiros, com lazeres para ocuparem-se dos eczemas mentais do sr. Castelo Branco, procuram a razão deles, e o homem lhes dá o troco em termos de que a molecada se envergonha. Cá e lá, ficaram estarrecidos — ante o gênio que, em xingar e emporcalhar, sabia ultrapassar as sarjetas: "Nunca a invectiva atingiu tão vibrantes, extremos efeitos;[38] raramente o desprezo encontrou nota literária mais perfeita, em sua

---

[38] *O Brasil mental,* p. 14.

enxovalhante mira. Essa coleção (as respostas à crítica do *Cancioneiro*) é uma obra-prima de insolência." O sr. Bruno deve ser sincero, pois que o seu intuito é desaprovar as injúrias aos brasileiros; por isso, a sua opinião também vale para destaque daquela mentalidade: os vértices da obra-prima foram para brasileiros e consistiram em generalizá-los como *mulatos, mestiços,* híbridos...;[39] mal velar obscenidades, manejar *Ezequiel* e dissimular um *palavrão* porco: "Não, facínora, eu juro pela carapinha da mucama sua avó que não possuirá os meus dentes... Uso do pau? Isto, no Artur, é chalaça: ele e os seus patrícios usam do pau, mas é em farinha. Não batem com ele: comem-na. Farinha de pau é que eles têm no cérebro... É dar para baixo, seus marmeladas! Avança minhas gentes!..." E não dá para mais, que o inteiro gênio do homem é isso. A obra-prima está na abjeção de revolver injúrias que desclassificariam a mais imunda barriga. Obra-prima?!... Obra-prima em suinice; obra-prima — se para tanto bastar a baixeza de aviltar as velhas tias de um adversário, e a ignomínia de armar um estúpido jogo de sílabas, para envolver, num xingamento porco e obsceno, a mãe de outro adversário. Obra-prima de estupidez, que outro nome não merece uma expressão de arte que é apenas imunda e repulsiva. Obra-prima em florões de esterco, ela tem a significação que lhe vem de motivos íntimos e que transparecem por toda ela. Seria uma obra-prima — para efeitos de piedade.

Quem não aceite desde logo esses conceitos medite nos comentários do mesmo sr. Bruno, ou Sampaio: "Quando em Portugal se soube que um literato brasileiro, de nome arrevesado,

---

[39] É clássica a virtude do sangue português para distinguir o negro em mulato. A larga mistura no Brasil vem daí. Desde as primeiras viagens de Gil Eanes, até os meados do século XVIII, Portugal recebeu, lá mesmo, centenas de milhares de negros africanos, cujo pigmento e cuja carapinha se fundiram nos poucos milhões de morenos de lá. O padre Antônio Vieira (Lúcio de Azevedo) era um 1/8 de sangue africano, através de uma tetravó pura Angola, importada diretamente. Daqui, recebem eles, constantemente, as levas de parentes ricaços, com as veias túrgidas do bom sangue bantu congo, ou benguela, e que por lá se ficam, a concorrer na proliferação de novos portugueses. ...Em 1536, já lamentava Garcia Resende: "Portugal se despovoa, espalhando-se pelas ilhas, pela Índia e pelo Brasil, ao passo que o reino se enche de africanos." Costa Lobo registra a nota, tomada a um viajante que encontra, na escassa população de Évora, três mil escravos africanos — que ainda os havia em Portugal. Que significam, pois, tais e tão estultas soberbias de sangue, senão o intuito de, assim, menosprezar a generalidade da gente brasileira?...

Sílvio Romero, escrevera e publicara uma espécie de história da *Filosofia no Brasil,* em Portugal foi, após o pasmo, um sucesso de gargalhadas. Ora, isto!, dizia-se às mesas dos cafés, nas palestras dos jovens curiosos de espírito. Com que então: a filosofia do Brasil? Hein? Esta nem ao diabo lembra! Se fosse a carne-seca do Brasil, ou a feijoada do Brasil... Mas, agora, a filosofia do Brasil! Valha-nos Deus! E riam, jubilosos da sua suficiência. Com efeito, o brasileiro tornava-se para o português o tipo de um grotesco infinito... lhe atribuíam todos os vícios, todos os dislates, toda a sordidez possível e impossível... Portugal não tomava a sério o Brasil..."[40] Tudo isso!... É muito?! Mas não pode deixar de ser verdade, porque a imbecilidade das referências vem numa expressão que é como traslado d'alma: bem a conhecemos, que muito a temos ouvido, sempre que eles pretendem elevar-se a motejar. Disseram como o sentiam. A nós, poderia parecer de somenos importância o que se passasse em Portugal, afora as qualidades das gentes emigradas; eles, porém, para quem o Brasil ainda é condição de vida, tudo daqui deverá ser objeto de conhecimento, inclusive as nossas justas prevenções. No entanto, resolvendo o seu malquerer pelo mais fácil, os de Portugal insistem em ignorar o que é Brasil: "Do Brasil nada se sabe em Portugal... senão que possui uma árvore das patacas... Quanto à vida espiritual do Brasil, nada ou quase nada se apurara: ... Para a inteligência, o Brasil não contava..."[41]

Enquanto isso, na gula de juventude, os brasileiros, a preço da substância e beleza que tiravam de um Quental, ou mesmo de Alexandre Herculano e Eça de Queiroz, abarrotavam-se dos untos rançosos do sr. Camilo, as sensaborias de um Tomás Ribeiro, ou a opacidade coriácea do pensamento nulo do sr. Ramalho Ortigão.[42]

Tome-se o sabor aos chistosos dos cafés, como os transcreve o sr. Bruno: é o próprio Camilo, em mais chateza, pois que lhes falta a irritação da doença má.

---

[40] e [41] *Op. cit.,* p. 15.

[42] Em 72, já escrevia Melo Morais, pai: "Em Portugal somos ridicularizados nos *Asmodeus,* e nos teatros na pessoa do *homem dos babados!" (O Brasil social e político,* p. 90.)

39. *O achincalhe dos nossos grandes líricos*

Apreciadas assim, de perto, tais malevolências são respingos, em que não pode sofrer um orgulho são. Nem seriam notadas, se o culto da tradição não exigisse a absoluta defesa, até o destacar a estupidez dos insultos parvos e despeitados, agora mais necessários do que nunca. Após a reação *jacobina* de 92-97, sobreveio uma relativa queda do espírito de nacionalidade. No recalcamento, então, apareceram desses que, sem feição, pertencem ao momento e fazem-se com as oportunidades e transigências, prontos a renegar o essencial das tradições pátrias. Para justificar-se, alegam que o nacionalismo, com vistas ao português, é um simples passado... Sim: porque toda tradição é passado, mas passado vivo, orientador e que aí está, no coração de todos nós, com exceção daqueles que, de fato, não são Brasil, nem coisa nenhuma. Sem dúvida: se não nos embaraçam na afirmação do caráter nacional, se não é contrariada a necessária expansão de um Brasil brasileiro, as animosidades passadas hão de calar-se. Esse passado, porém, não será motivo de solidariedades especiais, além do que é justo e humano, porque tal solidariedade seria o sacrifício, mesmo, do surto que nos leva a destinos próprios. O nacionalismo, que deve existir para realidade desta pátria, tem de ser, concretamente, a afirmação das distinções e divergências que nos dão feição nacional. Isso é indispensável para termos uma evolução nossa. Só há pensamento autônomo, e ação de longas eficácias, onde existe feição própria e motivos novos, por serem distintos. Fora daí, perdemos tudo que por nós adquirimos: diminuímo-nos. Esses mesmos, quando falam desinteressadamente, dão-nos razão: "Abstraamos do rancor das paixões partidárias (política brasileira de 1896), resta sempre um resíduo inalterável: o ódio ao português. Esta é a base e a força do jacobinismo brasileiro, o que por fora e acima das hipocrisias convencionais, derivadas da subalternização econômica, a seu turno proveniente das diferenciações de temperamento e do caráter lhe confere o título de ser o único partido verdadeiramente *nacional*" (o grifo é do homem). Nesse sentido, ele integra-se no conceito geral de americanismo.

Não há dúvida: o português Bruno discorre mais acertadamente a respeito das nossas coisas do que nós mesmos. Faltou-lhe notar, no entanto, que os doestos lusitanos correspondiam a retaliações naturais, contra as veemências de pensamento patriótico e nacionalista, na pena de muitos dos nossos escritores, dos poetas sobretudo, as vozes mais legítimas na expressão do Brasil. Não esqueçamos que aquela geração de românticos, onde vemos os primeiros grandes poetas realmente brasileiros, deu o melhor da sua inspiração ao chamado americanismo, isto é, o *indianismo* — aspectos puramente brasileiros do mundo ambiente.[43] Cantando o índio, heroísmos, sofrimentos e injustiças, em contato com o colono, os nossos poetas davam-se, logo, ao que havia de mais profundo nessa oposição — Brasil-Portugal. E não se limitaram a chamar, então, a si as dores, cóleras, vinditas dos *brasis* espoliados e injuriados: reivindicaram a tradição que já é nossa. Mesmo sem notar as *peças de festivais* — 7 de Setembro, 2 de Julho, Tiradentes... todo o lirismo do Brasil livre, dos primeiros românticos até ontem, está salpicado de bom e comovente nacionalismo. As injúrias dos Camilos valem como respostas. Como poderia o portuguesismo, do grande romancista das tradições portuguesas, ter bondade, ou mesmo justiça, para um Fagundes Varela, que, repetidamente, em versos de veemência, diz o seu sentimento brasileiro, em face da estátua do garantidor dos interesses portugueses, contra a tradição nacional?

> Homem de bronze, imagem de monarca,
> Simulacro fatal!
> ....
> Pisa inda as turbas humilhadas...
> ....
> Cansadas nunca de opressores férreos,

---

[43] Nenhum foi mais perversamente atacado pelo portuguesismo do que o cantor das nossas tradições — José de Alencar; em compensação, não houve literato brasileiro que mais ostensivamente mostrasse a sua antipatia para com o portuguesismo: "Desde muito tempo (da publicação do *Til*) que José de Alencar, por temperamento... votava entranhada antipatia à colônia portuguesa." (Araripe Júnior, *José de Alencar*, p. 164.)

Livres de um jugo, de outro jugo escravas,
....
Raça de Ilotas.......................................
....
Some-se a glória de ferventes mártires
    Na lama do ervaçal!
....
Se agora em bronze eternizais senhores,
Gravai nos bronzes o padrão dos livres,
....
Embora o mundo me proclame louco,
....
Não posso calmo ver pisar-se as turbas...
....
....
A um monumento
Triste, negra vassalagem,
Do mais baixo servilíssimo,
....
O povo curva-se e passa,
....
Porque nunca leu a história
Das turvas eras passadas...

Pois não é lógico que Castelo Branco se assanhasse ao ler o poeta brasileiro, que assim pensa e sente, e assim o diz? Essa geração dos românticos, em que, de fato, cantava a nova, pátria, tinha que ser vilipendiada. Álvares de Azevedo é o contemporâneo de 1848 que lhe arrancou os versos vibrantes, de "Pedro Ivo". Teria lido a obra de Álvares de Azevedo, o sr. Camilo? É possível: há tanto empenho de aviltar, que parece o efeito de acumulada má vontade, em razão de tudo que o escritor da *Fase Negra* lhes disse: "A fase das vergonhas portuguesas... a vida desse povo de Romanos, geração bastarda de águias... Tanto conduz às palavras irosas do velho Barba-roxa, aos burgreves espúrios —

> ....*Vos pères*
> *Hardis parmi les forts, grands parmi les meileurs,*
> *Etaient des conquerants, vous êtes des voleurs!..."*
> ....

A Fase Negra é a página com que o nosso poeta abre o estudo que dedicou a Bocage: "... Dessem a esse português a cópia da instrução que mana caudal na Alemanha... dessem um ar em que voasse a águia da imaginação fervorosa de Bocage... e Bocage fora Werner... Simpatia ou compaixão, amor ou lágrimas... merece-o, e muito. A morte de Bocage foi um suicídio... Mas o que o matou não foi só a orgia... a culpa foi também do ar que ele então respirava. Bocage não é um caráter estéril, por único, no historiar da literatura portuguesa. Naquele homem traduz-se uma era inteira. É o espelho onde passa com sua flutuação de luz e sombra, no roxo crepuscular de uma nação, a hora turva em que tudo se agita lugubremente. Portugal se mergulhara no crepúsculo. A geração de então... acreditava-o uma aurora. Embalde as esperanças!... A carta das liberdades lusas foi-lhe o último clarão de arrebol. A noite portuguesa, como as de verão, talvez não seja longa. Façam-na um serão de luar os trovadores de Coimbra. Sim!... Mas, o que não poderão fazer é adiantar o dia." Na alma do sr. Castelo, incapaz de medir essa queda, incapaz de compreender a própria queda, uma crítica, assim, só pôde provocar xingamentos. Cotejem-se as páginas que o nosso poeta, aos vinte anos, dedicou *à Civilização e literatura em Portugal,* e as chulices abjetas do *Cancioneiro* para com os grandes nomes do lirismo brasileiro e teremos a fórmula em como se distinguiram as tradições, e como foi sempre tratado o brasileiro, nas horas de sinceridade portuguesa.[44]

Junqueira Freire, outra voz do generoso romantismo brasileiro, não deixaria de refletir o sentir, que era a tradição mais viva:

---

[44] Em Álvares de Azevedo encontrou Eça de Queiroz a joia em que fulgura um dos mais belos florões da sua obra. Disse o nosso lírico: "A poesia puríssima banha com seu reflexo ideal a beleza sensível e nua." Eça *ajeitou* — "Sobra a nudez... o véu... da poesia..."

Quando holandeses quase nos chamamos,
E edificamos sólidos castelos;
Quando, por fado, portugueses fomos,
Alevantamos templos, fortalezas:
Dessas eras de infâmia nos restam
....
Quais nos têm sido as eras do passado?
Foram de infâmia, ou di-las-ei de glórias?
Para serem de glória... indo nos resta
De servos o labéu ....
E fomos livres. Mas a velha pátria,
Velha ficou qual nos deixaram eles,
Realidade de vergonha e opróbrio!
....
... um senhor despótico, execrando,
.... fez tantos mártires
De amor da pátria.[45]..............................

Bastem-nos as liras mansas, apenas brasileiras, bem brasilei-ras, como Gonçalves Dias:

..............Sugamos leite mau na infância,
Foi corrompido o ar que respiramos.
....
América infeliz! — que bem sabia,
Quem te criou tão bela e tão sozinha,
Dos teus destinos maus!........................
....que vida
Não fora a tua na sazão da flores!
....
Antes que o mar e os ventos nos trouxessem
A nós o ferro e os cascavéis da Europa?
Velho tutor e avaro cubiçou-te,
Desvalida pupila, herança pingue,

---

[45] Do fragmento de poema *Dertinca*.

E o brilho dos dotes da sem par beleza!
Cedeste, fraca; e entrelaçaste os anos
Da mocidade em flor — às cãs e à vida
Do velho, que já pende e já decline.[46]

---

[46] *Os timbiras*, canto III. É bom de ver que essas citações não representam nenhum especial esfor-ço de rebusca. Numa sugestão de momento, foram aproveitadas algumas dessas passagens que *ficam*, como lembranças definitivas, por toda a vida do leitor brasileiro.

CAPÍTULO VI

O CARÁTER DO BRASILEIRO

40. *Pacífico e dúctil...*

No afã de adular, os historiadores do império agravaram as mentiras com a calúnia e infamaram sistematicamente o povo brasileiro, tachando-o de crimes, vícios e defeitos, em oposição, mesmo, com as qualidades mais patentes no seu caráter. A título de benemerência, vimos: como quem dispõe do que é seu, deram ao trono a glória de haver unificado o Brasil, dominando o espírito de desordem e as tendências desagregantes da população. E como era preciso justificar o conceito, abriram-se a enumerar: desordens, facções, desuniões, ódios, cruezas... pelo Brasil afora, num desenrolar de lutas intestinas, que teriam despedaçado a nação, se não fora a providencial independência de Pedro I. E foi assim que o Brasil, sempre unido e pacífico, se viu incluído entre os povos desagregados e turbulentos. Os responsáveis por tais dislates não merecem, por certo, que se lhes repita o nome; mas o tisne da injúria ficou, e, já agora, é indispensável desnudar a mentira, para eliminar, da nossa tradição, os efeitos da estultice má e impatriótica.

Vejamos.

Atribuem à aventura do filho de D. João VI a unidade nacional, porque ele conseguira *congregar povos que se despedaçavam*. E é essa aventura mesma, em todo o seu desenvolver, até o termo,

199

que nos demonstra não só a unidade essencial da nação brasileira como a índole pacífica e generosa das suas gentes, e o grande perigo em que esteve a unidade do Brasil, por motivo do trono que lhe ficou. O Brasil estava, praticamente, autônomo e separado; a nação não mais admitia a volta a qualquer dependência de Portugal; e não havia possibilidade de obrigá-la a essa dependência. A astúcia torva dos portugueses insinuou a independência com o príncipe português; o príncipe matreiro pactuou com a traição e alguns brasileiros, por diversos motivos, aceitaram o miserável compromisso. Não se passa um ano de independência, e o monarca lusitano dissipa as últimas dúvidas: é, em essência, um legítimo Bragança — despótico, desleal, corruptor, sanguinário... E, para completa demonstração, levanta portugueses contra brasileiros. Desde o primeiro momento, houve protestos contra o embuste de 7 de Setembro de 1822; os protestos se acentuam com o descaro do monarca, que dissolve a Constituinte nacional, prende estadistas brasileiros, persegue-os... Pernambuco, não completamente aniquilado em 1817 levanta-se e a revolução se alastra pelo Norte; no resto do país, há a natural efervescência — de uma pátria maltratada, traída, tiranizada. Acumulam-se os motivos de revolta da nação: tratado com Portugal, miserável campanha do Sul, brutalidade e fereza das comissões militares com que se subjuga todo o país... E a Assembleia dos representantes da nação, eleita depois de três anos de absolutismo, é, apesar de tudo, uma voz de protesto, enérgico e esclarecido.

Daí por diante, a vida desse trono espúrio é a oposição formal com o espírito brasileiro, muito explicitamente manifestado na mesma câmara de 1826. A oposição se torna luta franca — entre os ministérios áulicos, conduzidos pelo Chalaça e a comborça do imperante, sob a responsabilidade nula de Vilela Barbosa. Avivam-se os ódios, relembram-se todos os motivos contra os continuadores dos que profanaram o cadáver santo do padre Pessoa... Passam-se, assim, os cinco últimos anos, de um dinasta americano, garantido contra o país, por mercenários irlandeses e alemães... Sem maiores injúrias, sem qualquer ofensa pessoal, no movimento do organismo que expele a tênia, a nação brasileira fez o *trinta e um:*

obrigou o embusteiro a abdicar e partir... "Fiquem-se na sua Pátria" ..., teria ele exclamado. Sim: que não era a pátria dele, bem o mostrara. No entanto, a gente pacífica e boa do Brasil, que esqueceu tanta infâmia de Braganças, e o aceitou, tê-lo-ia conservado, apesar de tudo, se não fora o horror do sangue que ele teimava em derramar, se não lhe parecesse insuportável — que o bragantismo conservasse, ainda, toda a perfídia inimiga e a ferocidade mesquinha, demonstradas dos mascates em diante.

Com Pedro I, desde a *Confederação do Equador,* a dinastia era um absolutismo pervertido em abjeções sanguinárias, só não retumbantes porque a covardia as envolvia e abafava. E tanto é verdade isso que, em meio às graves agitações do momento, os governos regenciais, de brasileiros, sendo realmente enérgicos, foram infinitamente mais humanos que o do filho de D. João VI. Tivemos ainda um segundo Bragança, expressão de uma herança oscilante, e ele reinou meio século sobre a índole compassiva, tranquila e generosa do Brasil... Reinou, mas o poder dessa brandura brasileira se impôs ao próprio trono.[1] Ou porque, brasileiro, ele se infiltrasse dessa qualidade, que é a atmosfera humana, aqui; ou puro cálculo, a verdade é que, tomado o sabor ao sangue dos pernambucanos, o imperante adotou para o seu bragantismo a fórmula das injustas guerras do sul: o sacrifício de centenas de milhares de brasileiros, extermínio, quase, de um povo americano, até então amigo do Brasil. Para efeitos internos, o trono preferiu ser bom.

---

[1] As nossas *histórias* dão lugar a que um Garcia Calderon venha afirmar que Feijó *afogou as revoluções em sangue...* Ora, afora o caso do Sul, o grande regente não teve contra si nenhuma verdadeira revolução e nunca fez executar ninguém. No Norte, onde chegou a haver motins armados, não se deu nenhum encontro que mereça o nome de combate, para morticínios a afogamentos em sangue. A única revolução, que então se afogou — em miséria, foi a dos politiqueiros de 30 de junho, convencidos da necessidade de dar democracia ao Brasil, mas que não tiveram coragem de levar avante o plano: foram afogados pela sensatez dos Carneiro Leão, Araújo Lima e subsequentes, peritos em adormecer o Brasil e trair as suas tradições. A pobre pena de Moreira Azevedo *esgarranchou-se* em chamar os democratas e republicanos de 31 *anarquistas, demagogos, facciosos...* mas na sua lenga lenga, ele não aponta outra coisa senão arrepios na agitação natural de um povo repetidamente ludibriado. É Feijó mesmo, tão incompatível com desordeiros e amotinados, quem vai dizer o que valem os brasileiros a esse respeito. Foi em ofício lavrado depois do mais forte dos protestos dos *exaltados,* saídos para a luta: "Os acontecimentos... não tiveram as consequências... apareceu, ainda assim, o caráter doce e pacífico dos brasileiros... o brasileiro não foi feito para a desordem; o seu estado natural é o da tranquilidade."

Esbofam-se os que não sabem onde achar motivos de louvores, em decantar a magnanimidade de Pedro II... Magnânimo?... Magnânima, de generosidade simples e natural, foi a nação que o recebeu indefeso, criança abandonada aos cinco anos, e que lhe aparecia, apenas, como o descendente de algozes vis; e o guardou, o criou e o formou como se não houvera as justas queixas, acumuladas de geração em geração; como se, em vez de legítimas desconfianças para com o Bragança, o Brasil só tivesse motivo de gratidão e de esperanças. Confiando à nação que o abatia e alojava a sua própria criança. Pedro I mostrou que conhecia o coração brasileiro e deu o testemunho eloquente da nossa bondade.[2]

41. *A tranquila bondade*[3]

À parte as carnificinas covardes por conta dos Braganças, a história política do Brasil não conhece, quase, violências e cruezas. A pena de morte, legal até a república, já tinha sido eliminada, de fato. Em verdade, não é tanto a morte que nos repugna, mas a desordem nas coisas públicas e o sofrimento de criaturas. A aversão do brasileiro pelos conflitos e desfechos sangrentos na vida política pareceria, até, covardia, se a coragem patenteada noutras lutas, se a lição da história não nos dessem, do caso, a legítima explicação. Haverá covardia nos dirigentes ambiciosos, que levam os seus processos sôfregos até as vésperas de um dissídio armado e recuam miseravelmente, quando é o momento de empenharem-se na luta e de arriscarem alguma coisa. Ainda ali, não será a

---

[2] Landulfo Medrado lança em rosto a Pedro II: "O primeiro imperador rendia homenagem... deixando à sua proteção o filho, ainda menino. O povo velou sobre o seu pupilo com generosidade única na história." (*Op. cit.*, p. 50.)

[3] A república, como a realizam, está a incompatibilizar-se com a nação brasileira. Criaturas em que se apurou a ignorância essencial da classe, já sem nenhuma correspondência com a alma nacional, no governo, contrariaram ostensivamente a genuína e perene bondade do coração brasileiro, e vimos, em necessária reação, o governo mais execrado da nação. Volvemos os olhos para a história, e temos, naquele crime de que fala Odorico Mendes, as centenas de cearences assassinados nos porões dos navios, em satisfação à política de 24-25; temos aí o padrão de horror que finalmente levou à expurgação de 7 de Abril. O que se diz da Clevelândia vale como ressurreição daqueles horrores, que a nação brasileira jamais aceitou.

simples covardia física o motivo real dos constantes recuos, mas a covardia moral: o medo de afrontar uma derrota, de perder a posição já feita, e, sobretudo, o horror de levar a nação a uma guerra civil, com a perspectiva do derramamento de sangue. Durante cinco anos, sem motivo justo, nem maior incentivo, os brasileiros arrostaram a morte nos pauís do Paraguai, somente porque a política de torva hegemonia bragantina assim o determinara. Quando, na turbação de fanatismo, se rebelam os sertanejos, o *cerne* mesmo da raça, acentua Euclides, ei-los a baratear heroísmo, num brio de que a história nos dá raríssimos exemplos.

Canudos, povoado de humildes fanáticos, desenvolvido em 5.200 casebres, resistiu a quatro expedições militares, e só foi abatido quando lhe opuseram um exército formal de 5.000 homens, quase. Foi abatido pela extinção explícita de todos os combatentes. Só as mulheres e crianças se renderam; não que se entregassem aos vencedores, mas a escaparem-se de sob os escombros dos casebres esmagados pelas granadas, devorados pelas ondas de querosene em chamas, que tanto foi necessário para dominar aquela população em delírio de valentia. Note-se: era a coragem definitiva, mas sem jactância: "O jagunço, menos teatralmente heroico do que o gaúcho, é mais tenaz, mais resistente, mais perigoso, mais forte, mais duro" (Euclides da Cunha). Note-se mais: não menos resistente coragem havia nos atacantes. Para um conjunto de menos de 5.000 homens, em quarenta dias; duas mil e tantas baixas, com uma fortíssima proporção de oficiais, tudo isso numa guerra feiíssima, desestimulante, sem combates formais, como sem remissão e sem o desafogo de abrigos, sob o tiroteio de um inimigo invisível e infatigável. Exterminados *todos* os homens, arrasados os casebres, recolheram-se seiscentas e tantas mulheres e crianças, refugo de miséria — fome, disenteria, feridas em purulência... e que não tinham lamentos, nem prantos... Canudos, que vai até a extinção, tem de ficar, no entanto, como formidável lição: não só a patentear o aço de uma valentia inquebrantável, mas a revelar frisantes aspectos de caráter no povo brasileiro e até deficiências de cultura nos dirigentes. Os jagunços não se rendiam, nem desfaleciam na sua inexorável guerra de tocaia, sem fazerem nenhuma diferença entre lutar e assassinar; e os soldados regulares que os acometiam, sem mais relutância, desceram ao sanguinarismo da ambiência: os raros rebeldes capturados eram sumariamente executados, a faca, degolados com a cumplicidade explícita dos comandos. Degolaram até uma mulher, que se apresentara varonil, a responder desabridamente. No entanto, há oficiais que afrontam a morte para salvar crianças da jagunçada. Faz-se a degola, a frio, mas não transparece ferocidade, se não indiferença pela vida humana, impassibilidade ao ver correr o sangue. Prisioneiro, o jagunço caminhava impávido para a execução, seguro por uma corda como o cativo do tupi, e, sereno como aquele, era ferido de um só golpe — mortal, cruel, inclemente, mas cuja inclemência alçava-se também serena, potente, num gesto de valentia: valor para morrer, valor para ferir e matar... *A ferro frio*, para o boçal em que se repete a taba primitiva, é a suprema coragem. A herança de sangue e, sobretudo, a transmissão quase que imediata da tradição de valentia explicam-nos todos esses aspectos de crueza selvática, contrastando com a bondade e cordialidade em que viviam as mesmas tabas. Na soldadesca, há um corpo de sertanejos do médio São Francisco: o mesmo sangue, a mesma escola de luta, a mesma valentia do jagunço. Euclides só tem uma distinção a fazer: *não tinham derrancado para o fanatismo...* Eis a verificação suprema — não era o fanatismo o fator essencial da valentia.[4] E os que davam a sua cumplicidade a tais crimes?... Formação incompleta, mal apurados em legítima cultura, confundidos, muitas vezes, em origens sedimentárias profundas, os *superiores* não sabiam resistir ao influxo da ambiência e incluíam-se na mentalidade de jagunço; cediam, indiferentes a sanções morais, acolhidos à tradicional

---

[4] Euclides destaca a circunstância de que todo aquele sertão em torno de Canudos guarda, nas designações topográficas (como as gentes guardam no proceder), o índice de origem, na *tapuiagem*, sobretudo do ramo cariri. De fato ali, em Geremoabo, há menos de dois séculos ainda havia aldeias exclusivamente de índios — muncurus e cariacas, sob o comando dos seus morubixabas, com quem se entendiam oficialmente as autoridades da capitania. E o caso não é de admirar, quando, ainda hoje existem, em Águas Belas, Pernambuco, os remanescentes de tapuias, sob a denominação de carnijós, mantendo, das origens, não só as tradições como a língua, (Mário Melo, *Revista do Museu Paulista*, T. XVI, 795.) As referências a *Os Sertões* são explicitamente às páginas 120, 322, 400, 443, 491, 500, 527, 540, 542, 543, 563, 568, 570.

irresponsabilidade da vida pública, no Brasil. De todo modo, essas crises demonstram que, se há paz interna, e as gentes brasileiras são avessas às lutas civis, não é que lhes falte a coragem essencial. Mais de uma vez, nas mazorcas provocadas pelos politiqueiros, ou nas tristes campanhas do Sul, produziram-se desses lances — onde os continuadores da caboclada, revivendo os soldados da *Insurreição*, avançavam sobre baterias para tomar os respectivos canhões — a baioneta, ou simplesmente a faca.

A par das muitas contradições, o caso envolve paradoxos: um povo que, apesar de valente, prefere suportar péssimos governantes, a fazer a guerra civil; o brasileiro é uma alma de bondade, mas o Brasil é um dos países onde menos se respeita a vida humana... Em verdade, o lastimável excesso de assassinos impunes dá a impressão de uma população de celerados e facínoras. No entanto, sempre, esses crimes de sangue se fazem a coberto de crueldades; se se multiplicam assim é que falsos pundonores, umbridades vãs, ou mesmo a estulta fanfarronice, sobre consciências ineducadas, num ambiente de frouxidão social, devem levar a excessos criminosos.

Apesar de tudo isso, em calma de espírito, o povo brasileiro é sempre cordialidade, compaixão, generosidade sentida e singela. Nem podia ser de outra forma. O próprio caboclo, o sangue primeiro: dentro da sua gente, era perene cordialidade fraternal. Na aldeia, não se conheciam rixas, nem ódios.[5] Eram rudes guerreiros, implacáveis com o inimigo, matavam-no, mesmo cativo, "em terreiro"; mas tudo se passava num ritual — extensão do combate. Matavam o valente, e que valente morria. A tortura, para gozo de perversão cruel, eles não a praticavam, não a conheciam. Leiam-se as páginas de Hans Staden: há tudo isso, menos a malvadez, a inumanidade e o sadismo martirizante.

Com todas as misérias e contingências de um povo feito por negreiros, sobre o trabalho de escravos, chegamos a ser os *senhores* mais humanos. Aos testemunhos já notados, junte-se o de Koster, amigo, mas sempre sincero e insuspeito, pois que começa

---

[5] *O Brasil na América*, § 30.

205

acentuando a crueldade dos seus próprios patrícios: "A condição das gentes de cor nas colônias inglesas, realmente deplorável... O mundo tem estremecido tantas vezes, com as crueldades cometidas sobre os escravos pelos senhores, tanto nas colônias inglesas como nas das outras potências... Mas devo dizer que, no Brasil, nada é mais raro do que tais crueldades, e que a isto os brasileiros se referem sempre com grande indignação... No Brasil os escravos gozam de muitas vantagens de que estão privados nas colônias inglesas... Nas partes por mim visitadas, os escravos estão em melhores condições do que nas Antilhas."[6] Não devemos admirar tais elogios em quem foi sempre sensível às qualidades de coração do brasileiro: "Os lavradores brasileiros são muito bondosos, hospitaleiros, e não é preciso ter cartas de recomendação para eles." E ninguém conhecia melhor o nosso povo: "... a tranquilidade e a bondade natural dos povos do Brasil".

Pois não é isso mesmo o que pretendemos acentuar como características da nação brasileira? Ali mesmo, em Pernambuco, esse testemunho, nas vésperas de 1817, é precioso. Somos *tranquilos e bons:* o movimento foi a mais legítima revolução, sem nenhuma eiva de facção; o proceder dos revolucionários, o mais humano em todas as revoluções da América. Reinóis degradados e algozes, negreiros em decadência, militares feitos na covardia cruel, podiam ser esses que fizeram a atmosfera de Luís do Rego; mas, brasileiros, mesmo acirrados na luta, mesmo na embriaguez da vitória, não sabem ser diferentes do que foram os ingênuos e generosos vencedores de 6 de Março, no Recife. Ainda hoje os franceses não se cansam de enaltecer o caráter *benigno, generoso* e *pacífico* da revolução de 1840... É um traço essencial: *"Aucune violence réellement important n'est a signaler... Jamais révolution ne lut moins sanguinaire..."*. E Louis Blanc vai ao ponto de afirmar: "Jamais, talvez, teve a história a retraçar nada que se aproximasse da magnanimidade que desfaldaram o povo e os seus eleitos..." No entanto, bem antes, uma revolução brasileira, que se abrira, aliás, num gesto de extrema violência, domina todo o ódio, para ser

---

[6] *Op. cit.* T. II, pp. 313, 332, 402 e 450.

absolutamente magnânima, mesmo quando já se vê ameaçada. Vencidos os patriotas republicanos, a vitória se derrama nas ignomínias chacalescas dos Rodrigo Lobo e Congominho, sem que o coração brasileiro se inclinasse para a crueza da vingança. Nem quando os sicários de Madeira praticaram daquelas torpezas a pedir empalamento: batidos, mesmo em face das vítimas, foram mandados impunes, como se se tratara de guerreiros nobres. E isso foi quando ainda estavam muito vivas todas as lembranças de um domínio ultrajantemente odioso. O mesmo Koster, que os viu senhores, dirá como deviam ser desagradáveis: "Os portugueses vêm como simples aventureiros... não são, nem generosos, nem liberais. Desprezam os brasileiros, considerando-se superiores...".[7] Armitage, mais chegado a eles pois que era do comércio: aqui esteve quando era bem viva a rivalidade português-brasileiro; no entanto, dá testemunho da bondade brasileira, justamente num cotejo: "São os brasileiros, em sua totalidade, muito menos severos para os escravos do que os portugueses." Antes ele havia sido especialmente explícito: "... e em geral são os brasileiros gentis, hospitaleiros, bondosos, magnificamente hospitaleiros...".[8] É que o historiador inglês fora testemunha de manifestações muito expressivas dessa bondade. Ele mesmo conta como Lima e Silva, general comandante de um exército contra a revolução de 1824, vence-a, e, em seguida, escreve ao governo pedindo *muita brandura* para com os vencidos. Desgraçadamente, o governo é Pedro I, e, antes da resposta ao pedido, vai a ordem da execução dos prisioneiros condenados.

Não há alardes, nessa bondade, toda natural, necessária, qual o próprio sentir. E todos contam com ela. O sertanejo — o *cerne* da raça — é um poema de lealdade, dedicação generosidade! "... robustez miraculosa, alma sem refolhos... velha bravura, a um tempo romanesca e bruta, selvagem e heroica, cavaleira e desavinda, dos primeiros mestiços... feição original, misto interessante de atributos antilógicos, em que uma ingenuidade adorável e a lealdade levada até o sacrifício e o heroísmo distendido até a

---

[7] *Op. cit.*, II, p. 307.
[8] *Op. cit.*, pp. 230 e 243.

barbaridade se confundem e se revezam". Noutras páginas, em glória a Castro Alves, Euclides acentua: "A nossa afetividade originária e a fortaleza vivificante do nosso idealismo nativo." A rasteirice da política digestiva entrou a malsinar e desprezar esses nossos dons nativos. É da função o rebaixamento. Aceitemos o desprezo com que nos acabrunha o cinismo enriquecedor, e defendamos o puro cabedal de afetividade e de idealismo, únicos aspectos que ainda nos dão caráter humano. Cardim verificava haver mais alegria nas crianças das aldeias tupis do que nas das gentes portuguesas. Teremos realmente decaído dessa alacridade simples, natural e sã? É possível, por toda a parte onde uma civilização mal conduzida e mal-assimilada progride pelo mais fácil — a perverter-se. No sertanejo, porém, no âmago da raça, há jovialidade, satisfação calma e sadia, mesmo a coberto das exuberâncias. E há, quando oportunidades se oferece, progresso efetivo, porque existe a franca fluidez da mistura, graças à qual se fazem facilmente as reformas e as adaptações.

42. *Ordeiro. As revoltas da colônia*

Quando foi ocasião de mostrar que os protestos e as crises decorrentes da independência não traduziam espírito de desunião entre os brasileiros, ficou demonstrado, *ipso fato*, que tais manifestações não se alimentavam em motivos facciosos, nem significavam, por conseguinte, ânimo de desordem, com tendências à indisciplina. Bem pelo contrário: germinado daqueles colonos portugueses dos séculos XV-XVI, sóbrios, disciplinados, ordeiros, aventurosos sem fulgor, valentes, mas contidos e constantes no seu patriotismo, o povo brasileiro foi sempre ordeiro e pacífico em seu viver interior, fácil à disciplina, mesmo no curso do seu atormentado crescimento, entre dores de cativos transplantados e represálias do gentio fustigado. Perturbações íntimas, com reações violentas, só se produziram quando a metrópole, degradada, pervertida no parasitismo, em delirante corrupção, extorquia até o último jato de vida das populações. Exações do fisco rapace, espoliações ladras do mercantilismo reinol, privilegiado por isso mesmo, provocaram, então, explosões que foram chefiadas, às vezes, por portugueses colonos. Em 1650, murmuram-se as primeiras queixas contra as extorsões resultantes dos monopólios concedidos à *Companhia de Comércio*, e com que a metrópole procurava canalizar para lá toda a riqueza do Brasil, garantindo aos seus aviltados governantes a vida fácil e farta, de puros ventres que eles eram. Ao mesmo tempo, nessa organização, patenteava o Estado português a sua absoluta decadência. Portugal iniciara o mundo moderno na política de colônias afastadas e do comércio ultramarino, realizando-o diretamente, como empresa do Estado. Tivera a capacidade suprema de tal iniciativa, num esforço de quase um século. Pois bem, diminuído na degeneração em que se sumiu, abandonado de critério, o mesmo Portugal passou a imitar o holandês e o inglês nas empresas de exploração ultramarina, sem critério, sequer, para refletir que tais processos eram os próprios das tradições e do feitio político desses povos, essencialmente diversos do que resultara do gênio português. Se o estado, que outrora fora a concentração das boas energias nacionais, já não podia realizar a conveniente produção nas colônias, e a defesa delas, como o fariam companhias particulares, apenas copiadas de outras práticas, sem antecedentes no país?!... E foi assim que, no programa de ser, agora, o simples coletor dos proventos, o Estado português deu à celebre *Companhia de Comércio*, o privilégio dos transportes, da compra dos gêneros coloniais e da importação dos quatros artigos mais consumidos — vinho, farinha de trigo, azeite e bacalhau, com o encargo de comboiar os transportes, que, aliás, eram da Companhia.

Com isso, logo no início do reino bragantino, captam-se as fontes de vida do Brasil e faz-se o absoluto cativeiro — político e econômico. Então, para complemento de estúpida espoliação, proibiu-se que o Brasil fabricasse sucedâneos de tais produtos, reputados de primeira necessidade. Foi quando se interditou, explicitamente, o fabrico de hidromel e quaisquer bebidas alcoólicas, que, aqui, eram *aguardentes de cana*. E não foi o mais grave, senão que, naturalmente incompetentes para a organização dessa economia em que se fartavam, os diretores da *Companhia* não souberam avaliar as necessidades da colônia, e o Brasil veio a sentir, dolorosamente, a falta dos artigos privilegiados. A isso respondeu a metrópole com estupidez mais grave: ordenou-se que as câmaras municipais calculassem o necessário, e, importadas as quantidades previstas, elas, as câmaras, se responsabilizariam pelo que sobrasse. Ao mesmo tempo, sem nenhuma justificação, a *Companhia* elevou os seus preços.[9] A crise que se seguiu foi tão sensível no Rio de Janeiro, que os fluminenses mandaram, à sua custa, uma sorte de embaixada reclamar justiça ao rei. Desenvolveu-se, como réplica legítima, uma viva antipatia da colônia à *Companhia*. Numa representação, assinada, em 1654, por negociantes portugueses até, está dito que a *Companhia* asfixiava toda a produção e que *no Brasil* ela *entregava os gêneros a particulares*, para, em caso de falta, os *venderem por preços exorbitantes*.[10] E as coisas se agravaram de tal sorte que, em 1660, os fluminenses, na iminência de novos tributos, revoltaram-se contra as autoridades de Salvador Correia de Sá e Benevides. Foi, este, um governo acidentado; mas, para isso, em nada concorreram tendências de desordem das populações. Desde que conseguiram o desejado afastamento das autoridades exatoras, os povos voltaram, espontaneamente, à ordem. O mesmo aconteceu com o movimento dos paulistas, revoltados — para tolherem a ação aos jesuítas: obtido isso, dignamente se submeteram, e deram cordial apoio a Salvador Correia.

Mais grave, certamente, foram os protestos do norte, contra os privilégios da *Companhia do Grão Pará,* e que a tornaram célebre, na proporção das respectivas extorsões. Deram em verdadeira revolução, a de Bekman. Não há negar que já se nota, aí, um tal aspecto de reivindicação pela autonomia do Brasil; mas, em essência, é um movimento de reação econômica, chefiado por um português, que se liquida com a atenuação dos abusos mais flagrantes... Nas minas, desde que há produção de riqueza, há espoliação

---

[9] *Anais do Rio de Janeiro,* III, p. 153.
[10] *Anais do Rio de Janeiro,* II, pp. 161-240. R. I. H., 1862, 459.

sistemática, e, com isso, queixas, protestos, reação, resistência armada, revoltas... É a longa história dos *quintos,* história que terá o seu momento quando houvermos de estudar as depredações do Estado português, degradado, sobre o Brasil em formação. É a longa extorsão em que as minas definham, e que deu motivo, finalmente, aos motes revolucionários dos poetas de Vila Rica.

O mais citado desses levantes, em Minas, é o de Filipe dos Santos, português de nascimento, e que, dadas a torpeza e desumanidade do castigo em que o puniram, até nos parece uma vítima brasileira. Filipe dos Santos chegou a reunir mais de 2.000 revoltados. Intentou um movimento de consequências e deu ocasião a longos sustos em Portugal. Com ele, foram martirizados e pereceram muitos brasileiros: "... A revolução tomou grande vulto, sendo esmagada por duas companhias de dragões reais e 1.500 homens de infantaria... O intuito dos revolucionários era fazer uma república do povo, expulsar do governo todos os ministros d'El-Rei e não admitir outros; prendemos Filipe dos Santos... mandamos logo fazer sumário das suas culpas e... o mandamos arrastar e esquartejar vivo, pela necessidade urgente de darmos um exemplo de rigor, certo que se Sua Majestade os tivesse presente maior seria ainda o castigo."[11] Assumar, carrasco de vocação, teria dado a essa república mais valor do que é a verdade: era o meio de fazer valer as cruezas em que se distinguia. As testemunhas acumuladas eram criaturas suas, e os depoimentos têm a uniformidade da mentira que nem tenta esconder-se. No mesmo ano — 1720 —, um paulista de Taubaté, Domingos Rodrigues do Prado, reagiu violentamente contra essa lei — das *casas de fundição* criadas pelo mesmo esquartejador — Assumar. Em Pitangui, Rodrigues do Prado atacou o *juiz ordinário,* matou-o e com os companheiros de sublevação foi fortificar-se nas margens do São João. Bateu-o, aí, com grandes forças, o ouvidor de Sabará; mas o bravo taubatiano soube escapar. Segue-se a reação do célebre *contratador de diamantes* — quando se lhe exige que continue a pagar o subsídio voluntário, para a reedificação de

---

[11] Relatório do conde de Assumar.

Lisboa, e que, de *dez* anos, foi transformado em perpétuo. Foi outra ocasião para que se manifestasse a tradicional torpeza de crueldade covarde, por parte dos representantes da metrópole. No caso, tão relatado, da inconfidência de Vila Rica, o motivo explorado pelos conjurados era o mal-estar provocado pela cobrança dos *quintos:* a autoridade em exercício era do mesmo teor de Assumar, e o resultado último e sensível, do esquartejamento de Tiradentes foi os mineiros perdoados de 700 arroubas de ouro...

No norte, em Pernambuco, o mais importante levante foi, certamente, contra os *mascates,* movimento que toma o caráter nacionalista, mas que tem um aspecto essencialmente econômico e que, em nenhum momento, pode ser considerado turbação ou um motim de desordeiros. De parte a parte, a luta é conduzida por gente caracterizadamente organizada, amiga da ordem, dependente dela — *proprietários rurais* e *comerciantes.* Ali mesmo, em Pernambuco, registram-se outros movimentos, todos de motivos econômicos: a reação contra o governador Pereira Tibau, que pretendeu arrancar, para os *casamentos dos príncipes,* o donativo *voluntário* de 1.250.000 cruzados, distribuídos em 20 anos. Antes, houvera revolta de soldados não-pagos. Depois, em 1810, para reforçar os motivos de 6 de Março de 1817, vêm as *contribuições forçadas — para novas dotações de príncipes e princesas.*

Incapazes de apreender os aspectos abstratos em que esses fatos se relacionam, os historiadores de fancaria pretendem explicar esses mesmos movimentos pela *indisciplina inata da raça...* Que sentido tem isso? Congenitamente indisciplinados pareciam esses germanos, como no-los apresentam todos que os conheceram, de César a Pomponius Mela e Tácito. E assim se conservaram, avessos a todo regime policiado, até que Carlos Magno lhes fez uma vida política sistemática. Não se aponta, hoje, povo mais ordenado e disciplinado, até que, como, *espartacistas,* venham violentamente reclamar melhor distribuição de justiça... Segundo o concurso unânime, o período de desordem no Brasil foi o das *regências.* Ora, não há mais flagrante mentira: desde 1832, a ordem na capital do Rio de Janeiro foi completa, mesmo nos dias incertos de junho, quando os próprios politiqueiros tramavam. Nas províncias, tudo não passou de conflitos relativamente insignificantes.

43. *Nem caudilhos, nem pronunciamentos...*

Pacífico e bom, disciplinado, sofredor e ordeiro, sobriamente forte, o povo só é desorganizado no que depende da incapacidade política dos dirigentes.[12] E, por isso — por essa criminosa incapacidade das sucessivas gerações de governantes —, é ele, o povo brasileiro, condenado à condição de pária, entre os párias da egoísta e dura civilização atual. Vive uma miséria apagada, sem possibilidade de esperar melhor, sem outro consolo que o do próprio coração, sem mais motivo de alegria do que a sua jovialidade de simples. Na mentira estúpida, de que *a vida no Brasil é facil e não há miséria,* negam-lhe tudo que é essencial à criatura humana, até o mínimo de preparo para a vida.[13] Assim, o miserável tem de ser apenas, e eternamente, a besta — para o trabalho do que os dirigentes tirarão meios de fortuna. Degradados, fossilizados em estratificações de inépcia, tais governantes não têm, sequer, o pouco de mau descortino necessário para compor um programa como esse — de continuar a obra dos dirigentes bragantinos, quando sistematicamente aniquilavam as inteligências, nas populações do reino. É, porém, como se o fizessem, bem propositadamente. Passam-se os anos, o mundo já pertence ostensivamen-

---

[12] O conservador José de Alencar, depois de haver sido ministro, deixou a sua opinião, em pleno parlamento, neste grito: "este povo, tão dócil, tão cordato, tão sofredor!..." *(Anais* de 1871).

[13] Das muitas estúpidas mentiras dos nossos políticos, não há nenhuma tão frisantemente desbragada como esta — da não miséria do povo *ajecado.* Quem quiser fazer o juízo exato do caso acerque-se de um desses casebres onde, por toda a parte, jazem os casais, acumulados com as ninhadas de crianças, fora de toda a higiene, sem outros meios de alimentação e de tudo o mais, além dos magros 4, ou 5.000 que ganha o pai, quando os ganha; sem a possibilidade de ter uma roça — que a formiga devora, sem a indispensável estabilidade rural, que o dono do terreno o tem à sua mercê, e o enxotará quando bem lhe aprouver... Uma mãe louca, a uivar o seu delírio; um filhinho de dois anos nas vascas de uma bronquite capilar, um de seis meses colado a um peito murcho, de desnutrida, e três mais velhos, macilentos, esquálidos, a deixarem escorrer pelo beiçame flácido o catarro da miséria... Ela esperava o marido que trabalhava na roça, duas léguas distante... Tal a última visão, do viver humilde para um casal brasileiro. Foi nas cercanias de Cambuquira.

213

te aos que sabem tirar da inteligência tudo que ela pode dar, e o Brasil continua o que era, isto é, país onde a ignorância é religiosamente mantida. O espetáculo comove, como irrita e revolta: uma população que, em duas ou três dezenas de anos, poderia ter uma vida tão culta e próspera como a dos mais adiantados entre os ocidentais, pois que não lhe faltam as virtudes em que se elevam as sociedades humanas, e que há de continuar na existência mesquinha e penosa em que tem vivido, porque a nação está condenada a ser o pasto de fartura, para o cocho; que é o Estado dos estadistas brasileiros.

Toda essa miséria, em que se anula o país, terá apreciação mais demorada, pois que é indispensável completar a qualificação do Brasil, com o estudo das suas condições *atuais*. Por agora, basta-nos limpar o nome brasileiro da mancha de *desordeiro* e *indisciplinado*, como o apresentavam os historiadores a serviço do império, e o repetem os políticos que apenas sabem ser feitores, pretendendo, assim, justificar o uso do relho em que se elevam. O Brasil prossegue acanhadamente, na medida do que valem os seus dirigentes, mas sempre livre de outras agitações além do fermentar pobre da política deles mesmos. Passados os protestos e a irritação da nação, ludibriada na independência que lhe deram, voltou o povo brasileiro à paz costumeira, antes resignado que revel. *Abolição* e *República*, profundas transformações que fossem, fizeram-se em paz. As próprias turbações da iniciação republicana não tiveram efeito de armar hostilidades e lutas sistemáticas senão no Sul.

A distorção estúpida em que é feita a nossa história daria para julgar que os militares brasileiros são dados a pronunciamentos e que há, neles, espírito de desordem e insubordinação. Sim: o exército, sobretudo, teve que se pronunciar em alguns momentos de crise nacional. Mas assim o fez, numa fórmula de quase abstenção — crise de 1831. Foi como a respeito da escravidão: as torpes transigências dos governantes vinham perpetuando no país o trabalho escravo, que, à parte o horror da injustiça, era o grande entrave ao desenvolvimento econômico na nação, e o exército, consciente do mal, consciente da incapacidade do império para resolver politicamente a questão, negou a sua força para manter os cativos em escravidão. Só então souberam os politiqueiros do nosso mentido parlamentarismo alinhavar uma lei, em três dias, e acabar com a instituição condenada, mas mantida apesar de tudo.

Hoje, porque os acontecimentos coincidiram, vêm os insuficientes republicanos dizer-nos que o progresso material do Brasil é obra da República... Bem insuficientes, sim!. De outro modo, eles reconheceriam que um efeito tão imediatamente econômico, proximamente chegado a um acontecimento essencialmente econômico, deve ser efeito desse acontecimento, não de um outro formalmente político, qual seja a simples mudança da forma de governo. Essa avariada República, mesmo politicamente, foi toda estéril, senão nociva, uma vez que, longe de melhorar a educação democrática da nação e de sanear o ambiente político, tem-no viciado cada vez mais, a ponto de que as mesmas esperanças de liberdade civil e de honestidade administrativa se dissiparam. A nação assiste ao perpassar de torpezas e misérias da sua política, não impassível, mas descrente, sustentada, apenas, por uma qual instintiva confiança, e que, definida em consciência, assim se diria: Toda esta miséria da política ainda não será bastante para matar o Brasil.

Acaso participa o exército dessa *confiança em descrença*, sem se prestar às ambições dos impacientes, nem aceitar aventuras que agravariam a péssima política ordinária. Nem *pretorianos*, nem *janízaros*, nem terços de caudilhos, para levantamentos por conta própria. Contam-se episódios e tentativas, nos momentos mais turvos; mas o ânimo geral da nação prevalece e o nosso soldado fica onde está, ou vem ser o politiqueiro banal, se não quer eternizar-se na monotonia de um exército sem perspectivas de campanhas, que ainda não achou a fórmula de ser eficaz e útil instrumento de paz, cultura e progresso nacional. De todo modo, a ação dos militares não tem repercussão na população, nem piora a política propriamente dita. Pronunciam-se os levantes, e, se não dominam imediatamente a situação — Abdicação, Abolição, República —, estão condenados a fracasso próximo. A população brasileira, mesmo quando simpatiza com a causa, condena tacitamente a violência, isola-a e nega-lhe os meios para uma guerra civil.[14] Levado em preconceitos, falando por ouvir dizer, um Garcia Calderon chegou a afirmar que no Brasil "existe um militarismo latente..."[15] Ora, a situação real é toda outra: pronunciam-se as tentativas, e, devido à ausência desse qual *latente,* os movimentos goram.

O Brasil é um dos raros países, no mundo, onde as transformações essenciais, sociais ou políticas, fazem-se pela mudança do sentimento íntimo da população, que, finalmente, impõe aos governantes o mesmo sentimento. Foi assim na Colônia; tem sido assim na nação soberana. A começar pela independência, que só se fez porque o povo, muito explicitamente, não admitia mais a volta ao seio de Portugal. Foi assim na crise de 1831, foi assim para a Abolição, como foi para a instituição da República: chegou um momento em que, todos o sentiram, era impossível manter a escravidão e conservar o trono. Quanto aos levantes militares, esses foram trazidos para o Brasil com as tropas constitucionais das cortes; persistiu neles o filho de D. João VI, açulando, com mentiras cavilosas, os ingênuos soldados contra a *Constituinte.* A nação brasileira, porém, não se deixou contaminar.

Tampouco seria possível a caudilhagem para arrastar esses povos a lutas armadas. Os chefes políticos, deliquescências de caráter, não têm a fibra com que se conduzem tais empresas. Em cotejo, na outra América Latina, mesmo quando não há caudilhos, as gentes se retalham em dissídios armados. Na sua longa crítica das democracias neo-ibéricas, Garcia Calderon caracteriza a Colômbia como a república sem caudilhos; no entanto, o gene-

---

[14] Esse mesmo último levante, em São Paulo, é a prova do antimilitarismo essencial do povo brasileiro. Foi um movimento habilmente ajustado, o que reuniu elementos formidáveis; o governo contra quem se pronunciara o levante era vivamente antipatizado pela maioria do povo, e, por isso mesmo, os rebelados tinham a simpatia da população, lá onde se deu o movimento e no resto do país. Houve derivações por vários estados. A nação, porém, isolou os rebelados, negou-lhes qualquer apoio efetivo, e, com isso, permitiu ao governo antipatizado o dominar a alastrada revolta. Justamente, por ser alastrada, e pelas ramificações no sul (onde é possível a guerra civil), o movimento pôde manter em armas pequenos grupos, alimentados na valentia natural do brasileiro, acompanhados pela indiferença simpática da população. Nem o levante vingou, nem dele derivou guerra civil, porque a mesma população é imune quanto a esse contágio.

[15] *Op. cit.,* p. 79.

ral Holguin, em 1908, calculou que, desde a independência, houve ali *vinte e sete* guerras civis, das quais, só uma, a de 1879, custou 80.000 homens. Desta sorte, a feição política dessas nações é a desordem em revoluções armadas. Pelo menos foi assim durante mais de metade da sua vida autônoma.

44. *Ordem... estabilidade, estagnação...*

Em tanta calma vive o Brasil que, se aproximamos a triste paz interna à miséria dos negócios públicos, somos tentados a considerar aquela como causa desta miséria. Calma apagada, de uma população alheada da República, privada até de concorrer para a elevação do país, já teria degenerado em estagnação de apodrecimento, se ela não fosse, apenas, a calmaria precursora da crise em que toda a nação virá afirmar a sua vontade, na legítima atividade para conduzir os seus destinos, como o chamam aspirações mal sonhadas ainda, mas patentes nas energias dos desejos. Romper-se-á a calmaria.

Sem dúvida: um povo deve ser capaz da harmonia de sentimento e solidariedade de ação, para onde propende a própria humanidade no seu conjunto. O avanço de cada grupo humano, a sua organização em progresso, devem ser em formas de organização ordenada; mas, longe vai da ordem livre e ativa, a essa calma de paul em que vive a nação brasileira. Calma, ordem morta, em faces de desesperança, ao frio das resignações, em antecipação de túmulos. Na história, na vida, como na natureza bruta, a ordem definitiva já é o definitivo inerte do que acabou... O que existe em atividade, prossegue em transformações. Todo o evoluir pressupõe crises de aparentes desordens, porque se quebrem os modelos transitórios, que, para os curtos, são os únicos *estados de ordem*. Verdadeira ordem é a própria existência, através das sucessivas formas, necessárias nas sucessivas fases dessa mesma existência. A ordem não está na *forma* definida, e que se torna sensível, senão no desenvolvimento lógico, com as séries de formas. E o mundo se aniquilaria, se, confundindo o necessário de cada momento com o necessário absoluto, conseguíssimos retê-lo numa dessas formas transitórias. A ordem positiva, ostensiva, tem de ser considerada simples estágio, no constante preparo das novas formas, por conseguinte, na desordem das substituições, indispensáveis na evolução da natureza e no progresso da sociedade... A vida se propaga em espasmos, como a natureza se multiplica e se dissemina em rupturas e variações.

No entanto bem o sabemos: haverá sempre, nos que se oferecem para dirigir, além dos embusteiros, intransigentes e sinceros defensores da ordem definitiva, anquilosante. São espíritos incapazes das novas adaptações, indispensáveis em todo progredir; incapazes, eles mesmos, de compreender o progresso e de procurá-lo; incapazes até de existir de outro modo que não seja a rigidez do fóssil, ou o encasulado na estagnação deliquescente. E apegam-se à ordem no mesmo empenho, pelos mesmos temores, com que se apegam à vida. Nem por isso, porém, deixa a vida de prosseguir, desprezando-os, quebrando-os, como quebra as próprias formas usadas, esgotadas. Clamando contra os que condenavam a desordem que a *Reforma* trouxe à vida política e moral da Inglaterra, Carlyle, aliás conservador e antidemocrata, eleva-se em fúria: "Querem paz, ordem?... *A brutal lethargy is peaceable, the noisome is peaceable...* Uma brutal letargia é o túmulo fétido é pacífico... Esperamos uma paz viva, não uma paz de morte!"[16] Outro saxônio, em absoluta calma de sábio, fazendo *sociologia pura,* chega às mesmas conclusões: "As forças progressivas são, elas mesmas, sujeitas ao equilíbrio e a um balanço rítmico que diminui gradualmente, e acaba por parar, a menos que intervenha uma nova força... Quanto mais velha uma instituição, tanto mais sagrada e respeitada. A permanência das estruturas sociais, em vista dessas causas, torna-se o principal obstáculo às reformas, quando reclamadas por uma mudança do meio, ou uma força interna do crescimento. A sociedade é construída um tanto à moda dos crustáceos, que devem quebrar e abandonar o casco para crescer." E reforça, depois, o conceito: "Este conservantismo,

---

[16] *On heroes, and heroworship,* p. 182.

útil em tempo torna-se misoneísmo perigoso, e a estabilidade é, assim, uma fonte de fraquezas... Há uma tendência explícita da sociedade a ossificar-se para resistir, mas isto, em verdade, diminui-lhe a capacidade de resistência... A extrema solidez das estruturas sociais é um dos principais obstáculos ao progresso humano".[17]

Estas considerações, que condenam a ordem simplesmente obstáculo, multiplicam-se e desdobram-se em valor quando a ordem, imposta e defendida, representa essencialmente uma condição de injustiça e exploração. Só os que não têm na alma outros motivos além dos materiais, só esses se apegam a essa política de ordem — *quand même.* E, com isso, eles se sentem nulos para a vida que se faça inteligentemente — em renovação de formas e de energias. Dominadores, são ao mesmo tempo incapazes, egoístas, preguiçosos, tanto que exigem a absoluta estabilidade porque só aí, no conhecido e habitual, podem aparentar valor e têm facilidade de saciarem-se. Não querem ser importunados, nem mais lutar, sequer, para conquistar domínio: aferram-se em conservar aquilo do que vivem. Por isso mesmo, a ordem é o mote consagrado de todos os dominadores chulos, a perpetuarem-se no poder.

Se é assim pelo resto do mundo, quanto mais no Brasil, sufocado, reduzido, quanto à vida nacional, aos processos da política digestiva dos seus governantes. *Conservar a ordem feita...* por supersticiosa desconfiança das novas formas e pelo medo do desconhecido, equivale a converter o bem do passado em dano do presente. Calcule-se agora: que não será tal política de ordem a todo transe, quando tal ordem não passa de tranquilo repasto? E, a reclamar a tranquilidade das suas vidas, os nossos políticos inflam as bochechas, malsinando as renovações, a que chamam pedantescamente de desordem. Dão, com isso, a sinceridade de que são capazes, que o entendimento não lhes chega para reconhecer — como em toda a desordem há o germe de uma nova ordem, ou o retemperar de uma tradição. Todos os grandes povos tiveram os

---

[17] Wald — *Sociologia pura*, T. I.

seus períodos de respectiva grandeza em revoluções, que são desordens salutares, redentoras. Não é a desordem em si que degrada, mas a incapacidade de reconstruir-se através das crises de desordem. Quantas nações desapareceram, consumidas na miséria de uma ordem difinitiva? As revoluções fizeram a Suíça democrata e livre, fizeram a França moderna, numa situação de que nem a derrota de 70 a desceu. Se isso, a que o desdém dos conservadores chama *desordem*, desorganizasse realmente as energias de um povo, não haveria Itália: por mais de dez séculos, a história da península é o referver de parcialidades em luta, um mundo em franca desordem, como a desfazer-se, se de fato um tal transmutar fosse indício de fraqueza.

É clássico da estupidez *ordeira* pôr em paralelo a ordem romana e a desordem grega... os gregos sem mais valor político, ao passo que Roma chega a incorporar, ou abocanhar, o mundo. É estupidez, realmente. Não veem que foi, justamente, essa aparente desordem política que permitiu ao pensamento grego desprender-se, naquele mundo antigo, de acorrentados, e elevar-se a essas manifestações, que, ainda hoje, são maravilhas, e o serão para sempre. Nem mesmo sabem procurar, na história, a medida do valor político dos gregos e da sua força. Se não, verificariam que a relativa falta de ordem não impediu que, antes de qualquer outro, o grego abatesse a força dos asiáticos e expandisse o seu comércio e a sua cultura por todo o Mediterrâneo, em competência com fenícios e etruscos aliados. "Não somente os helenos eliminaram todos os empórios fenícios nos seus países da Europa e da Ásia, mas os repeliram de Creta e de Chipre, tomaram pé no Egito e na Cirenaica, e apoderam-se da Baixa-Itália e de mais de metade da Sicília, a leste. Por toda a parte, os pequenos estabelecimentos comerciais fenícios foram substituídos pela colonização mais enérgica dos gregos." Deste modo, nos dá Mommsen o valor dos gregos, nessa época em que as histórias ordinárias só veem ali desordens. Não há, na circunscrição do sábio alemão, nenhuma preocupação de fazer teoria: arrola os fatos, e prossegue mostrando, como, para detê-los, aos gregos, fundam os fenícios o seu formidável reduto de Cartago: "Quando os gregos de Fócia se estabeleceram na Córsega,[18] apareceram, para expulsá-los, esquadras combinadas de etruscos e cartagineses, fortes de cento e vinte velas, e ainda que nesse combate, um dos mais antigos da história, fossem os gregos menos de metade do inimigo, chegaram a atribuírem a si a vitória." A. Jardé, numa obra de pura ciência — *La formation du peuple grec* —, elucidação dos últimos dias, é peremptório: "Essa opinião, longamente clássica, de que os fenícios foram os mestres dos navegadores gregos, pede reservas... Na Sicília, Itália Gália, os gregos antecedem os fenícios... Os gregos foram concorrentes e não discípulos dos fenícios."[19] Reconhecerão, todos que eram formidáveis concorrentes, os fenícios; contudo, os gregos estenderam-se até a Espanha — Sagunto, deixando, de caminho, as fortíssimas posições de Dipari e Massália (Marselha). Houve, então, essa quadra em que eles monopolizaram o comércio, de Nice aos Pirineus; para o sul, estenderam-se até o continente africano, e, por muito tempo, foram senhores de Tinges (Tânger).

Não há dúvida de que a Grécia declinou, como aconteceu a todos os povos antigos. Mas, na sua incontestável superioridade, o seu eclipse foi absolutamente diverso do dos grandes impérios que, efetivamente, morreram: no quadro único de sua evolução, as nações gregas trouxeram todo o seu gênio para a grande obra política de Felipe e Alexandre. Já emerge essa Roma portentosa, que, finalmente, se encontra com o grego a quem se impõe, sem que tal se possa traduzir como vitória de uma organização política sobre outra, sem que as nações gregas devessem considerar-se suplantadas pelo gênio de Roma. Pelo contrário, Roma, a incorporar a Grande Grécia, transbordando depois sobre o mundo, só o conseguiu a preço de helenizar-se. Naquele mundo antigo, cuja história se faz como vitória de umas civilizações sobre as outras, a civilização realmente vencedora foi a grega. Roma, que apesar de tudo não chegara aos limites do Império de Alexandre, domina todo aquele Oriente por onde irradiara o gênio grego; mas, sob as

---

[18] *História romana*, Livro I°, fim do X cap. pp. 215-216.
[19] Nesse desenvolvimento demonstrativo, Jardé nos mostra os navegadores gregos do IV século a.C. chegando, antes dos fenícios, até o Senegal.

águias, de Trajano ou de Constantino, o que domina e se impõe é o helenismo, a que o romano se afizera, para estar ao nível da grande civilização. E, então, já não admira que, do império, finalmente subsista Bizâncio, quando Roma já não tem nenhuma significação imperial. Roma definiu o seu gênio social com a organização política da plebe, fórmula que recebeu do grego.[20]

Em si mesma, a *senhora do mundo*, Roma, nunca teve uma vida de estabilidade e quietação como o entendem os exploradores da ordem. Desde que há uma história do *latio*, ela nos fala de lutas repetidas, no íntimo do povo que se fez senhor do mundo. Mesmo sem contar com as crises anteriores, contemporâneas da realeza, e, sobretudo, a revolução que plantou a república: de Tibério Graco a César, a vida interna de Roma é uma contínua turbulência, em sucessão de levantes e guerras formais — escravos e senhores, cavaleiros e senado, plebe e patrícios, latinos e romanos... De tal sorte, os nomes que nos chegaram, de todo esse tempo, mais lembram a agitação interna do que, mesmo, as vitórias sobre partos e bretões... Pensemos de tais agitações como de um arejamento fecundo, em que a vida se lhes refazia: mudam-se instituições essenciais, realizam-se conquistas políticas e sociais, e o direito romano, que será monumento para todas as idades, faz-se de través com tudo isso, incluindo no seu corpo vetusto as reformas que resultam dessas mesmas lutas. E com o império?... Nem houve, na longa vida de Roma, período mais instável: quantos príncipes subiram normalmente ao poder? Quantos chegaram calmamente ao termo do reinado? E, por desgraça, era a desordem desorganizadora, dos organismos em degenerescência.

45. *As desordens de conservação*

A desordem a temer e a evitar, por infensa ao progresso, está nas turbações resultantes do esforço de *conservar apesar de tudo*. É desordem, com desorganização das próprias energias evolutivas.

---

[20] A. Merlin, *L'aventin dans l'Antiguetè*.

Numa corrente, não há que temer enquanto se deixam livres as águas, livres na queda necessária, com o pendor que naturalmente se fez. Em cada grupo social, a marcha de evolução é também uma corrente cujo pendor se faz pela diferença entre o que existe e as aspirações dos que sabem imaginar e podem conceber novas formas de harmonia humana. Quaisquer que sejam as vagas da queda, tudo será ordem de evolução, enquanto não pretenderem suster a mesma corrente. Então, no bojo das águas represas, haverá o surdo minar, que finalmente rebentará. Enquanto presas, alagadas, mortas, as águas servem; apenas, ao fermentar da podridão: na sociedade, é a estagnação em que se diluem esperanças, morrem entusiasmos... dissolve-se o caráter, desaparece a sinceridade, inutiliza-se a honestidade... E quem houver de persistir terá de participar da putrefação. A simples desordem de crescimento, fácil se conserta, e por si mesma se corrige; a outra — turbação de resistência e conservação — por vezes nem tem remédio.

A incapacidade das classes dominantes, empenhadas em conservar, pode prender, assim, os destinos de um povo; mas será sempre incapacidade e estupidez, que nada há mais insano e estúpido do que o esforço perdido em manter o que é. Para tanto, basta a simples inércia. Em verdade, a consciência, em atividade inteligente, não tem que dar energias para conservar. A tendência a combater é a força do hábito. A facilidade dos automatismos, a realidade do menor esforço, garantem a conservação precisa e útil. Aí, como fatalidade de organização psíquica — estratificação de inconscientes, mantém-se o poder do passado sobre o presente; mas, evidentemente, tal só deve manter-se enquanto não é embaraço e turbação à vida que prossegue. De outro modo, dá-se a salutar reação do consciente para dominar o inconsciente e eliminá-lo. Quer dizer, eliminar o passado.

E é tão patente e generalizado esse efeito do hábito, a perpetuar-se em rotina, que só muito esforço consciente poderá neutralizá-lo, e afastá-lo, sem dano sensível do progresso. Destarte, tudo que venha especialmente reforçar as tendências passivas do hábito é maléfico: concorrerá para embaraçar a evolução. "Se chegássemos à harmonia definitiva, com perfeito equilíbrio, isto seria a morte...". Quando assim concluiu, não pensava, tarde, em criar motivos de subversão, senão em, filosoficamente, apontar aos sinceros os perigos a evitar, numa política sábia e eficaz. Poderia haver uma ordem positivamente estável, constante, num estado social definitivo, contanto que o homem deixasse de imaginar, antever e aspirar... Fechada ao porvir, abandonada de esperanças, lenificada em formas de eternidade, a espécie humana teria conquistado o permanente equilíbrio sonhado pelos conservadores. Mas, nem assim seria eterna: a mesma estabilidade determinaria decadência, degradação e a espécie acabaria suplantada por outras vidas, mais aptas, e em plena transformação progressiva. Do seu longo trato com a história, Mommsen tirou uma conclusão que condiz com estas mesmas verificações; "A estabilidade é sinal, não de prosperidade, mas de começo de moléstia, precursora da revolução..."[21]

Nas organizações ativas, a ordem é sempre essencialmente estrutural — acordo entre o processo, ou trabalho, e a forma organizada. Se a vida exige novas e mais apuradas produções, há de quebrar-se o tipo de estrutura, substituído por outro, próprio à nova função: destrói-se a antiga ordem, para que outra se estabeleça... E é indispensável anular e eliminar todos os órgãos que não mais correspondem ao que o presente deve dar. Em domínio social, cada ordem é um conjunto de instituições. Outrora úteis e vivaces, quando já inúteis, se em vida tenaz, tornam-se atividade francamente nociva, qual o tecido embrionário que persiste, ou reaparece, no organismo feito. Tal acontece com os exércitos atuais, passado vivo, pois que existem, e, nessa vida, repetem e mantêm a barbaria do passado, nos recursos do presente; para as horríveis guerras contemporâneas. E ninguém duvida de que, para impedir a reprodução das ferozes carnificinas e os infinitos desastres de há doze anos, é indispensável começar por abolir os mesmos exércitos, e organizar o prosseguir das pátrias, e a sua defesa, em fórmulas correspondentes ao tipo de humanidade que pretendemos realizar.

---

[21] *Op. cit.* livro III, fim do cap. XI.

46. *Liberdade, mutações, progresso...*

A sociedade progride em diferenciações constantes, para melhor aproveitamento das energias pessoais e mais apuro nas realizações. Ora, cada diferenciação pressupõe uma crise, que é, em si mesma, um momento de desordem, se não uma caracterizada revolução. A redistribuição, a substituição de classes, em que se resolve cada estágio de civilização, é o motivo de protestos e turbações, que o homem plenamente consciente aceita, a título do que o futuro lhe reserva de melhor. Os conservadores e defensores da ordem não atendem a nada disto. Deram a consciência para o que deverá ser puramente instintivo; e, por si, teriam fechado as possibilidades de progresso, se não houvesse quem lhes destruísse o poder, para salvar o mesmo progresso. No domínio social, a ordem é como a verdade para o pensamento — forma transitória numa conquista indefinita. E as novas formas, como as novas verdades, vêm logicamente do que existe. Mas não poderiam vir através dos espíritos conservadores, que são incapazes de compreendê-las e, menos ainda, de procurá-las. Em aspirações ideais, sonhos, utopias... anunciam-se as novas harmonias sociais, e essas mesmas consciências de apóstolos, emergidas do presente, turgidas de futuro, são as próprias fórmulas em que o novo surge do atual. Eis aí por que, se pretende durar, cada povo deve concentrar as suas energias em torno da respectiva tradição, e defendê-la, como a própria vida: por que a tradição, por ser a expressão de vida, é evoluível, compatível com as necessárias transformações. Identidade em função de desenvolvimento, ela se conserva quanto mais vive e mais se apura.

Assim o reclamam as almas de humana justiça, pelo resto do mundo. Como não o reclamaríamos nós, neste Brasil — sufocado, reduzido, quanto à vida nacional e social, ao que valem os seus dirigentes, suínos de alma, minguados num viver de exclusiva ingestão? Todos os protestos se calam em lástima e a própria revolta d'alma não chega à indignação. Para quê? Reclama-se, apenas, e que o lamento não seja soluço. O reclamo cai no vazio de um mundo a diluir-se. Os governantes arvoram como dever supremo — a *ordem* a *manter,* e essa ordem é, substancialmente, espoliação, injustiça, previlégios sobre a ignorância... na fórmula de implacável exploração da nação pelos piores e os menos aptos.

Na política de abjeções em que se defendem os nossos conservadores, a ordem é um túmulo em que eles queriam deixar, para sempre, a verdade, o brio, a sinceridade, o pundonor, a honestidade e toda elevação de pensamento. Inteligência a serviço de apetites, sensibilidade para o gozo imediato, poderiam os nossos conservadores (e todos o são) compreender que o homem só é homem na medida em que se aproxima da verdadeira justiça, fórmula de amor e solidariedade? E como chegariam eles a sentir a íntima necessidade de liberdade, meio indispensável para a mesma justiça?... Como elevarem a consciência até o valor moral, que permite ao homem ser realmente livre, e livre o mantém, apesar de tudo, mesmo quando a tirania o retenha e lhe inutilize a ação exterior? Pudessem eles elevar assim o comovido pensamento e compreenderiam que, em cada momento, *ordem, estabilidade, segurança, unidade, direitos* e *deveres* são, apenas, os meios de, pela liberdade, alcançar a justiça. E como são *meios,* têm que ser contrariados e afastados, quanto for indispensável para o fim a que se aplicam. Praticamente, a ordem mais perfeita, realmente fecunda, é aquela que resulta da própria ação inteligente e tem como condição absoluta a mesma liberdade, pois que não há ação humanamente útil e edificante se as consciências não se entregam a ela livremente. E, então, a ordem é, como simples condição externa, sombra da atividade construtora, ao passo que a liberdade vale como a própria condição interna, determinante da decisão, que concretiza a atuação em cada conjuntura. Não estranhemos, por conseguinte, que o espírito meditado de Mommsem tenha chegado a estes conceitos: "A liberdade não é um bem a medir-se, como a propriedade, mas um direito essencial da natureza humana, e do qual o estado só pode privar ao criminoso provado." E completa o pensamento: "Para ser poética e criadora, a liberdade deve ser incondicional e absoluta; só ela pode ainda inflamar os espíritos."[22] E, agora, compreenderemos o

---

[22] *Op. cit.* Livro VI, cap. VII; livro VII, cap. XI.

paradoxo, tão comum nos povos mal evoluídos para a liberdade: há ordem aparentemente perfeita, e, com ela, o descontentamento, a inquietação, o mal-estar, a irritação, ou a desesperada resignação, evidência de que a ordem reinante se mantém à custa de sofrimentos e misérias de muitos, em proveito daqueles que, a título de manter a mesma ordem, mantêm, com ela, as suas posições de domínio privilegiado.

Considerado no Brasil, tão tristemente assim, a situação acabrunha. Cidadãos livres?... Nem sabemos o que isto seja. A liberdade, com o seu infinito de possibilidades, nunca a conhecemos. Somos humanos, apenas, e bondosos, na espontânea bondade de um povo que, unido e solidário, fez da união cordialidade. Mas, liberdade, aqui?... Será, ainda, dolorosa conquista. No entanto, insistimos: o povo brasileiro não merece tanta desgraça. Não merece, de modo nenhum, nenhuma desgraça. Nada fez para isto. Apenas nascido, de todo inocente, logo o fizeram a vítima de um perpétuo sacrifício, sem que lhe reste outra esperança de remissão, além do que ele afirme por si mesmo. Todavia, são confortantes esperanças.

Por toda a parte, lamenta-se que as camadas populares sejam as mais resistentes ao progresso, e mais infensas às iniciativas de melhoramentos e aos novos processos de vida. Será uma calúnia... Aqui, ninguém pensaria, sequer, em atribuir ao elemento popular qualquer oposição, ou simples indisposição, com referência ao que se lhe apresenta como adiantamento e novidade. Dificilmente se encontrará povo mais plástico e adaptável. Isto lhe vem, certamente, dos cruzamentos extensos em que ele foi formado.[23] É ordeiro, sim, fácil de harmonizar e de conduzir; mas tudo isto resulta de qualidades de coração, sem qualquer manifesta tendência à imobilidade. Nada mais pronto, por conseguinte, do que levar o Brasil a uma fórmula de vida superiormente humana. Unido explicitamente em nação, solícito nesse motivo de *uma* pátria, o nosso povo tem o direito de ser melhormente servido por parte dos que vêm viver de dirigi-lo. E não convém abusar da paciência com que ele espera.

---

[23] *O Brasil na América*, § 39.

Apesar de tudo, as consciências se iluminam e, um dia, esse povo espezinhado, desprezado, infeliz em tanta abominação política, um dia, ele cobrará caro a felicidade de que o roubam agora. Nunca um povo foi mais humilde em pedir humanidade, nem mais pacientemente esperou o seu quinhão de justiça. Ordeiro e manso, é possível, no entanto, que ele não aceite a espoliação definitiva, e faça, da desesperança resignada de hoje, o desespero de uma vingança, que jamais vingará bastante.

47. *A tradição republicana*

O Brasil não só antecedeu qualquer das repúblicas espanholas em movimentos de independência como, mais do que ali, aspirou sempre a um governo republicano-democrático. No senado da Câmara de Olinda, o sargento-mor Bernardo Vieira de Melo teria proposto uma república aristocrática — *ad instar de Veneza...* à época, no remoto Brasil, não poderia sugerir instituições mais livres, principalmente a um fidalgo. Todavia, ele falou em *República independente*, lembrando, até "que se procurasse o apoio de um príncipe cristão contra Portugal...". Era a revivescência do propósito já esboçado na ação dos *Insurgentes*;[24] mas os brasileiros eram muito da sua tradição para que aceitassem adotar a soberania de outra nação em represália àquela que os formara.[25] O aviltre não foi admitido e os senhores de Olinda preferiram apelar lealmente para o próprio rei de Portugal... Fosse qual fosse o resultado, o conceito corrente, daí por diante, é o de que "havia em Pernambuco dois partidos, um *realista*, outro *republicano*". E nunca mais se dissipou, na terra brasileira, a aspiração, logo incorporada nas suas mais legítimas tradições — independência num regime livre, democrata, republicano.

A conspiração de Vila Rica, no entusiasmo fácil de poetas e a jactância simplória de Tiradentes, parece-nos de somenos impor-

---

[24] *O Brasil na América*, § § 63, 64.
[25] M. L. Machado, *História da Província da Paraíba*, p. 407; Ulisses Brandão, *A Confederação do Equador*, p. 25.

tância... O trono, mesmo, tendo-o como inofensivo, o admitiu para precursor da independência. E, com isto, a conjura de 1789 se reduz, nas histórias comuns, à pusilanimidade dos outros prisioneiros ao lado de Joaquim Xavier, com as carnes do esquartejado dadas aos urubus, segundo o gosto do bragantismo reinante. Há, no entanto, da aparente insignificância revolucionária, vários aspectos a destacar: o movimento é datado de 1789, o ano da Bastilha, mas, de fato começa mais cedo; antes de 1786, há, em Coimbra, um grupo de estudantes brasileiros que se chamam de *republicanos;* nesse ano de 1786, o mineiro Vidal Barbosa e outros brasileiros, estudantes de medicina, "entabulam relações com os agentes do governo norte-americano". Tudo isto leva a acreditar que se a ideologia desses revolucionários deriva do enciclopedismo, o movimento projetado se liga imediatamente à independência dos Estados Unidos. Aliás, é essa a opinião explícita de Armitage: "Quando se declarou a independência... da América do Norte, aspiração vaga se manifestou, a conseguir-se outro tanto no Brasil." E aí está o depoimento de Joaquim Maia, tocante aos seus entretenimentos com Jefferson, e que é a peça mais lúcida e razoavelmente livre, da parte dos que participaram do caso: "Os brasileiros consideravam a revolução norte-americana como expressão do que lhes é preciso fazer." Trazido o plano de independência por esses que vinham da Europa, ele é logo aceito, justamente porque estava na linha dos sentimentos gerais, da capitania, e de todo o Brasil, bem sabiam os conjurados. Felício dos Santos, que atentamente estudou esse ponto de história, é peremptório: "O modo rápido e imprevisto, porque abafou-se, a conspiração, não deu tempo para conhecer-se com exatidão a sua magnitude... O certo, porém, é que tinha raízes em todos os pontos da capitania, e mesmo fora dela..." Antes, o cronista do *Diamantino* já havia acentuado: "Não foi só o amor da independência... foi, principalmente, o odio à monarquia... A palavra *cidadão* já era conhecida e a encontramos em documentos da época."[26] E Felício dos Santos, nos nomes que inclui, patenteia a importância

---

[26] *Op. cit.*, p. 250-255.

do movimento. Terá havido aquela proclamada pusilanimidade; mas tudo faz crer que, a propósito de perdoar e comutar as penas em degredo assassino,[27] exageraram a mesma pusilanimidade. A verdade é que, em razão das suas ideias republicanas, manifestadas então, José Joaquim Vieira de Couto fora assassinado em Lisboa, com o pretexto de ser amigo dos franceses; José Elói Ottoni, seu primo irmão, foi perseguido em nome da Inquisição, tudo isto sob a alegação de serem maçons, pois que toda a propaganda de liberdade fazia-se, então, nas lojas. "Os conjurados eram todos iniciados na maçonaria, introduzida por Tiradentes, de volta da Bahia..." (Felício dos Santos.)

A bestialidade da repressão bragantina de 1789 fora para matar todas as veleidades: no entanto, ao findar o século, há quem se congregue, na Bahia, para o fim explícito de fazer a república brasileira:... O padre Fonseca Neves denunciou, em 1798, a existência de uma sociedade revolucionária na Bahia, em cujas sessões davam-se vivas à liberdade... denúncia confirmada no dia 12 de agosto, pelo aparecimento de papéis sediciosos. Então, sob o governo de Fernando Portugal, abriu-se uma devassa e quatro infelizes, considerados chefes, foram sentenciados à morte e executados, em 8 de novembro de 1799. Os mais foram degradados para a África, onde se lhes terminou a existência. Não demora que, sempre no segredo da maçonaria, acenda-se o rastro revolucionário, em Pernambuco. Em 1801, são denunciados os irmãos Cavalcantis como pedreiros-livres, republicanos, por conseguinte. Monsenhor Tavares fala das primeiras *lojas* como fundadas em 1808, mas Souza Falcão insiste em que foram os Cavalcantis os introdutores da maçonaria em Pernambuco, na data já apontada — 1801. E tudo leva a crer que essa é a verdade. Está verificado que os Cavalcantis estiveram em dificuldades, nessa época, e foram obrigados a expatriarem-se. Se desde 1789 havia *lojas* na Bahia,[28] é muito certo que não tardaria a sua entra-

---

[27] Um dos assim assassinados foi o padre Rolim, maçom.
[28] Melo Morais, a Independência e o Império (cit. de F. Buarque, *Origens Republicanas*, p. 20). O de 1798 é o movimento conhecido na história como Revolução de João de Deus e de Manuelzinho, e cujos conjurados eram proletários artesãos. Mário Melo, A *Maçonaria* e a *Revolução de 1817*.

da em Pernambuco, cuja maçonaria, posteriormente, esteve sempre em relações com as lojas a que, em 1817, fora recomendado o padre Roma. De todo modo, logo no começo do século, recolhe-se a sua Goiânia o grande Câmara Arruda, rico de ciência verdadeira e de são brasileirismo, em cuja inspiração organiza as lojas maçônicas — de proselitismo político revolucionário, e de onde sairá a revolução heroica, virtuosa e republicana de 6 de Março. O absolutismo que dominava o Brasil não permitirá que essas lojas apareçam quais são, e elas se disfarçarão em *academias*, nominalmente de *letras*, e, na realidade, clubes jacobinos. Barbosa Lima no-las mostra multiplicadas e ativíssimas, no ardor de Domingos Martins, Cavalcanti, Cabugá... sob o doutrinamento de Câmara Arruda, que, republicano, para ser humano e justo, formula, bem explícito, o seu programa: "A escravidão, a inferioridade legal das gentes de cor, é o mal essencial do Brasil: devemos remi-lo com a monarquia ou sem ela..."[29]

O bragantismo mantinha esta pátria absolutamente fechada ao pensamento livre, sobretudo quanto a assuntos políticos; mas em torno do *Areópago* de Goiana dissiminaram-se as páginas francamente revolucionárias, em que os discípulos e companheiros de Arruda completam a sua formação política. O livro de Reinal sobre a *Revolução Americana* era da leitura de todos aqueles pernambucanos. A *Declaração dos Direitos do Homem*, o almanaque do *Père Gerard*, traduzidos para português, eram especialmente difundidos. E, com isto, o célebre *Club Social*, filiado aos jacobinos, mandou emissários seus a Pernambuco. A história das célebres lojas-acadêmicas forma, então, a história mesma da propaganda, para a grande e generosa revolução que devia fazer a independência do Brasil com a república. Foi a prova decisiva e gloriosa, apesar de tudo, do esforço pernambucano em prol de um Brasil realmente soberano e livre. Até um Andrada, Antônio Carlos, ouvidor ali, foi alcançado pela chama: em sua casa funcionava um dos clubes políticos, a *Universidade Democrática*... E compreende-se bem a nitidez e veemência do movimento que chegou a ser uma revolução

---

[29] *Independência e República.*

triunfante. Naquele norte, onde foi mais acesa e vigorosa a luta de defesa da nova pátria, devia despontar e afirmar-se a intrépida resolução de fazer um Brasil explicitamente nacionalizado. Então, num ímpeto realmente revolucionário, os descendentes dos *Insurgentes* abatem o poder da metrópole madrasta e proclamam uma república exclusivamente americana.

Culminância de patriotismo e vértice de angústia para a alma brasileira, 6 de março de 1817 será, para sempre, o marco iluminado onde se mostra a legítima aspiração desta pátria. E aí se quebraram destinos que se anunciavam em glórias... O sangue do mais puro nacionalismo teria corrido inutilmente, para ser *lambido pelos cães*, se, continuando nós no Brasil poluído pela independência de 1822, não tivéssemos nesse feito o motivo de confiar e esperar. Por isso mesmo, no remir das tradições, é indispensável restituir todo o seu valor à revolução de *independência na liberdade*, como o fizeram os republicanos do Capiberibe. *Seis de Março*, supremo desastre no trauma de que ainda sofre a nação brasileira, será por isso contemplado e meditado especialmente, quando for ocasião de estudar esse mesmo trauma, em efeitos e extensão. Neste momento — reintegração de tradições, baste-nos acentuar o caráter de emancipação radical e pura democracia, daquela vigorosa reivindicação nacional. Destinos alheios — o acaso, que nestas praias atirou o resto dos Braganças, torceu os nossos fados e fomos definitivamente contaminados pela estéril e longa miséria que eles nos trouxeram... Encaremos a fatalidade, em vista de todo o passado genuinamente brasileiro que aí está, confirmando as nossas qualidades de americanos para a república.[30] Ingênuo e leal, nos transes de *Dezessete*, Pernambuco foi dominado e ultrajado, para que se desse o Brasil aos interesses do lusitanismo que nos peiava; mas tudo não passou de traição, em

---

[30] Há quem tenha pretendido que a primeira manisfestação separatista do Brasil foi a rebelião de Bekman. Era um descendente de alemão, nascido em Lisboa, mas feito no ambiente brasileiro; no entanto, apesar de português de nascimento, teve o plano de fazer aqui, no Maranhão, um estado republicano. De fato, o regime que Bekman chegou a ensaiar, com *representantes dos três estados*, clero, nobreza e povo, dá a entender que ele visava a ostensiva autonomia, com um governo saído diretamente da nação brasileira. Admita-se, porém, que o movimento de Bekman não tinha tanta importância: fica-nos, como primeira manifestação de independência, a dos nobres de Olinda, chefiados por Bernardo Vieira de Melo, que, por isto, morreu nas masmorras do Limoeiro.

injúria das tradições genuinamente brasileiras, sempre nitidamente republicanas. Como o império tramado em 1822 contrariava dolorosamente os intuitos nacionais, definidos desde 1789, o ânimo de *Dezessete* reponta em 24, em 31, 37, 48... E compreendemos, agora, por que os historiadores *oficiais* tanto se esforçaram para reduzir tais movimentos, ao mesmo tempo nacionalistas e republicanos, a motins de remitentes desordeiros. No caso, o que uma história sincera e patriótica deverá acentuar é que, em povo tão tranquilo, os motivos de revolta fossem tais e tão potente o espírito de nacionalidade, que venceram o próprio horror à desordem, para chegar à franca revolução... E compreendemos, ainda, como um Andrada, de formação aristocrática e tradição bragantina, mas brasileiro sempre, se ligasse tão facilmente e sinceramente ao movimento que deu em 6 de Março. Os Pereira da Silva e equivalentes, a ultrajar os patriotas pernambucanos, resolveram o caso Antônio Carlos afirmando que ele *fora obrigado* a servir à revolução. As cartas à família, na sua absoluta sinceridade, aí estão para provar que o franco-brasileiro de 1822 não se dobraria a servir uma causa, contra as suas convicções. Volúvel, Antônio Carlos, é possível; refalsado, covarde traficante de opinião, nunca.[31]

Desastre para esta pátria, ainda assim, o movimento de *Dezessete* manteve a significação de impor ao próprio Bragança a realidade da nação brasileira: na mesma vitória do Conde dos Arcos, compreendeu o trono que não poderia mais guardar ostensivamente o Brasil para serviço de Portugal... E o Conde dos Arcos veio a ser o primeiro ministro do Brasil, nominalmente *separado*. *Seis de Março*, que devia fazer um Brasil realmente brasileiro, fora tramado no seio da maçonaria, e daí as grandes iras do absolutismo português contra a propaganda maçônica, tachada de infecciosa. *Pedreiro livre* era sinônimo de brasileiro — separatista, revolucionário, republicano: "... veneno trazido de longe...

---

[31] Há, também, o testemunho peremptório de Monsenhor Tavares, que fez sempre de Antônio Carlos um alto conceito, para uma amizade que durou muitos anos, após 6 de março. Tal não se daria se o Andrada não houvesse entrado sinceramente para o movimento, ou se, depois, ele tivesse autorizado os dizeres dos que o deram como *forçado*.

opiniões destruidoras, com as quais alguns malvados quiseram infeccionar a nação portuguesa...". Assim o diz claramente o governo português, em 1820, quando, depois de executados os mais perigosos, indultou os revolucionários ainda não sumariados. Entre estes, com Monsenhor Tavares, Antônio Carlos e os muitos esquecidos nas enxovias da Bahia, estava certamente o cirurgião Vicente Ferreira de Guimarães Peixoto, de Olinda, e que, antes de 1817, havia fundado, em sua casa, uma *escola secreta*, reaberta em 1821, no título bastante expressivo de *Loja 6 de Março*.

48. *Por que a monarquia...*

Bem antes da independência, já era forte a atividade maçônica do Rio de Janeiro, e isto significa, na tradição brasileira, atividade essencialmente política — separatista e republicana. Tanto era assim que, por efeito da vida maçônica, estava preparado um movimento revolucionário, para rebentar em 18 de fevereiro de 1821. O governo teve denúncia do caso; houve prisões e processos, que, finalmente, foram suspensos porque a *habilidade* política do ministro Tomaz Antônio entendeu desviar o perigo por um ato de magnanimidade: perdoando os implicados — "o escol da sociedade carioca", diz-nos o sr. Assis Cintra, na fé das informações que pôde reunir. E, de fato, houve muita gente incluída na devassa. O perdão veio a 16 de março; mas foi em vão, pois que um mês depois, em 20 de abril, tem o governo denúncia de nova conspiração. Redobra de vigilância, sem maior resultado: a 4 de outubro, garante Beauville, devia estalar outro movimento, cujas proclamações chegaram a ser afixadas. Foi tudo isto, sobre a esperteza lerda de D. João VI, que o levou a confessar, mesmo ao filho de quem desconfiava de que o *Brasil não tardaria a separar-se de Portugal*. E ele sabia, também, que tudo isto era tramado na maçonaria, já então, sob a direção dos Ledos. Garante o mesmo sr. Cintra que o Ledo deputado fora para Lisboa "com o fim oculto de mandar informações...". Tal intuito nos explica, talvez, por que o dr. Ledo foi tão pouco ostensivo no seu brasileirismo, ao lado dos Feijó e Barata. E vale a pena continuar a transcrever alguma coisa das trezentas e tantas páginas com que ele procura tirar a José Bonifácio a glória de ter feito a independência de 1822: "Do processo instaurado contra os conspiradores (fevereiro de 1821) ficou provado que a ideia da república partira da loja maçônica *Comércio e Artes*, por inspiração dos irmãos Gonçalves Ledo... A polícia, em virtude disto, ordenou o fechamento da loja *Comércio e Artes* e organizou a perseguição dos maçons, perigosos alteradores da ordem. Mas os maçons continuaram a conspirar."[32] Não se dirá que os textos e argumentos do sr. Cintra bastam para despedaçar o pedestal em que assentaram o *patriarca* de 1822; mas são eloquentíssimos para demonstrar que a tradição da maçonaria brasileira, mesmo no Rio de Janeiro, era nitidamente republicana, e que foi a ambição torva e a competência mesquinha de Ledo que desviaram a maçonaria dessa tradição de república. O livro inteiro, turgido de citações como é, não chega a maior efeito do que a simples seção do capítulo, do *Primeiro Reinado*, de I. F. da Veiga, seção que, no título bem significativo de *"José Bonifácio, patriarca"*, tem por intuito provar que o patriarca foi quem menos fez pela independência. Com a vantagem de gastar menos espaço, o sr. Veiga não se fatiga em fazer o paralelo de mérito Andrada-Ledo, e, com isto, a sua argumentação ganha muito. Toda ela se resume nos dois *itens:* a independência é obra de todo o mundo, menos de José Bonifácio; ela foi feita em 1808, logo não podia ter sido feita por José Bonifácio... Qualquer que seja o efeito desses historiadores a podar o velho Andrada, as suas páginas têm, de fato, um grande mérito: patenteiam, em luz de evidência, que a independência era inevitável e que nenhuma possibilidade havia contra ela. E, com isto, pois que a orientação era, até então, republicana, pois que a melhor atividade estava na maçonaria, por si se demonstra que foi Ledo, com o trazer a maçonaria para o príncipe, quem mais concorreu para que não se fizesse a república em 1822. No momento de estudarmos os efeitos dessa independência para a casa de Bragança, acharemos os títulos em que

---

[32] *O Homem da Independência*, p. 75.

Gonçalves Ledo tem o seu merecimento. Nesta instância, o intuito é, somente, mostrar que a tradição do Brasil sempre foi pela república. Era fatal que assim se faria a independência, pois que, nunca, ninguém poderia contar que a ingenuidade, a estupidez, a ambição, a filáucia e a traição chegassem a unir-se para uma longa atividade contra o Brasil, como aconteceu em o nosso 1822. Desse conluio sinistro, saiu a independência com a monarquia, quando, antes e depois a tradição genuinamente nacional, era republicana. Por isso, em 1822 mesmo, já existia um partido republicano. A *Memória* de Fragoso, dessa data (com o intuito de propagar a ideia de união com Portugal), faz apelo explícito à existência do perigo — *República*. Ao apresentar a *Ordem do Cruzeiro*, produzida com a independência, para glória dela, arrasa o velho Andrada; "O imperador, a exemplo dos seus gloriosos antepassados...", e, por isso, foi duramente atacado pelos *republicanos*, refere a crônica do tempo.

A adoção da monarquia foi, de fato, uma vitória do lusitanismo, amparado no inglês, contra as nossas aspirações. As peripécias do reconhecimento do império pelas grandes nações aí estão para demonstrá-lo. Apesar de que já aqui estava o trono dos Braganças e do fortíssimo apoio que encontrava nos portugueses, entrincheirados nas boas posições, ele não lograria ficar definitivamente, se não fora o gabinete do St. James, a fazer finca-pé em favor da coroa portuguesa, sua aliada. O sr. O. Lima, no livro destinado a acentuar a grandeza dos serviços de Canning ao Brasil, o que destaca, de modo impositivo, é a verdade: sem a ostensiva e intransigente intervenção favorável do inglês, toda a maquinação portuguesa teria malogrado. No caso, os seus conceitos têm valor especial: ilustram-se de excelente documentação diplomática e vêm de uma mentalidade que se não assemelha, em nada, à de um jacobino, isto é, a um extremado republicano. O sr. O. Lima chega a afirmar que "Em 23-24, Pedro I estava em plena popularidade!...". Pois bem, contudo, comentando as dificuldades opostas por Portugal ao *reconhecimento*, diz esse historiador: "...uma terra (o Brasil) que, na essência democrática, se vangloriava de constitucional, e, entre homens de estado que andavam intimamente, e, em muitos casos inconscientemente, mesmo, solicitados por predileções republicanas...". Já não se trata, pois, de *demagogos, anarquistas, facção extrema...*, segundo o conceito dos historiadores bragantinos, repetidos no próprio O. Lima, mas de *homens de Estado*, com predileções republicanas...

Historiador de *D. João VI,* do *reconhecimento* e dos *movimentos republicanos,* o sr. O. Lima dá todo o peso da sua opinião para afirmar que a independência foi, desde logo, uma coisa sólida, por ter sido "desejada e aplaudida tanto pelos que ambicionavam obter depressa a emancipação do Brasil como pelos que receavam ver o país cair nas mãos da facção extrema...". Já sabemos: esta facção se compõe dos republicanos. Adiante, o sensatismo dissertador diz todo o seu pensamento, numa nitidez que espanta: "D. Pedro cingira a coroa imperial para não ver o Brasil tornar-se independente debaixo do sistema democrático... (republicano)." Este mesmo, Pedro I, reconhece a existência de um forte partido republicano, quando alega ao governo inglês e ao pai: "...não posso fazer maiores concessões (a Portugal) para não dar motivos em que se fortaleça a propaganda dos *demagogos...*". Nas *Instruções* a Gameiro, quando esse é mandado tratar do reconhecimento junto ao governo de Londres, lá está: "... insistirá nos esforços que S. M. I. tem feito para sufocar algumas facções dispersas, que a efervescência do século tem animado contra os princípios monárquicos...". Pelo seu lado, Canning, o grande fazedor de nações neo-ibéricas, não teve maiores dificuldades, no tocante ao Brasil, do que a de conservá-lo para a casa de Bragança. Daí o seu esforço em apressar o reconhecimento por parte das outras nações europeias: "... a forma monárquica, adotada pelo novo Brasil, estava, em face da poderosa facção demagógica nacional, por assim dizer, dependente da pronta sanção europeia...". Justificando nesses termos a ação do grande estadista inglês, o sr. O. Lima no-lo mostra, ameaçando, com os republicanos brasileiros, a obsoleta diplomacia portuguesa e a teimosia reacionária dos homens da *Santa Aliança: Ah! Vocês relutam em reconhecer o império brasileiro? Então, abandono-o, e hão de ver o Brasil perdido para a coroa portuguesa; uma monarquia de menos, no mundo, e uma república de* *mais... : "*Canning convenceu Metternich de que a destruição do trono brasileiro, fatal no caso do não reconhecimento, seria mais fatal ao princípio monárquico, por ambos os estadistas acatado." Por sua vez, o enviado de Pedro I, Caldeira Brant, esse aprendeu tão bem a lição do inglês que, à primeira objeção do representante da *Santa Aliança*, pronto respondeu: "Querem fazer cair o imperador... *Tanto pior para eles...*". Quer dizer: a não transigir com a truncada revolução brasileira, os soberanos europeus sacrificavam irremissivelmente o trono de Pedro I aos republicanos. Adotando esse pensar, o sr. O. Lima, depois de chamar o partido republicano de facção turbulenta, admite que a maioria da Constituinte dissolvida por Pedro I era de *radicais, adversários do princípio monárquico...*[33]

Note-se que, naqueles dias, ser republicano significava afrontar um inimigo implacável. O ódio do Bragança perseguiu o grande brasileiro Paes de Andrade até na Inglaterra. Contudo, como era a tradição nacional, mesmo no Brasil possuído pelos brasileiros de D. João VI continuam as gerações de republicanos a opor-se vivamente ao regime instituído, sempre com vistas a realizar as suas aspirações. Ninguém contestará que o ânimo primeiro, para o movimento de 1831, foi de republicanos. Teremos de dar páginas especiais a esse ressurgir da alma nacional. Por ora, tão somente consignemos as páginas imparciais dos adversários, quando mostram *democratas, radicais* e *republicanos...* entre os que criaram a situação de que resultou o 7 de Abril: "... Tendo abdicado o primeiro imperador... paisanos, militares, republicanos, federalistas e liberais, pareceram todos concordar!..."[34] Nestas palavras, Moreira Azevedo insinua que, nesse mesmo ato, da *Abdicação*, os republicanos afrouxaram dos seus intentos. Ora, aí está toda a história, a contar-nos as sucessivas tentativas deles, *exaltados*, para mudar o regime, em oposição à política contemporizadora dos *moderados*. Num desses momentos, em abril de 1832, os federais, exaltados, chegaram a levantar ostensivos *vivas* à república. A energia de Feijó dominou-os, no momento, eles, porém,

---

[33] *O Reconhecimento do Império*, pp. 11-198.
[34] *História Pátria*, p. 8.

continuaram a existir, tal o atesta o sensatíssimo Evaristo da Veiga, ao fazer o elogio de Pedro I, morto: "... as opiniões vão achar-se divididas como em 31, entre os que desejam a sustentação da monarquia constitucional e aqueles que, a todo custo, queriam a proclamação da república". Depois, foi toda a miséria que, através dos Araújo Lima, Hermeto, Calmon, Bernardo de Vasconcelos, deu lugar ao *Quero já* e à *Dissolução prévia.* Então se provou que se não extinguira de todo a voz da tradição republicana: no arremesso de 1842, mesmo derrotadas, em *Pau d'Alho,* as tropas revolucionárias gritavam "Viva a República! Abaixo o trono estrangeiro que nos avilta!..."[35]

49. *O presente do inglês...*

Assim como maquinou a monarquia para o Brasil, forcejou a Grã-Bretanha para que as colônias de Castela se emancipassem na forma republicana. Constituídas em monarquias, era fatal que os neo-espanhóis iriam buscar príncipes na sua mesma metrópole, ou, pelo menos, nesses da *Santa Aliança,* adversária do inglês. E não foi o menor trabalho de Canning, o impedir a monarquia na outra América, do que impô-la ao Brasil. Saiba-se: a tradição, nas colônias de Castela, era bem menos republicana do que na colônia de Portugal.[36] Calderon, insuspeito no caso, divide todo o movimento emancipador, de 1810 a 1822, em *colonial, monárquico* e *republicano.* Pelas datas, verifica-se que esse a que ele dá caráter *republicano* coincide com a ostensiva intervenção inglesa, apoio diplomático e recursos financeiros, após a sua rivalidade com a Santa Aliança: "A Inglaterra que teria podido fundar monarquias constitucionais na América, em face da *Santa Aliança,* prosseguiu numa influência mais comercial que outra coisa." Quando chega a esta afirmação, Garcia Calderon já tem mostrado que os chefes libertadores, inclusive Bolívar, eram monarquistas: "A elite americana era monarquista. Libertando o

---

[35] Gonzaga, Duque, *Revoluções Brasileiras,* pp. 157 e 208.
[36] *O Brasil na América,* § 91.

continente, generais e homens de estado pretendem assegurar àquelas nações a estabilidade da monarquia. Iturbite é imperador; os lugares-tenentes de Bolívar oferecem-lhe a coroa, Paes lhe sugere tenazmente a ambição imperial. Belgrano dizia no *Congresso de Tucumán* que a melhor forma de governo era uma monarquia temperada, e muitos deputados pediram, ali, a criação de uma dinastia americana. Bolívar queria para a América espanhola monarquias constitucionais."[37] San Martín, na célebre conferência de Guaiaquil, sustentou francamente o princípio monárquico para a Argentina, e, como Bolívar interpretasse o seu parecer como expressão de imperialismo, discordou inteiramente da orientação deste.

Enquanto isto, a sociedade brasileira definia-se em sentimentos nitidamente e cordialmente democratas, e que persistiram apesar de tudo. Havia um trono; mas o ambiente, antipático a ele, amesquinhava-o, até o achincalhe. Landulfo Medrado pôde dizer, sem que ninguém se detivesse em espanto: "São incompreensíveis, aqui, as pompas da monarquia."[38] Pedro I embaiu a nação brasileira, sem que, no momento, se levantassem maiores protestos: desde, porém, que começou a largar as fornadas de *marqueses,* feitos com os Barbuda e Maciel da Costa, pronunciou-se ostensivamente a viva oposição, que, finalmente, o alijou. O próprio Varnhagen o reconhece.[39] Eram costumes que, ainda hoje, são mal compreendidos, quanto mais naqueles dias — de Lino Coutinho, Barata e Martiniano de Alencar. Imagine-se que, doente o imperador, cortejado no leito por todo o mundo oficial, houve deputados constituintes que não foram visitá-lo. O futuro Porto Seguro não pôde conter a indignação, ao contar o caso, e despica-se no comentário: "Seguramente José Custódio Dias foi um deles...". No entanto, José Custódio, democrata embora, era um homem manso. Armitage, que respirou do ambiente, até o ponto de comprazer-se nele, dá-lhe o justo valor, quando nos diz:

---

[37] *Les democraties latines de L'Amerique*, pp. 44-57.
[38] *Os Cortesãos,* p. 4
[39] *Hist. da Ind.,* p. 199.

"Havia uma certa igualdade entre todos."[40] E como o trono se plantou contrariando as mais puras tradições nacionais, para justificar-se, teve de insistir no sistema de mentiras e calúnias com que, por longo tempo, se infamou o Brasil, reduzindo-o a nação turbulenta, a desfazer-se em facções, pronta a fragmentar-se, se não fora a monarquia, que lhe deu unidade... Ora, nunca houve facciosismo, nesta pátria, nem foram tantos os movimentos armados, ligados à vida incerta dos primeiros tempos, que dessem o espetáculo de *um país em desordem*. Apesar de toda a nefasta influência da política portuguesa, votada aos seus interesses e a perturbar profundamente a vida deste país, nunca o Brasil deixou de portar-se como explícita unidade nacional. Houve um quê de agitação, pois que esta era uma pátria bem viva; mas todos os movimentos notados na história foram, até ontem, os legítimos protestos de um patriotismo iludido e explorado contra a sua verdadeira soberania. Se, em qualquer momento, ele pecou, foi no excesso de mansidão com que suportou o ludíbrio da *Independência*, conspurcada quando já era uma realidade. Tivemos de considerar, em especial, esse caso de unidade nacional e então verificamos que foi a própria independência com a monarquia que a pôs em perigo. Afogada ela, a unidade nacional, na estúpida e tirânica centralização imperial, tinham que afrouxar os mesmos laços da afetiva união e solidariedade em que sempre vivera o Brasil: os laços afetivos afrouxaram, qual no atleta que, para dar mais solidez aos seus membros, os enfaixasse e ligasse... Dispensados de manterem-se ativos, os músculos enfraquecer-se-iam, até a atrofia: os brasileiros, forçados a uma união artificial e excessiva, indiferente aos seus sentimentos e interesses, soltar-se-iam, finalmente, dos laços da primitiva solidariedade, confundida na opressiva centralização do regime. E foi assim que a unidade do império chegou a ser compreendida e sentida — como excesso do poder central, já degenerando em colonização das províncias, sob a metrópole-corte. Com a República, o excesso de centralização

---

[40] *Op. cit.*, p. 6.

veio nominalmente a cessar, substituído o poder imperial pelo dos *grandes Estados*, substituindo-se o trono pelo viciadíssimo oligarquismo em que se concretizou o regime republicano. E tudo isto foi possível porque o Brasil já estava diminuído em todas as suas virtualidades pelo defeito da má iniciação na vida autônoma. O Estado português, qual nos foi transmitido, fez o *germe pálido* de uma profundíssima avaria, cujos principais sintomas se encontram, justamente, nesta república, tão desjunta do que devera ser a democracia brasileira, como o império bragantino o era — de um Brasil livre, para destinos americanos.

As tradições verdadeiramente brasileiras se desfazem, e, nesse desfazer, lá se foi o mesmo espírito municipal em que se baseia um governo republicano, sobre tão vasto país. Em face do absolutismo da metrópole, eram os pobres representantes dos municípios as respectivas *câmaras*, que concretizavam a autonomia brasileira, sobretudo depois da restauração bragantina. À sombra delas, surgiram os mal-definidos *juízes do povo*.[41] Era tudo informe, mas valia como germe de autonomia em espírito nacional, germe que, certamente, teria prevalecido em instituições democratas e fecundas, se o império, na lógica dos seus interesses, completando Pombal, não tivesse suplantado todas as tradições de franquias municipais. Veio a república, e a melhor prova, por mais completa, da sua perversão é a nulidade da vida política dos municípios: são ninhos, sujos quase sempre, onde a politicagem dos estados acomoda o mais sórdido dos seus resíduos.[42] Não há, por esse vastíssimo Brasil afora, um milagroso recanto onde se possa verificar vislumbre, sequer, de autonomia local, numa política inspirada pelos respectivos interesses. Tudo não passa, no localismo, de mísera e ignóbil competição de mando, entre os prepostos da oligarquia em que se enfeudou o Estado: o município existe sob a

---

[41] É preciso não confundir os *Juízes do Povo,* como no-los apresenta Southey (T. IV, 265), com os *Bons do Povo:* "Nos distritos menos populosos, *Juízes Ordinários* tendo as mesmas atribuições dos *Juízes de Fora,* eram eleitos por indivíduos que se denominavam BONS DO POVO, assim qualificados por haverem exercidos cargos da municipalidade". (Armitage, p. 2).

[42] Houve municipalidades que depuseram capitães-generais, sendo aprovadas, tal o seu prestígio ante o governo de Lisboa. Assim aconteceu com o covarde e inepto Castro Morais, em 710. Foi Pombal (era fatal) quem limitou, primeiro, as atribuições as municipalidades brasileiras.

gerência de um *prefeito* estranho, mandado para ali pelo governo central, de quem se recebe, também, a lista dos que têm de ser *eleitos* para o *conselho municipal*, ou equivalente assembleia comunal. E, com isto, dissipou-se, nas populações, a aspiração de democracia, já considerada realidade duvidosa, ou perigosa utopia. Temos, assim, a política nacional numa coisa abstrata da nação, que nem é tendência à realeza, nem tentativa de realização democrática-republicano, nem, mesmo, leal usurpação tirânica... E quando medimos a distância entre os destinos anunciados com a primeira tradição e o que finalmente prevaleceu, não nos reconhecemos, quase, como continuidade histórica.

Sim, a fórmula histórica se quebrou: viemos ao longo dos sucessos *Insurreição*, conquista dos sertões, lutas nativistas, movimentos republicanos e autonomistas de 1789 a 1817... efervescência de 1821... e a Independência do Ipiranga parece-nos um sacrilégio, em abjuração afrontosa. No entanto, não se passa um ano e a abjuração se degrada, ao ponto de que os bragantinos de 1822 emergem como heróis nacionais, perseguidos por esses a quem se entrega o Brasil *Abdicação, Regência... República...* em vão: a nação brasileira, convertida em pasto de negreiros e escravocratas, ganhou o mal profundo deles, e o brasileiro de hoje só não desespera porque ainda pode volver os olhos para essas longínquas afirmações.

PARTE 2ª
Trauma e infecção

CAPÍTULO VII

A DEGENERAÇÃO DA
ATIVIDADE PORTUGUESA

Estas páginas, nutridas e inspiradas na história, não são, todavia, para sistematização histórica dos sucessos. Esses ocorrem, aqui, como documentação, explicação, comentário... Nestas condições, a mesma ordem de acontecimentos, a mesma crise histórica, se tem importância justificativa, será invocada duas, três vezes... A reação contra o holandês patenteia a existência e o valor do Brasil dos meados do século XVII, dá exemplos de solidariedade nacional, assinala a decadência do estado português, revela a nascente tradição brasileira, que terá de defender-se pelas armas contra os *mascates* e ainda nos dá o começo da deturpação na história nacional.

De modo geral, os sucessos arrolados anteriormente, no demonstrar a mesma deturpação, têm que ser contemplados agora, quando estudamos a degeneração da nação portuguesa, agarrada ao Brasil, e, assim, desfigurando-lhe o caráter, empeçonhando-lhe a seiva, contrariando-lhe a evolução, dissolvendo-lhe as tradições... Há que insistir muito, a desnudar essa longa degeneração, acentuando repetidamente os aspectos de degradação em que ela se alastra. Mas, que não pareça malquerer para com o povo decaído; nem ódio, nem intuito de ultraje. Os nossos fados, placentados na história do velho reino, obrigam-nos a seguir a trajetória de declínio, como, em tempo, acompanhamos a sua gloriosa ascensão. O Portugal, donde caiu a semente para o Brasil, foi um desdobrar de pertinazes virtudes em energia dominadora. Apresentamo-lo em traço forte a criar a grande navegação, em que se desvendam os mais remotos segredos da Terra. Não houve louvores, mas a simples resenha de feitos, indispensáveis à lógica de uma demonstração. Também, agora, destacar-se-ão ignomínias e abjeções, em todo o cru da hediondez, porque tanto é preciso ao prosseguir da demonstração, sem que o pensamento se amesquinhe em ânimo de injúria. Como explicar a generalizada carência da nossa atividade política, a mesquinhez de mentalidade e a falência de caráter em que ela é feita? Herdamo-las com as classes dirigentes que diretamente nos foram *transmitidas,* na plenitude da tradição de estado que aqui se implantou.

50. *O Brasil de 1650*

Nos meados do século XVII, já há uma nacionalidade americana, sabida da colonização: é o Brasil. Muito antes, quando ainda se discutia a sucessão do cardeal D. Henrique, houve quem pensasse em fazer das quatro capitanias chefiadas pela Bahia a sede da monarquia portuguesa.[1] No entanto, a verdadeira expansão do Brasil, para o norte e para o centro, ainda não estava feita. Depois, passam-se os anos em que, diminuído Portugal no seio da coroa de Castela, o Brasil é como que deixado ao seu gênio nascente. São os anos de luta pertinaz contra o francês, que é levado de vencida, até para lá do Maranhão. Há um desdobrar de energias, que dão para a conquista definitiva sobre o gênio: Sergipe, todo o norte para lá de Itamaracá, o São Francisco, Cabo Frio, Campos dos Goitacazes, as serras e selvas do Sul, as águas do Paraná, até as portas das minas... e ainda sobram energias para a resistência heroica, com a vitória definitiva sobre o holandês, em 1653. Então, o padre Antônio Vieira, que o conheceu de experiência pessoal, acha no Brasil a nação sobre a qual o seu Bragança pôde desassombradamente gozar um grande império. Há mui-

---

[1] Southey, *op. cit.,* I, Cap. X.

ta miséria, já, na administração que Portugal faz aqui, e o *padre* as qualifica; há muita ferocidade mercantil nos colonos que formam as sucessivas vagas de rapinagem; todavia, o que o grande jesuíta conhece como essencialmente Brasil parece-lhe bastante para nutrir fartamente a avidez dos restaurados. Por toda essa primeira metade do século XVII, e que foi a época mais gloriosa — a *idade heroica* do Brasil, os nomes mais visíveis nos seus grandes feitos construtivos são de brasileiros, ou pelo menos exclusivos do país: Filipe de Moura, Anchieta, Cavalcanti de Albuquerque, Albuquerque Maranhão, Sousa Dessa, Bento Maciel, Frei Vicente do Salvador, Soares Moreno, Raposo, Salvador Correia, Matias de Albuquerque, Barbalho, Holanda, Adorno, Frei Manuel do Salvador, Martins de Sá, Pedro de Albuquerque, Bento Rodrigues de Oliveira, Antônio de Sá, Manuel Correia, Rabelinho… até Vidal de Negreiros. Há para todas as formas da ação humana — a guerra, a administração do Estado, a Igreja, as mesmas letras… Quando Portugal se restaura, a vitória mais importante é ganha por um general brasileiro — Matias de Albuquerque, em Montijo.

Em significação absoluta, tais feitos são realmente grandiosos — a defesa vitoriosa contra os povos mais potentes do mundo, o domínio incontrastável sobre metade, quase, do continente. Manda a lógica, porém, que, para ter a justa medida do Brasil, que se afirmou *heroicamente*, o reportemos à quantidade das gentes que o produziram: a população cristã, da colônia, no fim de tudo isto, está muito longe, ainda, de um milhão, espalhada por essa imensidade de Gurupá a Santa Catarina, pelo Amazonas acima… até o alto São Francisco, e pelo Tietê abaixo… com uns cinquenta povoados, dos quais nem vinte tinham o valor de vilas. A terra, trabalhada por uma população inteiramente feita com ela, dava riqueza e orgulho. "Senhor de engenho era a verdadeira nobreza desse Brasil."[2] Toda a defesa contra os franceses, e o formidável esforço para alijar o holandês, com as repetidas destruições de vinte e seis anos de guerra sobre a parte mais próspera e pro-

---

[2] O padre Andreoni (Antonil), tratando do Brasil do fim do século XVII, diz textualmente: "O título de senhor de engenho, muito ambicionado, vale como os títulos de nobreza, entre os fidalgos do reino."

dutora, não chegaram a suster o desenvolvimento do Brasil: antes de dez anos, estava tudo refeito, em dobradas proporções. Quaisquer que sejam os novos males distribuídos à colônia, o surto de crescimento ainda se mantém, de tal forma que, ao terminar o século XVII, em face do inventário de Andreoni, a própria metrópole se admira, e cuidadosamente manda suprimir a obra do jesuíta, receosa de que a revelação de tais riquezas venha tentar a cobiça da Europa, que lhes roube. Olinda é a primeira cidade da América toda em ostentação de riqueza; e não tarda que a Bahia rivalize com Olinda.[3]

Tudo isto, porém, se ofusca no fulgor do espírito público brasileiro, em que se anima a nova pátria que venceu o holandês e investe para os sertões. A pouca população, dispersa em territórios imensos, vale poderosamente, porque vive numa cordial união de destinos, realmente humana e patriótica. Os Dessa, Bento Maciel, Paschoal, Soares Moreno, Barbalho, Vidal, Sá e Benevides, Salvador Correia... estendem a sua atividade fecunda por toda a extensão, quase, do imenso Brasil. Há verdadeira solidariedade, fórmula explícita de uma nação em desenvolvimento. E se esse desenvolvimento prosseguisse naturalmente; se o organismo em formação não houvesse incluído na sua vida motivos que a contrariavam e deprimiam, teria guardado a situação inicial, de primazia. No liquidar do século seguinte, quando a América se apresenta pronta a viver vida própria, seria uma nação para emparelhar com as que conduziam a civilização ocidental, ou, pelo menos, para fazer a vida desembaraçada e ostensiva de um povo humanamente livre, senhor dos seus destinos. Em vez disto: a colônia continuou a *progredir* como colônia para Portugal. Cresce a terra útil; multiplicam-se os recursos nutrientes de que vive a metrópole; veio, mesmo, a formidável riqueza das minas, que fizeram desta América a fartura hirudínea de Portugal; a população se eleva a milhões, onde há milhões só de negros escravos. E, sob o peso desse desenvolvimento, o Brasil murcha, definha o seu espírito público: a nação involui.

---

[3] Em fins do século XVII, só o açúcar exportado orçava em 2.535:142.000.

250

Aqueles milhares de brasileiros do começo do século XVII dão as dezenas de grandes atividades em que se forma a colônia definitiva; os milhões do século XVIII deviam dar centenas de excelentes atividades, para a vida pública da colônia, já feita e próspera; mas não: em vez disto, o nome de brasileiros vai sensivelmente diminuindo, até que, ao liquidar-se a dependência, era apontado como extraordinário José Bonifácio (brasileiro do Duque de Lafões) feito ministro do Brasil. "Foi o primeiro ministro brasileiro...". As gentes, de onde saíram os administradores — Vidal de Negreiros, Salvador Correia, Albuquerque Maranhão, Pedro de Albuquerque, Matias de Albuquerque, Barbalho... essas gentes como que perderam a capacidade de ocupar-se dos seus destinos, substituídas, inteiramente, pelos Mendonça Furtado e Castro de Morais, que a degradação bragantina soltava refocilarem-se por aqui. A vida pública deixou de ser a atividade patriótica dos que organizavam as conquistas de Maranhão, Ceará e Piauí, e moviam a defesa contra o invasor, resistiam a Guerens e Palmares, para ser o disputar da própria vida contra a espoliação e a ganância feroz de *companhias* de extorção, e *mascates*, e *emboabas*, arrematadores de dízimos e cobradores de quintos. Foi que o Brasil perdesse a capacidade de produzir homens para ser um povo? Não.[4] Faltam nomes brasileiros nos negócios públicos, mas começa a lista dos que, na atividade eclesiástica, nas letras e nas ciências, preenchem os claros notados no Portugal da decadência. A explicação do paradoxo, e que é a causa mesma da desgraça em que sofreu o Brasil, até quase perder o caráter; essa causa, nós a

---

[4] Oliveira Martins teve de consignar: "A prova máxima da constituição orgânica do Brasil no século XVIII é a sua fecundidade intelectual. Brasileiros eram, na máxima parte, os sábios e literatos portugueses de então. Brasileiros foram Antônio José, o *Judeu*, queimado por D. João V; Basílio da Gama, o autor do *Uraguai* (foi secretário de Pombal); Durão; Gonzaga, o Poeta de Marília (aliás, nascido em Portugal, corrija-se); Costa Alvarenga. Brasileiros, os poetas Pereira Caldas e Morais Silva, Hipólito Costa, o patriarca do jornalismo, Azeredo Coutinho, primeiro economista português, o geômetra Villela Barbosa, o estadista Nogueira da Gama, o químico Coelho Seabra, Conceição Velloso, autor da *Flora Fluminense*, Arruda Camará, companheiro de viagens de José Bonifácio, e este chefe ilustre...". Faltou-lhe arrolar: os irmãos Gusmão — o estadista e o inventor da aeronáutica, os irmãos Matos — Gregor e Euzébio, Antônio de Sá, êmulo do padre A. Vieira; o bispo D. Francisco de Lemos, José Vieira do Couto, professor de Universidade, Câmara Sá, os outros dois Andradas, José da Silva Lisboa, Jaboatão, Joaquim da Maia, com autoridade para tratar com Jeferson e com Arruda, toda a plêiade de 1817, de onde ainda sobram homens para 1824... (*O Brasil e as Colônias*.)

encontramos na degeneração da metrópole, que, decaída, degradada, pesou sobre o Brasil com toda a miséria da sua degradação, contaminando a vida pública da colônia, na proporção, mesma, da necessidade em que se encontrava.

51. *O processo da degeneração*

Primeira nação a constituir-se nos restos da Idade Média, primeiro grande império moderno, primeira potência ultramarina, Portugal teve a triste glória de ser a *primeira* decadência entre as nações modernas. E decaiu nas mesmas proporções em que subira, numa tal precipitação, que foi como a aceleração do movimento com que se elevou. Lentamente, o Portugal rude do século XV vai fazendo o seu destino. Numa fugaz ilusão de apostolado, ele desce em Ceuta... mas volta ao mar, na tenacidade do inexorável desejo, no programa definitivo de mercância; e as poucas faculdades que com isto se aguçam sublimam-se até o valor supremo, a que nada resistirá... É nesse caso que haverá degeneração: a premência de um motivo forte, em longo estímulo, exalta as qualidades humanas, focalizando-as em determinada atividade, e, com isto, assegura-se o triunfo — a conquista desejada. Se essa conquista não é, apenas, um valor moral, mas um objeto que deve ser fruído, todas essas funções que se exaltaram para a conquista suspendem-se, porque já não são necessárias, ao mesmo tempo que as energias em que elas se intensificavam concentram-se na realização do gozo. Então, altas funções humanas evoluem, ao mesmo tempo que o poder de inibição se afrouxa — na flacidez da repleção e da saciedade. E, com a saciedade, calam-se os estímulos: é o começo da decadência. Por tudo isto, a degradação será tanto mais sensível quanto mais forte a exaltação da virtude e mais difícil a conquista.

Em verdade, na degeneração dos grupos nacionais, a súmula dos efeitos se patenteia na degradação das respectivas tradições, repetidamente amesquinhadas, nos mesmos lances em que deveriam prosseguir e afirmarem-se de mais em mais. Dois séculos

252

depois de Aljubarrota, os descendentes dos que, na proporção de um para três, bateram o castelhano vendem, ao mesmo castelhano, a pátria, com os ossos de Nun'álvares, para que a jactância do Felipe pudesse arrotar — Portugal, *yo lo heridé, yo lo compré, yo lo conquisté...* A conquista foi a vergonha de Alcântara — dois tiros de artilharia e um bando de covardes, tontos, a fugirem, sem pernas mais que para a corrida, enquanto o senado de Lisboa implorava ao duque d'Alba que corresse a tomar conta da capital do reino, e os governadores, a quem o último Aviz havia entregue o mesmo reino, lavravam a sentença comprada pelo Felipe, e que lhe dava Portugal... Oliveira Martins mais de uma vez, nas suas aproximações de destinos, fala em *fenícios, cartagineses...* Cartago, sem virtude para resistir, vencido, ao menos teve o valor de morrer: em Portugal, uma degeneração mais profunda dissolveu toda virtude nos dirigentes, e, na miséria deles, a tradição de Thomar e da batalha se desintegrou. Tudo se explica muito logicamente: entre Aljubarrota e Alcântara, ocorrera o mais característico dos destinos de Portugal — o mercantilismo heróico, sobre o mar; desaparece o herói, na degeneração, há de ficar o mercantil, e... vendem-se as próprias tradições, vende-se a pátria, vende-se a honra...

Causas de decadência, grupos em degeneração, crises de relaxamento, dissipação de ideais... são coisas que ocorrem por toda parte, como as inevitáveis flutuações históricas; e é nessas conjunturas, quando há o risco de vergar o destino de um povo, que mais necessária se torna a lição da tradição, em destemido zelo para mantê-la. Então, nela se encontram, bem explicitamente, orientação e estímulo, como no pundonor e no zelo da reputação encontra o indivíduo motivos para resistir aos influxos de decadência pessoal. Daí, a vantagem dos regimes de liberdade, que permitem firmarem-se *novos ideais* dentro da mesma tradição, para que novas classes, em renovação de espíritos, venham disputar aos decaídos a direção social e política da nação. No caso de Portugal, infelizmente, nada disto era possível: a nação, feita nos esforços ostensivos dos seus dirigentes, pertencia a eles. Era, assim, por toda a parte, no ocidente, mas em nenhum outro país tanto como no pequeno reino. O grande êxito da política dos

Aviz, com os seus fidalgos, entregara-lhes a nação, sem meios de protesto eficaz. Além disto, a forma, mesma, do desenvolvimento nacional — conquista ultramarina e colonização — era um motivo de depauperamento crescente da massa popular dentro de Portugal. *Ilhas, Índias, o Brasil...* isto significava a constante emigração de ousados, para pilhar, ali, para fazer, aqui, uma nova pátria, para *mercanciar,* depois. Os que para lá voltavam eram: refugos de insucessos nas colônias, administradores corrompidos, mercantis abandonados de todos os escrúpulos... E, desenraizados, com os olhos fixos no caminho da fortuna, não se incorporavam mais na massa popular, ainda que daí tivessem saído.[5] No domínio de gozo dado a Portugal, o seu ideal de grandeza, como fator de degeneração, tornou-a tão extensa e profunda, que todo o corpo dos dirigentes foi alcançado: o estado português se degradou perdidamente, e, com ele, nas condições já indicadas, a nação inteira abateu. Não havia os meios de constituir-se ali uma pura burguesia, capaz de refazer o Estado dentro das tradições nacionais, num golpe contra as instituições caducas; nem a massa popular tinha ânimo para, numa revolução suprema, salvar-se a si, salvando a nação. Além de constantemente depauperado, Portugal, com a imigração incessante, o predomínio exclusivo desses dirigentes degenerados, fechava-lhe todas as possibilidades. A vida nacional se fazia numa economia monstruosa — a ostensiva exploração tributária das colônias, a mercância exclusiva, em forma de capacidade, exercida pelo estado mesmo; um excesso de poder, do estado rico e desmedidamente engrandecido, convertido finalmente em máquina de colher e distribuir tributos e riquezas... Que regime social e político se fazia, então, ao simples povo? Nem instrução, nem qualquer educação cívica, nem indústria, nem lavoura... E a nação era um corpo de dirigentes abjetos, sobre uma massa ignara, reduzidos, os que se resigna-

---

[5] Os portugueses mesmo reconhecem a miséria: "...com os vícios mercantis e burocráticos herdados de uma odiosa exploração nas colônias... e sem trabalho estável... que essa vida de aventuras e conquistas tinha tornado impossível; desnacionalizados... apagado o espírito de tradição... por aqueles que corriam em demanda da vida cosmopolita dos portos de mar, mais ativa e mais rendosa... todos, afinal, nobres e plebeus — velhos traficantes de pimenta e de escravos, com mais de 95% de analfabetos..." (Homem Cristo, *op. cit.,* p. 3).

vam a ficar na terra, a viver das sobras dos tributos e da rapinagem; os outros dos ganhos sórdidos, na mercância das colônias.

Não teria havido talvez, não houve certamente, uma degeneração universal — dirigentes e povo; mas, a miséria daqueles, não só nodoou a nação inteira, como fechou a vida legítima e digna para o próprio povo. Na hora da provação, quando este poderia ter trazido a sua energia virgem, para salvar o possível; nessa hora em que os restos do heroísmo, já delirante, se somem nos areiais de Marrocos, o povo se esgotou no sebastianismo, única exaltação possível, quando a pátria foi vendida e a nação não sabe que há outras formas de vida além da exploração colonial. Não são palavras a esmo, as afirmações que aí ficam; no momento próprio da demonstração de efeitos, havemos de encontrar, no desdobrar da história, as provas de tudo isto, provas que nos levarão dos efeitos à causa mesma de toda essa decadência, no processo vil de mercantilismo.

52. *A higiene do imperialismo inglês*

Alegar-se-á que a Inglaterra também fez um império ultramarino, em grande atividade comercial, sem que, por isso, houvese degenerado. As condições das duas explorações distinguem-se muito, em origens, época e processos. O inglês, finalmente batido na guerra continental — dos *Cem Anos* —, teve uma aristocracia menos poderosa e um trono tão pouco prestigiado que, desde cedo, abriu mão de muitas das suas regalias. Nunca houve, na Inglaterra, a realeza absoluta. Antes da expansão colonial, a burguesia de Londres havia abatido o mais formal no poder da coroa; a *Restauração* não foi a volta ao puro regime antigo, e, apesar disso, a revolução liberal, de 1689, acabou com os restos de privilégios da aristocracia. Desta sorte, ao longo da exploração ultramarina, a classe dos dirigentes ingleses tinha possibilidades para fazer a necessária renovação política, uma vez que não se tratava mais de uma classe fechada. Os Hastings e os Clives depravaram-se em hediondices, mas a política inglesa achou corretivo para o caso. Por isso mesmo, o regime de estado, ali, parece-nos, desde a *Magna Carta*, o mais livre no mundo moderno. De Drake, a Grã-Bretanha não poderia ter degenerado, porque estava em pleno trabalho de renovação geral, quanto às suas práticas políticas; de Clive para cá, já existe essa fórmula de Estado, que lhe permitiu, dentro das tradições, viver num regime de relativa liberdade, num qual ambiente de opinião pública, com aparências de livre propaganda. Daí provém essa virtude higiênica política, manifesta nos dirigentes ingleses. Dir-se-ia superiores à corrupção em que se degradam outros estados; conservaram as prerrogativas dos governos locais; criaram correntes de opinião nacional, e, ciosamente, a cultivam e respeitam. Ao mesmo tempo, nos indivíduos elevaram-se o foro íntimo e o sentimento de responsabilidade, pela prática da liberdade.

Só assim se explica o aparente milagre da resistência da nação inglesa quanto à decadência proveniente das conquistas e da riqueza. Em 1560, os marítimos britânicos ainda nos parecem aventureiros piratas, sem plano nem disciplina política. Dessa pirataria, frequentemente abjeta, e do tráfico de negros, fizeram os duros *yomen* a base da sua prosperidade e do poder inglês. No começo do século XVIII, ainda introduzem os ingleses 100.000 negros escravos, anualmente, nas suas colônias; mas a opinião pública se levanta contra a hediondez e surgem estadistas para acabar com o crime, e impor ao mundo a cessação do tráfico abominável. Compare-se esse sucesso ao que se deu no Brasil, onde subsistia o degenerado estado português bragantino: a população, aqui, mais humana que os colonos ingleses e o negreirismo prevalece, maculando, por um século, a tradição nacional, com a estúpida conservação da escravidão, garantida pelo trono. Não é que na Inglaterra não se notem sintomas de degeneração. Em meados do século passado, ao visitar a pátria dos seus antepassados, Emerson declarava o inglês esgotado, em franca diminuição de valor, comparado, naturalmente, aos ianques; no fim do mesmo século, um britânico, Ch. Pearson falava em *decadência da energia inglesa* ...[6] E a Inglaterra aí está, no seu vigor de sempre,

---

[6] *National Life and Character* (1894), p. 73.

poderosa de poder próprio e do que lhe vem — de ser o centro da formidável confederação livre, formada com as antigas colônias, em plena autonomia.

53. *O mercantilismo heroico*

A nação portuguesa ufana-se, mui justamente, com a obra de Camões, que lhe deu situação entre os povos de pensamento. Nos *Lusíadas* há, realmente, um poema: a epopeia do surto comercial... São coisas que se não casam bem, e, por isso mesmo, Camões demonstra o definitivo poder do gênio: fundiu os inassimiláveis — o ânimo épico em ânimo mercância. O grego, com todo o seu portento de pensamento, deixou que *Argonautas* fossem, apenas, fábula de semideísmo, e, quando quis epopeias explícitas, fê-las com Aquiles e Ulisses; Camões pôde tornar épico a um almirante de transportes, primeiro traficante d'el-rei que conquista sem batalhas, e fecha, sem brilho, uma façanha que só é heroica porque é de toda uma nação, durante um século. O heroísmo é tenacidade, o ideal, obter um comércio. E Portugal, cuja glória se resumiu intensamente em Camões, não teve outro motivo de exaltação, ao transbordar sobre os mares, senão esse mesmo que conduz a epopeia do lusitanismo. No rememorar de feitos e glórias, o português de hoje se desvanece ao contemplar o Brasil: *Portugal fez uma nação!* No entanto, o Brasil, onde a tradição portuguesa jamais se dissipará; o Brasil, a única obra perdurável e grande do Portugal ultramarino; o Brasil, que nasce, se define e se afirma, nestes nomes tão portugueses — Martim Afonso, Duarte Coelho, Tomé de Sousa, Nóbrega, Mem de Sá, Gaspar de Souza; esse Brasil já existia, nítido e potente, nos dias de Camões, que não teve alma para ele e não o percebeu, sequer, ao arrolar as glórias e o poder da sua pátria.[7] O grande poeta era, de fato, repre-

---

[7] O sr. O. Martins, depois de extasiar-se em face do Brasil, exclama: "Por que não criamos na África uma nova Europa, como na América?" E dá uma resposta vazia. Por quê?... Porque o português que ia à África era ainda, o heroico, em processos de negreiros, e porque, certamente, o português só não bastava para fazer uma nação; só aqui ele frutificou, porque só aqui havia o necessário para completá-lo e formar um povo capaz de resistir a tudo, inclusive à infecção.

sentativo do Portugal heroico, em absoluta concordância com os seus destinos. A própria miragem do suicídio, na África, teve fulgurações na sua retina, e ninguém desejou mais vivamente a aventura que deu em Alcácer-Quibir do que Camões: "Sereis o braço forte e soberano contra o soberbo gládio mauritano!", exortava ele, para agravar a exaltação do pobre Aviz alucinado. Acabou quando acabou o verdadeiro Portugal, cuja grandeza, ele, Camões, só podia sentir nas fabulosas riquezas das Índias. Delas fez o motivo principal dos seus cantos, porque tais eram os motivos excluídos da alma nacional.

Hoje, o fenômeno pode parecer-nos monstruoso. Transportemo-nos, porém, à situação daqueles tempos e reconheceremos que devia ser assim. O gênio político do português se afirmou na nacionalização da pátria; mas, no mesmo surto, no vigor das mesmas energias, como em complemento de um destino, inclinou-se para o mar, com o ideal de mercantilismo. E o realizou plenamente. Foi uma obra portentosa, e que, ligada à pequena nação, absorveu-a completamente. Portugal foi exclusivamente mercantil... Teria sido exclusivamente mercantil, se não fora o Brasil, para onde se desviou, nos primeiros tempos, um pouco das suas energias sobrantes; o Brasil, para onde veio todo o seu mercantilismo já podre, quando não houve mais Índias. Finalmente, Camões teve razão: o essencial, no Portugal legítimo e nos seus heroísmos mais puros, é isso mesmo que ele canta — Taprobana, e para lá da Taprobana... mas sempre no Oriente. O Brasil é uma história de começos mais modestos — semente feliz, se bem que escassa e como que transviada. A boa terra fez o resto. Não daria para um poema de glórias portuguesas, a menos que as víssemos pelo avesso, no ativo do segundo Portugal, o das torpezas bragantinas.

Quaisquer que sejam as causas históricas, as degenerações sociais se fazem, sempre, segundo aquela mesma fórmula: um motivo, intensamente sentido, determina esforço de conquista, com acentuada exaltação das qualidades humanas, e tudo se traduz em verdadeiro aumento do valor social e nacional do grupo. Vem a conquista, que, se se realiza em objeto de gozo, traz relaxamento das energias e a inferiorização do mesmo grupo. A degeneração portuguesa, tendo causas que lhe são bem próprias, obedeceu, no entanto, a essa fórmula, e de um modo tão absoluto que, por isso mesmo, se tornou característica: o motivo foi um desejo vivíssimo, profundo e longo; o objeto da conquista — riquezas imediatas, sob a forma vil de um comércio privilegiado. Resultou, então, que a degeneração sobreveio brutalmente: foi a mais intensa, profunda e rápida, de quantas há notícia na história. Os tempos de grandeza já são de decadência. O objeto, mal disfarçado, da conquista desejada, a sua materialidade palpável, produziram, desde logo, a desmoralizante regressão de ideais; o desejo se tornou ostensivamente em cobiça — *Fartar!...* E foi como se a degeneração começasse com a própria conquista. Havia, nos primeiros decênios, plenitude de energias; mas as almas desenfrearam, abjeções abaixo, sem medida para a ferocidade vil das exações: "Todos são ladrões, todos, sem exceção, chatins..., relatava D. João de Castro ao seu rei. Cá está em estado que não há mouro que cuide haveis de ser de ferro para o seu ouro... As cobiças e os vícios têm cobrado tamanha posse que nenhuma coisa já se pode fazer que dos homens seja estranha." Isto era bem em começo, quando ainda havia a valentia dos *setenta*, que, com Duarte Pacheco, resistiram ao cerco de um exército de dezenas de milhares; quando Albuquerque, com quinhentos soldados e seis navios, conquistava um império de milhares de léguas e muitos milhões de almas.

Tais efeitos, precoces, refletem-se, principalmente, no critério moral e não são, ainda, a degradação completa. Esta, porém, teve que vir.

54. *Do heroísmo ao comércio d'el-rei*

A degeneração é sempre inferiorização, e só decai quem tem situação histórica de destaque. Tanto vale dizer: para degenerar é preciso ter sido um grande valor social e humano. Historiadores miúdos, sociólogos de oitiva, falam das populações primitivas — americanas, malaias, ou africanas — como de raças *degradadas*, povos *degenerados...* tudo isto porque confundem vida rudimentar com inferiorização degenerativa. Em história natural, eles não distinguiriam a aparente simplicidade da minhoca livre da organização degradada de um copépode parasita. Todas essas raças, na África negra, ou na América selvagem, são de gentes primitivas, que simplesmente viviam, porque vinham de uma evolução muito mais lenta que a dos ocidentais. Faltavam-lhes os motivos que levaram os representantes de certos grupos humanos a essa exaltação, que sublima a ação humana, como precipita as nações na decadência, quando não há o influxo constante de novos ideais, com a renovação das classes degradadas. A degeneração constante dos grupos que se elevaram pela intensidade da ação é o efeito necessário de uma civilização individualista: como se exalta a personalidade para a atividade profícua, exacerbam-se as exigências pessoais, e às gerações de devotados e patriotas, ou humanitários, sucedem-se as de intransigentes privilegialistas, e de gozadores ostensivos.[8]

Uma sociedade onde as individualidades não se acentuassem a ponto de pretender domínio com gozos privativos, seus, tal estaria a coberto, talvez, de degenerações ou inferiorizações formais; nela, porém, não poderia haver esse progresso em poder, como o entendemos, na nossa tradição de ocidentais. O progresso, assim, é qualquer coisa de indefinido, em realizações quase de acaso e que provêm da perene aspiração de mais conhecer, mais possuir, mais poder, mais gozar. Ora, esse aspirar, onde já há intensificação de ânimo, é nimiamente individual e as consciências, à medida que intensamente aspiram a uma vida laboriosa,

---

[8] Na pena de César, os germanos eram tão intransigentes, no seu comunismo simplista e livre, como os nossos potiguaras e bororos. O grande romano sintetiza o estado deles como pobreza, indigência, frugalidade. Mas quando vem dar a razão do caso, fala na mesma forma das que, quinze séculos depois, descreveram a felicidade do gentio americano: *"Inopia, egestate, patientia."* Não há grandes magistrados... nem campos limitados, nem terra possuída individualmente... as famílias vivem numa sociedade comum. Eles justificam esses usos; temem que os longos trabalhos do campo façam perder o gosto da guerra; cada um trataria de estender o seu domínio contra os outros; os mais fortes despojariam os fracos... com o amor das riquezas, viriam as facções e as discórdias; o sentimento de igualdade mantém a paz no povo, que se considera tão feliz e rico como os mais poderosos. Aí mesmo, César nos apresenta os gauleses, anteriormente mais potentes que os germanos, mas já degenerados pelo uso das riquezas, tanto que nem mais se comparam com os germanos em valor guerreiro; *"ne se quidem ipse cum illis virtute comparant"*. (*Guerra das Gálias*, L. VI, XXXII, XXXIII, XXXIV.)

intensamente vivem uma vida própria, individual, em detrimento da instintiva solidariedade, que preveniria a decadência moral. Daí, essa constatação mortificante: com o portentoso progresso ocidental, a vida moral quase nada ganhou; não há mais generosidade entre os grupos, ou entre os indivíduos, do que no começo da história, e o homem é mais infeliz, ainda, porque o mesmo progresso lhe permite reconhecer a insuficiência dele para a bondade e a justiça. Cinco anos, os grupos mais civilizados do mundo empregaram todos os seus esforços em destruírem-se, numa cultura intensiva da guerra!...

A digressão, que parecerá descabida, tem o intuito de uma elucidação e um exemplo, que nos permitem compreender a aparente monstruosidade: como todo o longo heroísmo dos portugueses o seu valor constante, superior a tudo, a admirável política nacional e a intrépida iniciativa, quando só existia, de começo, o interesse da comunidade; como tudo isto veio liquidar-se no mercantilismo suíno e rapace, entre egoísta e cínico. A natureza de desejo, logo aviltado em cobiça, precipitou a queda; a posse foi, imediatamente, um delírio de faminitos, exaltação de bestas, açuladas em todos os apetites. O primeiro, em hediondez moral, é o próprio Gama. A Índia sufocou-lhe, por completo, a consciência de cristão, e ele chegou à suprema ferocidade, asquerosa, onde a crueldade equivalia à covardia. "Era uma inépcia, uma barbaridade e covardia", diz o sr. O. Martins, das suas façanhas. "Disputava-se com furor o saque da Índia", insiste noutro lugar. Afonso de Albuquerque compara a fúria dos portugueses, ali, ao estonteamento pelos *fumos* de um incêndio, e quis remir o mal construindo um império. Os faminitos não estavam para esperar *construções*... e ele mesmo teve que castigar guarnições, intemperantes na rapinagem. Finalmente, adota-se a política do saque e do comércio. Era o que oficialmente se fazia: metade das riquezas apressadas pertencia a el-rei, a quem pertencia, também, todo o comércio da pimenta e mais especiarias.[9]

---

[9] As páginas do cap. III, da 3ª. parte da *América Latina*, são transcrições de autores portugueses, contando o que foi o domínio português nas Índias. Não, não há necessidade de repeti-las aqui. As linhas que se seguem, de Gaspar Correia, cronista da época, dão a medida de proceder de Vasco

Não esqueçamos que a aventura ultramarina se normalizou, desde o começo, nos *tratos da Guiné,* cujo principal comércio era o dos negros escravos, por conta do mestrado de Aviz (o *infante Navegador*). *Caçar africanos* foi a primeira fonte de rendas para o aventureiro português; e el-rei, ao premiar os seus guerreiros, dava-lhes *anos de comércio...* desse e de outros, em vez de terras. Depois, o *comércio* nem mais era dado, mas *vendido;* o sucessor do *navegador,* no mestrado de Aviz, arrendou, por seis anos, o tráfico da África a Fernão Gomes. Baixamente desvairado com a riqueza que lhe vinha das Índias, o *venturoso* não hesitou em confiar aos mesmos fidalgos, seus representantes, a traficância e a autoridade política com o mando militar. Os vice-reis, seus *segundos,* eram, abertamente, agentes comerciais, tratado nesse caráter, quando irão no de simples feitores. "Desde o rei até o mais ínfimo dos moços da chusma, todos eram comerciantes; e o comércio, cuja mira é o lucro apenas, tolera tudo, pactua com todas as devassidões..." São constatações e reflexões caídas da mesma pena. Ao tratar das colônias portuguesas, este sr. O. Martins pretende justificar o negreirismo dos seus, com o alegar que não foram eles os inventores do tráfico, mas os berberes e venezianos. Ora, esquecendo, mesmo, os aspectos morais, o que se deve examinar, no caso, não é a originalidade, mas a intensidade e a exclusividade: na África, o Portugal heróico foi, apenas, negreiro, e numa fúria de quem não quer outra coisa.

Iniciando nessa depravação do heroísmo, o domínio português não pôde ter, nunca, a forma digna de um império que deve durar. Passou a tonteira dos fumos iniciais, mas não passou o que era mal essencial: a espoliação amansou na medida em que a ferocidade e a carnagem do primeiro momento se mudaram em pura

---

da Gama, em especial "...mandou aos batéis que fossem roubar os pageres (barcos) que eram dezesseis e as duas naus. Então, o capitão-mor (Gama) mandou a toda a gente cortar as mãos, orelhas e narizes e meter tudo isto em um pager... e a todos assim justiçados mandou atar os pés porque não tinham mãos para se desatarem, e porque se não desatassem com os dentes, com paus lhes mandou dar neles que nas bocas lhos metessem por dentro, e foram assim carregados um sobre os outros embrulhados no sangue que deles corria e mandou sobre eles deitar esteiras e folhas secas e lhe mandou dar as velas para terra com o fogo posto, que eram mais de oitocentos mouros..." *(Lendas,* p. 393).

exploração de *chatins*, quando o próprio valor guerreiro declinou. Antes de trinta anos, os portugueses eram batidos como reles salteadores. Em 1528, a esquadra de Nuno da Cunha ia tomar a cidade fortificada de Diu, e era a maior que Portugal pusera nos mares: 400 velas e o mais luzido das armas lusitanas. Chegado ao ponto de luta, rompeu o bombardeio: o inimigo resistiu, aterrado, todavia. E os quatrocentos navios, sem valor para outra coisa além desse bombardeio covarde, inclinaram as velas, e retiraram-se sob os apupos insultuosos de mouros e hindus. Nuno da Cunha, no entanto, ainda é um valente, relativamente digno. Logo virá Martin Afonso,[10] valente sem dúvida, mas inteiramente corrompido, e que não escolhia processos para haver dinheiro: vendeu um trono a um príncipe hindu que o demandava, recebeu 500.000 pardaus de prata, dos quais mandou 300 mil ao rei, 3 mil à mulher. É bem de ver que um tal valor não podia ter emprego no Brasil, onde só havia uma pátria a fazer, sem possibilidades de saques e simonias a recolher. Depois, é a camada de podridão, apenas: é a decadência de decomposição. A degradação dos ideais em mercantilismo e do mercantilismo em almas de rapaces fez das Índias o túmulo do heroísmo português, já tão vil, desde a sua passagem pela África. Grande valor, votado à abjeção, o pequeno reino só se levantou para ser tomado pela onda de cobiça, e que foi, com isto, a onda de negros, de pimenta e de ouro, em que a capacidade nacional desapareceu. Para o citado Sr. Bruno, tão simplório de ideias quanto árduo de forma, essa decadência de mercantis é um sofrimento merecido: "... aqui um povo inteiro sofre, na série das gerações, as consequências dos seus crimes ancestrais, perpetrados à hora cruel e inexplicável do triunfo..."[11] Podemos não dar valor ao filosofar do homem, mas devemos registrar a confissão. Antes isto do que o *historialogismo* do sr. Oliveira Martins, a atirar para os ombros fortes dos jesuítas com as

---

[10] Verificado o nenhum valor do Brasil para os seus apetites, Martim Afonso desprezava completamente a sua capitania. "Sabendo que o conde de Castanheira desejava um pedaço de terra em sua capitania, escreveu-lhe Martim Afonso de Diu: mande-a tomar toda ou a que quiser que essa será para mim a maior mercê..." (*Notas* de C. de Abreu a Fr. Vicente, p. 79).

[11] *Op. cit.*

culpas da degradação da sua pátria. Pobres padres!... Os únicos homens naquele deserto humano que era o Portugal do século XVIII...

55. *O destino do ricaço...*

Senhor do comércio das Índias, endinheirado, o venturoso D. Manuel procedeu como qualquer dos seus comendadores, refeitos no negócio: criou uma ocasião de ostentar a riqueza que lhe enchia os cofres, enviando a célebre procissão para embasbacar os habitantes da *Cidade Eterna*. Festança entre circo e passeata, a embaixada ao papa foi, com certeza, a primeira manifestação, no delírio da degradação portuguesa. A Índia era o motivo de tudo, e, com a Índia, começou a ruína. Houve um princepote, de Sundiva, que tomou para si o nome ostensivo de: *Destruidor da nação portuguesa...* Tanto se podia dizer do Oriente em geral. Ali se destruiu a obra de três séculos. Todo português que se ia para a Índia pretendia voltar rico, e, se não o conseguia, voltava, pelo menos, abjeto. Já em Lisboa deixava escrúpulos, e, de regresso, não trazendo as arcas atulhadas de roubos, também não trazia mais nada que pudesse ser contado entre os méritos de homens: "Os soldados roubavam, os capitães roubavam, com eles, roubavam-nos a eles... Os soldados recrutavam-se nos bandos já amestrados na rapina. Era uma tropa de salteadores e adúlteros, malsins e alcoviteiros, que enchiam a cidade (Goa) de roubos e assassinatos noturnos, ocupando-se a matar por dinheiro... 'Nos combates', dispersavam-se todos, com a mira no que podiam roubar, porque esse era o verdadeiro soldo." Assim o conta o sr. O. Martins. As suas palavras vêm aqui porque são as de um português. Trata-se de fatos corriqueiros, incontestáveis, e que são lembrados somente para assinalar a marcha da degeneração. Referindo-os, na transcrição de autores portugueses, estaremos dispensados de comentá-los, quanto à universalidade e à significação mórbida dos sintomas.

Impuseram-se como grandes guerreiros, mas, antes de trinta anos, os exércitos portugueses da Índia eram corpos de aventureiros mercenários, para aventuras de crimes. A célebre expedição de Nuno da Cunha não tinha outro valor. E, além de tudo, covardes, depravados: "São doentes de cólera e têm gostos danados", clamava o mesmo Nuno. Nascidos em Portugal, sim, mas, tão mercenários de alma, que, em chusma, se vendiam ao inimigo: "... que sem muita lágrima não se poderá considerar, quanto mais escrever, que muitos se põem por soldados em navios de chatins, posto que o soldo não seja tão honrado como o d'el-rei, é mais proveitoso, por ser melhor pago." E a decomposição foi ao ponto de que as esquadras dos grandes marinheiros portugueses perdiam-se inteiras, por mal construídas, mal conduzidas, mal defendidas: "De vinte e dois navios de alto bordo, saídos da Índia em 1552, só duas naus chegaram ao Tejo, porque vinham vazias, por velhas." O mesmo historiador leva o caso à conta de que "Os nervos da nação estavam já flácidos e podres... a sociedade corrompida até a medula". Não é uma explicação, senão a brutal constatação do fato. São os restos desse heroísmo depravado que se encaminham para os areais da Mauritânia, sem consciência do que fazia, ao aceno delirante de um dos seus grandes degenerados, felizmente sem desdouro — D. Sebastião. Sumiram-se os restos, e ficou, para ser incorporado a Castela, "... perdido em 1580, um Portugal miserável, pedinte, escarnecido..." e que o Felipe entende *comprar* e *conquistar*, tudo por muito pouco preço. Esses que o venderam representavam, em completo, uma decadência proporcional à glória de antanho, numa corrupção inversa do valor primeiro. Tudo havia minguado, e as gentes apraziam-se em diminuir: "O diminutivo impera, a gente amesquinha-se... As mulheres galanteavam, os homens vendiam-se, e o cardeal D. Henrique (o último Aviz) rezava e chorava."[12] Essas *galantes* eram as esposas dos que haviam ficado prisioneiros do mouro, e isso se passava quando Castela ainda tinha um duque D'Alba, que atemorizava a Europa.

Um rei nacional erguera-se em Lisboa; mas a massa do povo ensandecido ofegava, voltada para a sombra de D. Sebastião, e os

---

[12] *Hist. de Portugal.*

dirigentes desamavam e desprezavam quem lhes falava de patriotismo e de tradição: alistaram-se no dinheiro do Felipe, pelas mãos de Cristóvão de Moura, já pago com o vice-reinado de Portugal: "Quando o primeiro Filipe veio às cortes de Thomar, a nuvem dos pedintes era tal que se dizia não bastarem as riquezas da península para satisfazer a venalidade portuguesa." Um dos que prazenteiramente aceitaram a venda a Castela foi o Duque de Bragança, com direitos à coroa portuguesa. O Felipe lhe ofereceu o império do Brasil, mas o neto de Nun'álvares nem mesmo quis tal compensação. Frei Vicente, alma sã, na singeleza da vida brasileira, não pôde escusar-se em notar a miséria, e mostra-nos os governadores do reino, nomeados pelo defunto D. Henrique, sôfregos por entregá-lo ao rei de Espanha: "... Não tinham vontade de resistir a el-rei católico, todavia, por dar satisfação ao povo, proveram alguma coisa para a defesa...". Essa defesa foi nada: entrou o duque D'Alba; comandava uma das principais fortalezas — a torre de São Gião, Tristão Vaz da Veiga, irmão do próprio governador geral do Brasil, e logo entregou a posição ao castelhano, a preço de o conservarem no cargo. Isto o conta o mesmo frade brasileiro, que só encontra um nome de militar a manter-se português: Pedro Barba.

E morreu Portugal. O sr. O. Martins chora-o num pitoresco lúgubre: "Era um despedaçar de todos os tecidos vitais, uma febre que destruía o sangue, um veneno que corrompia todos os vasos do organismo nacional. Era uma doença lenta, mortal, mas cujo termo foi precipitado por uma crise (Alcácer-Quibir). Então se exacerbaram todos os males; e o moribundo, erguendo-se do catre, bracejando em delírio, caiu como uma pedra, morto instantaneamente." Depois, como houve o império de Castela, acharam os portugueses que todas as desgraças ulteriores resultaram daí; mas o historiador vem com a sua filosofia, e faz justiça: "Pode-se afirmar que a Índia se teria perdido, embora os Felipes não reinassem, assim como se pode afirmar que o Brasil se salvou *apesar*

---

[13] *O Brasil e as Colônias Portuguesas*, p. 33. Valha a verdade: o sr. O. M. fala do caso sem hesitações: "Os holandeses tomaram sem resistência a Bahia, tal era a fraqueza da sua defesa. Os holandeses tomam S. Jorge de Minas sem dispararem um tiro. Do que foi tomado aos portugueses, na África, só lhes voltou o que foi reconquistado pelos brasileiros."

dos Braganças reinantes."[13] A nós, é isto o que importa, especialmente. O fato da decadência, "a miséria da nossa decadência", no dizer do sr. Bruno, esse ninguém contesta. O historiador brasileiro Fr. Vicente, que viveu quando ela apenas começava, já a consigna entre as verdades do que se enriquece a sua obra. Tratando de 1580, a propósito do velho Teles Barreto, que veio substituir o governador geral Veiga, irmão do de São Gião, chama-o, a Barreto, de *português do velho Portugal,* fórmula eloquente de distinguir os dois homens e de acentuar a dolorosa diferença entre a gente de antes e os degenerados que ele conhecia. Paulo Prado dirá simplesmente: "Portugal entrava rapidamente num período de decomposição" (*Paulística,* 13).

Da nação portuguesa, no seu povo propriamente, a impressão que se tem é a de um desamparo do destino. Para não deixar de elevar o coração e de aspirar, as gentes se apegam, ingenuamente, delirantemente, ao sebastianismo. E é nesse momento que o mesmo sr. O. Martins acode com o seu saber em biologia, para diagnosticar, no messianismo sebastiânico a *caquexia nacional.* Antes, ele vira, no sintoma: "... fogos-fátuos, ondeando no ar, na sombra da atra noite do infortúnio". Mais razão tem esse historiólogo ao dizer, da crise de 1580: "A vida lhes era (aos portugueses) um sonho feito de loucura e medos." Foi o efeito mesmo da degeneração, profunda como se deu. Então, o sebastianismo, nos aparece como a última beleza de Portugal, beleza de desespero, alucinada abdicação de toda grandeza histórica. Tudo mais é infecto, no Portugal que ali começa. Qualquer que seja o autor estudado, ele dará a história de uma nação apodrecida e vítima, ainda, da voracidade pútrida dos seus dirigentes. "A mendicidade oficial, velha moléstia — ainda hoje por curar — da extravagante monarquia portuguesa... Um país extenuado, miserável e faminto... Tudo estava podre, tudo caduco... Despovoado e inculto o reino, miseráveis e nuas as povoações, sem riqueza nem trabalho..." Nestas condições, quando se firmou o poder do rei de Castela, até pareceu que tudo melhorara. Pelo menos é assim que o julga o mesmo historiador: "O Felipe deu a Cristóvão de Moura o vice-reinado de Portugal e a administração melhorou, cresceram as rendas do tesouro, proibiram-se os conluios de arrematantes dos contratos reais ... A nobreza mendicante curvava-se toda perante o Filipe..."[14] Mas, a melhoria fora remissão passageira, e não tardará que ele mesmo nos fale de Portugal como do país onde "era impossível descer mais fundo, baixar mais, e abdicar de modo mais completo da soberania nacional...".

---

[14] Armitage, ao mencionar a súbita e profunda decadência de Portugal, transcreve, de um cronista português, este comentário: "Um estado que poucos anos antes havia suscitado a admiração e a inveja universal tornou-se logo um objeto de exemplo e de compaixão a toda a Europa." *(op. cit.*, 158) Southey marca-lhe o início: "Com D. João III morto, começou a decadência do governo português." *Op. cit.*

CAPÍTULO VIII

DEGRADAÇÃO DA ATIVIDADE PORTUGUESA

56. *A alma do mercador, apenas mercador e curto mercador*

O mercantilismo deu tom característico à degeneração portuguesa: apressou-a, alastrou-a, intensificou-a, enquanto, na ganância e na cobiça, as mesmas boas qualidades da raça multiplicavam-se em defeitos e vícios. Tenaz, quando intemerato navegante, continuou tenaz o português mercantil degenerado. O valor guerreiro de Oriques e Tanger, sem desaparecer de todo, apaga-se no heroísmo bronco e sanguinário dos guerreiros de Hormuz, Goa, Málaca... para sobreviver na hediondez dos negreiros renitentes, que ainda insistiam em desonrar os meados do século XIX.[1] Por todo esse tempo, de 1580 a 1850 foram tais os heroísmos mais legítimos, na ação do Portugal ultramarino que continuava a existir. Lamentemo-lo, porque há uma solidariedade histórica, e o Brasil, objeto desse mesmo negreirismo, ainda hoje sofre as consequências dele. Todavia, mais sofreram os portugueses senhores do que nós, apenas dominados e vítimas. Enquanto a insuficiência deles apenas ávidos do ganho comercial os retinha nos povoados, *arranhando as praias...* os brasileiros, por si mesmos, avançavam para os sertões e os incorporavam nos domínios da nova pátria.

---

[1] Homem Cristo, *A Anarquia em Portugal*, p. 244.

Desviado desde cedo, no próprio surto de heroísmo, para o puro mercantilismo, Portugal aí absorveu todas as suas energias e capacidades: foi apenas *comerciante*. E, negociante, explorador de um comércio privilegiado, teve que ser um comerciante incompleto, mau por conseguinte, que só conheceu sucessos em virtude desse mesmo privilégio, por sobre forte pertinácia e muita sordidez. E o destino, no mesmo lance em que lhe deu a fortuna, cortou-lhe a evolução que leva ao verdadeiro trabalho inteligente e criador. Com isto, o português, que, no mundo moderno nunca chegou a ser um verdadeiro produtor, também nunca foi um bom negociante, e ainda degenerou como negociante: cristalizou-se em revendedor retalhista, na lide rudimentar — comprar o que é corrente, fixar a *margem*, vender...

Referindo-se ao começo da *restauração*, registra um de lá: "O português só sabia ser lojista; todo o comércio externo estava nas mãos dos ingleses e italianos." Finalmente, a tenacidade era teimosia em *ajuntar* sem ter produzido, e, na massa popular mesma, foi um ideal — ser vendilhão, quitandeiro, taberneiro, vendeiro...[2] Southey, cujo amor a Portugal é constante com as obras conscienciosas e entusiastas que deu à sua história; Southey, insuspeito, teve que se render à verdade: "tinham aversão ao trabalho, entregavam-se (no Brasil) voluntária e até avidamente ao comércio os portugueses... sendo até preciso interdizê-lo aos governadores; mercadores eram muitos clérigos (portugueses) que com o seu comportamento escandalizavam...". E, se esse parecer não bastar, um português mesmo, o confirmará: "Diga-se a verdade toda: falta de amor ao trabalho, falta de iniciativa, falta de virtude."[3] Mas, aquela tenacidade já notada, valia como fibra tendinosa, que nenhuma putrefação corrói: ao serviço da mercância, ela se mostrou em avidez sórdida de lucros, inflexibilidade judaica no acumular, superior a tudo, até ao amor da terra, a tudo

---

[2] Em 1851, ainda vinham às costas do Brasil os negreiros portugueses fazer o seu *comércio*.

[3] A palavra *lucro,* vernáculo português da técnica comercial, é, apenas, o duplo de *logro;* mas tanto os lucros do comércio português tomaram o caráter de engano e trapassa que o *duplo-logro* adquiriu, finalmente, esta significação pejorativa. É fato único das línguas romanas. Tanto que *lograr* tem duas significações — *enganar* e *fruir,* mas, logro, tem, apenas, a significação infamante.

resistindo, inclusive o motejo e o desprezo dos que, em torno, tinham alma para outros desejos.

Tudo isto nos interessa muito, porque essa foi uma influência constante sobre os nossos destinos, isolando-nos da vida que devêramos levar. Com um século de existência, já reagíamos como um povo em espírito de exuberante nacionalidade. Fizéramo-nos, até então, numa espontaneidade de desenvolvimento que permitiu aproveitarem-se, em ânimo de juventude, as qualidades boas da nação colonizadora, revigoradas na vivacidade plástica das raças indígenas. A própria sordidez avara do português servia para temperar o desinteresse infantil do caboclo. Os sessenta anos do Portugal espanhol foram definitivos neste sentido: o período de formação essencial do Brasil. Mas, inacabada ainda essa formação, quiseram os fados que houvesse um Portugal *restaurado*, para viver exclusivamente desta colônia. E esse Portugal, de mercantis degradados, entregue à saudade má dessas Índias perdidas; esse Portugal, a projetar sobre o Brasil a sombra sinistra do seu declínio, deu-nos todos os males de uma vida estiolada, fora dos estímulos em que o Ocidente se refazia, Desta sorte, era o Brasil distorcido da sua marcha natural — acorrentado ao cadáver de uma nação que, mesmo em glória, nunca fora uma civilização completa. Menos do que Roma em face da inteligência grega, Portugal não teve energias para outra coisa além das suas conquistas de comércio. Turgido dessa glória, deu um poema comercial, e nunca foi autonomia de pensamento, apesar do mesmo Camões. Das próprias épocas de grandeza, diz um historiador patrício: "Um povo sem curiosidade científica; apenas dotado de energia militar e religiosa." Como poderia Portugal formar a nação brasileira para o pensamento, se, nulo em si mesmo, a fechava ao resto do mundo?!... Se algum espírito se elevasse, aqui, em valor inteligência, tinha que emudecer, ou sair das suas tradições, porque o ambiente mental português era tórpida caligem. Os próprios poetas, de 1700 em diante, são liras ensebadas e bambas, a remoerem Camões. Quando surge um Bocage, vem para iluminar com os clarões do seu gênio, o lodo podre em que viveu.

Os historiadores portugueses timbram, já vimos, em comparar-se a fenícios e cartagineses, traficantes, navegadores...

271

É muita vaidade! Esses foram povos produtores, os mais adiantados do seu tempo, em indústria e lavoura.[4]

Sem originalidade de pensamento, mas criador de um império, Portugal, faz lembrar o império latino. Consideremos, no entanto, que o romano, se nunca exerceu soberania inteligência, teve a verdadeira soberania social, e civilizou, de fato, na medida em que organizou outros povos ao influxo do seu gênio político. O alemão, com o seu *Santo Império*, nada fez pela intensidade da civilização, mas sustentou o choque do maometismo, e deu às nações cristãs a possibilidade de organizarem-se definitivamente. O império de Carlos V, anacrônico dentro da vida moderna, teve a sua função de equilíbrio, entre as iniciativas da *Reforma* e o romanismo combalido: sem a força dos herdeiros de Fernando e Isabel, a Europa teria pendido talvez, inteiramente, para o protestantismo do Norte. Só Portugal realizou um império exclusivamente comercial, onde o pensamento político se dissipou, antes de condensar-se numa forma qualquer, um império sem outro vestígio que o dos entrepostos e o Brasil. E, com ele, quão longe estamos do universalismo helênico, difusão de uma civilização genial, pleno poder sobre os espíritos, independentemente de domínios e conquistas formais — o poder do pensamento, pela sua ação profícua, humanizante?...

57. *Pobre Portugal!*

O pequeno reino, que cingira o mundo com as ostensivas escalas do seu poder, caiu, do império a que se elevara, numa catástrofe aniquiladora, como de abdicação que os fados lhe impusessem. Uma universal abdicação de tudo que era verdadeiro poder

---

[4] As colônias fenícias eram centros industriais onde se produzia o melhor dos artigos para o respectivo comércio. A agricultura cartaginesa era tão desenvolvida e adiantada que os romanos, essencialmente rurais, adotaram os tratados agrícolas de autoria cartaginesa. Além disto: o fato não desmerece os portugueses, mas está verificado que os cartagineses conheciam no seu tempo quase todo esse Atlântico, percorrido depois pelos portugueses, e pensaram mesmo, após a primeira grande derrota, em passarem-se para as ilhas Baleares, Açores... Foi isto ainda em vida do grande Hannon.

e valor. Antes que o absolutismo da coroa se impusesse, os outros representantes da nação tornavam-se incapazes de representá-la, em que quer que fosse, a não ser na imbecilidade: "Nas cortes de Thomar, de 1641, o estado popular insta com fervor, por que se castiguem as mulheres que usarem *dom* sem o possuírem *de jure;* e proscrevem as cabeleiras e guedelhas postiças dos homens..." Esse é o ressurgir de Portugal restaurado. Começa a campanha: "O exército português compunha-se de mercenários bisonhos, sem disciplina, sem comando... O governo recrutava soldados em toda parte onde a Espanha era inimiga; e contratava coronéis e capitães: os Fieschi, os Pignatelli, os Naper, os Saint-Paul, etc. Esta invasão de forasteiros, sempre que em Portugal há alguma a fazer, na guerra, no trabalho, na ciência, recrudesce agora, sendo a melhor prova da incapacidade do novo reino. Só a desorganização completa a que a Espanha chegara (era a sua vez) livrou D. João IV do cativeiro, ou da morte, fazendo crer que em Portugal havia, com efeito, energia e vontade de independência." O sr. Homem Cristo, oficial do exército atual, diz a mesma coisa, e, nas páginas de um e de outro, a nação restaurada aparece-nos como *uma hospedaria e abarracamento.* Ganha-se a batalha de Montijo, e nada se adianta; tudo se anula, na desordem, a corrupção, a penúria...". A deserção fervia; os holandeses mercenários passavam-se para o inimigo, e os naturais fugiam para as suas aldeias ... Já antes, em princípio de 1643, passavam de 3.000 os desertores. Nas cortes de 1646, ouviu-se um lamento universal: era o povo a dizer os roubos dos capitães-mores, as rapinas da soldadesca..."

No país que, sessenta anos antes, fora vendido pelos respectivos dirigentes, a *restauração* valia por uma acentuação de decadência, portuguesismo baço, quando o Portugal heroico já era morto. O movimento culminante, a proclamação do Bragança, é um antecedente do nosso *oitenta e nove* — adesão universal, inclusive de castelhanos degenerados. E o rei toma por ministro um Lucena, sabidamente de Castela. Só não aderem ratoneiros, como o Furtado de Mendonça, que aproveita a oportunidade de trazer uma forte soma do tesouro público, para fugir, na direção de Espanha, com o furto. O levante, contra Castela, a mesma pena

273

portuguesa no-lo descreve: "... arremesso do animal ofegante, extenuado... de vista pervertida, a divisar coisas extravagantes... nos olhos espantados e vítreos de moribundo... porque a nação era uma coisa extenuada, cadavérica, já sem alma, nem pensamento, nem vontade... Quem viu Portugal por esse tempo descreveu-o como uma região desolada e nua. Extensas campinas, outrora férteis, reduziam-se a poucas folhas cultivadas em volta de pequenas aldeias, de 30 a 40 vizinhos... casas arruinadas, terras cobertas de urzes... chouparias de colmo, onde habitavam cretinos... O Portugal restaurado em 1640, uma sombra apenas, fantasma sem fisionomia nem caráter, passivo, obediente, nulo, idiota e beato. Sem gente, sem dinheiro, sem colônias, sem vida... era o cadáver... A restauração era arremedo de ressurreição, de um povo fadado a reaparecer no mundo como o exemplo da inépcia mais boçal e ridícula, aliada ao positivismo mercantil e prático mais soez. Famintos e nus em casa, éramos o riso das capitais da Europa".

Que não se leve à conta de literatura os conceitos imaginosos do historiador. O padre Antônio Vieira, que deu o melhor dos seus talentos à *restauração*, e que sabia do caso entrado como esteve em todas as suas tratações, dirá sem rubesços: "Somos tratados como gente que vive no mundo à mercê das outras nações."[5] De fato, o Portugal que se levantou pela mão da Holanda, e que, em troca de armas e dinheiro, lhe vende Pernambuco, é um títere a rolar em abjeções. Pernambuco obriga-o a romper o trato. E como a Holanda perde contra a Inglaterra, é a esta que se entrega o Portugal *restaurado*. O inglês, a preço de explorar a podridão, assiste à longa decomposição do cadáver. Desde o tempo de D. Sebastião, começa a Inglaterra a devorar mansamente o corpo de Portugal, aproveitando o que nele haja de aproveitável. Logo em 1642, um primeiro tratado deu aos ingleses foro especial dentro de Portugal, *com um juiz conservador privativo*. Em 1654, confirmou-se e ampliou-se o tratado de 1642, "e cada inglês ficou sendo um rei em Portugal, dando-lhes a faculdade de comerciar livre-

---

[5] Lúcio de Azevedo: *Vida do P. Antonio Vieira*, T. I. 303. Até Pedro I (e IV) veio a dizer: "... é impossível dar energia e força a povos defecados... os belos dias de Portugal estão passados..." (*Manifesto* de 6 de agosto de 22.)

mente, em Portugal, com a Índia, com a África e o Brasil...". Nem possibilidade, ou liberdade, havia, para os portugueses, de se servirem de navios de outra nacionalidade, nem de elevarem os direitos aduaneiros para a importação da Inglaterra. Foi, de fato, o protetorado inglês. "No primeiro tratado ficara dono, no segundo, tutelado", o decaído. E isto foi ao ponto de que, no curso do século XVIII, Lisboa era um porto de que os corsários ingleses se serviam francamente, para armarem-se, e, até, para recrutar gente.[6]

Sucedem-se os Braganças, corruptos, ineptos, doidos e cruéis, e com eles a nação gloriosa veio a ter essa vida, que, mesmo com o ouro do Brasil e os artifícios duros de Pombal, nunca mais se elevou — para o poder, ou o pensamento. "A sociedade, estéril, imunda, somente pede alguém que a faça feliz; recebe tudo, aclamando os audazes: grande catástrofe do XVI século embrutecera-a; corrompera-lhe o caráter... na sua miséria mesquinha e torpe..." Como não ser assim? Onde houvesse almas para um pouco de ação, elas iam para a ganância curta da mercância, na colônia, ou a torpeza definitiva do negreirismo. Não havia elevação para mais ambições. "Os portugueses viviam — luxuosamente, indolente e miseravelmente." Vinham as levas de ouro — do Brasil, e eles continuavam na inação, no gozo, ou na indigência. Quanto mais rendiam os *quintos* e os *contratos* mais se empobrecia o Estado português, desvairado na degeneração, a desbaratar ineptamente a riqueza e esgotar-se com o ouro que colhia. A sociedade era "a brutalidade soez e a parvoíce carola... A antiga hombridade portuguesa, que a perversão universal tornava em bazófia, dava o braço à antiga piedade, traduzida agora por uma devoção idiota e piegas... os soluços de um povo inteiro, faminto e miserável, arrastado por um doido (D. João V)..."

Vêm os dias de Pombal — espasmos em que não se aliviara o mal profundo, fórmula de monstruosa redenção e de tão maléficos efeitos sobre o Brasil, que têm de ser apreciados especialmente. Antes, mesmo: Alexandre de Gusmão qualifica o Portugal dos seus

---

[6] "Os ingleses armavam corsários (fins do século XVIII) no porto de Lisboa, até mesmo com marinheiros portugueses: ...a nação portuguesa daí em diante passou a ser considerada na Europa como verdadeira colônia inglesa." (M. L. Machado; *op. cit.*, p. 506.)

dias — *mar de superstição e ignorância...* E Lúcio de Azevedo faz surgir o Oeiras "... entre a incapacidade geral... sobre o organismo derrancado da nação portuguesa...". E explica: "A progressiva decadência em que vinha ao país, já desde que os tesouros da Índia nele se despejaram, decadência que nem o afluir de ouro e diamantes do Brasil logrou interromper...". Com isto: "... o báratro de fanatismo e ignorância em que a alma portuguesa do século XVIII mergulhava...". Então, o diplomata vienense Keil informava ao seu governo: "A pobreza e a miséria são gerais, e cada dia aumentam ao ponto difícil de imaginar...". Imagina-se, contudo, quando se sabe, pela pena do mesmo Lúcio, que — "...o exército e a marinha do tempo de Pombal mendigavam e roubavam... aos pelotões, comandados por capitães". Assim se justifica a síntese — *sangue e ruína*, em que o historiador enfeixa Pombal e sua época[7].

Passa Pombal, para continuar a triste sina da nação portuguesa a decompor-se: "Veremos que, nem a doidice, nem a superstição inepta, nem a vulgaridade chata, nem a corrupção íntima de Portugal jesuíta do século XVII representam o último resultado... na decomposição que vem até os nossos dias".... É, ainda, a filosofia do sr. O. Martins quem fala. Sumiu-se Pombal com os seus destemperos, e "D. Maria repôs à luz da evidência, o verdadeiro Portugal — beato, soez, violento e ridículo... O reinado de D. Maria I veio demonstrar que o braço de ferro de Pombal não poderá desviar da carreira de decomposição podre esta sociedade envenenada pela educação jesuíta... "Pobres *padres!*... Constata-se o fato, situando-o no conjunto da história, e a explicação da decadência é toda outra. Vendido Portugal aos Filipes, as únicas vozes de protesto foram dos jesuítas: "Desde o primeiro dia repudiaram abertamente o domínio de Castela. Do púlpito faziam campanha contra ele, com inquietação do governo, que procedeu contra alguns.[8] Qualquer que seja, então, o influxo jesuítico, ele terá sido efeito, nunca a causa da degeneração. Leiam-se os sintomas apontados, e verificar-se-á que tais não refletem a alma de

---

[7] Lúcio de Azevedo, *op. cit.*, pp. 87, 88, 327, 328, 331, 336.
[8] Lúcio de Azevedo, *op. cit.*, I, p. 75.

homens que tiveram a força de ânimo de Nóbrega, Anchieta, e, mesmo, Antônio Vieira". "...Ao lado da Lisboa africana, havia uma Lisboa afrancesada, na combinação do branco e preto da população... Eram todos grotescos, e, não é injúria dizê-lo, idiotas, insiste o sr. O. Martins. Tudo enlouquecera, tudo emparvecera... tudo baixara, tudo estava derreado pela podridão... Portugal acabava... era um sudário de misérias e solidão... Tudo estava absolutamente podre, caindo aos pedaços esboorando-se em gangrena... A longa história de quase três séculos fora a história de uma decomposição... nunca interrompida, nem dominada. Portugal restaurado era, apenas, a restauração de uma forma, e não a revivificação de um corpo. Contundido, miserável, roto, faminto, Portugal fora tombando, de baldão em baldão, até o fundo de um abismo de loucura vertiginosa, de abjeção torpe, onde agora se debatia, arruinado de corpo e alma... Era um acabar, desgraçado... manto dourado nos ombros de um corpo roído, de uma nação que era o riso da Europa... A nação — como subir, libertar-se, viver, se estava decrépita e doida... nas crises da abjeção repugnante?... Quatro homens de gênio gerara a nação no curso da sua ruína — o padre Antônio Vieira, o judeu Antônio José, Bocage e José Agostinho..."

Os nomes desses gênios e a história deles dão a medida da degeneração: dois são ligados imediatamente ao Brasil, os outros são crápula, ou infeliz, sempre infeccionados por uma sociedade que reduz os seus grandes espíritos à miséria de vida que foram a de José Agostinho, e, mesmo, a de Bocage.[9]

---

[9] O sr. O. Martins mostraria mais senso crítico se aumentasse esta pobre lista de gênios com o nome de Alexandre de Gusmão. Camilo Castelo Branco, que tanto quis amesquinhar a inteligência brasileira, reconhece, no entanto, no grande santista, valor genial. É quando mostra que os grandes planos, financeiros e políticos, de Pombal são, apenas, plágios de trabalhos de Gusmão. Nada menos que oito: "Esses trabalhos, elaborados entre 1747 e 1751, falecido Gusmão, em 1754, apareceram nas leis de Sebastião José de Carvalho... plagiado; não só na essência das providências, mas até na forma... coteja os escritos geniais de Alexandre de Gusmão com as jactanciosas rapsódias de Sebastião de Carvalho. Distingue os dois uma notável diferença: Pombal deixou ao seu filho uma casa que há cem anos rendia cento e vinte mil cruzados; Gusmão, depois de servir D. João V como seu secretário particular nove anos, morreu tão pobre em 1753, que o seu espólio não chegou para pagar-lhe as dívidas..." (*Perfil do Marquês*, pp. 96-98.) "Não atingira a Gusmão a degeneração de caráter, que fazia dos Braganças despudorados concussionários."

A aura de riquezas passara com o esgotamento das minas: "O comércio e a indústria de Portugal ficaram de todo arruinados." A exportação para as colônias, que regulava por 9 milhões de cruzados, anualmente, baixou, finalmente, a 200 mil cruzados. A exportação total vem a menos de metade; "a alfândega vazia, deserta, os comerciantes arruinados, o tesouro vazio, enchiam de desespero os cérebros donde a história de três séculos varrera a lucidez". Ao cair-lhe das mandíbulas o Brasil, Portugal tinha uma despesa de quase três vezes a receita: 15.000.000 para 6.000.000.

58. *Os resíduos*

O mesmo sr. Oliveira Martins, para a sua *História de Portugal*, fez um longo capítulo, amontoado para expurgo, a que deu o título: "*A anarquia espontânea.*" Cale-se o reparo de que toda anarquia é, por essência, espontânea, para reter a circunstância de que, outro autor, o já citado sr. Homem Cristo, trinta e tantos anos depois, porque o processo espontâneo já chegara a mais avançado desenvolvimento, teve que fazer um livro inteiro, de mais de mil páginas, a estudar as condições do Portugal atual, e não pôde fugir à sugestão do espetáculo: deu-lhe o título *A anarquia em Portugal.* Nesse epíteto, ele, como o sr. O. Martins, quer exprimir a situação, dolorosa e inelutável, de uma nação tão organicamente avariada, que não consegue, depois de um século de tentativas e esforços, em revoluções e *cartas*, remir-se dos seus males: dissolveram-se todas as energias construtoras e a incapacidade dá o espetáculo de uma anarquia. No classificar os *dissolventes*, o sr. Homem Cristo dá o testemunho: "... País onde não há senão fanfarrões a encobrir fracalhões e paspalhões ambiciosos e vaidosos a tapar medíocres..." Para caracterizar a revolução que, finalmente, prevaleceu após as tentativas de constitucionalismo: "A canalha é a única força dominante na sociedade portuguesa... A canalha, a escória, as fezes, o limo secular de uma sociedade por várias causas gangrenada..." A própria massa da população, ele a considera degradada, irremissivelmente: "...a raça portuguesa; desnacionalizaram-na, desnaturam-na, alteram-lhe o sentimento e o caráter, fizeram-na viciosa, inútil, ridícula, grotesca... Ensandeceram-na ....Portugal não é um povo, mas uma choldra... e sucumbe, sendo um dos mais honestos!!!"[10]

E o caso interessa-nos especialmente porque uma grande parte dessa montureira humana, a mais ativa, escoava-se perenemente: fechada a Índia, inútil a África, era para o Brasil que ela vinha, como exclusiva colonização. Desta sorte, do último quartel do século XVII em diante, todas as energias desta pátria seriam poucas para resistir a tal influência. Que destino se preparava, então, para a nação que daí devia sair?... Pensemos, agora, que, ao emergir na vida livre (?) e soberana, o Brasil teve de trazer consigo o próprio estado português, dando-se os seus fados à inteligência e ao caráter dos mesmos dirigentes com quem Portugal chegara à suprema degradação!... Por isso, temos de dar páginas especiais aos efeitos da degeneração — sobre o *caráter*, o *coração*, a *inteligência* dos governantes portugueses. E temos de fazer a sinistra reivindicação: a degeneração de Portugal é nossa também, que uma grande parte dela aqui ficou: lá, as manifestações devem ser correlatas das de cá. Tal se verificará quando analisarmos as condições de vida e de organização, nas duas sociedades.

59. *A degeneração no trono*

Se procuramos os efeitos da degeneração nas classes dirigentes em especial, se os classificamos segundo as qualidades e atividades degradadas, temos, então os atestados completos, e numa extensão de sintomas, já alucinante. Começa, naturalmente, pelo próprio trono e manifesta-se, nele, com as primeiras ondas de riqueza. A exibição manuelina, em Roma, e o rolar de dinheirama, como *o venturoso* o ostentava, num Aviz, já é degradação de critério, degradação na proporção que vai dos grandes estadistas

---

[10] *Op. cit.*, p. 946.

que conceberam, planejaram e realizaram a exploração dos mares, ao reinante enfatuadamente pueril e nulo. Em si mesmo, esse neto da Lencaster era a transparência de um tarado: bronco e faustuoso, orgulhoso, pulha, mau e ingrato, sórdido e dissipado, injusto, sibarita sem gosto, medindo valores humanos a peso de dinheiro, único valor que apreciava. Acolheu, explorou, adulou os judeus, até o dia em que os vendeu miseravelmente a Castela, quando, estultamente, imaginou chegar ao império da península: "A qual obra (perseguição dos judeus) não tão somente foi de grão-terror misturado com muitas lágrimas, dor e tristeza dos judeus, mas ainda de muito espanto e admiração dos cristãos." Nesse comentário, de um cronista da época, temos a medida do rei português que iniciou a campanha antiisraelita. Fez vir a Lisboa vinte mil judeus, para serem batizados à força, e, com isto, desencadeou contra os desgraçados a populaça, já meio ensande-cida. E a história de Portugal teve de incluir a sua primeira página — de ferocidade bestial e covarde: "Este batismo forçado... revela a política dúbia e falsa de um governo que não tinha a coragem purista do castelhano, depois de ter perdido o bom senso e a humanidade dos tempos anteriores. Desumanos, os atos, eram ao mesmo tempo covardes...". E começa a carnificina hedionda: "Os bandos iam caçar pela cidade os judeus escondidos... Traziam-nos às manadas de quinze ou vinte, amarrados, semimortos, e lança-vam-nos aos montes nas fogueiras... Os sinos dobravam a rebate chamando os fiéis à matança... No primeiro domingo, matou-se meio milhar... Na segunda-feira, mataram-se mais de mil... "Na terça-feira, acalmou a fúria; porque já não achavam quem ma-tar." Três dias e três noites durou a orgia... mais de trezentas pes-soas queimadas, mais de duas mil mortas... "Espírito de mercantil afortunado, com o acanhado de um negociante, ouvia todas as intrigas." Despótico e caprichoso, "... era um ser medíocre para quem o mandar não passava de uma satisfação e um gozo mes-quinho e pouco nobre...". "O seu reinar, em vez de ofício espi-nhoso, era um mole abandono... um paraíso de delícias fáceis." Comia, adormecia, ouvia os conselheiros tratarem dos negócios públicos ao som de música permanente. Enquanto ceava, dançavam os moços-fidalgos. "Saía à rua, numa procissão de elefantes rinocerontes e menestréis, a imitar estultamente príncipes asiáticos. Esta inferioridade do rei, fala o mesmo português, fez com que ele não soubesse imprimir ao domínio do Oriente o caráter de um império, pondo-se a comerciar por conta própria. Mas, mesmo como financeiro, era um incapaz: consumia e esbanjava toda a renda do reino e das Índias, e ainda contraía empréstimos a juro de agiotas, de sorte que o seu Portugal já era um pedinte." Foi ele quem deu a um seu fidalgo o exclusivo dos bordéis dos Algarves.

D. Manuel presidira com sinistra competência o vertiginoso declínio do Portugal, elevado pelos dois João de Aviz: "A corrupção desvirtuara todas as qualidades do caráter nacional", diz o sr. O. Martins, ao fechar o capítulo do seu reinado. "A justiça era um mercado... e a nobreza ingênita... traduzia-se num luxo impertinente e miserável." Segue-se-lhe D. João III, o fundador do Brasil, e em quem o espírito se eleva, para mais acentuado desequilíbrio: tinha intuições de gênio, como quando compreendeu a importância do Brasil, e arremessos de louco — ao ir buscar a *Inquisição*, para agravar as desordens em que já sofria o Portugal da decadência. A sua tara se manifestara, justamente, como beatice fanática. São, teria sido um grande místico. Procurou pôr termo ao desbragamento da Índia, com a seriedade de um grande homem de estado, e consumiu as finanças do reino, a comprar, em Roma, a Inquisição — para queimar os restos de judeus e as bruxas, que a insânia geral apontava. Foi humano, ao suprimir as torturas e mutilações dos criminosos comuns, e exaltava-se em sadismo, ao ter notícia das torturas, nos autos da fé, por ele mesmo acendidos. Será por tudo isto que frei Luís de Sousa o chama o *Homem de curto juízo*. Entrado na decadência, Portugal lhe deve mais do que a qualquer outro: deu-lhe o Brasil.

Dentre os outros filhos do *venturoso*, destaca-se D. Duarte, o duque de Guimarães, devoto a seu modo — de degenerado: "Uma vez meteu na cabeça de um judeu uma carapuça untada de terebintina, e, puxando-a, arrancou-lhe os cabelos...". É apenas imbecilidade, má, sem ser tão funesta como a do seu irmão, o

281

Cardeal D. Henrique, que preferiu o castelhano ao sobrinho, o verdadeiro sucessor, e que seria um rei nacional. E ainda não teve a coragem de poupar maiores males — entregando logo o reino ao Filipe: preferiu deixar o país em plena crise.[11]

O caso de D. Sebastião, de curto misticismo, *cruzado* anacrônico, insensato em tudo, é o caso tipo — de um Aviz degenerado. E acabou a dinastia... Mas não acabou a degeneração dinástica: Vamos encontrá-la, mais grave e mais feia, nos Braganças, todos *tarados*, nas piores das formas, sem um tipo acessível à simpatia, sem um momento de remissão. Do duque de Barcellos, a fomentar a luta em que seria assassinado o príncipe sábio, o regente D. Pedro, a passar por D. Jaime, até o que traiu, numa vez só, Portugal e Brasil, o nosso Pedro I, não há um, em realce, que não seja repulsivo como degradação humana. A descendência de Nun'álvares (Braganças), um heroi e um santo, foi uma sucessão de intrigantes, de maus e doidos, ou de egoístas vulgares.

60. *A degradação dos Braganças*

Talvez que o heroi dos *Atoleiros*, o Nun'álvares interesseiro, que se opunha às fórmulas justas de João das Regras, fosse, por sobre heroi e santo, um experimentado onzenário... Aceitemolo, contudo, no puro valor de virtude, mas reconheçamos que a sua prole desceu muito: degringolou dessa virtude abaixo e caiu no profundo das ignomínias. Já houve historiador que pretendeu explicar toda essa miséria com o sangue do Barbadão, cuja filha é a própria mãe do Aviz... Não é preciso infamar o pobre humilde, acaso, o plasma mais vivificante em tudo aquilo. Não é preciso, porque, mesmo sem *sangue vil,* a profunda degeneração, como a dos governantes portugueses, era bastante para vencer toda virtude e tornar abjeta qualquer descendência de herois. Finalmente, pouco importa a causa: o que nos interessa é o fato — a reconhecida degeneração dos Braganças.

---

[11] Mal começou o reinado de D. Henrique e tudo principiou a declinar, sob o governo imbecil deste homem, Southey, *op. cit.,* VI, 437.

Era assunto de crônica universal.[12] As cortes e os governos da Europa conheciam-na bem. Richelieu, desde que entrou em luta com a Casa da Áustria, resolveu aproveitar o Bragança, como seu instrumento, nesse papel — de restaurador de Portugal, com o que muito se diminuiriam os domínios do rei de Castela. Em 1634, ofereceu-lhe, para a empresa, 50 navios e 13.000 homens, e o duque de Bragança ainda hesitou, que ele não era nenhum herói. Hesitou muito; só em 1640, e com o concurso poderosíssimo da Holanda, entrou em ação. Agora, o êxito estava garantido: França e Províncias Unidas, a apoiá-lo! Antes, ele era o homem da sua riqueza e do seu sossego. A era das tergiversações, dos compromissos fracos, em que a sua natureza mesquinha se prazia, terminara... Obrigavam-no a decidir-se, o que era uma dor da alma, para o seu gênio quieto, pequeno, egoísta. "Foi uma vitória fácil, a do primeiro momento: deram-lhe a coroa, sem a despesa de um tiro. Mas, depois, quando a Paz de Westfália desembaraçou a Espanha da Holanda, e que ele viu a possibilidade de ser fortemente combatido, pressentindo riscos", D. João IV não resistiu ao medo e tratou de se salvar a si. Não duvidara alienar o ultramar e subscrevera todas as exigências humilhantes... mas arriscar tudo, inclusive a cabeça..." "Foi quando ele se deu, inteiramente, e com Portugal, ao inglês. Em rápida súmula de caráter, Lúcio de Azevedo qualifica-o: "... pusilânime, ingrato, vingativo, cruel..."[13] e desfia a série das suas consagradas cruezas.

Vêm os filhos de D. João IV; D. Theodoro, que devia reinar, de quem dirá o mesmo historiador: "... mal entrado na adoles-

---

[12] A degeneração da família de Bragança foi tão patente e tão profunda, que se tornou proverbial, entre as casas reinantes, desde que o trono lhe deu destaque. Antes de um século de elevado à coroa D. João IV, estava para casar o rei de França, Luís XV, procurava-se a princesa que conviria para sua esposa, e o duque de Bourbon, seu ministro, fez um relatório das condições das princesas casadouras, possíveis rainhas de França. Lá figura a princesa Maria Bárbara, neta de D. João IV, irmã de D. José, a mesma que se casou com Afonso VI, de Espanha, e vem com esta anotação: "O fito casando prontamente o rei é assegurar logo à S. M. uma posteridade... a princesa de Portugal parece pouco própria a esse fim, pois as más condições de saúde que existem nessa família e que, muitas vezes, têm produzido espíritos tresloucados e *(egarés)* dão justo motivo de apreensões... de que, enfim, com isto, não se introduzam na casa real as mesmas indisposições, que existem na casa de Portugal. (P. de Reinal, *Le mariage d'un roi*). Mateus Marais, no seu *Jornal*, tomo III, registra a referência: *"On ne veut point de Infante du Portugal parce que le père est peu fou."* Tratava-se de D. Pedro II, que tomara para si a cunhada, princesa francesa, e os franceses, por isso conheciam bem o caso.

[13] *Vida do padre Antônio Vieira.*

283

cência, dado a devoções e já maníaco da astrologia, bisonho, metido em si, um tanto mulherengo…". Nem é preciso mais para patentear a degenerescência. Do que se lhe segue, D. Afonso, é toda a história de sua vida abjetamente trágica, na degradação de um "… caráter imundo, inclinações vis, gostos obcenos…". A esposa, a rainha, preferiu o cunhado, e os dois, numa rebelião palaciana, encerravam-no e tomaram-lhe o poder. Esse irmão é aquele a quem os franceses, benevolamente, consideravam um *tanto doido*. Foi o próprio que completou a submissão e subserviência de Portugal à Inglaterra, com o célebre Tratado de Methuen. Teve duas glórias: lançou o pobre Portugal numa guerra de equilíbrio europeu e fixou as formas do definitivo absolutismo em Portugal. O filho, D. João V, consegue adiantar-se em degradação a todos os Braganças, já famosos como degenerados. Foi o rei singelamente classificado em *beato e devasso, reinando num mundo de costumes ridículos e nojentos*. Para dar-lhe os meios de beatice e devassidão, a fortuna lhe trouxe as minas do Brasil. "Enfatuado e devasso, corrompeu e gastou, pervertendo-se também a si e desbaratando toda a riqueza da nação. Teve como secretário o nosso Alexandre de Gusmão, que deixou dele e do seu reinado, o retrato ao vivo: "um mar de superstição e ignorância… um bolônio estéril e contrafeito"… Uma alma de beata velha, num corpo de macho coroado, podia ter acrescentado. Tornou Portugal definitivamente carola, inteiramente encravado na fradaria: "A fradaria absorvenos; a fradaria suga tudo, a fradaria arruína-nos." Com ele, a corrupção não mais teve reservas: "Tudo se consegue com quaisquer quatro bolas, garante o mesmo Gusmão, se aplicadas decentemente a qualquer bonzo, quando não possa ser ao vizir seu protetor." Era devoção, orgia e sanguinarismo. Gastou mais do que rendiam as minas; levantou a alvenaria pesada e desgraciosa de Mafra, deu ondas de cônegos à Patriarcal e teve um recanto de amores no convento de Odivelas.[14] Tinhas-as de toda sorte: frei-

---

[14] Eram duas a *madre Paula* e a *irmã* Maria da Luz, irmãs. Dormiam no mesmo quarto, com uma pia de água benta entre as duas camas. E o rei, assultanado, amava-as como se foram uma. Não fazia distinções. Doenças… Em vista de tudo isto, Felício dos Santos marca-o: "… despótico, pusilânime, beato, dissoluto, licencioso, passava a vida engolfado nos prazeres da sensualidade" (*op. cit.*, p. 26).

ras, barregãs, dançarinas. "O rei devoto e lúbrigo... imperava sobre a aristocracia e as freiras... bailarinas e cantoras de Ópera... tendo por amante no seu harém uma cigana... Não lhe bastavam os requintes sensuais... de luzes e incensos... comia âmbar." Foi quem mandou queimar o judeu Antônio José, porque o chamou *governador da ilha dos Lagartos*. Quando acabou de cobrir Portugal de conventos, espalhou-os fartamente pelo Brasil. Quadruplicou os canonicatos, e, em Portugal, não havia imagem de santo que não tivesse coroa de ouro oferecida pelo rei. Tinha como confessor o afamado frei Martinho, o próprio herói do *Martinhada*, escrita pelo célebre *Camões do Rocio*, de quem ele mesmo, D. João V, era companheiro.

O filho e herdeiro do rei beato e devasso foi D. José, nome com que reinou Sebastião José de Carvalho e Melo. A protérvia má desse estadista em falso e o ouro do Brasil permitiram a esse Bragança encher um reinado, não sendo ninguém. Não tinha inteligência, sequer, para compreender o papel a que o reduzia Pombal, nem coração para impedir muito mal inútil. Casou a filha e herdeira, a que foi D. Maria, a *louca*, com o irmão, o bronco D. Pedro III, para que o casal — tio degenerado e sobrinha demente — desse ao mundo o desgracioso tarado, D. João VI. D. Maria foi a própria que assinou a sentença de esquartejamento de Tiradentes, com a honra de ser louvada, depois, por José Bonifácio.[15] Na desgraça do seu fado, tinha o dom de fazer triste e negro o ambiente onde vivesse, e mostrou mais senso e critério quando louca do que nos dias de lucidez: o filho, o *Príncipe Regente*, fugia a correr, para embarcar, abandonando o reino aos franceses, e veio-lhe, à louca, um assomo de pudor: "Mais devagar!, dizia ao cocheiro, diriam que fugimos!" O destino patenteando cruamente a degeneração a redime de outras referências.

O filho de D. João VI, o neto, Pedro I, já pertencem a nossa história. Quando for ocasião de analisar os capítulos em que eles se movem, com as ações apreciadas, a inferioridade de espírito se mostrará. Por enquanto, registrem-se, apenas, juízos de historia-

---

[15] O fato não tem importância, porque na intimidacle esse Andrada chamava D. João VI *João Burro* (*Cartas Andradinas*, p. II).

dores, ou portugueses, ou estrangeiros imparciais. "D. João VI, o último dos Braganças, deixou, apenas, aquele enjoo que provoca o vômito... Epitáfio vivo dos Braganças, sombra espessa de uma série de reis doidos, ou mentecaptamente maus... Egoísta e seco como D. João IV, tinha inclinações fradescas como D. João V ... a esperteza soez de D. Pedro II, e o plebeísmo de Afonso VI... Começava por ser quase disforme... pés e mãos enormes, e uma inchação das pernas, doença antiga da família... vertigens e ataques de melancolia, hemorroidas... amarelo, rosto flácido, beiço carnudo, sem vida... delíquios, timidez e medo, e, pelo medo, estonteado, pronto a subscrever todas as baixezas e humilhações baixas... Avarento, quase revolucionou Lisboa, porque lhe roubaram 12 moedas... Indolente, gordo, vulgar, pouco inteligente..." tal o sentia e compreendia o sr. O. Martins. Gervinus, sem motivos para dar-lhe mais espaço, é sumário: "... fraco, boçal, governando em nome da mãe louca...". Sales Torres Homem, enquanto ainda era Timandro, define-o pelo que lhe falta: "A dignidade, a fé, a lealdade, a severidade de costumes, a energia de caráter, a ilustração, tudo enfim quanto é indispensável a um rei, faltava-lhe..."[16] O sr. Pereira da Silva, sem nenhum intuito[17] de malevolência, teve de pintá-lo num desatino tal, de covardia e terror, que já não é o simples medo dos covardes normais. Armitage, inglês bragantista, e que alcançou muito de perto a fama dos seus atos — regente e rei —, sente-se obrigado a ser compassivo; e, se deixa de lado a pobre criatura, olha para o mundo onde ele se retrata e desanda: "A moral da corte era também a mais baixa... O sr. Oliveira Lima chega a ter, quase, entusiasmos pelo governo que elevou o Brasil a Reino Unido, mas, ao mesmo tempo, considera-lhe a corte ignara e moralmente corrupta." Enquanto esses deslizam sobre a moleza de D. João VI, Maximiniano Machado, baseando-se em Soriano, mostra-o qual é: fez assassinar covardemente frei Ignácio de São Caetano, confessor da rainha, e que era um homem, porque este o tratava como um imbecil e um lorpa que era.[18] Foi este crime que desencadeou a doidice da rainha.

---

[16] *Libelo do Povo.*
[17] Fundação, T. II, p. 274. Para o caso, o sr. P. da Silva vale como português, e dos *melhores...*
[18] *Op. cit.*, p. 530.

O nosso Pedro I, em quem o sr. O. Lima reconhece o erotismo de Carlota Joaquina,[19] é, de fato, linhagem de Bragança, excitado por aqueles fogos da mulher que, por isso, até fazia medo ao rei: "... desadorava o ardor da esposa infiel...". Armitage tem exclamações. Eram infidelidades tão escandalosas!...[20] Pedro IV e I é o que aceitou a sugestão do Conde dos Arcos (primeiro a ter ideia de uma independência em favor dos portugueses), e, dirigido pelo carrasco do padre Roma, preparou o movimento de traição, que começou por enxotar o rei e pai, e acabou por tirar-lhe o domínio efetivo do Brasil. Foi nesse intuito que ele, apenas *príncipe real*, fez fuzilar os *eleitores* reunidos na *Praça do Comércio*, depois chamado o *Açougue dos Braganças*. D. João VI estava escandalizado contra o príncipe real, por ter ajudado os esforços feitos para obrigá-lo a sair do Rio de Janeiro:[21] "No momento de traçar o caráter de Pedro I, por si, e por Evaristo da Veiga, seu evidente inspirador, Armitage, não hesita: "O imperador tudo maquinara para ter o gozo da autoridade livre e suprema, por que tanto anelara, mas... se tornou incapaz de governar, pela aquisição dessa autoridade... Afastava da sua presença os homens probos... comprazia-se com a mais vil adulação... Continuava a frequentar cordial e familiarmente os indivíduos de baixas classes... Passava a maior parte do seu tempo com a sua concubina pública, a quem cumulava de riquezas... ao passo que a imperatriz era obrigada a pedir pequenas somas emprestadas aos criados... Em vez de amigos, tinha favoritos... Fez de um criado, português, secretário: *Chalaça*, bulhento, extravagante, dissipado e insolente... tanta influência ganhou no ânimo de seu augusto amo, que se pode avançar sem exageração que partilhava com ele a autoridade suprema."[22] As palavras do inglês encerram a documentação de uma caracterizada degeneração, o influxo de um Brasil, jovem e viçoso, aliviara, um tanto, a figura de D. João VI, da sua chatice hedionda; os ardores de Carlota Joaquina, a sua ambição desprevenida de sen-

---

[19] *Reconhecimento*, p. 65.
[20] *Op. cit.*, p. 8.
[21] Armitage, *op. cit.*, p. 17.
[22] *Op. cit.*, p...

so, realçara, no seu filho, a clássica sordidez dos Braganças, para dar-lhe esse mentido aspecto de aventuroso e entusiasta, sem lhe afastar a degeneração essencial, antes agravando-a em ímpetos novos. Napier, que conheceu a prole de D. João VI, deixa dos dois — D. Pedro e D. Miguel — um juízo que equivale a um diagnóstico de loucura. O dr. Casanova, médico de Pedro I, não tinha mais dúvidas a respeito do seu valor mental. *O Imperador é louco; se me vierem dizer que ele anda atirando pedradas, não me causará isto surpresa.* José Bonifácio quis modificar esta expressão do doutor... mas este replicou que o estado atual de sua majestade ressentia-se de uma alienação mental muito pronunciada.[23] Era isto em começos de 1823; seriam prenúncios dos acessos epiléticos que lhe voltaram logo depois:... um ataque epilético de que sofreu o imperador no dia 6 de junho (1823), quando, já havia cinco anos que não fora acometido de tal incômodo, que na juventude por vezes experimentara[24]. Sim: a semente de D. João VI, pelo útero de Carlota Joaquina, não podia deixar de produzir um epilético, com tons de paranoico. E o ambiente estava feito nesses conceitos. Armitage reflete-o quando nos mostra toda a família de D. João VI (menos D. Benedita) *distinguindo-se, apenas, pela incapacidade,* até mesmo para compreender a situação que lhe era feita pela revolução constitucional de 1820.[25]

61. *Coração de degenerados*

A avidez em que, desde logo, se transformou o ânimo condutor das aventuras portuguesas fez que a depravação degenerativa se manifestasse nos próprios sentimentos de humanidade, e não tardou que a gula fosse ímpeto de ferocidade: cortavam os dedos e as orelhas às vítimas ainda vivas, para mais depressa arrecadarem os brincos e anéis. E, reduzidos a negreiros, o coração se lhes empederniu, degradando-se-lhes os sentimentos, converti-

---

[23] Drumond, *Anotações*, p. 143.

[24] Varnhagen, *História da Independência*, p. 319.

[25] Armit, *op. cit.*, p. 240.

dos, os ânimos mais fortes, em covardes torturadores. A pintura que o nosso Castro Alves deixou, no seu *Navio Negreiro,* ainda não é completa. Nem mesmo a descrição do dr. Clife, que verificou pessoalmente os crimes das suas indústrias. O horror dos sofrimentos absorve as atenções nas vítimas e esquecemos a hediondez do traficante, que se tornou o tipo, por excelência, feroz, devasso, sem vislumbre, sequer dos instintos mais inerentes à natureza humana. "... A ganância do lucro apagava todas as noções da humanidade e fazia-se aos negros o que não é lícito fazer-se a nenhuma espécie de gado." Essa é a expressão de um Oliveira Martins, português, e que, nessa superioridade, julga os negros essencialmente *inferiores,* na *inferioridade incontestável dos dotes da sua raça.* Imagine-se, por aí, como procediam os negreiros portugueses, dados aos lucros, sem a atenuação, ao menos, de um pouco de filosofismo... Mesmo no Brasil, onde as condições de vida amenizaram a conduta dos *senhores,* os portugueses eram os mais bárbaros donos de escravos... Depois de consignar o fato de modo geral, Koster faz a observação. "Depois dos escravos, os feitores portugueses são os mais inexoráveis com os cativos."[26]

Em contato com a terra africana, o português não a pôde ver noutras possibilidades, além da extração de escravos; e todo o seu domínio ali se resume nisto. No resto do seu destino degenerado, condenado a parasitar sobre o Brasil e a viver por entre os estremeços de desatinadas revoluções, repetidamente contidas e castigadas; nesse destino, com a eiva do negreirismo impenitente, Portugal se mostrou a nação mais bestial do ocidente — ao reprimir os movimentos políticos. A começar de Pombal... ou da Inquisição, ou, mesmo, das perseguições de judeus fomentadas pelo *venturoso,* há quanto tempo se mata, barbaramente, abjetamente, em Portugal!... Ao pensar no que fizeram com os pobres africanos. José Bonifácio só não se conteve: "Nenhuma nação pecou mais contra a humanidade do que a portuguesa."

Pombal, o *genial* estadista, o próprio que sistematizou e desenvolveu o tráfico dos pretos escravos, foi quem instituiu, ou

---

[26] *Op. cit.,* T. II, p. 380.

consagrou com o seu prestígio, o costume de deixarem-se no patíbulo, para exemplo, as cabeças das vítimas. E, como todo costume evolui, de Tiradentes, foram os quartos e a cabeça... ao cadáver do padre Pessoa, desenterraram para ser mutilado... Quem quiser requintes de sadismo político leia, em Castelo Branco, a execução, por Pombal, de D. Leonor Távora, que, aliás, era inocente: "... mostraram-lhe, um por um, os instrumentos das execuções, e explicaram-lhe por miúdo como haviam de morrer seu marido, seus filhos e o marido de sua filha. Mostraram-lhe a massa de ferro que devia matar-lhe o marido a pancadas na arca do peito, as tesouras ou aspas em que se lhe haviam de quebrar os ossos das pernas e dos braços ao marido e aos filhos..."[27] Nem há o que estranhar, no caso. Culminância política do Portugal bragantino, Carvalho e Melo, modelo ainda hoje aureolado, chegou a ser o tipo mais hediondo produzido na decomposição da nação portuguesa. *Horror e ridículo*, diz Voltaire da ferocidade pombalina sobre a decrepitude demente do septuagenário Malagrita. A pele, cujo crime mal se define, decepem-se as mãos, para depois atá-lo vivo a dois robustos cavalos, que, açoitados em sentidos contrário, lhe dilacerem e rompam as carnes.

Um outro português, o já transcrito sr. Homem Cristo, se lhe falam da brandura de costumes da sua terra, nem pode dominar o grito de protesto: "... decantada brandura... que Tartufo inventou... povo bestial... fúria africana, de cafre... martírios e mortícios nas prisões... a crueza bestial dos portugueses... Portugal, governado pelo crime...". E é o que temos de constatar, como efeito constante sobre o Brasil, desde que a metrópole parasita se sente ameaçada.[28]

---

[27] Em 1756, o marquês de Pombal decreta uma gratificação de 400.000 cruzados a toda pessoa que delatar aqueles que disserem mal do seu governo... Em 1777, em consequência de uma assuada popular... manda ao Porto a famosa alçada — que enforca 21 homens e 5 mulheres... *Farpas*, T. VI, n? 4... Depois de tudo isto, compreende-se a revolução de agosto de 1924, em Lisboa, para o fim de assassinar covardemente quantos políticos republicanos desagradaram aos famosos revolucionários...

[28] Foi Sila quem instituiu, parece, o costume penal de deixar expostas, no patíbulo, as cabeças das vítimas. Depois disto intervém, no mundo, a piedade cristã; passam-se mais de 18 séculos de progresso moral, e o maior estadista do Portugal restaurado, Pombal, adota, agravando-as, as práticas de Sila.

62. *Decadência de pensamento*

Aviltado em extorquir e mercanciar, Portugal degenerado perde em todas as suas atividades de pensamento. Cruezas, corrupções, desleixamento... dessa sociedade torva, em torno de Pedro II, ou de D. Maria, são aspectos sinistros; mas não chegam a desviar a atenção do que é abjeto, simplesmente como inteligência, ou vazio de inteligência. Portugal cultivou, por séculos, a ignorância e a covardia mental. Ostensivamente, desprezou o pensamento, de tal modo que, em face das outras degenerações, a portuguesa se distingue como maré de estupidez. A abjeção de caráter, a torpeza de sentimentos, ofuscam-se na cretinice gritante do ambiente, onde se elevam desembargadores e conselheiros, que fizeram a tradição — *universal nos cargos e na estupidez...* Assim os apresentam lá mesmo. Já o notamos: do começo dos Braganças até a revolução liberal, quase dois séculos, Portugal apenas produzira quatro inteligências a quem se dá valor de gênio — Antônio José, brasileiro, filho de brasileiro, o padre Vieira, afeito ao Brasil, onde encontrou o estímulo para a mais bela obra da sua vida, Bocage e o padre José Agostinho. A Bocage, perdoam-se os desmandos, e não se lhe pode negar o valor de um grande poeta, maculado, diminuído, mas não anulado pelo mundo pobre onde viveu. A José Agostinho, não: a sua obra é a cópia da sua vida, que não é, apenas, a de um poeta desregrado, mas o referver de uma miséria transbordante, num talento que só existe para destacar a desonra de um caráter. Grosseiro, extravagante, sem sinceridade, fez uma obra de esterilidade, como a reduzir a beleza ao seu feitio pessoal. Padre farrista, foi, ostensivamente, liberal, constitucional, miguelista... e teria ido até à república e voltaria ao absolutismo, desde que encontrasse ocasião de dar solta ao desbrio do seu caráter e à chocarrice de seu temperamento. O seu talento não conseguiu, nunca, sobrepor-se às contingências de uma devassidão essencial — do degenerado, caracterizado em sordidez e maldade.

Há uma razão que, talvez, explique esse negrume de que se cobre Portugal, apenas confessa a declinar. Sabe-se que, nas degenerações, perdem-se, em primeiro lugar, as qualidades por último adquiridas, sobretudo aquelas que resultam de um simples esforço educativo. Ora, o povo português, tão acentuadamente evoluído na vida política e no sentimento nacional, retardou-se sensivelmente na marcha do pensamento. Provindo dos mais bárbaros entre os celtíberos, nunca assimilou completamente, nem a alta cultura latina, nem a árabe, nem o preparo para a vida moderna. O progresso de Portugal, formidável e excepcional, sem dúvida, foi todo de ordem política e econômica, e consistiu na extraordinária precocidade da organização do estado, com a função específica de conduzir a fundação de um império ultramarino. Ora, tudo isto foi obra, bem explicitamente, da classe dirigente, secundando a ação das duas dinastias, principalmente da segunda. Por isso mesmo, nas classes governantes, acentuaram-se excepcionalmente as qualidades positivas em que o gênio português veio a brilhar, ao mesmo tempo que todo o fulgor de pensamento e o respectivo progresso intelectual ficaram limitados a essas mesmas classes. Por si, a massa da população pouco adiantou em cultura, quanto ao que era sob os romanos, ou no império visigodo, ou nos dias do domínio árabe. Lisboa, por toda a Idade Média, foi, apenas, um grande porto, não um centro de cultura. Não teve valor para atrair a universidade, quando a fundaram, tarde, aliás. Os laivos de cultura francesa, vindos com o burgonhês, não tiveram poder sobre o povo propriamente dito. Em compensação, no pináculo da organização política, bem orientada como era, a inteligência tinha o merecido prestígio. D. Diniz (1300) era o monarca mais ilustrado do seu tempo; a corte do mestre de Aviz (D. João I) era a que possuía a mais rica biblioteca na época, sobretudo em obras de geografia... o segundo filho de D. João I, D. Pedro, pôde ser denominado o príncipe *sábio;* o irmão, o rei, foi o próprio escritor do *Leal Conselheiro.* Quer dizer, os dirigentes formadores de Portugal preparavam-se efetivamente para a obra a que se dedicavam, e preparavam-se valorizando o pensamento. Obtiveram, assim, realizar um progresso tão notável como precoce, tanto em cultura de inteligência como na realização política.

Mas tudo ficou limitado aos mesmos dirigentes, e se fazia como esforço educativo, expressão de um grande poder de vontade. A massa popular não foi, quase, alcançada por esse progresso intelectual, que tomou, então, um aspecto como artificial, qual acontece em toda altura intensiva e propositada. A expressão direta de tudo isto nós a temos na própria evolução da língua portuguesa, com o seu tom arcaico, arcaicamente moldada no latim, desde logo peiada pela sintaxe. Por toda parte, o povo é o soberano na marcha e no gênio da língua, menos em Portugal. A camada superior adiantou-se tanto, em política e em pensamento, que não pôde ser imediatamente acompanhada pela língua, e, no momento mais significativo da sua evolução, quase ao tocar o máximo da elevação, encontrou-se com um idioma simples dialeto bárbaro-latino, insuficiente para as necessidades de um alto mentalismo. Nessa conjuntura, os representantes da mesma mentalidade entenderam abreviar a evolução da língua e suprir as insuficiências dela, com os recursos da erudição, por meio de regras e elementos léxicos tirados imediatamente do latim. Foi uma transmutação dos processos normais de evolução idiomática, e a língua, pobre de influxo popular, veio a ser, finalmente, um mau latim. Tudo isto demonstra que a cultura de pensamento era peculiar às classes dirigentes — corte e fidalguia, sobretudo. Com estas é que se mantinha elevado o nível mental da nação. No momento em que elas declinaram e porque a degeneração mais sensível foi nos dirigentes, o mesmo nível intelectual caiu afrontosamente, a nação portuguesa se mostrou — numa massa popular, como sempre ignorante e rudemente inculta, um corpo de dirigentes obsoletos, decrépitos de pensamento, como que fora da marcha geral do progresso humano. Multiplicam-se os fatos demonstrativos dessa degradação intelectual, que, por vezes, são monstruosamente paradoxais. Quando lemos, por exemplo, os feitos das célebres cortes liberais e revolucionárias, hesitamos de *admiração*, entre os desatinos das injustiças e o desasido dos processos. Isto é bem evidente no que se refere ao Brasil: propunham a *grande liberdade* e anulavam a pouca liberdade já conquistada pelo Brasil; faziam da exploração do Brasil a condição de vida para a nação portuguesa e provocavam o Brasil a separar-se de Portugal; reconheciam que o Brasil estava praticamente livre e faziam toda a política em afronta aos brios do Brasil... Propunham, decretavam, discutiam, tangiam, como quem nunca tivera contato com a experiência, e foram incapazes de compreender o mundo em que viviam. "Eram montes de ignorância...", explica o sr. O. Martins.[29] A explicação não basta: o ignorante, só inferior por isso, pode remediar o mal, num esforço de estudo; Borges Carneiro e os companheiros tinham estudado como lhes era possível estudar; tinham tirado do estudo o que lhes era possível tirar, e tal estudo os tornara mais doentes, mais monstruosos mentalmente. Os nossos Feijó, Muniz Tavares, Antônio Carlos, no meio deles, eram como se falassem línguas diferentes, intransponíveis. Compreendemos o sr. Homem Cristo, quando tomado de revolta, por efeito de um contato constante, grita, escandalosamente: "Povo inculto, pessimamente educado, afeito a todas as maledicências e escândalos, ao mesmo tempo ingênuo e sem o senso prático... a estupenda falta de cultura, o desaparecimento, salvo as exceções, de todo espírito de crítica, de análise... um país onde aprender a ler é pleonasmo... Hei de sempre dizê-lo: a minha pobre terra, apesar da sua falta de caráter, não morre unicamente pelo déficit de caráter. Não morre pelo déficit financeiro e econômico, que seria, com inteligência, uma coisa transitória. Morre, sobretudo, à força de estupidez... Que pavorosa estupidez!... Pobre terra! Absolutamente incompatível com a verdadeira, a nobre, a sã inteligência. Sobretudo com a inteligência..."[30] O sr. Bruno, confundindo a parte com o todo, lamenta a "decadência da nossa imaginação criadora, se alguma vez a tivéssemos..."[31] Armitage, com bom conhecimento do caso, não tem meias medi-

---

[29] Apesar de Pombal, a miséria dos intelectos não mudava, lamenta o sr. O. Martins: "...a ignorância continuava na mesma. Um desembargador, conselheiro da fazenda, administrador da Alfândega, negou entrada a uma caixa, vinda de Gênova, por haver peste em Marselha; estudando no mapa e achando apenas meio palmo entre os dois portos, julgou perto demais para não haver perigo. Outro desembargador não mandava para o Rio de Janeiro as notícias do cerco de Gibraltar (1781) porque, estando mais perto do Rio, não lhe parecia necessário...".
[30] *Op. cit.*, pp. 358, 412, 449, 486 e 586.
[31] *Op. cit.*, p. 41.

das: "... a insignificância da literatura portuguesa... a pobreza da literatura portuguesa é reconhecida em toda a Europa (em 1835). Durante os três últimos séculos mui raros escritores portugueses têm aparecido". Antes deste conceito, já o inglês havia mostrado, nas *cortes:* "o desembargador Brito, o único português que apresentava conhecimentos em economia política, e era considerado pelos colegas como um teorista visionário..."[32]

Quando refletimos que, durante dois séculos e meio, fomos condenados a nutrir o pensamento com essa estupidez e a não poder abrir a inteligência senão para o espesso bafio da mentalidade portuguesa; quando pensamos nisto, e verificamos que essa mentalidade ainda ali está, na essência da política em que nos conduzimos: sentimos também o pavor do negrume afogadiço. Em 1600, já foi preciso que um padre espanhol viesse ensinar aos lavradores do Brasil um tipo de moenda racional — que eles se serviam de monstruosos engenhos, onde se perdia todo o açúcar das canas. E não lembramos a cultura da improdutiva *cana crioula*, no país mais produtor de açúcar, então, e, por mais de dois séculos, quando os franceses de Caiena, apenas amadores no assunto, já possuíam uma variedade de cana que produz seis, ou oito, vezes mais que a *caninha*. Não podia ser de outra forma: o Brasil era dirigido e governado por inteligências como a daquele D. Fernando Antônio de Noronha, governador do Maranhão, e que, na véspera do século XIX, se largou com 2.000 homens, em expedição inculcada por um negro fugido, embusteiro rudimentar e que o convenceu de que havia descoberto o Eldorado. Contudo, o influxo de uma pátria nova, nos estímulos da terra, permitia ao Brasil, sufocado, manter uma qual pujança de vida e dar ao mundo inteligências como as dos Gusmão e as outras em que o pensamento brasileiro se veio afirmando, até os dias dos Arruda.

---

[32] *Op. cit.*, pp. 27, 39 e 57.

63. *O caráter... degradação até a covardia...*

Há para dois séculos que a pobre nação portuguesa, decaída, está a sumir-se.[33] No lamentarem-se, os escritores dali destacam, sobretudo, a degradação do caráter. O grande A. Herculano, grande porque dizia e agia com sinceridade, já desesperado de ver reerguer-se o seu Portugal, toma das gerações que o têm conduzido, a mostrá-las: "... financeiros e barões, viscondes, condes, marqueses, de fresca e mesmo de velha data, comendadores, grã-cruzes, conselheiros: uma turba que grunhe, burburinha, fura, atropelando-se e acotovelando-se na obra de roer um magro osso chamado orçamento, e que grita aqui d'al-rei, quando não pode tomar parte no rega-bofe...". O nosso Felício dos Santos, que ainda alcançou a era de Herculano, sintetiza: "... o poder estava entregue a uma fidalguia devassa e dissoluta".[34] "Canalhas, pulhas, covardões, pusilânimes..." grita, quarenta e cinco anos depois, um dos proclamadores da república portuguesa. "Moléstia de caráter... A raça, portuguesa é inteiramente destituída de caráter..." dirá ele noutro lugar..."[35] Não há dúvida, o mais grave, na degeneração social, é o que se traduz no caráter do indivíduo; mas, no caso, convém distinguir o que é dignidade de caráter, ou virtude propriamente dita, do que é apenas força de querer. Essa terá sido a última, a diminuir, e nunca desapareceu de todo, apesar da degradação em que se abateu Portugal, ao passo que a outra — aquilo de que depende a resistência aos pendores animais e inferiores: nisto, as camadas dirigentes de Portugal baixaram tanto, que perderam, quase, o valor humano.

Será preciso mais longa enumeração das misérias em que se aviltavam os governantes portugueses, porque essa foi a matéria ruim de que fomos infectados. Por enquanto, a menção é, somente, o bastante para classificar os sintomas de degeneração —

---

[33] O conde de Linhares é um grande nome na política portuguesa bragantina e foi o próprio que, tudo ignorando a respeito da pessoa e da obra de Humboldt, o fez prender e expulsar do Brasil...
[34] *O Distrito Diamantino*, p. 228.
[35] *A Anarquia em Portugal*, p. 622.

no caráter, como na inteligência e no coração. A resistência íntima dos portugueses repousaria nessa tenacidade essencial, com que eles se distinguem; mas, a exaltação da virtude de caráter, em valor de moralidade, essa resultaria, como resultou noutra era, de uma educação humanamente conduzida, assistida de ideais que contradigam com o mercantilismo deslavado da realização ultramarina. E o caráter se abismou na infâmia. A filosofia do sr. O. Martins concluirá: "A corrupção desvirtuará todas as qualidades do caráter nacional..." Turbante confusão de efeitos! A corrupção não destrói nem desvirtua nada, pois que ela já é expressão da degradação do caráter, desconjuntado, desde que não há mais os motivos superiores, exaltantes na consciência.

Há ignomínias, por conta dos portugueses, além de tudo que o mais pessimista, ou difamador, possa conceber. Já foi citada a façanha daquele reinol que apanhou, por traição, um índio, a quem devia a vida, e o vendeu como escravo. Foi o que, em grande, fez o governo de Lisboa, quando vendeu, aos *mascates* do Recife, os pernambucanos que o salvaram, salvando, para Portugal, este Brasil, de que ele veio a viver. Muito antes dessa infâmia suprema, quando o Filipe quis o trono, comprou-o, e a fidalguia toda se vendeu! O Veiga, que governava no Brasil, na saúde moral da colônia, sentiu de tal modo a traição do irmão, o de S. Gião, que morreu de desgosto: "... Lourenço da Veiga, como se prezava de português, sentiu tanto haver seu irmão entregue a torre de S. Gião, da maneira que temos visto, que ouvindo a nova enfermou e morreu." Um *progredir* de sessenta anos fez que, na restauração, as traições fossem mais sujas, se é possível. Não houve representante de Filipe que se não passasse para o Bragança, inclusive os que não eram portugueses. Em compensação, quando pareceu que a restauração ia por águas abaixo, um Mendonça, um Montalvão, um Teles de Faro... voltam para o castelhano, levando, quando podem, as quantias que o governo da pátria *restaurada* lhes confiara. E quando, de mãos livres, vem a Espanha à luta com Portugal, e o invade, as povoações se entregam ao invasor, tão facilmente, como, antes, haviam aderido ao Bragança. Évora se rende vergonhosamente, entregando 7.000 prisioneiros, e o castelhano, tomado o Alcácer do Sal, ameaça Lisboa. Já era morto *o restaurador,* quando na loucura do filho, Castelo-Melhor (exceção de energia e descortino, para aqueles dias), dominou as dificuldades, impôs o interesse de Portugal e fez a paz com a Espanha, que, já, também, em franca decomposição, não poderia mais reduzir nenhum país à obediência.

Em si mesmo, o exército português tão pouco valia que foi preciso entregá-lo a oficiais estrangeiros: "Ignóbil exército, que, desde 1640 só consegue *reabilitar-se* quando generais estrangeiros — Scomberg, Lipe, Beresford —, trazendo consigo numerosos oficiais seus compatriotas, o *reabilitam...* à força de chicote!... Sua estrutura íntima eu conheço talvez melhor do que ninguém... logo no princípio da guerra da restauração se organizaram uns poucos de regimento *exclusivamente* estrangeiros em Portugal. Outros eram comandados por estrangeiros..Por decreto de fevereiro de 1643, D. João IV criava vários capitães de cavalos, todos portugueses, ordenando que se lhes dessem as companhias — *se porventura não houvesse capitães estrangeiros...* tal a miséria que foi preciso recorrer aos *padres jesuítas!"* (H. Cristo, *op. cit.*).

O nosso Frei Vicente, com aquela encantadora singeleza de são, conta, sem comentários, como o brasileiro Salvador Correia, com 250 homens, em 4 canoas e uma caravelinha, no Espírito Santo, bateu as 7 grandes embarcações com que os holandeses, em 1625, haviam tomado a feitoria de Angola, cujo governador fugiu apenas sentiu a aproximação da luta. Depois, no desenvolvimento da campanha, citam-se casos bem mais expressivos: o oficial português Pinheiro, comandante do forte de Asseca, em Pernambuco, prejudicou um tanto a primeira vitória dos Guarapapes, entregando, traiçoeiramente, ao inimigo, a posição sob a sua guarda. Um *conselho* de colegas o absolveu, o que arrancou do padre Vieira o veemente protesto *"de que nunca se vira, naquela guerra, um único oficial português castigado por haver procedido mal, apesar de se terem dado disso tantos e tão flagrantes exemplos".* Antes, já ele havia descrito o que vira, na Bahia, assaltada pelos primeiros holandeses: "... estavam (os soldados) já tão cegos do medo, que, não vendo quanto infamavam a si e a todo Portugal, desamparavam totalmente a cidade, fugindo cada um por onde pôde, deixando por mais ligeireza as armas..." Finalmente, para um bom efeito de ironia, o grande retórico totaliza: "Governaram a guerra (contra os holandeses) quatro generais e nem um que não a entregasse a seu sucessor em pior estado do que a recebera... No entanto, se foram verdadeiras todas as certidões (de serviço); se aquelas rimas de façanhas em folhas de papel foram conformes a seus originais, já não houvera Holanda, nem França, nem Turquia; todo o mundo fora nosso...". Encontrá-los-emos, esses guerreiros da metrópole, na campanha do sul, *Colônia do Sacramento*... Encontrá-los-emos, sobretudo, na triste campanha da independência: foram infames, na mesma medida em que foram covardes. Os deputados brasileiros às cortes, no seu protesto de Falmouth, 1822, disseram sem reticências: "Na Bahia matam e roubam homens e mulheres...". Depois, em 1823 (é das histórias comuns), as tropas de Madeira, sitiadas na cidade, duplicaram as torpezas sobre a população inerme. Em Santos, a soldadesca constitucionalista saqueou literalmente a cidade. No Rio de Janeiro, com as tropas de Avilez, refere Drummond, testemunha de vista: "a população vivia como numa cidade ocupada por soldados desbragados e ébrios; as famílias deixaram de frequentar os teatros, só compareciam aos bailes da corte na medida em que era indispensável fazer ato de presença". Varnhagen é mais preciso, ainda: "As lojas permaneciam fechadas e os comerciantes, principalmente brasileiros, temiam... que um saqueio geral, repetindo-se... justamente o que se passava por esse tempo em Santos."[36] Não é de estranhar que esse pessoal, com todo o seu entranhado zelo pelas cortes, no seu empenho de reconduzir o Brasil, prontamente acedesse em desprezar as ordens recebidas e embarcar para Portugal, desde que o governo lhe pagou todo o atrasado, e mais três meses de soldo adiantados...

Nos civis, já o vimos não era menos acentuada a degradação de caráter. Gusmão deixou a menção bem explícita: *Com quaisquer quatro bolsas...* No tempo desse Bragança, D. João V, "as

---

[36] *Hist. da Independência*, p. 117.

mulheres dos ministros e dos juízes vendiam a justiça e os empregos: eram já o melhor empenho... Os fidalgos, com os seus nomes de léguas, eram mendigos impertinentes, mas, ao mesmo tempo... os ministros recebiam-lhes os memoriais por mão as esposas, nos seus gabinetes reservados e eles ficavam fora, esperando que a mulher o convencesse...". Tal o conta o pitoresco sr. O. Martins, para quem, no entanto, a podridão de caráter de Pombal passa como que sem se fazer sentir.

E, por que voltar ao *grande homem?* Por isso mesmo: foi um *expoente máximo.* Traslada e documenta a decomposição.

Pombal começa assentando-se na academia de história — para desencavar os papéis das opulentas casas fidalgas e esbulhá-las. Finalmente, bem poucos tinham coragem de opor embargos a esse esbulho, promovido por quem era senhor discricionário de Portugal. Todavia, houve um momento em que ele, Pombal, era *citado* em 16 pleitos diferentes, referidos a fortunas de que se apossara. O seu famoso tio demandara contra o conde de Atouguia, cujos bens cobiçava; perdeu em justiça, e Carvalho, depois de ter feito executar o mesmo Atouguia, investe-se na sua fortuna — em nome desse pleito perdido. A Mendanha, ele vende o que não possui e quando este descobre o latrocínio Pombal encarcera-o, desgrada-o e garante-se mais, enclausurando as duas filhas do desgraçado. E roubava diretamente do erário, como no caso do Coxo das águas, desviadas para as suas propriedades. Valadares, ao empossar-se do governo de Minas, dá-lhe 90.000 cruzados, que no seu bolso se somem. E foi acusado ainda, sem que nunca se defendesse, de receber 50.000 cruzados pelo contrato da pólvora, 600.000 pelo contrato de diamantes, 150.000 ações da Cia. do Grão-Pará, em nome da mulher... No final, quando desanda a fortuna e que se vê à mercê daqueles a quem roubara e torturara, humilha-se, suplica... tão abjeto e covarde na queda quanto fora arrogante, cruel e desapiedado no poder.[37]

Com o irmão, a quem ele entrega o Pará-Maranhão, era essa mesma gente — os mais ávidos e rapaces, que se despachavam

---

[37] *Pombal e Sua Época*, pp. 149, 357, 368, 362, 359.

para os postos de administração nas colônias. E assim se explica como, à medida que cresce, o Brasil vai sendo privado de dar gente sua para os lugares de responsabilidade política. A resistência da população em ser roubada e sangrada é o único freio à corrupção e à extorsão. Mais de uma vez, pela voz das suas câmaras municipais, as gentes brasileiras protestaram; chegaram a prender administradores concussionários e deportá-los. Em África, há mais desembaraço, pois que nem esse corretivo existe e os respectivos governadores são assim classificados: "Os governadores são mercadores de escravos, são ladrões e sob o nome de Juntas os funcionários criam institutos de pauperização.[38] A colônia se esvaía, porque a corrupção se multiplicava. A arrematação dos dízimos, a venda dos ofícios vitalícios.... eram outras tantas formas da corrupção transbordante: "...tinham-se estabelecido, em Lisboa, corretores oficiais para esses negócios", nota Maximiliano Machado.[39] "À sombra da proteção desembargatória, fervia o roubo. Um Sarmento e um Costa — era sabido por toda gente em Lisboa — tinham loja aberta de lugares públicos... Certa freira, querida de Luís de Vasconcelos (o Brasil o conheceu como vice-rei), era considerada um dos melhores empenhos... O marquês de Ponte de Lima, dado por pródigo, não era julgado incapaz de governar o reino." Essa documentação de Max. Machado é referida a Soriano, donde a tirara, sem dúvida, o sr. O. Martins. São todos insuspeitos. Acrescente-se, na mesma época: o Visconde de Vila Nova de Cerveira, o próprio que substituiu Pombal. Foi outro oficialmente considerado *incapaz de gerir os seus bens*, dizem os termos da provisão do desembargador do Paço... E geria Portugal... E era pródigo infamemente: dono do poder, elevou os seus vencimentos a 24.000 cruzados. Sob a doidice do trono, ministros prodigamente ladrões.

---

[38] *O Brasil e as Colônias*, p. 97.
[39] Max. Machado, *op. cit.*, p. 500.

CAPÍTULO IX

SOB A METRÓPOLE DEGRADADA

64. *Os veios da degeneração*

Por todo o século XVIII, a vida da nação portuguesa é uma agravação de misérias, no prosseguir de uma degeneração que já parece irremediável: nem marinha, nem indústrias, nem iniciativas úteis, nem atividade realmente moderna, nem ciência, nem arte. A política se reduz, bestialmente, a cobrar e prender: fisco e polícia — fisco de saqueador, polícia de covarde apavorado. E esse Portugal fechou o Brasil para o resto do mundo, isolando-o da vida em progresso — medusa de podridão, abrindo-se sobre a colônia, para contê-la de modo absoluto. De tanta degradação nesse passado, ela se derrama sobre nós mesmos na pior das vergonhas, a vergonha irritante de males que nos acabrunham, maculando-nos ainda e que, no entanto, não são nossos. *Metrópole madrasta*, comenta uma pena portuguesa, pretendendo ser justiceira. Metrópole carcereira, sanguessuga infectante, deverá dizer, para aproximar-se da verdade. Durante quase dois séculos, o Brasil foi vedado aos honestos, aos sinceros e capazes, como foi torpemente negado — para pátria dos brasileiros. A *História de Portugal*, por uma *Sociedade de Homens de Letras*, portugueses, é muito explícita a esse respeito: "... acabrunhava-se o Brasil de impostos, por maior cautela em não deixar crescer a colônia em opulência e bem-estar, de modo que só dependesse da mãe-pátria".[1] Era um regime inexorável, na atitude de quem defende a própria substância de vida: pena de morte a estrangeiros que penetram na colônia:... O grande Alexandre Humboldt, cuja excursão pelas terras americanas ainda hoje nos fornece indicações preciosas, de verdadeira ciência, foi suspeito ao governo português, que o considerou perigoso, nas suas *sinistras e sediciosas intenções*.

Apesar de tudo, as energias de vida levavam para diante o Brasil e quando pareceu que os espaços se lhe abriam, em 1808, ele irrompeu, num movimento que se impôs aos reparos dos que o conheceram, então: "Opera-se uma mudança vantajosa nos costumes do Brasil e ele sai, a grandes passos, do seu estado de meia barbaria." Ora, nessa mesma época, que é que valiam as outras colônias portuguesas? E o próprio reino?... É para maravilhar, dado o regime feito para o Brasil, a sua relativa prosperidade, desde que, economicamente, ele era uma *possessão de Portugal*, decaído e a ele agarrado, com toda a sua caquexia de obeso.

O mesmo Koster, antes de notar a vitalidade brasileira, deixa o reparo: "... a falta de energia — *the supness* — do sistema de governo do Brasil mostra-se por toda parte... e é tal o desgoverno que fico surpreendido de que os piores crimes não sejam cometidos". Depois, ao referir o que viu no Ceará e no Maranhão, ele nos mostra, no governo, a imbecilidade prepotente, com a asfixia de uma população pela estupidez reinante: "O governador Luís de Meneses (Ceará) falava das coisas do estado como se foram suas, *no tom de proprietário:* Verifiquei que a cidade de São Luís estava submetida (1811) ao governo mais despótico. Temia-se falar, porque não se sabia se seria preso pela mais insignificante expressão... O governador tinha uma tão falsa idéia do seu poder e da sua dignidade, que exigia de todos que atravessavam a praça em frente ao palácio que se conservassem descobertos. Os sinos repicavam quando ele saía."[2] A administração da colônia valia como um ventre entupido, quando já não há forças nem para a diges-

---

[1] Vol. VII, p. 80.
[2] *Op. cit.*, I, pp. 68, 146, 206, 225 e 310.

tão, ou um pantanal de estupidez malfazeja. Um caso só, de tão farto em miséria, é o bastante, para ilustrar a demonstração do desvalor dessa administração: as consequências do ataque de Duguay-Trouin.

É uma tradição, na vida do Brasil-colônia, o abandono em que o deixava a metrópole. As queixas se repetem, mote obrigado, nos relatórios de todos os governadores e capitães-mores, desde que de qualquer modo se interessavam pelas coisas do seu governo. "Vem isto", atesta Frei Vicente, "desde que morreu D. João III." E tudo piorou, no pendor do mesmo declínio em que decaía o reino. Finalmente, só se atendia aos meios de manter preso o próprio Brasil. Na época em que decorre a aventura dos piratas franceses, no Brasil, só se "pretendia o resultado dos impostos e fintas, deixando-se as obras de utilidade pública à conta do bolso particular". Ciente o governo de Lisboa de que vinha a esquadra de Duguay-Trouin a saquear o Rio de Janeiro, pediu ao inglês que mandasse fechar-lhe o caminho. Foi tudo. E o inglês deu tanta importância à incumbência que deixou passar os piratas; ou foi que estes, avisados da espera, tomaram outro caminho e chegaram sãos e salvos, para se fartarem na abjeção de Castro de Morais.

65. *Os Castro de Morais...*

O governo do Rio de Janeiro, no começo do século XVIII, marca o valor do Portugal de então, como Antonio de Albuquerque e Bento do Amaral dão o critério para julgar do que o Brasil podia fornecer em homens.

Os brasileiros deviam ter, para leitura edificante, uma edição pitoresca desse capítulo de história: como Castro de Morais fez abandonar todas as posições importantes para a garantia da cidade; como, por três vezes, em dois dias consecutivos, deu ordens para anular a formidável defesa que Bento do Amaral vinha fazendo, no excelente entrincheiramento da pedreira de São Diogo; como, apesar da "enérgica resistência de vários oficiais", decidiu e realizou a entrega da cidade ao corsário, antes de qualquer combate sério; como, à frente de forças ainda imponentes, afastou-se cada vez mais da cidade — Engenho Novo... Iguaçu... até ficar inteiramente a coberto de qualquer investida do francês... "Então, a fuga se tornou geral, repetindo-se as mesmas cenas da Bahia e de Pernambuco, em 1624, 1630... Se isto não era uma traição, era certamente alguma coisa muito semelhante."[3] Assim o comenta a pena desprevenida do padre Galante. As forças do pirata eram de menos de 4.000 homens; as da guarnição do Rio de Janeiro constavam de 10.000 homens de linha, 5.000 de milícias e seiscentos índios; é o cálculo do mesmo eclesiástico historiador.[4] Note-se que a população da cidade, então, não passava, certamente de 50.000 almas. Para que servia, então, essa tão desproporcionada soldadesca? Para conter, de pés e mãos, o esfolado Brasil, enquanto lhe repetiam a esfolação.

Lembre-se que a façanha de Duguay-Trouin foi em represália ao ignóbil procedimento de Morais: apesar da sua inépcia e covardia, por ocasião do ataque de Duclerc, os soldados brasileiros de Bento do Amaral batem o francês, que, com toda a sua gente, é aprisionado. Tendo apenas de guardar os prisioneiros, a imbecilidade cruel de Morais não sabe como se haver, apela para Lisboa, e, finalmente, faz assassinar Duclerc, assim como grande parte dos seus homens... E como a miséria da sua alma vai em crescendo, quando lhe aparece o vingador do primeiro pirata, "age sem plano algum", comenta Southey, "sem tino sem coragem, aguardando o acaso, e metendo tudo nas mãos do invasor... Terror pânico se apoderou das tropas..."[5] Avisado da desgraça, o brasileiro Antônio de Albuquerque, governador de Minas, reúne as forças que tem à mão, menos de seis mil homens, e com elas parte imediatamente, a libertar a cidade. Qualquer resistência do miserável covarde (ou vendido) tê-la-ia salvado, pois que, em *Dezessete* dias, estava o pernambucano às portas da capital. Mas Castro

---

[3] Acrescente-se: deixou, bem à disposição do pirata, todos os metais e gemas que se achavam guardados nos cofres da Casa da Moeda e que teriam sido arrebanhados se não fora o zelo de Garcia Paes, filho de Fernão Dias, que dali retirou o tesouro. (*O Brasil na América*, p. 374).
[4] *Op. cit.*, III, p. 139.
[5] *Op. cit.*, V, pp. 148 e 152.

de Morais, ao mesmo tempo que recusava a Albuquerque as munições, de que dispunha fartamente, dava-se pressa em ultimar as negociações de capitulação, pagando todo o tributo que lhe foi exigido. Os tribunais e conselhos de guerra de portugueses a julgar militares portugueses procediam como no-lo diz o padre Vieira: nunca se viu condenarem os traidores; todavia, a alçada dos 7 ministros não lhe achou outra atenuante: "... condenado, *não por traidor, mas por covarde e inepto"*. A nós, pouco importa a natureza do pus, em que se decompunha o ânimo dos Morais; basta-nos constatar o mal, e, sobretudo, verificar, que, realizada a proeza, o francês pôde voltar, em mar aberto, tão facilmente e a coberto, como viera: esquadras portuguesas não o incomodariam.

Os efeitos da degradação portuguesa sobre o Brasil acentuam-se na vileza trêfega e voraz dos Caldeira. Lucena, Coelho Teixeira... e vem até a pulhice e abjeção da montoeira agregada ao Bragança lorpa que aqui se acoita em 1808. Bem no meio desse decorrer, sobrevém um fato bem expressivo da decomposição: o brasileiro Salvador Correia, que, à testa de brasileiros, reconquistara possessões africanas ignobilmente entregues ao holandês pelas guarnições portuguesas, esse foi degradado pelo Bragança Pedro II, o mesmo que tomara ao irmão, a esposa e o trono.

66. *Os tentáculos urticantes*

Foi um fado, e como um fado se cumpriu — o comercialismo de Portugal. Rebusca-se a história, além das circunstâncias apontadas, para achar fatores que tivessem concorrido para essa degradação em mercantilismo, e lembram-se os judeus, que lhes deram o exemplo de *peculato*, e foram os principais educadores dos portugueses em coisas financeiras. Não se confundem, no entanto, as duas atitudes de ganância — a israelita e a lusitana. Entre elas há uma formal diferença, de cultura e de gênio político. Contudo, quando se trata simplesmente dos efeitos imediatos, elas se aproximam e se assemelham, a ponto de identificarem-se:

uma avidez tranquila, calada de soberbias, infatigável no recolher do pecúlio, incompatível sem toda produção que não seja a do dinheiro, avessa a iniciativas. Assim, quando lhes apreciamos os processos, sentimo-los como tentáculos irritantes, apesar de toda a insistente humildade. Tudo aceitam, se não são os senhores, ou quanto já não podem ser os senhores. No nosso caso, tudo aceitaram, inclusive a independência da antiga colônia, contanto que continuassem a ser os intermediários — as gavetas, por onde passe o preço de tudo que se compra e que se vende. O melhor desse preço ali ficará, e eles têm a certeza de que, senhores das gavetas, acumularão a riqueza apetecida...

Desde o começo do comércio português no Oriente, verificou-se que as especiarias por eles trazidas das Índias eram de qualidade inferior e em excesso sobre a procura: não preocupavam, a esse comércio, o regime, a qualidade e a proporção na produção, mas, tão somente, a cifra do *comprado* e *vendido*, na margem de diferença entre os respectivos preços. É o essencial, porque o que se não obtém pela audácia, iniciativa, ou a inteligência na condução dos negócios, virá, forçosamente, pela paciência, a parcimônia, o desescrúpulo, e, no final, o balcão imundo e impassível terá dado a riqueza procurada... Por esse preço, as posições provindas do acaso colonial mantêm-se através das gerações. Trata-se de uma inferioridade invencível. No Brasil dos séculos XVII e XVIII, eles não ganhavam terras à natureza; mas, desde que havia população feita, pronta a ser explorada por vendeiros, lá vinham eles. E transbordavam do Brasil.

Em 1643, há uma ordem de expulsão dos portugueses, comerciantes em Assunção. Não foi, o motivo, qualquer interdição geral de que eles residissem nas colônias de Castela, pois que foram mandados para Santa Fé. Devera ter sido razões de ordem local, análogas, certamente, às que moveram os Mendozinos, de 1747, contra os portugueses que, então, os exploravam. O número de tais negociantes aumentava sensivelmente e a população de Mendoza já se sentia irritada contra os sugadores. Dirigiu, então, uma representação ao *cabildo* para que tais mercantis fossem expulsos. Os termos da petição encerram tais acrimônias, que um cronista chileno ao comentá-los se admira como, entre católicos, pudesse haver tanto ódio. Na representação, por ele citada, há, no entanto, a explicação necessária de tudo. Os Mendozinos o dizem: odeiam os portugueses, não admitem a convivência deles, porque são nocivos e exercem a sua atividade, *"em tavernas e tendas, comprando os frutos a preço baixo"*... E, com isto, são *malévolos, caluniadores*, acrescenta a letra da petição: *"... contra os particulares e as mulheres*, pois nas suas bocas não há crédito, nem honra de casada ou donzela". O escritor chileno desenvolve o pensamento dos Mendozinos: "Os plantadores pobres são as suas vítimas prediletas. Com estes, exercitam-se eles na arte de colher sem haver semeado, ao que mais tarde se chamou comprar as colheitas em verde."[6]

Pois não é isto mesmo o que João de Barros dizia dos judeus, no Portugal do seu tempo?... E, ouvindo as queixas de Mendoza: qual não seria a condição desses míseros brasileiros, que os sofriam como dominados?!... Aos que tinham escola de luta sangrenta não foi possível tolerar mais e decidiram aliviarem-se da praga dos *mascates*. Referindo-se aos meados do século XVII, Southey já considera despudorada a rapacidade dos portugueses. É quando ele enaltece o esforço do padre Vieira, em favor dos índios do Ceará, cujas aldeias ficaram entregues a soldados da metrópole: "... os abusos das aldeias cristãs, onde viviam os soldados em notório adultério com as mulheres, enquanto, com esse espírito de avarenta rapacidade, que nessa época desonrava os portugueses, faziam os oficiais trabalhar os maridos."[7]

67. Contato e domínio de mascates

A história ultramarina de Portugal e sua inclusão, por mais de meio século e já desfibrado, no meio da rival inimiga, fizeram que não pudesse haver, ali, a evolução mediante a qual, de 1650 em diante, a Europa criou a vida científica, política e industrial

---

[6] Colhido em C. Maul, *Independência do Brasil*, p. 22.
[7] *Op. cit.*, IV, 236.

em que estamos. Uma fidalguia podre, a corromper essa mesma podridão, cada vez mais inepta e ensandecida, continuava a viver, aparentemente, sobre o trabalho do povo. Mas não havia trabalho possível para o povo e ele emigrava, ou pedinchava nos pátios e nas portarias... E a nação, votada à mercância, mais se obstinava em não ser outra coisa. Não se compreendia a vida livre fora daí. Fora preciso *proibir que os governadores comerciassem*... sem que a proibição sanasse grande coisa: o dinheiro dos negócios alcançava-os da mesma forma. Foi assim desde os tempos de Botelho... O juiz, dr. Marquês Bacalhau, que veio encarregado da alçada no caso dos *mascates,* mal tomou conhecimento com estes, teve caixas de açúcar e milhares de cruzados, com que os mesmos *mascates* garantiam o seu comércio, como o haviam feito com Sebastião de Castro, quando lhe compraram o pelourinho para o Recife.[8] E a vida descia, descia... o bastante para ser o simples *caldo de cultura,* onde eles vivessem e prosperassem. Que esforços, e quanto pundonor propriamente humano, não seriam precisos para que o mundo colonial não se reduzisse todo a um mísero apanágio de utilidade material. Sobre os espíritos, pairava o ânimo de uma política onde haviam desaparecido todos os motivos de ideais, até o simples desejo de gozo que não o do chafurdamento: nem a satisfação íntima da justiça, nem o prazer das realizações estéticas, nem o gozo de pensar e alcançar a verdade!...

Portugal nunca foi pobre, nem mesmo quando perdeu a sua única e verdadeira colônia. Não há perdeu, aliás, que o seu comércio é ainda um prolongamento daqueles dias. Mas que preço tem a vida que desse comércio se nutre?... Comércio feito, apenas, de tenacidade e ganância, para prosperar, não tem necessidade de nada mais além da sordidez tenaz, e, pela mentalidade mesma em que se faz, nada mais compreende da vida, além da necessidade de conservar-se qual é. O desejo, que o ativa, dá, apenas, para a travessia... No mais: inventar, trabalhar o bom trabalho,

---

[8] "... ele (Bacalhau), com dois meses de chegada, pôde embarcar para Lisboa 50 caixas de açúcar e cinco mil cruzados em dinheiro, e decidia mais de acordo com os seus interesses...". M. L. Machado, *op. cit.,* p. 399. Machado cita a p. 173, das *Memórias Históricas de Pernambuco,* donde tirou as cifras.

buscar outras belezas no desfrutar a fortuna?... Seria desmentir uma tradição que é a única subsistente, de todo o glorioso passado; seria fechar o único horizonte em que a vida aparece. As ignomínias brutais do século XVIII, e, mesmo, as torpes repressões, nos prenúncios da independência, quando o bragantismo converteu a justiça em esquartejamento, perdem o poder de horripilar, porque as temos por demência. Sim, há demência nelas: a insistência na degeneração. Mas, no momento em que se produziram, elas têm explicação própria, mais válida que a simples demência — são as reações necessárias, em almas onde tudo se depravou no amor ao dinheiro, a defenderem esse dinheiro. Koster já nos disse alguma coisa do nível da alma deles, quando à custa de *economia no negócio* chegaram a fazer fortuna. Nada mais se altera nas concepções de vida, porque não há outras concepções senão a do dinheiro a colher. *A riqueza sobe e nada mais diz o inglês.*

Os descendentes dos nobres que haviam conquistado Pernambuco aos holandeses tiveram de tratar com esses mercantis, cujo espírito de mercância se endurecia nela, à medida que se lhes reduzia o valor humano.[9] E tiveram de tratar com eles, na promiscuidade absoluta de uma mesma população, quando a vaidade bronca de reinóis os tornava cada vez mais vaidosos e broncos, à proporção que se sentiam estranhos e diferentes dos mesmos pernambucanos. Apelavam para a solidariedade da metrópole, sentiam-se fortes dessa solidariedade, transformavam-na em privilégios, que se tornavam, ao mesmo tempo, odientos, irritantes... odiados, repugnantes... Pondere-se no que eram aqueles senhores de engenho, liberais no seu fidalguismo, desprendidos e pundonorosos, orgulhosos da sua qualidade de brasileiros-pernambucanos, e compreende-se bem a aversão e repulsa que

---

[9] No tempo de Teles Barreto, 1585, já os produtores brasileiros sofriam da ganância rapace dos mercantis portugueses, Frei Vicente o consigna em termos decisivos: "Foi este governador mui amigo e favorável aos moradores e o que mais esperas lhes concedeu para que os mercadores os não executassem nas fábricas de suas fazendas e, quando se lhe iam queixar disso, os despedia asperamente, dizendo que eles vinham a destruir a terra, levando dela em três ou quatro anos que cá estavam quanto podiam e os moradores eram os que a conservavam e acrescentavam com o seu trabalho e haviam conquistado à custa do seu sangue." (p. 329.) Não há dúvida: páginas tais tinham que ser sumidas... Se, mesmo sem elas, os de Pernambuco se rebelaram contra a mercância do Recife!...

sentiam pelo mercantilismo aferrado à gaveta, sórdido, avesso aos legítimos interesses da terra, e que infamava o próprio comércio, na avareza e na ganância.[10] Nos da terra, então, era o desprezo pelo dinheiro a resposta imediata a essa ganância, como era a distância entre as respectivas almas. Assim se alimentou uma tradição de mais de século. Finalmente, veio a repugnância pela mesma vida urbana, que era a de tais mascates. O brasileiro, sobretudo no norte, era rural: senhores de engenho e simples povo. O urbanismo, ali, estava todo contaminado pelo mascatismo, que precisava de uma população — para negociar. No sul (São Paulo), a situação seria um pouco diferente, porque, não havendo, nos primeiros tempos, a riqueza que veio, no norte, da cana-de-açúcar, o comércio dava menos, a ocupação mais notada era mesmo essa, a que eles, os reinóis, não se chegavam — conquistar sertões, e eles não tiveram, nunca, ascendência.[11] Para aí vieram, em chusma, quando foi para colher o ouro descoberto pelos paulistas; desenvolve-se, então, uma malquerência que, na diversidade das condições, é a mesma a separar e indispor os pernambucanos contra os mercantis do seu trato.

68. *Corrupção, injustiça, roubo, estiolamento...*

Havia mais do que os efeitos da incapacidade. A corrupção, que sujou os heroísmos da Índia, chegou até aqui, já sem heroísmos, está bem-visto. Teria começado com aquele Diogo Botelho,[12] sócio de Pero Coelho e de Soromenho. Não no condenaram, os tribunais, mas houve devassa: a melhor *gente* consentiu em aboná-lo, mas Belchior do Amaral, no teor mesmo dos autos, achou que ele era culpado de concussão, venalidade e libidinagem. De todo modo, uma coisa se patenteia, da denúncia e dos sucessos

---

[10] No Brasil, onde existe um forte comércio português, não há um só, nos novos ramos de negócio, que tenha sido iniciado pelos portugueses; quando a prova está feita, eles *compram as casas montadas*, em negócio garantido.

[11] Southey considera o São Paulo de então como que isolado de Portugal, e, por isso mesmo livre da contaminação.

[12] *O Brasil na América*, p. 128.

seguintes: a peita e o suborno eram já processos correntes...[13] Maximiniano Machado, em referência rápida, dá bem ideia do regime: "A administração era confiada a protegidos pobres que, tendo somente três anos para melhorar de sorte, praticavam violências, absurdos... extorsões..."[14] Tanto vale dizer: os famintos teriam de roubar, e, de Lisboa, os mandavam para que roubassem. Constatando o fato, já o padre A. Vieira marcara-o: "Perde-se o Brasil, senhor (digamo-lo em boa palavra) porque alguns ministros de V. M. não vêm cá buscar o nosso bem: vêm buscar os nossos bens." O caso dos mascates, decisivo, como o veremos no momento próprio, é muito expressivo quanto à geral corrupção. O governador imparcial, que veio substituir o deposto e fugido Sebastião de Castro e que trouxe o *real* perdão para os pernambucanos; o ouvidor Bacalhau, mandado do reino especialmente para abrir uma devassa *imparcial;* o governador João da Maia, que tanta *imparcialidade anunciara;* escancaradamente apareceram com as algibeiras cheias dos cruzados, porque se venderam aos mascates: caixas de açúcar e milhares de cruzados, o Bacalhau, o Gama da Maia, 14.000 cruzados; o José Félix Machado — o preço de flagícios e *latrocínios*, segundo a expressão de Maximiniano Machado. Este último, Félix Machado, apanhadas as vítimas do ódio dos mascates (arroladas, graças a testemunhas falsas, na devassa do Bacalhau das caixas de açúcar), criou uma alçada dos ouvidores da Paraíba e Alagoas. Não tinha atribuições para isto, e os juízes se negaram a servir sem ordem expressa do rei. Havia tanto empenho em obter condenações, que, diz um cronista, os mascates ofereceram 3.000 cruzados a um dos ouvidores — para que desse o seu voto no sentido indicado por eles. Dir-se-á: era uma questão de nacionalidade e que apaixonava os dois lados, pelo que os portugueses se uniam e lutavam por todos os processos... Engano: tudo se espremia em dinheiro, manejado para a corrupção, tanto assim que as próprias vítimas, os pernambucanos, se eram ricas, com dinheiro obtinham dos mesmos juízes a

---

[13] Frei Vicente do Salvador, *nota* de C. Abreu, p. 253.
[14] *Op. cit.*, p. 398.

sentença de absolvição: "O ouvidor Bacalhau absolveu os mascates que tinham sido incluídos *pro forma* e pronunciou a todos os naturais de maior consideração por... inconfidentes... Deve-se advertir que, quando aparecia dinheiro, a inconfidência desaparecia... Ao capitão José de Barros custou o seu alvará de soltura mais de oito mil cruzados."[15]

De Portugal para com o Brasil, o fenômeno da degeneração, e concomitante decadência, dava lugar a uma muito sensível diferença de efeitos, que chegava a ser contraste: enquanto Portugal rolava no plano de morte pela degradação crescente, o Brasil, vida nascente, afirmava, de mais em mais, o seu vigoroso poder.[16] Mas, tão alastrada e profunda era a decomposição portuguesa, tão deletéria a peçonha a derramar-se, que, intoxicado, exaurido, asfixiado, o Brasil suspendeu a sua evolução, gastando o melhor das suas energias em vomitiar e depurar-se. Vem desses tempos a insuficiência de justiça, como ainda hoje a conhecemos, que é assim apresentada nos dias de Koster, por ele mesmo: "No Brasil, o homem ultrajado deve deixar o insulto ou o crime impune, a menos que tome a resolução de fazer justiça por si mesmo." É verdade que, nos mesmos dias, ele constata: "Os brasileiros sentem que se tornaram uma nação... Se não os tratam como homens saídos de uma longa infância, eles estourarão e despedaçarão os ferros a que se submeteram com resignação."[17] E estouraram, de fato, na pessoa de criaturas para quem, ele mesmo, só tem elogios. Estouraram, mas não conseguiram romper as cordas, ou despedaçar as gargalheiras com que os Congominhos do negreirismo português mantinham preso o Brasil. Nós mesmos: já conseguimos romper tais cadeias, no que é essencial à liberdade política e econômica da nação?...

Extorquir, roubar e oprimir — tal se conformou a política portuguesa, no Brasil, desde que reinaram os Braganças. Já vimos:

---

15 Max. Machado, *op. cit.*, pp. de 397-405. Machado refere-se a documentos, e, quanto aos subornos, às *Memórias História de Pernambuco* Vol. 4, p. 178.

16 Os continuadores dos mascates não saem mais da tradição — pagar, em bom ouro, os serviços recebidos: em 1817, eles retribuíram Congominho com 30.000 cruzados. Para o tempo, era uma bolada, que devia ter feito bem à alma do guerreiro português.

17 *Op. cit.*, I, 347 e 70.

na cidade do Rio de Janeiro, para menos de 50.000 habitantes, 15.000 soldados... O empenho de Portugal em manter-se agarrado no Brasil era tal, que regiões praticamente desprezadas tinham, contudo, uma guarnição de reinóis: a Paraíba, quando a julgaram tão mesquinha em recursos que lhe suprimiram o governo próprio, era guardada por 300 soldados portugueses. Não seriam para defender uma terra vazia, mas para subjugá-la e mantê-la em termos de não poder recusar aquilo de que será despojada. Assim se explica que o Brasil haja sido murado em ignorância e que o tenham limitado a produzir açúcar, ouro e diamantes.

Estas são referências que se fazem, agora, com o intuito, apenas, de mostrar a degeneração derramando-se até aqui; mas, quanto aos efeitos mesmos dessa degeneração na vida brasileira, com a contaminação que nos alcançou e de que ainda sofremos, estes efeitos serão apreciados especialmente como *infecção* e *contaminação*.

Para que fosse tão somente um úbere, votado a sua sucção, Portugal proibiu que no Brasil se fizesse o cultivo da vinha e do trigo — para *não prejudicar a agricultura portuguesa*, quando, de fato, muitas vezes, não se produzia, ali, nem para o próprio consumo; proibiu o cultivo das especiarias, para não prejudicar o comércio das Índias; proibiu a exploração de salinas, para não prejudicar os que tinham o privilégio de fornecer, da Europa, sal para o Brasil; proibiu qualquer indústria, mesmo a de ourives. Nesse intuito, arrancaram-se todas as plantas proibidas, destruíram-se teares, oficinas e o mais que pudesse incidir nas mesmas proibições. Com uma costa tão dilatada, e, ao mesmo tempo, encontrando tantas dificuldades para comunicações interiores (pois que os seus rios não são francamente navegáveis), o Brasil não podia ter cabotagem, a não ser a dos cada vez mais insuficientes e decrépitos navios portugueses. E como a decadência era integral, em atos explícitos, a administração completava o quadro de inferiorização. Cite-se, para exemplo, a decisão para favorecer comerciantes, da qual resultou que o açúcar da Paraíba (do Norte), finalmente, não tinha saída: "Com uma tal administração, confiada a homens sem interesse de fazê-la prosperar, ou antes com o único fim de lhe sacarem a substância, na frase de Pizarro, foi a Paraíba decaindo cada vez mais, até que já não havia uma casa de comércio com fundos bastantes para fazer um carregamento."[18]

Era a estupidez agravando a rapinagem. Por diversas vezes, justamente quando o Brasil jorrava ouro para Portugal, o governo de Lisboa falsificou a moeda *para o Brasil,* ao mesmo tempo que proibia, aqui, o uso da boa moeda. Consistia a falsificação em quebrar o padrão da cunhagem, diminuindo 10, 15, 20%... na quantidade de ouro, ou de prata. Era *um mil réis* que só valia oitocentos, ou setecentos réis, e os agricultores brasileiros tinham que vender por 80$ o que valia 100$000 e comprar por 100$ o que valia 80$000, uma vez que importavarn na moeda de lá e exportavam no preço das de cá. Representava um verdadeiro roubo, por isso mesmo os Braganças o multiplicaram: no reinado de Afonso VI, as moedas de ouro de três oitavas e trinta grãos, do valor de 3$500, foram elevadas a 4$000. Logo no ano seguinte, falsificaram, ainda, as de prata: continuaram com o mesmo peso, mas elevaram o valor a 5$000. D. Pedro, que sucedeu ao irmão, em 1668, elevou as de ouro para 4$500, conservando-lhes o mesmo peso; no mesmo ano, por outro decreto, diminuiu o peso dessas moedas para três oitavas e vinte grãos, conservando-lhes o mesmo valor... Seria longo enumerar todos os momentos em que, de uma forma, ou de outra, era o povo do Brasil roubado no valor da sua moeda. Bastará notar que, só de 1662 a 1688, as moedas de ouro aumentaram, em cunhagem, 55,5% do seu valor real, e as de prata em 57,5%. E foi assim, roubando na moeda, que o governo de Portugal tornou o seu dinheiro — *o real* tão insignificante que finalmente não tem realidade: *é invisível.* Quando foi o momento de justificar a revolução de XVII, os pernambucanos lançaram o célebre manifesto — *Preciso,* extenso, eloquente, categórico, e que é, no entanto, apenas, a enumeração de algumas das mais salientes entre as misérias da decomposição portuguesa sobre o Brasil.

Outro fato frisantemente expressivo da degeneração, em extensos efeitos na colônia, era a avidez inexorável na cobrança dos

---

[18] M. L. Machado, *op. cit.,* 485.

quintos, com o sinistro cortejo de levantes, desordens, protestos, castigos... Portugal bolequim alastrou-se sobre as Minas, para arrancar os duros impostos da mineração, para punir o contrabando do ouro e dos diamantes. Todas as outras necessidades desapareceram, calaram-se todos os outros motivos. É uma longa história, na história do Brasil, as repetidas medidas e as suas consequências, quando se instituíam *quintos* e se substituíam os quintos pela *capitação,* vinham novas casas de *fundição* e descia a capitação, para subir no ano seguinte... A ganância torva, consagrada na estupidez, não podia ter forma sensata nem lógica, na arrecadação, quando o seu plano era o do *mais possível* e a lógica, a da exaustão. E quando, finalmente, sobrevieram os sintomas de pouco rendimento na mineração, foi o juízo final, com as carnes de Tiradentes disseminadas por onde já não havia mais ouro. Todavia, o plano foi conseguinte, no sentido de que Portugal teve a fartura dos pródigos mentecaptos. Enquanto houve muita mina por aqui, o Bragança era o Creso* da Europa. Só D. João V, o de Odivelas, recebeu, para os seus santos e as suas freiras, 130 milhões de cruzados, 100.000 moedas de ouro, 315 marcos de prata, 24.500 marcos de ouro em barra, 700 arrobas de ouro em pó, 392 oitavas em peso e mais 40 milhões de diamantes em valor... Compreende-se bem que a antefruir toda essa fortuna o bragantismo faminto multiplicasse os *tedéuns* e fizesse reboar os sinos de todo o reino — à notícia da descoberta de diamantes. Daí por diante, com o monopólio dessa mineração e os 20% sobre o ouro, faziam-se os 1.500.000 de cruzados com que Pombal pôde ostentar uma nação artificial — exército, marinha, indústrias... e ainda teve para comprar a Cúria Romana contra os jesuítas, sem, contudo, esgotar a mesma receita, pois que, ao ser substituído, deixou abarrotadas as arcas do tesouro, fortes reservas, destinadas a custear a guerra europeia.[19]

---

* Último rei da Índia [560-546 a.C.]. Dizia-se que sua riqueza era devida à exploração das areias auríferas do Pactolo.

[19] O Visconde de Santarém, no seu *Quadro elementar,* traz páginas com a enumeração das ondas de ouro que, ano por ano, entraram em Portugal, de 714 a 746, e que orça tudo em 125.174.000 cruzados; 97.470 moedas de ouro; 315 marcos de prata; 24.838 marcos em ouro; 112 milhões de diamantes; 392 oitavas de diamantes, 22 caixas de ouro dobrado e muito ouro em barra e em pó.

No entanto, essa longa exaustão nada significa, se a comparamos aos outros males impostos à colônia, decorrentes da mineração. A respeito do portentoso São Paulo, o historiador da *Paulística*[20] consigna um patente "estado de degeneração e abatimento que cem anos de governo absoluto e incapaz tinham levado à altiva e gloriosa Piratininga". Por outro lado, perpassam as substanciosas 438 páginas das *Memórias do Distrito Diamantino*, e fica, dos fatos, essa primeira demonstração: alcançadas as minas, toda a administração do Brasil, no mais importante da sua vida, subordinou-se aos motivos da torpe fiscalidade bragantina. Junte-se, agora, às exações e aos tributos esgotantes e perversores o desequilíbrio e a turbação de toda a economia do país, quando as gentes eram tomadas do afã de mineração. A terra do ouro foi como que negada à boa e humanizante exploração agrícola, ao passo que, pelo resto do Brasil, até o extremo norte, sentiam-se os efeitos do desequilíbrio. A procura de escravos para as minas deixava os canaviais abandonados, quase, sem que a província de mineração conhecesse outro progresso a não ser o da turbulência e instabilidade, peculiares a esse gênero de exploração. Leia-se o quadro dos costumes e do valor da gente que para ali correu, nas páginas morigeradas de um Southey — empregados do fisco e mineradores: "Os que serviam nos ofícios públicos... tinham em horror toda espécie de estudo... Com lazeres para a devassidão e mesquinhas intrigas a que eram miseravelmente dados,... os mineiros eram exemplos desses vícios, e dos que brotam nos monturos e nos ermos tinham abundantíssima colheita... tão pouco escrupulosos em iludir o próximo que a palavra de um mineiro de nenhum valor se reputava, nem para ele nem para os outros... Nada que exaltasse o caráter, nada que o depurasse... Não havia um mineiro branco, por ínfima que fosse a sua condição, que pegasse de um instrumento agrícola... E, com isto o próprio trabalho da mineração, ou da fazenda, ficara absolutamente a cargo dos escravos e feitores... os negros, no entanto, andavam morrendo de fome..." Mas, dir-se-á: acumulava-se riqueza... Ainda

---

[20] *Op. cit.*, p. 97.

hoje, o antigo país das minas é uma província de gentes pobres; não se conhecem, por ali, grandes fortunas. Southey mesmo havia feito o reparo: "Poucas pessoas se contavam de grande riqueza, na capitania..." Nas mesmas páginas, ele deixa o duplo motivo desse depauperamento: incapacidade das gentes para outra produção que não fosse a mina, regime oficial tendente a tornar a mineração o trabalho exclusivo de todos...[21] Daí resultou que, incapazes e imprevidentes, quando escasseou o ouro, e o bando dos reinóis e mais exploradores se foram, ficou sobre as minas, apenas, uma população mal instalada, sem outro regime de produção bastante, tanto que toda aquela parte da colônia conheceu uma miséria de que não há notícia em nenhuma parte do Brasil.

E ainda não foi o mais grave do caso, senão o como se multiplicou a corrupção, que a metrópole degradada comunicou à vida da colônia, com as ondas de reinóis da decadência, a despejaremse no eldorado descoberto pelos paulistas. Era a intensa infecção, à grande, derramando-se com a escória de aventureiros da torpeza, assaltando a fortuna fácil, e que, no mesmo ânimo, disseminaramse pelo resto do país. E tomou-nos o vírus, a que dificilmente resistiríamos, se tivéramos livres meios de resistência... Jungido, esgotado, o Brasil ficou à mercê da contaminação.[22]

A própria administração — irremissivelmente corrupta — valia como o melhor exemplar de miséria. O Tijuco era um *distrito fechado* — para que Lisboa pudesse recolher para o seu tesouro todos os diamantes em que se desentranhavam as encostas e gupiaras. Metade das ruas, garante Felício dos Santos, era de lojas de contrabandistas de diamantes, garantidos e protegidos pela prevaricação oficial; os garimpeiros podiam fazer francamente a sua exploração, desde que pagassem aos guardas da *real fazenda* uma qual mensalidade... Iam mais longe os efeitos: conta Silva Maia, que, do seu tempo, "era tradição constante a existência de

---

[21] *Op. cit.*, T. VI, pp. 476-480, T. V, p. 342.

[22] O desembargador José Pardinho, intendente dos diamantes, chegou a escrever ao rei: "Essa gente das Minas tem a mesma condição dos negros... nestes é natural furtarem quanto podem... aqueles permutam quanto têm pelos furtos..." Felício dos Santos, *op. cit.*, pp. 44, 59, 214, 216.

uma fábrica de moeda falsa, descoberta na Paraopeba, bem petrechada, cujo principal interessado era um muito próximo parente de el-rei D. João V. Por seu lado, Maximiniano Machado teve elementos para chegar à conclusão de que os malfeitores e cangaceiros do norte começaram como turbulhentos que voltavam das *minas*, pois que para ali se recrutava gente de toda parte. É da história corrente que os soldados portugueses, da Colônia do Sacramento, desertavam aos magotes, para virem lavrar nas minas. Na citada *História*, de Pereira Sá, está dito, com todas as letras, que a colonização não logrou, ali, porque os *soldados eram atraídos para outras empresas*. Houve tempo em que a mina de ouro dava mais que a dos contrabandos, por eles explorada, e aquela bagaçada humana corria para as minas.

69. *Além de extorsão e opressão, estupidez e ignorância...*

Uma degeneração tão extensa multiplica-se em efeitos e desastres. A primeira crise financeira, do Brasil, em 1821, foi devida à raspagem que os fidalgos e mais apaniguados do trono de D. João VI fizeram nos cofres do Banco do Brasil, ao retirarem-se de volta. O sr. Oliveira Lima, tão bem-disposto para com esse rei, em quem achou assunto para um livro, mesmo esse não tem meios de deixar de dizer a coisa e faz compreender que a corte saqueou o banco. *Levaram o dinheiro* e cá deixaram aquilo em que mais se distinguiam — a ignorância. E, com isto, o constante empenho de diminuir a alma brasileira, mantendo-a fora do pensamento, forçando-a a não ter outro modelo de vida social e política se não Portugal... Ora, um só desses motivos bastaria: se se somam os dois, chega a ser milagre o não termos saído, em absoluto, do trilho da civilização.

As escolas e quaisquer outros institutos de cultura eram organizações imperfeitas e arcaicas. Ainda assim, em muitos e muitos lugares, não havia, sequer, uma dessas mesmas escolas. Seja qual for o valor das instituições didáticas dos jesuítas, eliminados eles, com Pombal, *o regenerador e progressista*, a condição mental do

Brasil piorou.[23] Quando se fez a independência, apesar das criações de D. João VI, o estado da população, no tocante à instrução geral, era esse mesmo. Koster, no norte onde viveu, teve ocasião de verificar o desleixo em que se deixava a instrução popular e o estado de ignorância das populações: "Neste país, a ideia de ler por gosto é uma coisa incompreensível para muita gente, mesmo da classe secundária da sociedade... Saber ler, escrever e contar é ter chegado ao último grau de perfeição... Não se incluem aí os grandes proprietários, que, são, muitas vezes, muito ilustrados." O informe ajusta-se a um fato verificado: o relativo grande número de brasileiros que, nesse tempo, já se destacavam pelo valor do pensamento. No entanto, pouco aproveitavam a esta pátria, porque o afastamento em que os deixava a política vesga à anti-brasileira, do Portugal bragantino, levou-os, quase todos, para a simples literatura, a igreja, a jurisprudência, quando muito. José Bonifácio, Vieira Couto, Francisco Câmara, Arruda são exceções. Ora, não seria essa atividade de inteligência que daria ao Brasil aquilo de que ele mais precisava, então (e ainda hoje): o bom ajuste da vida geral às condições da terra, utilizando-a racionalmente, cientificamente.

A nossa história se repete em incidentes caracterizados por essa ignorância geral. Toda a mineração, num país que, num certo momento, chegou a ser o maior produtor de ouro; toda ela, na sua pujança, se fez pelos processos mais atrasados e menos remuneradores. Os fatos já citados — das moendas da cana-de-açúcar — (p. 350) são bastantes expressivos. E multiplicar-se-iam, porque essa era a fórmula. Southey retém-se, admirado, quando

---

[23] Pereira da Silva, o mesmo da *Fundação*, dá este resumo: "Nada se fazia no sentido de reorganizar, desenvolver e aumentar a instrução primária, visto que existiam poucas escolas públicas, e essas mesmas em uma ou outra vila e nas quais, de péssimos mestres, aprendiam os alunos os rudimentos, apenas, de leitura e escrita e as quatro operações principais de aritmética..." (Fundação, I, 160). Como documentação do nimbo de ignorância em que se afogava o Brasil colonial: Em 1795, o governador do Maranhão, D. Fernando Antônio de Noronha opunha-se ao ensino da filosofia, com esta eloquente argumentação: "... não é conveniente que nesta conquista haja mais que as cadeiras de gramática latina de ler e escrever... Estudos superiores só servem para nutrir o orgulho e destruir os laços de subordinação civil e política, que devem ligar os habitantes à metrópole". (Cit. de Ulisses Brandão); três anos depois, na antiga Piratininga, Martim Francisco requer — seja criada, ali, uma cadeira de aritmética, geometria e elementos de álgebra, "ciências desconhecidas em São Paulo, onde até se ignora a sua existência..." (cit. de Paulo Prado).

verifica que, mesmo no século XVIII, "tão pouco se vulgarizavam no Brasil os conhecimentos, que, apesar de ser bem conhecido em Goiás e no Pará o curso do Tocantins, não se sabia, no Maranhão, em que latitude se devia buscar aquele rio, partindo dali... O governador Antônio de Saldanha da Gama mandou fazer algumas explorações mas sem resultado". Por esse tempo, ou pouco depois, Koster espantava-se de que o açúcar fosse acondicionado em caixas, de 750 quilos, custosas, pesadas, difíceis de transportes... (cinquenta anos depois, ainda eram elas usadas!...). Antes, já ele havia feito notar que, "durante longos anos, a agricultura não fez nenhum progresso, no Brasil". No entanto, na mesma página, está consignado: "... o grande interesse dos senhores de engenho em ter informações sobre os progressos da lavoura de cana nas plantações francesas e espanholas das Antilhas... Leem o pouco de livros que alcançam e se familiarizam com as novas ideias".[24] Ao fechar a sua obra, excelente colaboração no construir do Brasil, Southey acentua a miséria mental a que a colônia era condenada: "Outra prova de miserável ignorância política foi não se tolerar no Brasil tipografia alguma antes da transmigração da corte. Achava-se a grande massa da população no mesmo estado — como se nunca se houvera inventado a imprensa... Os que tinham aprendido a ler poucas ocasiões encontravam de satisfazer o desejo de alargar os seus conhecimentos, tão raros eram os livros." Apesar de bem conhecer Portugal, ainda ficou surpreso: "Parecerá surpreendente para ingleses, que num lugar tão grande como o Recife, não haja nem tipografia, nem livraria." No caso, a degradação de Portugal atua como maldade, não como simples ignorância ou estupidez. Desde 1464, conhecia-se e utilizava-se, ali, a arte de impressão. No entanto, como Gomes Freire, exceção na montoeira, houvesse permitido que funcionasse, no Rio de Janeiro, uma modesta tipografia, imediatamente vieram ordens de Lisboa para que ela fosse destruída, e que, de futuro, nenhuma outra se permitisse. O fato merece reparo porque, nas colônias de Castela, apesar de tudo, havia mais liberdade a esse respeito e

---

[24] *Op. cit.*, II, 220.

maior zelo pelas coisas da inteligência. Em 1801, circulavam periódicos nas cidades do Prata. Em todas as capitais, funcionavam institutos de humanidades, contando-se, mesmo, universidades. Lima, Caracas, México, Santa Fé possuíam estabelecimentos de ensino superior.

70. ...e John Bull...

Essa maior liberdade nas possessões de Castela vem, também, de que, apesar da diferença de prestígio e valor político, Portugal pesava muito mais sobre o pobre Brasil do que a Espanha famosa sobre as suas colônias. Não pelo que o velho reino valia em si mesmo, mas pelo que significava, na sua vida total, a ação do inglês. Em verdade, desde que se afrontava o prestígio de Portugal, era preciso contar com a Grã-Bretanha, atrás de quem se agachara o "Bragança, em troca de que, a título de *aliado, o* grande império desfrutasse, a seu bel-prazer, tudo que era da soberania portuguesa. Ora, é bem de ver que Brasil estava incluído — no que era apanágio do *aliado.* Ainda hoje somos clientes da Inglaterra: como Portugal o era, e fizemos a *Independência* pela mão do inglês, nos termos em que ele o quis, na orientação dos seus interesses. Por todo o parto da soberania, o pobre Brasil foi tratado por ele como o próprio Portugal. No entanto, se há um aspecto em que a vontade do Brasil nos aparece definitiva e concludente de um destino, foi no resistir ao plano de Canning, quando preparara a volta da antiga colônia ao ventre de Portugal. Frustraram-se todos os ensejos e arranjos. Apanhados pela política dos interesses ingleses, tivemos de ir com eles, através dos meneios e tortuosidades que lhes são necessários. Em 1807, a Inglaterra tenta estabelecer-se no Rio da Prata; menos de dez anos depois, ei-la favorecendo a emancipação das colônias espanholas. Eis a coerência da nação que nos impôs a forma de independência...

Incluídos nessa proteção, dada a Portugal, sofremos dela. Não houve conjuntura em que a Inglaterra encontrasse possibilidade de atender aos seus interesses em detrimento dos nossos e que o não fizesse: no extremo norte, no sul, no tratado de Utrecht, no de Fontainebleau, no do *Reconhecimento*... A alma da sua política está toda nesse mesmo *reconhecimento,* quando ela timbrou em não ter consideração para com a vontade do Brasil e deu a Portugal tudo que ele de fato pediu, infinitamente mais do que ele logicamente esperava. Quem salvou o Brasil da ambição inglesa, em 1813?[25]... Linhares e Coutinho, ministros de D. João VI, no Rio de Janeiro, eram como fâmulos do governo inglês. Há quem pretenda que tudo se deve à substituição dos mesmos ministros. É mais racional acreditar que, mesmo depois de haver querido a ilha de Santa Catarina, eles atenderam naqueles antecedentes a que se refere Southey — no quanto é difícil possuir o Brasil...

71. *Pombal e as Companhias de Comércio*

Sebastião José de Carvalho e Melo, com todas as suas pretensões a regenerar Portugal e restabelecê-lo, potente e eficaz, fornece a prova mais completa da profunda degeneração em que o velho reino se dissolvia, porque ele mesmo, Pombal, é, bem explicitamente, já o vimos, um caso de degeneração. Havia, no *grande estadista,* fumaças de talento, vanglória de patriotismo, tudo por sobre a negrura de uma alma torva e cruel. Os seus talentos eram fulgurações desassistidas de senso crítico, numa inteligência já imprópria a assimilar a verdadeira experiência que a vida moderna oferecia, inteligência sem compenetração das necessidades essenciais da nação; nenhum dos grandes ideiais que agitavam a Europa daqueles dias chegou a perpassar-lhe a mente. E Pombal nunca chegou a compreender os novos destinos em que Portugal poderia refazerse, nem o rigor da dieta a que aquele povo de mercadores degene-

---

[25] Contando usufruir largamente o reino português, logo em 1745, o inglês formulou o plano de apoderar-se do território de Santa Catarina, no Brasil, assim o denunciou o futuro Pombal, então ocupado em diplomacia. E ficaram os britânicos a esperar o momento. Em 1816, compraram Rodrigo Coutinho, que contava obter da augusta estupidez do seu amo, D. João VI, a assinatura do auto em que se cedia Santa Catarina para o comércio inglês. Mas o das Galveas, entregue aos interesses franceses, denunciou o plano, e D. João VI, depois de rasgar o mesmo auto, meteu a bengala em Coutinho, que, de vergonha (?), se suicidou com veneno... (Melo Morais, *op. cit.,* de 59 a 62.)

rados devia submeter-se, para curar-se. Todo o seu talento consistiu em, tendo dinheiro a fartar, que lho davam as minas, formular um programa para, com a lama desse dinheiro, sobre a purulência do momento, levantar a encenação de uma grande nação, cujas energias consistiam no que ele comprava, importava e custeava com esse mesmo dinheiro. Nem lhe ocorreu, à sua inteligência de estonteado, rever a história do Portugal glorioso, para verificar como se combinara e se nutrira a obra humana de que resultou a sua grandeza. Conhecia a França, a Inglaterra, a Holanda... e planejou realizar o que era glória, força, grandeza progresso em cada uma delas, com o enxertar, no Portugal decrépito, alguns dos processos já apurados naquelas nações, sem dar nenhuma importância às energias essenciais donde resultaram os mesmos processos. A Inglaterra é fabril, importam-se artesãos ingleses; existem, ali, *juntas de comércio,* criemos uma... A Holanda fez grande comércio com as suas *companhias:* organizem-se *companhias* de comércio... Os franceses têm universidades, literatura e ciência... copiemos as suas universidades... Os alemães prussianos têm exércitos disciplinados, entreguem-se as forças portuguesas a oficiais alemães... Patriota, o seu patriotismo dava, apenas, para considerar a si mesmo o essencial e o bastante realizador de novo Portugal. Deste modo, a sua obra, inexoravelmente, ostensivamente, eliminou o pouco que ainda restava de outras energias nacionais. O seu patriotismo satisfazia-se de que, em amontoados decretos, aparecesse uma organização nova, materialmente moderna; mas, os seus olhos não lobrigavam o rebaixamento moral — de uma pátria reduzida, por ele, duramente, à condição de logradouro do seu despotismo, campo fácil para a sua inexperiência política e social... Oprimia e humilhava, asiaticamente, a velha nação, impondo-lhe os seus caprichos pessoais, as suas cruezas vis, e ufanava-se "de estar reconstituindo Portugal". Enforcou sumariamente, sem processo, em altos paus erguidos pelas esquinas das ruas, os ladrões e incendiários, deixando-lhes as cabeças pregadas nos patíbulos para exemplo. Procurou os homens onde ainda havia qualquer sombra de caráter: desterrou-os, ou fê-los executar. Chegou à insânia, na crueldade destas execuções.

A atividade de Pombal foi, de fato, portentosa: tinha dinheiro e um reino à disposição das suas iniciativas e fez tudo quanto planejou. Se do seu governo não resultou mais do que uma agravação de misérias, qual o vemos no governo seguinte, é que essa atividade, nos intuitos e nos processos, era a mais imprópria para uma verdadeira regeneração. O caso, expressivo como é, não teria maior importância para estas páginas se, por tantos modos, não se estendesse ao Brasil a obra de Pombal. O menos reconhecido, nessa extensão, está na tradição de despotismo e autoritarismo, ligada ao renome do grande homem de estado. Ainda hoje, para os nossos mirrados estadistas, o ideal da ação política e de fórmula de governo é esse construir à Pombal, em ostensiva tirania e bem arrogante autoritarismo. Finalmente, eles se dispensam de construir, mas a prepotência e a ostentação de energia parecem-lhes indispensável à função de governador. Um *Governo Forte!*... alcançar, e merecer, um tal qualificativo, resume o essencial das suas mais sãs ambições de glória. Construtor em *papier mâché*, Pombal não procurou outra base para o Portugal que intentou levantar, senão o Brasil mesmo. Não lhe dava a mente para verificar — da persistência de produção das minas em que se abastecia, e menos, ainda, para perscrutar o futuro e imaginar até que ponto o Brasil, nas afirmações em que se patenteara, poderia consentir em ser, eternamente, o úbere de Portugal, sobretudo do Portugal desalmado que ele criara. Estadista de ribalta, ele só apanhava, da vida moderna, as exterioridades *úteis;* por isso, em vez da cura das energias mesmas da nação decadente, pintou-a de progresso, mascarou-a de força, e, quando o século se encaminhava para novas formas políticas, mais justas e humanas, consagrou toda a sua obra baseando-a na injustiça suprema de ser o Brasil uma *possessão* de Portugal. Deste modo, sem a inteligência sentida e intuitiva, como no verdadeiro estadista, timbrando em tudo desfazer, para reorganizar nos lineamentos do seu plano, ele foi, de fato, um desorganizador, pois tanto valem as organizações em falso, isoladas do gênio da nação, como eles as fez. Poderia, em detalhes, aparentar boas intenções; os efeitos, porém, foram sempre nocivos.

Tal se verifica no caso dos índios do Brasil: libertou-os definitivamente, ao mesmo tempo que afastou os *padres;* e, como não era capaz de conceber uma organização eficaz em substituição, deixou-os desamparados, em pior condição, infinitamente pior do que a de antes. Não podia, Carvalho e Melo, compreender a diferença no papel histórico dos jesuítas, aqui e nas colônias de Castela. Via neles uma sombra ao seu poder, um obstáculo à plenitude do seu despotismo, e os extinguiu brutalmente, à custa de injustiças e infâmias, sem nada atender da falta que eles poderiam fazer a esses mesmos índios, cuja sorte pretendia melhorar.[26] Há um momento em que o sr. O. Martins se alça em conceitos, e afirma: "Pombal salvou o Brasil" — com o eliminar os jesuítas. Ao mesmo tempo, mostra acreditar que os *padres* eram senhores dos negócios do Brasil e que só a energia de um Pombal pôde ter razão contra eles... Quanta monstruosidade no costado da história!... E de mais! Admitir que na colônia onde, em 1658, com Salvador Correia, se impôs aos jesuítas aquele convênio;[27] na colônia chefiada por aquela Bahia, ostensivamente e exclusivamente dos governadores gerais; naquele Pernambuco, onde quase não se citam os *padres;* admitir que nesse Brasil havia, como ele o diz, um regime teocrático tanto no governo e na organização do trabalho!... Os *padres* tinham pretendido muito; mas, em contraste com a tradição política herdada pelos brasileiros, em face do desenvolvimento natural dos dois centros de expansão, Pernambuco e São Paulo, eles tiveram uma influência limitada ao bem. E quando, pelos vários motivos históricos, se lhes diminui a influência, se já não fazem grande coisa como bem, também não chegam a ser instrumentos de mal. Tanto é verdade tudo isto que, na época da sua expulsão, os jesuítas puderam sair sem que se produzisse nenhum abalo na vida da colônia, a não ser a falta de uma assistência equivalente nas aldeias que lhes eram confiadas.

---

[26] Max. Machado, que em modo nenhum é favorável aos jesuítas, sustenta, no entanto, que, na ausência dos *padres,* muitas populações de aldeias índias voltaram às selvas, (*op. cit.,* p. 483).
[27] *Brasil na América.*

Acrescente-se à ação de Pombal, sobre o Brasil, o golpe que ele desfechou na salutar tradição das câmaras municipais, destituindo-as, entre outros, do privilégio que elas tinham alcançado — de influir no lançamento dos impostos.[28] Aí começou o declínio de usos políticos, que seriam a base de instituições verdadeiramente democráticas. Ao mesmo tempo que, assim, destruía as possibilidades de organizarem-se, futuramente, governos locais adequados às condições de cada parte na colônia, Pombal entregava a sua economia e toda a sua produção às célebres *companhias* que fomentou no intuito real de extorquir o máximo e de abafar completamente o país, politicamente, financeiramente, economicamente. Uma análise desse regime, das *companhias,* mostrará os efeitos mortíferos da decomposição portuguesa. Por ora, trata-se, apenas, de ligar as *companhias* à forma de degradada redenção. Elas tinham o monopólio de todo o transporte, da importação, como da exportação; faziam o preço do que compravam e do que vendiam. Negociavam sem riscos. No justificar os privilégios de que gozavam, elas falavam a linguagem desembaraçada de quem não precisa, sequer, ter pudor: "...pretendi aumentar o seu lucro à custa do comércio... o que não podia obter sendo ele livre".[29] Todas elas pertenciam à gente de Pombal, que as organizara para serem reflexo da sua política, canal de distribuição entre os seus apaniguados, do que se colhia do Brasil. A *junta* e as *direções* pertenciam ostensivamente ao governo e tinham um caráter nitidamente político. Pertenciam exclusivamente aos interesses de Portugal, definitivamente antibrasileiros: "... a *companhia* tinha o direito de tomar embarcações, cortar madeiras onde lhe fossem precisas, pelo preço que valessem (a critério da companhia); obrigar trabalhadores; barqueiros, taverneiros, artífices, ao serviço dos seus armazéns e arsenais, donde não podem ser distraídos por

---

[28] Os senados das câmaras eram os protetores legítimos e naturais dos povos, os verdadeiros representantes de seus interesses, de suas ideias, de seus sentimentos e até de suas paixões; os gerentes de seus negócios, que economizavam suas fortunas, regulavam suas contribuições para os encargos gerais, atendiam às suas reclamações, que acompanhavam até perante o soberano, proviam ao bom público e a todas as necessidades do município". (Felício dos Santos, *op. cit.,* M. p. 118).

[29] M. L. Machado, *op. cit.,* 448 — Com o *contrator* a política de Pombal foi um verdadeiro.

ordem estranha..." Um outro momento, resume Maximiniano Machado: "As companhias absorviam, em seu proveito, todo o trabalho do Brasil e toda a atividade, deixando em seu lugar a pobreza e o desânimo." E de tal sorte sorveram a fortuna dos brasileiros, que, não obstante terem sido abolidas logo depois do governo de Pombal, nos fins do século passado, em 1890, ainda se faziam execuções de hipotecas, de engenhos e fazendas, em nome de antigas dívidas a essas companhias.

72. ...até nas letras

No primeiro quarteirão do século XVII, já havia uma alma brasileira, como a sentimos em Frei Vicente do Salvador: é um franco amor à terra natal, horror da injustiça, expansão sincera e compassiva, em comunicação de afetos com as coisas e com as gentes. E a sua obra resulta ser a experiência direta do Brasil nascente, e já afirmativo. Sobrevém o Portugal bragantino, degeneração que, nos mesmos tentáculos nos peia e empeçonha, e, um século depois, o pensamento que se produz no Brasil não vale mais do que essa deliquescência em que nos absorvemos. Aí estão, para serem comparadas, a *História* de Frei Vicente, por um lado, e a de Rocha Pita, pelo outro, ou, ainda, a *História da Nova Colônia do Sacramento*, de Simão Pereira de Sá, contemporâneo de Rocha Pita. Tomemos, para o cotejo, a apresentação da terra, no frade e no autor da *América Portuguesa*, ou as descrições aos combates, no mesmo Frei Vicente e no doentio Pereira de Sá. Frei Vicente: "A experiência tem mostrado que a zona tórrida é habitável, em algumas partes dela vivem os homens com mais saúde que em toda a zona temperada, principalmente no Brasil, onde nunca há pestes nem outras enfermidades comuns, senão bexigas... a razão disto é porque, ainda que a terra do Brasil é cálida por estar a maior parte dela na zona tórrida, contudo é juntamente muito úmida... De cristal sabemos em certo haver uma serra na capitania do Espírito Santo, em que estão metidas muitas esmeraldas... Também há minas de cobre, ferro, salitre..." É que o baiano de 1620 em nenhum momento se afasta da realidade, para estirar-se em abstrações, que nada dizem. Quando elogia é com a simples transcrição dos fatos, e o seu pitoresco se faz na visão das coisas, em vez de remoer literatices de encomenda. Para Rocha Pita, a terra do Brasil é um motivo de seródios efeitos retóricos: "... Hércules Líbico, e... Hércules Tebano..., o Brasil, vastíssima região, felicíssimo terreno, em cuja superfície tudo são flores, em cujo centro tudo são tesouros, em cujas montanhas e costas tudo são aromas, tributando os seus campos o mais útil alimento, as suas minas, o mais fino ouro, os seus troncos, o mais suave bálsamo e os seus mares o âmbar mais seleto; admirável país a todas as luzes rico, onde prodigamente profusa a natureza se desentranha nas férteis produções, que em opulência da monarquia e benefício do mundo apura a arte, brotando das suas canas espremido néctar e dando as suas frutas sazonada ambrosia, de que foram mentida sombra o licor e a vianda que...". E tudo mais é assim: laboriosas tolices, que fatigam e atordoam pelo vazio dos conceitos e finalmente entediam quando não repugnam. Não são mentiras, nem verdades, porque nada são. No contar, é a mesma ufania nula, com o afã de elogiar, seja a quem for, sem nenhum cuidado de justificação, como nesta mesma página, elogio de um Brasil abstrato, que ninguém vê, nem sente. Narrando, frei Vicente é verdade, porque é vida; é o palpitar mesmo da terra e da gente. Ele se exaltará, algumas vezes, mas nunca perderá o contato com a realidade. Que nos conte os lances de valor de Tabira: o assunto é dos que enlevam, e o bom do frade tem orgulho em referir miudadamente o feito: "... Tabira, temerariamente trepando pela cerca, se lançou dentro com uma espada e uma rodela, e nomeando-se começou a matar e ferir os inimigos, até se lhe quebrar a espada e ficar só com a rodela... e sair-se dela com tanta ligeireza como se fora um pássaro..." Que nos relate a entrada da esquadra de Caldeira, no Maranhão: "Ao entrar, tocou o patacho em que ia o capitão-mor, em um banco de areia, de que escapou milagrosamente, porque, havendo só cinco palmos de água e demandando o barco dez, indo com as velas todas enfunadas e cortou ou saltou como *quem salta a fogueira de S. João.*" Deliciosa imagem; mas, no preciosismo lerdo e vazio das letras portuguesas no século XVIII, não se poderia compreender uma imagem que brota, assim, diretamente do pitoresco dos costumes.

Simão Pereira de Sá, este é absolutamente da sua época, na mentalidade portuguesa predominante. Aqui está um parágrafo inteiro, com o n.º 45: "Impacientes da constância portuguesa sem que o frio e a neve os fizessem morosos nas obrigações, frouxos no cuidado, requintava a emulação diabólicas máquinas. Naufragou do sofrimento para desgostar o heroico da paciência, como no astuto coração de Grécia cresciam os incêndios para que ardesse Troia, posto houvesse de escapar Enéias sacudindo as chamas das vestiduras. Ordião também traças para que desamparado o terreno ficasse livre a campanha sem a espetação de outros habitantes, que conhecendo o indireto domínio negassem a obediência que pretendiam; mas eram tão inúteis os meios para o ódio, que quanto mais fogo ateavam ao gosto, mais se acrisolava a vontade de dissabores." Tudo não passa disto: um deserto de pensamento, deserto pedregoso, em cardos e espinheiros, cujas flores são os Hércules, Anteu, Teseu... Roma, Cartago... Aquiles, Ulisses, Marte, Vulcano... que a sua puerilidade mantém perenemente, para fazerem procissão à glória daquela campanha de desertores e contrabandistas. "... eram sucessivos os socorros dos índios confederados, repletos e mimosos de copiosos mantimentos, como se para eles transtornasse Amalteia a cornucópia das abundâncias e para nós negasse Ceres as fertilidades dos campos; porém da nossa parte assistia Belona no valor e Marte nas armas...". Finalmente, há entre as duas literaturas a mesma diferença (menos a infâmia) e a mesma distância que entre os feitos dos que alijaram o holandês e os dos que deram o Rio de Janeiro a Duguay-Trouin.

73. *No Sul...*

A obra de Simão de Sá foi lembrada propositadamente, porque aquela campanha é, por si mesma, a manifestação mais expressiva da degeneração portuguesa, estendida até cá. O Brasil, no seu desenvolvimento natural de expansão, atingiu o extremo norte, quase, do continente, e, em competência com os franceses, ingleses e holandeses, dominou completamente o vale do Amazonas. Foi um crescer ininterrupto, que durou séculos, afrontando e conquistando o melhor da terra, numa segurança de processos que nunca deu lugar a desastres definitivos: conquistava-se, povoava-se, absorvia-se a indiada, ao mesmo tempo que se eliminava completamente o estrangeiro rival. Em correspondência com os últimos surtos de dilatação no norte, o Brasil do sul, desalojando estabelecimentos espanhóis, juntou aos seus territórios todo o interior do continente, derramando-se, assim, por terras que eram confessadamente de Castela. Enquanto isto, a ponta sul do litoral brasileiro, território reconhecidamente brasileiro, na margem norte do boca do Prata, era deixado no abandono. Por quê?... Motivos históricos, motivos topográficos, motivos políticos, motivos econômicos...

Quem fazia a expansão ao sul eram os paulistas, levados, além do patriotismo, pelo interesse de captar escravos, e, sobretudo, de descobrir minas. Ora, aquela longínqua e deserta ponta de litoral não lhes aparecia, nem como viveiro de índios, nem como possibilidades de minas. Não os atraía. E, com isto, ocorria a circunstância de que, escorraçados de Guaíra, os jesuítas espanhóis vieram estabelecerem-se no vale do Uruguai, bem no caminho que os bandeirantes teriam de fazer, segundo os seus itinerários, para virem até aquele sul. Por isso mesmo, as novas *reduções* armaram-se para resistir a eles, e, de fato, resistiram, nas vezes em que ainda tentaram operar por ali. Acresce, ainda, que as mesmas *reduções* e a faixa entre elas e o litoral, já não ficavam no raio de ação dos temíveis pioneiros. Topograficamente, o território litoral do sul era rebarbativo: sem portos, sem grandes cursos d'água convergentes para ali, que levassem os intrépidos expugnadores, como os afluentes do Paraná e Paraguai os levaram ao coração do continente. Detidos pelas reduções do Uruguai, eles só poderiam alcançar o extremo sul por caminhos de través as serras e os rios, outras tantas dificuldades, sem compensação natural e imediata.[30]

---

[30] O rei de Portugal havia doado as terras do sul, até a margem do Prata, ao Visconde de Asseca, neto de Salvador Correia de Sá, em 1676.

Nestas condições, quando, já tarde, a metrópole quis atender aquele sul, tomou a si, diretamente, a tarefa, e, com isto, fracassou miseravelmente, dando aos neocastelhanos a superioridade guerreira, que, até então, pelas façanhas dos paulistas, estava com os brasileiros. Sim: a margem esquerda do estuário era reconhecidamente do Brasil, tanto que, após o primeiro insucesso da *colônia do Sacramento*, ante as reclamações de Portugal, o governo espanhol fez restituir o território, apesar de que os seus soldados haviam vencido. Deu-se, porém, que essa vitória foi o motivo supremo para resultados definitivos. No mesmo ato em que, voluntariamente, restituem o território da fortaleza, destruída, tão absolutamente destruída que não foi possível, depois, identificar-se o local; no mesmo ato, os platinos verificaram a incapacidade do português que veio enfrentá-los e decidiram ser senhores das duas margens do Prata, alijando os rivais, não mais temidos, nem respeitados. Outro seria o destino se o governo português, não degradado na degeneração que tudo lhe diminuiu nos valores da alma, tivesse, então, dirigido para ali a atividade dos temíveis pioneiros paulistas. Agora, depois de Guaíra, a empresa tinha que ser assistida dos recursos mais vastos, do Estado: para renovação constante das forças, para a ocupação permanente e forte das zonas que seguidamente fossem conquistadas e exploradas. Com os paulistas, as populações brasileiras teriam alcançado o Uruguai, como, no norte, os pernambucanos alcançaram o Amazonas. Teriam eliminado acima as *Missões* dos jesuítas e o respectivo gentio — tape. Fariam, desde logo, ou achariam o caminho que, mais tarde, foi verificado e apontado, por Domingos da Figueira, e haveria alguém para repetir a façanha de Bento Maciel — fazer outras 140 léguas de estrada, em pleno território bravio, de São Luís ao Pará.

Tanto não se poderia obter nos dias de Filipe III; mas, em 1640, era ainda o fastígio da atividade exploradora dos conquistadores de Guaíra, e, então, era esse o problema mais importante para integralização do Brasil, ao sul. Nega-se justiça à empresa e reprova-se a crueza de repetir no Uruguai o desalojamento das tribos já aldeiadas; mas, a dar-se o que se deu ulteriormente — à transmigração de *sete* populações, já inteiramente feitas na vida civilizada, seguida de uma luta mortífera, odienta, de mais de século, fora preferível uma desgraça passageira, que se incluiria nos tristes fados de tantas outras populações gentias, sacrificadas à colonização. Atendendo ao que se fez depois, lamenta-se, em nome da humanidade mesma, que os paulistas não tivessem resolvido, desde logo, aquela questão, enquanto tudo se faria num lance, com um menor cortejo de dores, sem uma tradição de animosidade... Busquem-se, na história, o com que se montam as induções rigorosas e ninguém contestará: se as hostes de bandeirantes fossem sistematicamente, em programa lúcido e patriótico, dirigidas para ali, eles, que puderam enfrentar e vencer a terrível coligação — paiaguas e guaicurus (tão temidos dos platinos) — teriam levado o Brasil até o Prata.

74. *O desastre da "Colônia"...*

Bronco, invejoso e insensato, o governo de Lisboa resolveu o caso do sul com o levantar, no extremo das suas pretensões, uma fortificação, estabelecimento estritamente militar, absolutamente isolado, ilha, entre o oceano bravio de lá e a campanha dominada pelas tribos hostis, já aguerridas. O único vizinho era o inimigo. E quando este percebeu os muros do forte e verificou o cúmulo da protérvia estúpida, investiu a fortaleza e tomou-a. Isto, já o notamos, fez o destino daquele sul: vitorioso, o platino, que no mesmo lance despertará para o patriotismo, compreendeu todo o valor do caso; cresceu de ânimo com a vitória, relativamente fácil, e não mais desistiu de ter o inteiro domínio do estuário. Aquilo foi para ele como a Paraíba para os portugueses, como o Amazonas para os brasileiros. Notemos, somente, que a tarefa era muito mais fácil: a *Colônia* estava a entestar com Buenos Aires, ao passo que ficava a trezentas léguas do Brasil habitado.

O primeiro desastre não resulta propriamente da covardia da gente do forte, mas é o efeito inelutável e necessário da impropriedade total do estabelecimento, para os fins procurados, ou, pelo menos, os confessados. Queriam levar o Brasil até os seus limites naturais; queriam, por conseguinte ocupar e povoar o que ainda estava desocupado, e, nesse intuito, fazem uma fortaleza — isolada, abandonada, ocupada, apenas, pela soldadesca de solteiros. Espantalho estúpido e provocante, o estabelecimento do Sacramento não tinha sequer, vantagens topográficas, nem capacidade militar. Serviu, tão somente, para dar vitórias ao castelhano... No entanto, apesar da amarga experiência, o governo da metrópole nada modificou do seu sistema: a nova *Colônia* continuou o regime de antes, constituído apenas pela soldadesca imprópria, mesmo, para guardá-la, pois só pensava em contrabandear, ou desertar para o inimigo, ou, depois, para as minas. E os platinos, que já conheciam o sabor de uma vitória sobre militares portugueses dali, cansados de avistar por vinte anos os muros reconstruídos, sempre isolados, impotentes, voltaram a sitiar a *Colônia* (Valdez). O comandante governador, Veiga Cabral, quando se viu abandonado pelo governador do Rio de Janeiro, chegou a pensar em capitular; todavia, conseguiu escapar pelo mar, onde os portugueses sempre tiveram superioridade.[31] Sem isto, ele teria sido aprisionado. Capistrano de Abreu, no *prefácio* à história de Pereira de Sá, mostra, com as datas — de 1683 a 1704 —, que os espanhóis deram bastante tempo a que os portugueses fizessem a definitiva ocupação. "Os paulistas poderiam ser encarregados, deviam ser encarregados, sequer, de fazer um caminho menos longo e menos exposto ao inimigo que o usado até então." E o nosso historiador lembra o caminho e o respectivo roteiro de Figueira.[32]

---

[31] Pereira de Sá enumera os socorros enviados a Sebastião da Veiga: "... 5 navios, um armado em guerra e quatro mercantis sem gente militar, petrechos e mantimentos. Apenas carregavam para si o necessário tão escassamente repartido, que sem qualquer dilatação ou contratempo pereceriam à fome, morreriam à sede. Levavam para a praça o desengano e ordem que frustrassem todos aqueles atos gloriosos, que havia feito... Compunha-se mais de aparências que de realidades... consistindo toda aquela máquina em velas, vento e número, quando pediam os sitiados gente e armas, e todo o gênero de provisões... perderam o que se podia facilmente conservar...". Com isto, era fatal que o comandante só podia pensar em capitular, e o mesmo Sá conta miudamente todos os respectivos ajustes com o castelhano. Veiga só não o fez porque os espanhóis não concordaram em conceder-lhe as *gloriosas vantagens* que, em suas *aspérrimas preposições, ele pretendia* (op. cit., 78, 79).

[32] Em 1722, o governador de São Paulo teve a ideia de abrir um caminho do sul da sua capitania, ou da Laguna, fundada pelos paulistas, até o Rio da Prata, e contratou a construção dele com Luiz Pedroso de Barros. Em 1736, Manuel Dias da Silva, em três meses, atravessou toda aquela extensão de São Paulo aos campos da Vacaria.

Com a paz consagrada no tratado de Utrecht, em que se definiram os limites hispano-portugueses na América, a colônia veio novamente para Portugal. Trataram, então, de fazer ocupação regular: mas, "infelizmente era muito tarde", registra Capistrano. Foi isto em 1717. Os portugueses levaram, então, para ali verdadeiros colonos; tentaram outras povoações, sem resultados que valessem, porque os castelhanos, que já haviam invocado o princípio de que a posse de Portugal era, apenas, a do território coberto pelos tiros de canhão da sua primeira fortaleza, daí não arredaram pé. Desde logo se estabeleceram em Montevidéu, a alastrarem-se abertamente pela campanha. E, como os portugueses insistissem e dessem vida as suas novas povoações, vieram os platinos e puseram cerco à *colônia*. Um governador, Pedro Vasconcelos, resistiu com brio de verdadeiro militar, durante dois anos. Mas a guerra destruiu tudo que os portugueses haviam feito, e quando se fez o armistício de 1737, só se encontrava uma guarnição que não se rendera, no meio de muita ruína.

Nesse tempo, o tesouro do rei de Portugal fartava-se no ouro que lhe ia das minas, de tal sorte que, diminuída qualquer coisa em Mafra, ter-se-ia reunido no sul o necessário para resistir e vencer. Talvez não: Portugal de 1735 era incapaz de dilatar territórios e fazer a grandeza de uma pátria. Mandaram vir sessenta *casais* para começar a colonização propriamente dita e tudo prosperou; mas, desde que os castelhanos perceberam o movimento para o norte, na tentativa de novas povoações, agiram militarmente, e Bruno de Zevalla contornou a fortaleza com os seus postos, de sorte que cortou a comunicação entre os estabelecimentos portugueses. Dados os primeiros sangues nessa fase, 1723, os portugueses confessam-se *com pouca prática da campanha...* De fato: senhores da campanha, os platinos arrancaram aos portugueses os melhores dos seus recursos — gado, lavoura — e traziam os seus insultos e devastações às portas do presídio, reduzidos os portugueses ao primitivo estabelecimento. No começo, um socorro, vindo do Rio de Janeiro, não chega a produzir resultado, tal é a inépcia dos chefes de terra e de mar — Manuel de Freitas, D. Henrique de Noronha. A inépcia estava mais em cima, e inspirava as *ordens!* O Mestre de Campo, o português Manuel de Freitas, teve que ser recolhido à prisão, por incapaz, ou covarde.

Começam as façanhas em que soldados do Brasil — Rio, Bahia... dão valor ao comando de Antônio Pedro de Vasconcelos. Ia renhida a luta, havia recursos e riqueza na metrópole, e a colônia era tão abandonada que a guarnição, "aflita e cansada sobre queixosa e mal paga violentamente obedecia, servia com repugnância". Tal nos relata a pena de Pereira de Sá, que, aliás, só tem prazer em exaltar o *Marte Lusitano...* Depois de mais de um ano de guerra, não havia médico, ou que o valha, no presídio. É o mesmo Sá quem o afirma.[33] De permeio, há incidentes que concorrem para fazer compreender a situação: quando se fazia mais apertado o cerco, em 1725, veio da Bahia — um *luzido socorro:* fez escala no Rio de Janeiro, e aquartelou em terra, esperando condução; aproximados os soldados brasileiros de tropas portuguesas, "quiseram experimentar as folhas no mesmo ferro português. Houve choques violentos, tiroteios, mortes, e muitos baianos foram desterrados, ou, por longos anos". Uma exegese lúcida, sobre a prosa atormentada de Pereira de Sá, reconhecerá que tudo proveio de que os brasileiros faziam pouco caso no valor do *Marte lusitano.* Dá a pensar, também, o empenho desse historiador em esclarecer: que a oposição dos baianos era *mais pulsada do fervor, do sangue, que criada de alguma coisa oculta, que os comovesse a tanta paixão.* Somos forçados a acreditar que a *paixão* era, apenas, o dissídio já patente, entre portugueses e brasileiros. Uma outra circunstância digna de reparo: a alta oficialidade portuguesa, no Rio de Janeiro, mostrava-se covardemente contra a guerra. No en-

---

[33] *Op. cit.,* pp. 144-150. Um escritor da época faz, nestes termos, o justo comentário do caso: "A nova colônia do Sacramento por mercê de Deus se conserva; por meterem nela um presídio fechado sem mulherio, que é o que conserva os homens, porque se não tem visto, em parte alguma do mundo, fazerem-se novas povoações sem casais. Para se conservar a povoação do Sacramento houvera Sua Majestade ter mandado fazer outra no Montevidéu e outra no cabo Negro, assim para estabilidade e comunicação de umas para as outras povoações, como para nos irmos senhoreando das terras que ficam de nossa parte, com os gados, lenhas e madeiras. E para isto se podia S. M. valer dos homens de São Paulo, fazendo-lhes honras e mercês, que as honras e os interesses facilitam os homens a todo o perigo; porque são homens capazes para penetrar todos os sertões, por onde andam continuamente sem mais sustento que caças do mato, bichos, cobras, lagartos, frutas bravas e raízes de vários paus e não lhes é molesto andarem pelos sertões anos e anos, pelo hábito que tem feito daquela vida. (Citação do pref. de Capistrano de Abreu à obra de Pereira de Sá.)

tanto, era o Rio de Janeiro que sustentava o peso da campanha, toda em derrota; "... as nossas operações tão mal-afortunadas, que ainda em embrião logo se corrompiam...".

75. *São Pedro do Rio Grande...*

Uma ponta de honra se salvou, no brio de Vasconcelos, e a coisa se perderia de todo, se os fados não suscitassem, nos destinos do Brasil, a gloriosa exceção de valor, em Gomes Freire.[34] Possuído de ânimo que já era lá colônia, teve a intuição das legítimas necessidades no caso: fez povoar, na tradição brasileira, as terras intermédias — o interior do Rio Grande. Foi quando vieram as famílias de açorianos, que, com os paulistas já encaminhados para ali, formaram um núcleo da valente população brasileira na marcha sul do país, em contestação, depois com o castelhano, por mais de um século. Ao mesmo tempo que fixava os açorianos, Gomes Freire fez reconhecer o litoral e a barra do Rio Grande, e preparava uma expedição, sob as ordens do brigadeiro José Paes da Silva, que deveria atacar Montevidéu por terra. Uma coluna, a de Manuel Dias da Silva, chegou até os campos da Vacaria. O armistício (1737) veio suspender tudo, dando à questão um outro desenvolvimento mais complexo, talvez. Em todo caso, o essencial para a posse real do que ainda estava inocupado foi feito, e o mesmo brigadeiro Paes da Silva, no governo da subcapitania de Santa Catarina, iniciou o povoamento sistemático do Rio Grande, com a vila de São Pedro. Sobrevém o *pacto de Família*, que devia ser — verdadeira paz!

O espanhol, porém, já instruído no que valia a embocadura do estuário, troca as *Missões* do Uruguai pela *Colônia*. No mais,

---

[34] Os Gomes Freires formam exceção, na fidalguia degradada do Portugal bragantino. Gomes Freire, desde que aportou ao Brasil, onde o nome era bem conhecido e consagrado (Maranhão) se afez à terra, e às suas tradições. E aqui ficou por trinta anos, e aqui morreu, preferindo a vida da colônia à da corte de D. José, com os fulgores que a intensidade má de Pombal lhe dava. Os portugueses não o amavam: o conde da Cunha, que o substituiu, ergue-se para censurá-lo porque faltavam reparos em algumas fortalezas, e o marquês de Lavrádio, na jactância que lhe é própria, amplia as censuras, a denegrir sem conta o governo de Gomes Freire, pela ausência dos mesmos *reparos*. (R. I. H. G. 4, 415.)

convêm todos que foi um ajusto sincero, se bem que lamentável, por desastroso nos resultados. Para dar-lhe comprimento, tenta-se a remoção dos *sete povos*:· é uma monstruosidade inexequível; então, faz-se a guerra aos guaranis da Missões — portuguesas e castelhanas, conjuntos. Venceram, os brancos, destruindo gentes e coisas. E quando o mal estava feito, a estupidez irremediável, nuns e noutros, levou os respectivos governos a anular o célebre *pacto de Família*, voltando a *Colônia* a Portugal, que, de fato, não a entregará. Por outro lado, ficaram as Missões em poder dos castelhanos.[35] Agora, quando a disputa já é pelo *interlande* — Prata-Uruguai-Santa Catarina, a *Colônia* propriamente dita passa a ter menor importância. Todavia, Gomes Freire, que bem conhecia todo o caso e o território da contestação, acudiu à *Colônia* com o necessário para uma resistência eficaz, pois que lhe pareceu inevitável a luta. E quando esta foi declarada, ele até desistiu de tomar posse do governo geral na Bahia. Mas, a doença já o diminuía muito. Aparece, então, sobre os inimigos, o grande administrador e guerreiro D. Pedro de Ceballos, e ataca a *Colônia*. Contra ele, nada vale a estratégia lenta do brigadeiro Fonseca: Ceballos tomou a fortificação, cuja perda, em notícia, foi golpe de morte para Gomes Freire. Triunfante ali, o castelhano estende as suas vitórias e avança, por toda a parte encontrando comandantes que se rendem sem combater. Uma universal covardia... Antes de ir

---

[35] Eis como o marquês do Lavradio descreve o estado do sul, ao tempo de Ceballos: "As fortalezas da colônia se achavam em pior estado ainda que as do Rio de Janeiro (apresentadas como péssimas). O regimento que as guarnecia não somente diminuía, e com esta pouca gente muita dessa impossibilitada, mas até sem nenhuma disciplina. A todas se devia muito tempo de soldos; e das pequenas embarcações que ali costumavam estar armadas em guerra, defendendo as embarcações que ali iam... destas quase nenhuma existia, por se ter mandado vender com o pretexto de... muita despesa para a Fazenda Real, considerando-se este objeto de maior importância que a segurança daquele porto... A ilha de Santa Catarina um sargento-mor... há doze anos sem sair da fortaleza, servindo de guarda ao desembargador José Mascarenhas, preso de estado. Governava aquele porto um capitão, que nem sabia ser soldado... pelo que toca ao civil e político, o governador e ouvidor... cada um deles não cuidava mais do que dos seus interesses particulares e proteger os seus favoritos... tinham muitas disputas, dando-se-lhe pouco do muito que padeciam os povos, miseráveis espectadores de um tão desordenado governo... O Rio Grande do Sul se achava ainda em poder dos castelhanos, na parte sul... Ao norte tinham-se construído alguns novos redutos, a que puseram o nome de fortalezas os quais foram tão malfeitos, que uns já estavam arruinados... As tropas consistiam em um regimento de dragões incompleto e sem nenhuma disciplina, porém gente excelente pela robustez, valor e desembaraço. "(Vê-se que são, já, *cavalerianos* da terra). Tinham duas companhias chamadas de aventureiros paulistas, que são uma espécie de miqueletes das tropas, de que o governo a Luís de Vasconcellos e Sousa).

mais longe — ainda no Rio Grande, vem a notícia do armistício de Paris; suspendem-se as hostilidades; e a *Colônia* é restituída. Suspendem-se *in nomine* invocando a *Insurreição* pernambucana, agora, é o governo de Lisboa que insinua, para aqui — uma insurreição de mentira, para que não a entreguem. D. Ceballos, sem maior esforço, toma-a de novo, e, de agora em diante, ela ficará para os platinos. Foi quando estes trouxeram os seus triunfos sobre os portugueses até Santa Catarina.[36] Nesse tempo, as missões, do Uruguai, *os sete povos,* reduzidas a quase nada, ficaram em poder dos castelhanos. Em 1801, as populações, que ali no Rio Grande se formaram, conquistaram-nas dos castelhanos.

Essa gente valia como uma raça meio livre; brasileira, sim, pela origem, pela língua, por mais chegada à nossa tradição; era, no entanto, um povo que se tinha criado num território, ao mesmo tempo, sob dois governos, e sem verdadeiro governo. Desde que começou a lamentável campanha contra os guaranis das missões, enxertaram-se as populações daquele sul de toda sorte de aventureiros e desertores, refugos de três exércitos — o português, o espanhol e o dos guaranis. Sobrevém a campanha, a primeira, de Ceballos, e, com a vitória deste, o domínio do Castelhano; alguns anos depois, voltam nominalmente os portugueses... voltam os castelhanos... É tomada definitivamente a *Colônia...* Mas, nem havia qualquer linha precisa de fronteiras: na zona das *Missões* os castelhanos; na costa, os portugueses, oscilantes, à mercê das façanhas de Ceballos. O que há, de fato, são gentes que se afizeram à inconstância e aos azares da guerra, e que se conduziam por si, na ausência de qualquer regime estável. Defendiam a tradição brasileira, lutavam por ela, incessantemente, resistindo ao castelhano, mas, por isso mesmo, longe do verdadeiro Brasil, na vizinhança de populações turbulentas, facciosas, em promis-

---

[36] Southey dá o teor da miséria da militança portuguesa, ali: "Desembarcou o inimigo na enseada das Canavieiras, a umas nove milhas de Nossa Senhora do Desterro, a capital, tanto da ilha como da província. Não houve a mínima resistência, abandonando-se todos os fortes, todas as baterias sem disparar um tiro, sem encravar uma peça. Aterrado à vista do inimigo, infeccionou o governador Carlos Furtado com o seu terror pânico alguns oficiais, tornando nulo o valor dos outros. Fugiu para terra firme, e ali, onde estaria seguro se ousasse fazer o seu dever, capitulou, entregando ao rei espanhol não só a ilha, mas todas as suas dependências no continente proclamado Zeballos vice-rei, cantou-se *Te Deum..."* (T. VI, 254).

cuidade com elas, adquiriram muito dos seus costumes, sobretudo porque, para resistir-lhes, tinham de usar das mesmas armas deles, dos mesmos processos.

Além disto, mais de uma vez, grandes trechos do país contestado ficaram, por muito tempo, subordinados diretamente à administração castelhana. Nestas condições, desde que houve populações formadas na terra, o valor das armas portuguesas não teve mais significação, a não ser nas tristes aventuras de Lecor, e nas mais tristes ainda, dos guerreiros com quem o filho de Carlota Joaquina pretendeu continuar, ali, os efeitos das intrigas que ela armara, e que, finalmente, levaram o Brasil a Sarandi e Ituzainho. A essas populações — sul-rio-grandenses — que conquistaram as antigas *Missões*, devemos a fixação dos limites meridionais do Brasil. O que possa haver de turbulência nos seus hábitos políticos resgata-se pelo muito que sofreram nos decênios de luta, que, no seu valor exclusivo, sustentaram. Naquelas fronteiras oscilantes, houve uma larga osmose de gentes, e costumes... Mas não menos penetrou o que era brasileiro na tradição da *banda oriental*. E, em face da história, ainda hoje compreendemos os orientais que sinceramente desejaram a incorporação no Brasil. Era um erro, mas que se explica pelo contato de sempre, entre as duas populações, que, ambas, se fizeram nas vagas do mesmo fluxo. Os de Buenos Aires, que foram os criadores e defensores de Montevidéu, queriam impor-se nessa qualidade de superioridade, e isso determinou que houvesse uruguaios para admitir a possibilidade de escolher entre os dois contendores. Lavaleja salvou a verdadeira tradição; mas, ainda hoje, eles, nos descendentes, vão de um lado para o outro, a combater, em comum, orientais e rio-grandenses, nas lutas civis que ali se desenvolvem.

Quando o caso toma o aspecto de brasileiro, a aparição dos guerreiros portugueses é normalmente lamentável e lamentada. Em 1770, relata o marquês de Lavradio: o tenente-general Henrique de Bohm poderia ter "batido os castelhanos, no Rio Grande, aprisionando-lhes o general". Não o fez, pela incapacidade, ou má vontade em tomar uma resolução; e, com isto, dá lugar às largas vitórias de Ceballos. O ministro português, Martinho de Melo e Castro, nas suas já citadas *Instruções Militares*, para Lobo de Saldanha, de São Paulo, diz sem rebuço: "em 1764, Ceballos entrou pelo Brasil a dentro, oitenta léguas, sem encontrar nenhum obstáculo, a não ser o de uma tropa portuguesa, tão indigna desse nome que se rendeu prisioneira sem disparar um tiro. Aí mesmo, ele recomenda ao Saldanha que prepare tropas de São Paulo, as mais próprias para aquela campanha e lembra o sucesso do sargento-mor Rafael Pinto Bandeira, que, à frente de 150 aventureiros do Rio Grande, bateu um corpo de castelhanos, de 500 soldados, e lhes tomou rico despojo e muita cavalhada.[37]. Nesse tempo, afirma ele, os paulistas viajaram já, francamente, para o Rio Grande, por Viamão e Rio Pardo.[38] O mais interessante de tudo isto é que: todos os grandes sucessos de Ceballos, na segunda investida, foram no governo de Lavradio, que se vinga em patentear a miséria dos outros administradores portugueses, e que o mesmo Lobo Saldanha, tão bem *instruído*, é quem deixou perder-se a colônia de Iguatemi, e tão desastradamente se portou no aplicar das *instruções*, que tornou as expedições do sul extremamente odientas à população, levando muitas famílias paulistas a emigrarem. O marquês de Lavradio sustenta que Santa Catarina estava indefesa; mas Max. Machado afirma o contrário: "Apesar da linha estar em boas condições de defesa... afrouxaram-se os brios da guarnição, que fugiu em vergonhosa debandada."[39]

---

[37] Santa Catarina foi entregue a Ceballos por Furtado, nome que, através de diferentes criaturas, foi jungido pelo destino a proezas miseráveis. Felizmente, para a tradição brasileira, havia ali, como alferes na guarnição, o pernambucano José Correia assim que se verificou a infame capitulação dos civis e militares portugueses, José Correia voou ao quartel, tomou a bandeira do seu regimento, correu para o continente, internou-se pelos sertões, atravessou a pé toda a vastidão entre aquele sul distante e o seu Pernambuco, aonde finalmente chegou, trazendo o depósito santo de que se encarregara. Os próprios portugueses tiveram de reconhecer e consagrar o seu valor, morrendo em 1810, no posto de tenente-coronel.

[38] Antes, o paulista Manuel da Silva que vai de Goiás a Cuiabá nem pelo sertão à *colônia*, e em nome de D. João V, invade os Campos de Vacaria.

[39] *Op. cit.*, p. 502.

CAPÍTULO X

ABATIDO E DOMINADO...

76. *Triunfo sem vitória*

Pouco importa ao mau cavaleiro, bestialmente cruel, quando desce o cacete entre as orelhas do potro, que este, brioso, o atire por terra, e ainda pinoteie alguns instantes, ardente e livre. Aquele, que desestima o animal tanto quanto o teme, pretendia isso mesmo: abatê-lo de um golpe... Consegue-o à custa de traição ferina. E domina-o porque, agora, toda a fúria do arrojo será para dor maior e mais sensível quebrantamento: no mesmo ímpeto de revolta, o cavalo irá cair adiante, para levantar-se trôpego, estonteado, combalido, amedrontado, incapaz, por muito tempo, de tentar resistência. O cavaleiro foi pérfido e covarde... Todavia obteve o que pretendia, pois no pau com que o espanca, e nos aperos com que o ensilha, e na manjedoura que lhe faz, e nas esporas com que o corta, e no treino a que o submete, e nas peias que lhe põe, ele tem os meios de comunicar um pouco da própria covardia, pois que a seus pés terá, por longa vida, ainda, aquele que foi ginete brioso e revel. Assim obteve Portugal degradado sobre o Brasil... Aquele das ginetadas da *Insurreição* e das conquistas do sertão, quando sentiu mais forte, já irritante, o freio dominador, morde-o, sacode a cabeça e rebela-se: caem os golpes maus, traiçoeiros, de quem precisa triunfar mesmo sem vencer, e, após o choque de 1710, fica esta colônia estendida aos pés dos que a vão absorvendo, e será a trôpega do século XVIII, simples besta de carga, da carolice libidinosa de D. João V, das empáfias políticas de Pombal, a vesânia de D. Maria, a estultice traiçoeira de D. João VI...

Tal se prepararam os destinos. Nem seria possível fugir deles. Quando se alcançou, o Brasil já era a presa e alimária em que Portugal fazia a sua fortuna de mercantil degenerado. Sem humanidade, então, nem brio para o bem, essa metrópole concentrou as suas energias, todas, em manter-se sobre a colônia, a qual, por isso mesmo que fora precoce em afirmação nacional, bem cedo sentiu a miséria da própria condição, e, logo, afoitamente, deu sinais de mal-estar e rebeldia. Foram impaciências e ardores de juventude, movimentos incoordenados, sintomas de energias nascentes, que, de toda forma, ficariam sem outros resultados. Mas Portugal, desde sempre alarmado, Portugal, cujos escrúpulos se diluíram na sânie do mercantilismo ulcerado, e que via na posse desembaraçada da colônia toda a razão da sua própria vida; Portugal tomou sofregamente do ensejo para vibrar os golpes covardes e produzir o trauma de longo alcance, mercê dos quais teria depois, a sua descrição, o Brasil vasto e úbere, em que a sua sordidez se fartaria. Assim sucedeu. Para tanto não era preciso que os *mascates* vencessem em guerra leal, nem que os *forasteiros* de Nunes Viana batessem sobranceiramente os companheiros de Jerônimo Pedroso: bastava-lhe que o juiz Bacalhau vendesse a sua justiça aos mercantis do Recife e que os assassinos de José Pardo cometessem as façanhas da tradicional *Traição...* Depois, quando o Brasil tentar levantar-se, em Minas, ou em Pernambuco, virão novos golpes, reforçados da experiência de mais um século de carceragem.

Para alcançar o verdadeiro sentido da nossa história, com os esmorecimentos de nacionalidade, que se notam na hora da *Independência*, é indispensável fazer a interpretação brasileira das chamadas *lutas nacionalistas*, de um século antes. Aí, nelas, o que parece menos é justamente o mais importante: a hora e o ponto onde irrompem os movimentos. Os motivos concretos são absolutamente distintos, sem nenhuma ligação aparente; no entanto, as crises sobrevêm ao mesmo tempo, nos dois centros de formação nacional, precedidas, num e no outro, de protestos em rebeldia contra a situação imposta... Em essência, o motivo é o mesmo: a espoliação dos brasileiros — da situação histórica e política que lhes pertence, pois que fora criada por eles. Como os paulistas despojados das suas minas em proveito do Português, os pernambucanos são despojados da ascendência, do prestígio e, até, do fruto do seu trabalho, no Pernambuco conquistado por eles, em proveito dos mercantis do Recife. A época é a mesma, no sul e no norte, porque ela significa — a consciência de juventude em povos que nascem ao mesmo tempo, e, ao mesmo tempo, chegam a esse estado de incoercível energia e de afirmação própria. Os nossos historiadores não são dados a filosofices que os levem a pugnar pela nacionalidade. Ou por necessidade de propaganda dinástica, ou por temor das opiniões feitas, ou por *bom-mocismo*, quase todos *se elevam* sobre as *mesquinharias* de nacionalismo. No entanto, como o nacionalismo não depende dos seus conceitos e existe como necessidade geral na realidade dos povos, eles vieram a consignar as mesmas lutas. Contam-nas, como desavenças de duas povoações, ou controvérsias de mineradores; mas tiveram de consagrá-las como lutas *nativistas*... Sim: elas representam o gesto afirmativo da nacionalidade nascente, e, por isso, o seu desfecho foi lesão de que esta sofreu por longos decênios.

77. *Nas mãos de mascates...*

Não haveria maior interesse em rever essa história, pelo simples mister de referir tristezas; porém, como na saliência dos sucessos, há o bastante para ter-se a verdadeira significação deles, é indispensável lembrá-la.

O Pernambuco de 1655, apesar da guerra de onde saíra, era a terra da riqueza no Brasil. Vitoriosos, toda a atividade daqueles grandes ativos os senhores da terra e que a reconquistaram era dada para desenvolver os seus recursos, aproveitando-se bem os benefícios deixados pelo holandês. Então, era fatal: para ali acudiu a onda de reinóis mercantis. Governava Pernambuco Vidal de Negreiros, um grande caráter, mas que, por mais de trinta anos em contato com os governantes portugueses, admitia dever gratidão àqueles que o lisonjeavam e lhe dispensavam honrarias. Além disto, depois de capitanear a guerra, era cioso da sua autoridade e ressentia-se da sobranceria dos pernambucanos, que, combatentes como ele, julgavam-se com direito a ter voz na sua terra. Tudo isto o levou a tratar um tanto duramente a gente de Olinda, e como que a inclinar para o lado dos reinóis. Mas a razão se impôs: Vidal cedeu da proteção que concedia aos mercantis e pôde acabar normalmente o seu tempo de governo.

Vem o Furtado, português, e coloca-se ostensivamente a favor dos reinóis mascates, em cujas gavetas ficava todo o fruto do trabalho dos homens da terra, já alcançados pelas perdas da guerra e pelo que ainda tinham de pagar, do que o Bragança consentira dar à Holanda e à Inglaterra, como liquidação da mesma guerra. Tirânico e mesquinho na proteção que concedia aos seus, Furtado provocou as justas iras dos pernambucanos, que, sem maior consideração, o depuseram e prenderam, recambiando-o para o reino, com o rol das arbitrariedades e canalhices que cometera. E entregaram o governo a quem de direito. O português, em Lisboa, como no Recife, engoliu o ato, deu tudo por muito bem-feito; mas, certamente, Pernambuco ficou marcado para o primeiro ensejo: levaria o golpe que o prostraria. Enquanto não chegava o momento propício, continuava a situação criada pelos pernambucanos, que, como era natural e necessário, nos negócios da terra, tinham a maior influência, em vista dos seus interesses permanentes. Era isto justamente o que contrariava os mascates, que precisavam ser senhores da sorte da terra, em tudo, a fim de a espoliarem de tudo.

As câmaras municipais, nessa época ante Pombal, intervinham na imposição das taxas e presidiam a arrematação dos impostos; ora, sendo Recife apenas, uma dependência — o porto — de Olinda-capital, não podiam os *mascates* dali dispor dos grandes recursos municipais, apanágio da capital. Planejaram, então, levantar politicamente o seu Recife contra Olinda, fazendo do mesmo porto vila autônoma, em cuja jurisdição se compreendesse a maior parte do território comum. E tudo se arranjou, porque, já se sentindo forte, o português julgou não dever adiar. E o governador Caldas, de acordo com Lisboa, fez a coisa sorrateiramente. Foi mesmo uma traição acabada: Lisboa mandou um engodo para os pernambucanos, na *carta régia*, que aceitava as suas queixas contra Caldas, e, a este, mandou a carta-autorização, para que se desse aos mascates tudo que lhes era necessário como pleno domínio de exploração, carta que seria deixada em segredo, até que a coisa estivesse feita e segura[1]. Caldas correspondeu à situação, entregando-se aos mascates: deu-lhes município para o Recife, município que reduzia Olinda ao mínimo, isto, contra o parecer do Ouvidor, que, de direito, devia marcar os limites da nova circunscrição. E como sabia que os pernambucanos protestariam e resistiriam, sob o mais mentiroso dos pretextos, fez prender aqueles a quem mais temia.

Caldas era, bem, o reinol da decadência, não só na inteligência, como no caráter. Julgou que, com isto, subjugaria, desde logo, os netos dos que bateram o holandês. Mas das suas mãos frouxas escaparam dois dos mais temidos — Cavalcanti Uchôa e Ribeiro da Silva, que, logo, providenciaram para alinhar os elementos com que Pernambuco resistiria à inflação do mercantilismo. O governador revelou por inteiro os seus planos com o mandar recolher todas as armas encontradas com as gentes da capitania. E, como se isto ainda não bastasse, deu a ordem de prisão contra o ouvidor — que se negara a crescer o Recife em favor dos mascates.[2] Os pernambucanos se levantaram e pediram-lhe contas: Caldas, acovardado, perguntou-lhes que *devia fazer para satisfazê-los...* Desconfiado, contudo, de que ainda não aceitassem a submissão, fugiu de Olinda para o seio dos seus, no Recife, e, daí,

---

[1] Havia uma *provisão*, de 8 de março de 1705, que proibia o exercício do voto municipal aos vendilhões, medida justa, uma vez que os municípios faziam o preço de venda. Criando um município para eles, os mascates tiravam para si a melhor porção do antigo município e contrariavam não só a tradição como a legislação, providencial a esse respeito.

[2] O ouvidor era Arouche, que, no momento, ia com o bispo, a uma viagem de correição. Arouche se evadiu, auxiliado por dois padres. Desde esse momento, encontramos, sempre, nos movimentos liberais e nacionalistas, do Brasil, um bom e forte contingente de padres.

em companhia dos mais representativos dos mascates, para a Bahia. Senhores do seu Pernambuco, procederam os pernambucanos como senhores: anularam as decisões de Caldas... Foi quando se deu a célebre reunião no Senado da Câmara de Olinda, na qual o sargento-mor Bernardo Vieira de Melo chegou a propor que, "como não deviam mais suportar injúrias tais, proclamassem os pernambucanos a sua soberania, na forma republicana, *ad-instar* de Veneza...". Só houve sete votos a favor da proposta. Era, no entanto, um aviso, que Lisboa, e o português em geral, cioso da colônia que lhe era a vida, não podiam desprezar.[3] A decisão final da sessão foi de que: seria enviada ao rei uma confirmação de fidelidade, com a reiteração das queixas contra os dos Recife, e que se entregaria a capitania ao sucessor legal de Caldas, uma vez que este fugira. Abriram-se as vias de sucessão, e veio para o governo o bispo, lá indicado. O pobre do prelado, avesso a lutas, mas espírito de justiça, fez tudo para que a sua autoridade fosse fórmula de legalidade e procurou instituir a concórdia entre os dois partidos. Os do Recife, que bem sabiam serem senhores da vitória final, e estavam no segredo do caso, dispondo de dinheiro, logo se aperceberam no que era necessário para resistir, enquanto Lisboa não lhes mandava a última palavra: já tinham feito uma caixa de 70.000 cruzados, garante Varnhagen (II, 825); compraram capitães, levantaram e sustentaram um exército de mercenários (pois que eles próprios não se batiam) e reforçaram o entusiasmo do Gama da Paraíba, abrindo-lhe a mesma caixa dos milheiros de cruzados.

Desde o primeiro momento, o apoio de Maia Gama foi precioso. Veremos. Como efeito de concórdia, entenderam os mascates sequestrar o bispo governador, tê-lo como refém, e fazer assassinar Bernardo Vieira de Melo, que estava preso. Então, o governador abandonou o Recife, evadindo-se para a sua residência, em Olinda, e os mascates se revoltaram ostensivamente contra a sua autoridade. Rompeu a guerra sob forma bem explícita — de

---

[3] Imagine-se que, entre outras decisões, os pernambucanos estabeleceram que portugueses não podiam ocupar cargos locais... Os pernambucanos, após a reunião de Olinda, elegeram um *juiz do povo*, com atribuições orientadas em espírito muito liberal.

sublevação por parte dos de Recife. O próprio governador geral do Brasil, que, certamente, não estava no segredo do negócio, mesmo quando o caso já estava para findar, ainda considerava os mascates como os culpados, e os chama de *sublevados*. É na carta em resposta à Câmara de Olinda:

"Recebi a carta de V. Mercês, de 28 de junho... com as cópias... pelas quais vejo o estado em que se acha Pernambuco, com as sublevações dos moradores de Recife; e não sei como o capitão-mor da Paraíba, João da Maia, se resolveu a cometer o absurdo de se fazer cabeça de semelhante levantamento, por se fazer parcial de quem foi, e é principalmente instrumento dos danos, opressões e ruínas que essa capitania tem experimentado. Eu lhe escrevo asperamente estranhando ter-se metido em semelhante negócio... e da mesma sorte lhe condeno a desatenção com que escreveu a V. Mercês, e o desvanecimento com que os ameaça... sobre as presunções que cavilosamente arguiu contra a nobreza de Pernambuco; de cuja fidelidade e valor se não devia presumir a mínima ou leve suspeita... O dito João da Maia... me dizia que os moradores de Pernambuco se queriam senhoriar da Paraíba, para o que me pedia... dinheiro, gente e munições, e como eu conhecesse o fim a que se encaminhavam os estratagemas com que queria acreditar o que falsamente presumia, nenhum caso fiz das suas representações... dou o parabém de S. Majestade, por haver confirmado o perdão que o Sr. governador concedeu em seu real nome aos moradores de Pernambuco..."

Desta carta (de D. Lourenço de Almada, em 9 de agosto de 1711), há a reter três circunstâncias: é uma opinião da pessoa legalmente mais autorizada, no Brasil, para julgar do caso, pois que, desde o primeiro momento, teve as informações pessoais do governador fugido, Sebastião de Castro; nela se diz explicitamente que os moradores de Pernambuco estavam *perdoados* do que pudesse haver de irregular no seu primeiro proceder, e de que resultou a fuga do mesmo governador; o que ocorreu depois, de irregular, ou criminoso, foi a sublevação dos mascates contra o governo.

78. *Felices, gamas, bacalhaus…*

Southey comete a injustiça de repetir o conceito infame do P. Correia contra os pernambucanos — de que estes intentavam saquear o Recife. O primeiro a levantar a caluniosa acusação foi o Maia da Gama, e a ele, imediatamente respondeu a Câmara de Olinda: Se tal intentassem, "… tendo o jogo na mão na entrada que fizeram no Recife, executá-lo-iam, então, e não, agora, que o receio os tem feito pôr em cobro os haveres que possuem, adquiridos com extorsões e notáveis latrocínios…"[4] A conduta dos pernambucanos foi sempre a de homens empenhados em manter o bom nome da sua terra. Para completar a infâmia, os mascates derramaram a estúpida alegação: "Os pernambucanos apenas queriam eximir-se de pagar-lhes o que lhes deviam…" Ora, notemos em primeiro lugar que, entre os pernambucanos em luta, alguns havia que nada deviam no Recife. Além disto: é certo que, explorados, muitos senhores de engenho estavam endividados; mas isto não lhes podia tirar o direito de protestar contra os que os queriam explorar mais despejadamente ainda. Releiam-se as páginas de Frei Vicente, e teremos a notação do que era a ganância mercantil daqueles em cujas gavetas ficava o melhor do trabalho dos rurais brasileiros. Em todos os tempos, houve queixas contra os onzeneiros e esfoladores dos proprietários em crise, e, sempre, as simpatias do mundo têm sido pelas vítimas do esfolamento (Roma).

Quando tiveram a prova irrecusável da infâmia dos mascates, tentando assassinar, pelos seus sicários, o sargento-mor Bernardo Vieira, prepararam-se os pernambucanos, definitivamente, para a luta, e reuniram um exército de 3.000 homens, com o qual bateram completamente as forças do mais ousado dos capitães a

---

[4] Os do senado da câmara de Olinda, com documentos comprobantes, escreveram ao rei, defendendo-se de todas as acusações, e mostrando que os mascates é que, de acordo com João da Maia, haviam tramado o levante contra os pernambucanos, e insistiam — "não podiam crer el-rei estivesse do lado dos inimigos da terra, os mascates, cujos princípios nunca se recomendaram pela lealdade e o desinteresse…". O rei respondeu dando-lhes razão na letra, mas, isto quando já se tinha obtido o essencial — quebrar a energia com que eles defendiam a sua qualidade de brasileiros, senhores daquilo que haviam conquistado.

soldo do Recife, Sebastião Camarão: tomaram-lhe posições, e teriam tomado definitivamente o Recife se o bispo, governador, não houvera intervindo, por preferir os meios brandos. E foi assim até que o prelado deixou o governo em mão de sucessores, legalmente instituídos. A chegada do novo governador mandado de Lisboa não deu tempo a que se liquidasse a questão militarmente, pela tomada do Recife, como era fatal. O que, na emergência, pretendiam os pernambucanos era estritamente legal e patriótico: que os mascates reconhecessem a autoridade do governo legal, do bispo; e, como esses se revoltassem, guardando consigo as fortalezas de defesa da capitania, onde tinham forças rebeldes, limitaram-se a sitiar o Recife. O novo homem de Lisboa qualificou-se de absolutamente imparcial, simples substituto do bispo, cujo governo reconheceu como legal. Foi o famoso Félix Machado: "Declarou a João da Mota, chefe dos mascates, que só recebia o governo das mãos do bispo..." Os reinóis chegaram a sentir calafrios... Mas logo perceberam o bem-montado da perfídia: era a forma de apanhar os pernambucanos. O perdão, que lhes veio antes, tirava-lhes todo o receio quanto ao primeiro movimento contra Caldas; o resto da crise era insurreição dos próprios mascates; logo, nada tinham a temer, se o novo governador se apresentava assim disposto. E, não só lhe entregaram a capitania, como se entregaram eles mesmos, confiantes. Não demorou que Félix Machado mostrasse os verdadeiros intuitos do seu governo. Com ele viera o juiz Bacalhau, e este criou, desde logo, tão boas relações no comércio dos mascates, que, dois meses depois, já enviava para Lisboa as *50 caixas de açúcar*... E não tardou que as pagasse — abrindo uma devassa por crime de insurreição, devassa de que não saiu inculpado nenhum dos verdadeiros insurretos, mas os pernambucanos, cujo crime, se houve, já estava perdoado. É quando aparece o célebre *Tunda-Cumbe*, o mais legítimo representante do que ainda restava da energia portuguesa.

Felix procedia de forma que juízes de reputação, na terra, não puderam trabalhar com ele. Quando as façanhas de Bacalhau obrigaram o governo a intervir, nomearam para substituí-lo um reimão, que estava na Paraíba, criatura já processada e presa por graves faltas no seu mister, e, por outros motivos, ainda, castigada. O que importava, no caso, para o português, aqui e lá, foi aquilo mesmo que se obteve: encheram-se as prisões. Inermes, os pernambucanos ficaram à mercê dos processos nutridos no dinheiro dos mascates; repetiam-se as deportações e os degredos, e que tudo era o extermínio dos melhores entre os brasileiros. "Antes do processo, já se sabia quais os que tinham de ser executados, quais os degredados..." Dez meses durou a devassa de Bacalhau, e quando chegou o reimão, Félix Machado fez uma demonstração da sua justiça: "... um embarque de presos para Lisboa. Representações, protestos, requerimentos, lágrimas das famílias, uma tristeza quase geral, uma certa impressão dolorosa..." Félix Machado — castigo injusto e irremissível — fez o seu governo no ecoar dos lamentos de uma população malferida "... tanta tirania que entre turcos não se conta que houvesse em católicos coisa semelhante..." Assim o refere D. Lourenço Tavares de Holanda, escrevendo ao duque de Cadaval. Mesmo prostrados, os senhores rurais de Pernambuco tinham meios de fazer ouvir as suas vozes: a Câmara de Olinda escreveu ao rei queixando-se do como *eram tratados os homens mais importantes da província*... O mesmo duque de Cadaval interveio para que cessasse a perseguição iníqua levada a efeito por Félix Machado; e com ele os condes de Athouguia e de Viana.[5]

79. *Façanhas de emboabas*

Nas minas, o golpe não tem aquelas veleidades políticas dos *mascates*, e tudo, aparentemente, não passa de distúrbio de reinóis

---

[5] A sociedade pernambucana da época era, certamente, a mais ilustrada do Brasil, comparável à da capital, onde o elemento oficial predominava. Desde que se estabeleceu a contenda, onde os mascates procuravam baralhar apresentando os adversários como rebeldes e traidores, apareceram grandes espíritos a discutir a questão juridicamente. João da Maia, com fumaças de letrado e jurista, fez o seu *manifesto*, com intuitos de justificar os patrões do Recife; mas, imediatamente, a Câmara de Olinda lhe deu resposta, além de que dois pernambucanos, de fama intelectual, vieram insistir no caso, desfazendo as aleivosias e sofismas de Maia. Foram o vigário geral do bispado, Antônio Cardoso de Sousa Coutinho, e Davi de Albuquerque Saraiva, um dos mais reputados no Brasil de então.

e desertores, encorajados pelo número. No entanto, os sucessos que, assim, singelamente, se desenrolam são, de fato, mais complexos do que os de Pernambuco. A complexidade não está neles mesmos, se não no arranjo histórico que lhes foi dado, ao longo das deslealdades e deturpações necessárias aos interesses da metrópole, em detrimento das nossas tradições. Alguma coisa já foi notada, no momento de acentuar o empenho com que se infamou a história dos paulistas. Mas, os sucessos são tão desenvolvidos em consequências, que devem ter referência especial, agora, que apreciamos o trauma com que se quebrantaram as energias do primeiro Brasil. O caso é complexo porque, nele, vemos a política do estado metrópole, expressão do mercantil degradado, tirar proveito de uma rebelião pronunciada contra ele (tal foi o movimento dos *emboabas*), terminando por sacrificar, em favor desses mesmos rebeldes, os brasileiros que lutavam pelos direitos do erário. Mas, como o estado português não queria, apenas, o que era seu direito, e, sim, toda a seiva de vida do Brasil, aceitou a façanha dos *emboabas*, como recurso que feria e abalava o vigor dos paulistas, e os deixava, finalmente, à mercê da mesma metrópole, sem capacidade, por muito tempo, para defender a nacionalidade, que tão potentemente afirmavam.

Esta é a verdadeira significação da luta nas minas: os emboabas eram escórias de aventureiros, reinóis da decadência, restos de desertores, sem mais sombra de patriotismo, nem outros motivos na alma além da ganância imediata. Amotinaram-se contra os paulistas porque esses se apresentaram como os que tinham mais direito sobre as minas e também porque estes mesmos paulistas faziam o governo — o fisco e a ordem nas minas; *os forasteiros*, em fúria de colher e acumular, consideravam aquilo como o saque. Inclusive negaram-se a pagar os quintos, cobrados pelos paulistas, que eram as autoridades, então. Desde que tiveram uma absoluta superioridade em número, e se consideraram senhores da vitória, inventaram pretextos para fazer a guerra. Apesar de tudo, em vez de vencer, foram os emboabas obrigados à ordem. Então, reconhecendo que, insubmissos às autoridades, não teriam vantagem contra os brasileiros, aproximaram-se dire-

352

tamente de Lisboa, com quem trataram, e em cuja amizade se garantiram, para fazerem-se senhores positivos das minas, em detrimento dos descobridores delas. Lisboa esteve por tudo, pois que tinha emboabas e paulistas como veleidades provisórias, e visava ao definitivo: separou Minas, como nova capitania — um quinhão para si.

Não será preciso refazer a história primeira das minas e dos seus descobrimentos para chegarmos a esses anos críticos — de 1708-1711; nem mesmo se trata de fingir erudição... Paes Leme não foi propriamente um sonhador desvairado a explorar sertões, para morrer agarrado a um saco de cascalhos verdes... Ele desvendou verdadeiros veios de minas preciosas; fundou os estabelecimentos de Paraopeba, Roça Grande e Sumidouro, e minerou ouro e pedras preciosas em Sabarabuçu.[6] E foi isto o que encaminhou para ali, na pessoa de D. Rodrigo, a avidez da metrópole — que não admitiu perder de vista os descobrimentos. Dado o desastre do mesmo D. Rodrigo,[7] a coisa se suspendeu por algum tempo. Mas não tardou que o governador do Rio de Janeiro, Artur de Meneses, viesse insistir, percorrendo os territórios reputados de minas. Foi quando lhe apareceu Borba Gato, com a notícia exata das minas que, por si e pelos da sua família, tinham sido descobertas. Fez tanto efeito a notícia, que o grande sertanista foi perdoado do suposto crime e consagrado com o posto de tenente-general. Isto foi de 1698 a 1700. Por esse tempo, já o célebre Arzão, paulista de Taubaté, havia percorrido o Rio Doce, trazendo algumas oitavas de bom ouro. Morreu, e os cunhados, também paulistas, prosseguiram nas descobertas, *manifestando*, então, as minas de Caeté. Outros paulistas revelaram as minas de Ouro Branco, Ouro Preto, Ribeirão do Carmo, Tijuco... E começou a corrente de aventureiros sôfregos, e que para ali se dirigiam no afã, apenas, de apanhar ouro.

Agora, ocorre uma circunstância de valor excepcional, na interpretação dos sucessos. Desde logo, o governador Artur de

---

[6] Nossa Senhora da Conceição de Sabarabuçu, nome anterior da cidade de Sabará (1838) Silva Pontes, *op. cit.*, R. I. H. G. 6, p. 269.
[7] A morte violenta de D. Rodrigo se deu no mesmo sítio em que foi executado o filho natural de Fernão Paes Leme.

Menezes, na necessidade de dar um caráter regular à vida das populações que vinham para as minas, nomeou o paulista Domingos da Silva Bueno delegado do governo, com o encargo de cobrar os quintos. Artur de Menezes residiu quase sempre nas minas, até que, em 1702, veio passar o governo ao seu sucessor. Convém notar que, antes, em 1693, Artur de Sande havia nomeado, para função análoga, em Caeté, Carlos Pedroso da Silveira, também paulista. No fim do governo de Artur de Menezes, já as minas eram o centro da grande atração, no Brasil. Foi a lamentável febre do ouro: as cidades do litoral, da Bahia para o sul, se despovoavam, sobretudo da população instável — dos reinóis trêfegos e mercantis. E a febre se comunicou às cidades da metrópole; o governo de Lisboa teve de tomar providências, *se não o reino se despovoa*, clamavam, lá. Houve um afluxo que foi especialmente sensível — dos desertores do sul, da *colônia*.

O São Francisco era um caminho cada vez mais procurado... O mercantilismo, em franca degeneração, com a excitação de ouro, repetiu os furores e *fumos* da Índia, em façanhas onde o heroísmo falecido se compensava com avidez, felonia e outras abundantes abjeções. Desse momento em diante, encontram-se, nas minas, duas populações bem distintas: as ondas de forasteiros, na maior parte reinóis, desertores, ou mercantis falidos, renegados de patriotismo e de humanidade, sem outra luz na consciência além da cobiça bestial, e os ranchos de sertanistas brasileiros, quase todos de São Paulo. Estes, porque eram os descobridores e se encontravam investidos da ordem civil, tinham-se como garantidos e mais titulados.[8] Além disto, independentemente das investiduras oficiais, as *bandeiras* e ranchos de paulistas tiveram sempre os seus *maiorais*, de certo modo análogos aos maiorais das aldeias, e que eram verdadeiros chefes ou autoridades, com o que se dava ao viver dos acampamentos e povoados nascentes um caráter organizado, policiado.

No correr de todos os sucessos dos *emboabas*, vemos destacarem-se chefes paulistas, entre outros Domingos da Silva Monteiro

---

[8] Carlos Pedroso teve o encargo explícito de fundar uma casa de fundição na povoação onde residia, e de cobrar os quintos da coroa.

e Sebastião de Aguilar. Mas a afluência de forasteiros foi tamanha que, em pouco tempo (1707), os paulistas estavam desproporcionadamente excedidos em número: todo o reino e quase todas as cidades do Brasil a despejarem gananciosos, em contraste com as poucas e raras povoações de São Paulo. Então, na covardia do número, os forasteiros se tornaram soberbamente intoleráveis, e os paulistas, pelas suas tradições, na realidade do seu valor manifesto, não poderiam suportar uma contestação de influência e de poder, que, assim se apresentava. Surgiram rivalidades, que sem demora degeneraram em facções de luta. Apesar da desproporção de forças, os brasileiros sentiram-se estimulados a resistir. E começou a guerra, de que devia resultar a espoliação dos sertanistas.

Historiadores, que não sabem por onde pegar os acontecimentos, fazem destes três fatos o começo da crise: a morte de um reinol que ofendera a uns *carijós,* às mãos desses mesmos; uma espingarda roubada aos paulistas, e que, apesar de tudo, não foi entregue (Nunes Viana se fez fiador do que a trazia); o assassinato do paulista José Pardo, por um bando de forasteiros. De permeio, citam o tratado celebrado entre os dois partidos, e feito sob os auspícios de Domingos da Silva Monteiro... Ora, estes são apenas incidentes, de uma luta que já estava bem acesa; são incidentes, mas alguns devem ser retidos. O primeira denota, bem, o empenho de achar um pretexto; o caso da espingarda mostra-nos o espírito de relativa concórdia por parte dos paulistas. Nesse tempo, época do assassinato de José Pardo, os de São Paulo tinham dado todas as provas da sua boa vontade e do muito espírito de ordem, na exploração das minas. Desde que houve a morte do português, pelo índio, reclamaram-se providências ao Rio de Janeiro, e todas elas consistiram em nomear-se o paulista Pedro de Morais Raposo regente do distrito mais agitado, o do Rio das Mortes, e o fluminense Francisco do Amaral Gurgel capitão de Ouro Preto. Quanto ao primeiro, tão bem se houve, que, em 1708 (quando irrompe a luta), foi nomeado superintendente do distrito, o posto mais elevado na hierarquia de então.

80. *Do mato da traição ao ouro de Viana*

Provocados explicitamente para a luta, no Caeté, os paulistas de mais responsabilidades procederam de forma a honrar a mesma responsabilidade: sofrearam os ímpetos de hombridade e rancor, no intuito de formular um regime de vida regular e pacífica, e convidaram Nunes Viana, o mais graduado dos forasteiros, para celebrar e jurar com eles um tratado de paz. Assim se fez; mas não valeu a boa vontade. Sucedeu que um brasileiro — mameluco — veio a matar, em franca luta, a um forasteiro, e um bando destes, sempre na *valentia* do número, quis linchá-lo. O pai do mameluco salvou-o, dando-lhe escápula. Foi o bastante para que o bando o assassinasse. É o episódio de José Pardo. Parece que, desse momento em diante, não mais deveria haver contemplações com tais facínoras. No entanto, os paulistas ainda apelam para a lealdade de Nunes Viana, na fé do tratado que haviam feito. Voltam à labuta pacífica. Mas, não era isto o que pretendiam os forasteiros reinóis, senão converter as minas em quinhão seu. O tratado serviu para que a ambição insidiosa de Viana tivesse tempo de preparar o golpe que, finalmente, faria afastar a maior parte dos brasileiros. Organizou um estado-maior de frades carrascos e de criminosos foragidos, a quem deu a execução da obra, enquanto ele continuava nas relações aparentemente amistosas com os paulistas, e que lhe permitiriam iludir, enquanto fosse preciso, a boa-fé dos mesmos. Alguns paulistas teriam pressentido a traição e recomendaram prudência. Todavia, a maior parte, inclusive o maioral, Domingos Monteiro, continuava em paz, a guardar a convenção. Enquanto isto, os frades de Viana começaram a espalhar o boato — que os brasileiros se armavam, e os vinham acometer, aconselhando, ao mesmo tempo, que os atacassem. Isto se refere até nas histórias ao sabor do reinolismo.

Houvesse, ou não, os boatos, o fato é que os paulistas permaneciam em paz, e tão pouco preparados para atacar os forasteiros, que foram apanhados em pleno trabalho. Traiçoeiramente surpreendidos, retiram-se de Caeté para Sabará. Prossegue a contenda em alternativas do mesmo valor: Viana ataca os paulistas em

Cachoeira, e é repelido, com duas feridas no couro; passa o comando a um dos seus frades, frei Francisco de Menezes, que fez anunciar propósitos de concórdia; os de São Paulo acreditaram, descuidaram-se e foram, traiçoeiramente, apanhados e trucidados pelo frade. Em seguida, o mesmo frei Francisco *sagrou e ungiu* Manuel Viana governador das minas. Os paulistas, porém, continuaram a tratá-lo como intruso e rebelde. Com isto, o emboaba decide liquidar de vez com os paulistas, e manda contra eles duas expedições, no Carmo e em Guapiranga. São completamente batidos. Noutra banda das minas, outros paulistas tomam a ofensiva, e vêm cercar os desordeiros de Ponta do Morro, os quais, aterrados, gritam por socorro. Viana reúne, então, todas as suas forças, entregando-as ao comando do bandido, foragido da justiça do Rio de Janeiro, o fluminense Amaral Coutinho, e mandou-o em auxílio dos sitiados. A coluna era fortíssima, e os paulistas julgaram mais prudentes retirarem-se. Um grupo, de uns trezentos, fatigados, deixou-se retardar, foram alcançados num capão de mato; bateram-se como valentes, e quando lhes faltou a munição, renderam-se, depois de Coutinho haver *jurado* poupar-lhes a vida. O juramento foi, talvez, a inspiração do crime: o assassino fez matar friamente aos trezentos brasileiros, e consagrou, assim, a única vitória dos forasteiros. É o caso do mato da traição...

Em casa, os paulistas que conseguiram escapar à fereza de Viana firmaram-se na resolução de voltar e reduzir os forasteiros à obediência e a um viver regular. É nessa resolução que Rocha Pita faz intervir os incitamentos das mulheres paulistas. É possível; mas não há nenhum motivo para acreditar que aqueles homens precisassem de ser fustigados para terem coragem e brio. A fábula teria nascido do fato de que eles tardaram um tanto em voltar, porque sabiam que o inimigo era fortíssimo, em número e em recursos de dinheiro, pelo que lhes era preciso reunir o mais possível, de forças e de meios. Demoraram, pois; mas vieram. Foi em 1709. Nesse meio-tempo, acumularam-se sucessos dos mais expressivos e mais importantes. Desde que o governador da capitania (Rio de Janeiro) teve notícia da façanha do *mato da traição* e da destituição de autoridades normais pela gente de Viana, correu para ali; mas foi recebido como inimigo, pelos sublevados: "Morra o sr. D. Fernando Martins de Mascarenhas, se não voltar daqui para o Rio!". E ele voltou, apavorado, sem que, no entanto, se tranquilizassem os emboabas. Nesse tempo, já era perfeito o entendimento de Viana com o emboaba-caixeiro-mascate-minerador Paschoal da Silva Guimarães, também atulhado de ouro,o ouro com que se resolveria todo o caso. Viana tinha a inteligência da astúcia, o bastante para chegar a este raciocínio: dominar aqui, contra os paulistas e contra Lisboa, não nos será dado; com os primeiros não há entendimento possível, pois que eles querem ser os senhores, e estão regendo em nome do governo; mas, com Lisboa, é facílimo o entendimento — questão de ouro, de que estamos fartos... Foi quando despachou para Lisboa o seu frade de mais confiança, com sacos de ouro — o bastante para os *quintos,* é para encher os bolsos de alguns dos mais vorazes. Lisboa entrou em composição com os amotinados, e removeu para a nova capitania a Antônio de Albuquerque Coelho de Carvalho, pernambucano de valor, mas incorporado, em troca das honrarias, ao regime bragantino. Em todo caso, era um valente e não se arreceou das caretas de Viana. Dá-se, também, que Albuquerque havia recebido o recado de Lisboa: faça-se tábula rasa dos crimes dos forasteiros e das suas rebeldias; estão todos perdoados, menos, *in nomine,* os chefes, porque é preciso coonestar as coisas, e afastar dali homens que se negavam ostensivamente a pagar quintos. Albuquerque mandou dizer que iria a Minas, na qualidade de governador, e não levaria, forças, sequer. Viana, que certamente já havia recebido notícias de Lisboa, humilhou-se, entregou-lhe o governo e jurou fidelidade aos ministros d'el-rei. Albuquerque reduziu o castigo de Viana a que fosse residir na sua fazenda, no vale do São Francisco, e permitiu que Coutinho pudesse fugir. No momento do levante, ao enfrentar D. Fernando, os amotinados chegaram a ameaçar de se entregarem, com as minas, ao rei de Castela. Lisboa não viu nisto maior crime, senão uma ameaça muito forte. Foi, porventura, um motivo para mais depressa entrar em composição com Nunes Viana.[9]

---

[9] Southey mesmo, que adota o critério dos autores portugueses nos elogios a Viana, reconhece o movimento deste como um motim — recusa de pagamento dos quintos (V. 106).

358

A nosso sentimento de brasileiros, o proceder de Albuquerque chega a doer; mas, na sua situação de representante da coroa, na moralidade da época, para um fidalgo português ainda não degradado, ele se conduziu com relativa honestidade: executou um tratado, de que não tinha responsabilidade. E, com isto, nunca agiu ostensivamente contra os paulistas. Dir-se-ia, mesmo, que lhes deu uma qual liberdade de ação. Na momento em que veio às minas, sabia que os brasileiros iam novamente bater-se com os forasteiros, e manifestou ostensiva imparcialidade: conferenciou com Amador Bueno, maioral dos paulistas, para que desistissem do ataque, e, nada conseguindo, retirou-se para Parati, a esperar o resultado. É verdade também que, em face da firmeza dos brasileiros, Albuquerque fez avisar aos forasteiros, e estes se preparavam para responder ao ataque. De começo, foram batidos e iam ser alijados, quando, sem outra explicação, retiraram-se os seus adversários, dizem as histórias. A explicação é essa mesma: quando os paulistas compreenderam que os seus inimigos, antigos rebeldes, seriam, talvez, socorridos pelas forças do governador, desistiram do resto da campanha e voltaram para os seus lares. Tinham desafrontado os seus brios, mas perderam a campanha: as minas ficaram nas mãos, agora, do próprio representante de Lisboa, ajeitada com o ouro dos forasteiros, para quem ficou o uso do melhor, na exploração dali. Do seu mentido desterro, Viana continuou a mandar nas minas.

Não é, essa, pois, uma história edificante? Como a contam, no ortodoxismo bragantino, parece um amontoado de futilidades, sem mais interesse que o de turbulentos a disputarem por um clavinote.[10] Na realidade, porém, é um dos capítulos mais expressivos, na história do trauma em que se abateu o primeiro Brasil; e o seu resumo é lição a ser gravada. Para comentário: Viana teria sido desterrado, em 1710; mas, em 1727, quando a sua fortuna já transbordava, foi a Lisboa, e o rei se derreteu em

---

[10] Rocha Pita repete a acusação de que os forasteiros queriam entregar as minas aos espanhóis. Cláudio Manuel da Costa coligiu os escritos de Bento Fernandes Furtado, as *cartas régias, instruções* do governador, atestados de prelados e tudo mais que era possível haver no seu tempo, de sorte a inteirar-se da história das minas, de 1663 em diante, e dá os paulistas como defensores da ordem legal contra os forasteiros.

honrarias e dignidades para com ele. Southey, que em todo este caso só tem elogios para Viana, em detrimento dos brasileiros, diz, na entanto, literalmente: "... havia parcialidade do governo da metrópole em favor dos forasteiros". No verso da página, ele já havia reconhecido que *os forasteiros excediam em número*, e muito, aos paulistas. Desse modo, o grande historiador nem tinha necessidade de explicar a vitória do partido antibrasileiro.

81. *O estupor do choque*

No sul, como no norte, ficaram os dois centros de formação nacional, fontes das suas melhores tradições, em poder do português, em pleno fastígio do bragantismo. E, agora, na prostração dos ânimos, com o estupor do choque, pairava sobre a colônia a vontade lôbrega da metrópole, que já não podia subsistir sem eliminar a vontade e a tradição do Brasil. Foi como se entendessem substituir o ânimo da nacionalidade nascente por uma alma portuguesa-bragantina. Nesse empenho, a corte e todo o mundo dirigente de Portugal nada pouparam, para mudar a feição mental e moral da colônia-úbere. O rei, o que mandara Bacalhau em socorro dos mascates e salvara Viana contra os paulistas, fez de magnânimo, a derramar clemência sobre os pernambucanos que escaparam do Limoeiro, ou da dureza dos degredos. Escreveu uma carta à câmara de Olinda, esvaziando-se em afetos, ao mesmo tempo que fazia explícitas censuras aos Felices e Gamas... Insistiu em dizer: que tais haviam exorbitado; que nada mais havia a punir, pois que tudo se tinha perdoado. Pelo que, mandou soltar os que ainda estavam presos e restituir aos respectivos herdeiros o que tinha sido confiscado aos inocentes executados... Todavia, Machado continuou em Pernambuco...

Do trauma, perversamente repetido, resultou que a gloriosa província teve de permanecer, por longos decênios, adormentada, como em doloroso letargo. O brio não lhes permitiria, aos pernambucanos, desistirem do senhorio de sua terra; mas, daí, desse anelo surdo, até o dia de erguer o corpo combalido, irá muito tempo, ainda, na proporção das energias que se sacrificaram. Nos degredos, nas masmorras assassinas de Lisboa, e em outras formas torpes de matar, haviam sucumbido para mais de seiscentos brasileiros — dezenas de grandes pernambucanos, inclusive Bernardo Vieira de Melo e o filho.[11] E, como ali, e por todo o sul, só valiam os mesquinhos reinóis, mercantis e degenerados, na atividade deles, com a queda das energias nacionais, desenvolveu-se e recrudesceu a infecção, que pôs em risco a vida da nacionalidade.

O efeito do triunfo emboaba teve expressão diferente: os brasileiros dali nunca foram praticamente subjugados. O instinto de lutadores logo os fez afastarem-se, desde que se viram cercados da inundação reinol. Recuaram para os seus ninhos, com as energias de sempre, para a mesma obra, agora em outras direções.[12] A luta foi como entre facções particulares, para a simples exploração do chão precioso. Se algum dos adversários tinha um caráter oficial, eram os brasileiros; o governo propriamente tido só interveio como polícia num distúrbio, e, não podendo negar aos paulistas a qualidade legal em que agiram, não teve ensejo para dar-lhes o golpe que os prostraria. Nem lhe convinha. Incapaz de achar novas riquezas minerais, o português teve sagacidade bastante para deixar aos continuadores dos bandeirantes a liberdade e as energias, que os levariam para as jazidas de Goiás e Cuiabá. Foi, ainda, uma relativa desgraça: aqueles desbravadores, fortes, se fossem encaminhados para uma atividade econômica

---

[11] Vieira de Melo era homem de grande valor: foi um dos principais fatores na vitória sobre os Palmarinos. Os mascates temiam-no mais do que a nenhum outro, e, por isso, o eliminaram.

[12] Segundo o regime colonial instituído para o Brasil, era proibido aos colonos estenderem-se para o interior das terras: deviam estabelecer-se à margem das águas acessíveis, e navegáveis, nunca para lá de seis léguas uns dos outros. Na capitania de Martim Afonso, foi assim, nos primeiros tempos, e a exploração consistia, sobretudo, no comércio com Lisboa e Angola. Mas a circunstância da existência de João Ramalho, já estabelecido no interior das terras, com um forte prestígio sobre os goianenses, levou a donatária, na ausência do marido, a abolir as proibições de explorar os sertões, donde resultou a fundação de Santo André. A vida colonial tomou, desde logo, o caráter de atividade sertanista; estiolaram-se, quase, os centros de comércio: "... desde esse tempo (1544) principiaram a decair os estabelecimentos sobre a costa, e o florescente comércio com Angola e a mãe-pátria definhou, extinguindo-se, finalmente... Pouca, ou quase nenhuma comunicação tinha São Paulo com Portugal, e o comércio não o havia por falta de saídas... Do único caminho que levava à costa, ainda em 1797 se dizia que *era talvez o pior do mundo...*". Essas observações, de Southey explicam-nos por que foram menos sensíveis, nos paulistas, os efeitos da *infecção*.

sã, propriamente rural; se tivessem ensanchas de intervir numa política útil ao bom governo da sua pátria; se fossem orientados para o fertilíssimo litoral do sul, teriam deixado uma obra bem mais valiosa do que a que resultou do seu insano e heroico labor nas águas do Paraguai. E, finalmente, o grande vale seria, ainda, brasileiro, porque a atividade de expansão avassaladora era deles.

Como fórmula de vida, para conservar a preciosa liberdade de avançar no sertão e buscar novas minas, os paulistas desistiram de outras afirmações nacionais, além de conservarem as suas tradições locais, mesmo diminuídas pela política pombalina; e, para as minas, já descobertas, derivou aquele aluvião pútrido que as submergiu por todo o século XVIII. A eles, a degradação da mineragem nunca atingiu diretamente; mas o estupor do trauma turbou profundamente a evolução do povo com que Piratininga se impusera à história, sobretudo porque Lisboa como que timbrava em afogá-lo sob administrações tirânicas e espoliadoras. Paulo Prado capitula-as: "O período sombrio das administrações fidalgas"; e justifica-se transcrevendo o relatório do governador Martin Lopes, ao vice-rei em 1775: "... deplorável em que tudo está nesta capitania... em nove povoações por onde passei, achei o mesmo que na capital, isto é, os paulistas com o ânimo abatido, e desconfiados, muitos fugidos pelos matos, e todos padecendo extorsões e violências" (p. 90). Todavia, não se anularam de todo, e ainda se multiplica em muitos efeitos a irradiação do ânimo paulista. Cooperando na campanha do sul, fizeram os bandeirantes a exploração de Guarapuava, fundaram Iguatemi, abriram a estrada de Viamão e Vacaria, ao mesmo tempo que plantavam os marcos do Brasil em *Nova Coimbra* e *Príncipe da Beira*, eliminando os castelhanos que já ali estavam.

Com o tempo, formava-se nas minas uma população brasileira. Apesar de que nascesse e vivesse no ambiente corrompido pelos forasteiros, e proviesse deles mesmos, a alma da nacionalidade circundante se infundiu nela; os primeiros motivos de revolta e de afirmação seriam interesses materiais; alguns dos rebeldes teriam nascido em Portugal (Filipe dos Santos); pouco importa: a energia em que se pronunciam, os efeitos que resultam, são convergentes para a nacionalidade brasileira. Os próprios desastres, a infâmia das punições despeitadas e vingativas, são motivos para o futuro — quando os contemplamos nas carnes bestialmente dilaceradas do Tiradentes. Estes são os sucessos em que se agrava o trauma do sul, como, no norte, se agrava, mortalmente, nas façanhas de Rodrigo Lobo e Luís do Rego, contra os apóstolos de 6 de março.

82. *6 de Março de 1817*

Marco iluminado do nacionalismo brasileiro, dissemos da revolução de *dezessete*. Sim; porque em vão procuraríamos na nossa história motivo de maior glória. Mesmo perdendo, os homens que se levantaram em Pernambuco definem-se como apóstolos e heróis. Ainda os menos famosos: um Tenório, ou Peregrino, ou José Henrique, ou Carneiro da Cunha, ou Rabelo... são figuras para o culto de uma pátria. O sacrifício de todos aqueles grandes brasileiros foi, certamente, o golpe mais forte e mais doloroso, para a nação que devia nascer ali mesmo. E, nessas perdas, ela se diminuiu tanto que, ainda hoje, o sentimos. Como quando a vemos trôpega, no caminho da liberdade e da justiça, infiel aos ideais de democracia, infiel aos próprios motivos patrióticos; como quando se deixa conduzir por dirigentes, continuadores do podre estado português, e quando concorre para que se desnaturem as suas mais gloriosas tradições. Encontramo-nos com um Brasil politicamente miserável... Subamos pelos tempos: conde dos Arcos, Congominho, Bernardo Teixeira, Luís do Rego... foram os últimos, e os mais nítidos, em precipitar-nos nessa miséria. Nem é possível compreender a monstruosidade de um Brasil que se emancipa com a *Independência de 7 de Setembro,* sem buscar referências na revolução essencialmente brasileira, de *dezessete,* e cujas energias foram abatidas pelos sicários do Bragança.

Ninguém insistiu ainda nisto, que é essencial no caracterizar a independência de 1822: o conde dos Arcos, que foi o verdadeiro vencedor de Domingos Martins, e os companheiros (*é lícito atirar-*

lhes com a lobos...) foi, também, o iniciador dessa independência, fator principal dela, pois foi ele quem, na gana de ser ministro do príncipe, no Brasil, plantou-lhe na alma a ambição traiçoeira — de despejar o pai para a Europa, e apossar-se do Brasil, desde logo... O conde dos Arcos tinha razão em ligar a sua ambição à do futuro imperador do Brasil: fora a sua vitória que quebrantara o Brasil, para tornar possível ao Bragança colher a *independência...* Tudo era possível, então; bastava ousar, porque, de fato, depois de *Dezessete*, o Brasil era uma nacionalidade a refazer. O que foi aquele movimento, só o podia bem compreender o próprio português: sentiu cair-lhe a presa das mandíbulas. Desde aquele momento, talvez, que a verdade venceu a lorpa resistência do cérebro de D. João VI.

Por tudo isto, o golpe da repressão foi proporcional ao valor da presa e, sobretudo, aos sustos dos que temeram perdê-la; por isso mesmo, a repressão se distingue, não só pela violência e crueza, como pela infâmia e covardia dos processos. E, numa sombra de covardia e infâmia, velaram a memória dos heróis sacrificados.[13]

Na lôbrega e mentida democracia em que estamos, a sombra que o império lançara sobre aqueles feitos se tornou mais espessa, na camada de ostensivo esquecimento em que os deixam. Coisas que deveriam ser lembradas na constância de um culto são ingratamente abandonadas, como se a realização de uma pátria se pudesse fazer sem exaltada veneração, como se pudéramos elevar e exaltar os corações, com os bronzes que nos dão, nas comemorações das tristes campanhas do império... "Tempo virá, talvez, em que o SEIS DE MARÇO será para todos os brasileiros um dia de festa nacional." Assim pensava, porque o desejava, monsenhor Tavares, que foi dos punidos nas enxovias do conde dos Arcos. Ainda não o é, justamente porque, até hoje, o Brasil não sarou das feridas com que prostraram o Pernambuco de Arruda e do padre Pessoa. Para os que compreendem a extensão da desgraça, *6 de março* é o dia de *luto santo*, motivo de longínqua esperança, no pensamento de que, quando um povo inclui na sua história

---

[13] Caetano Pinto Montenegro foi ministro do primeiro ministério *brasileiro* do príncipe D. Pedro, isto é, ministro com José Bonifácio. A diferença, pois, que há entre o Brasil da *Independência* e o de 17 é a que vai dos *Arcos* ao mesmo Montenegro.

páginas daquelas, tem o direito de esperar, mesmo quando todo o ambiente cheira a podridão.[14]

Não caberia, aqui, refazer a história de *Dezessete;* nem seria preciso, quando os nossos intuitos são, apenas: assinalar o valor dos que entraram na revolução e foram sacrificados; mostrar, no que os revolucionários fizeram, o espírito político em que se inspiravam; pôr em cotejo com o proceder magnânimo e generoso: deles, os processos cruelmente torpes de Portugal; verificar que aquele espírito de *Dezessete* deve subsistir, apesar de tudo, pois que ele é a própria alma do Brasil; reconhecer, na política ulterior do bragantismo, o empenho contra essa mesma alma nacional brasileira, a ameaça suprema para o Bragança; constatar, finalmente, a mísera condição do Pernambuco que se revolta e a justiça da Revolução.

Um cronista da época diz dos heróis pernambucanos: "... fogosamente se desposaram com a liberdade...". E nobremente aceitaram a morte, diria para ser completo, porque, assim se caracterizam todos eles: nenhum hesitou em marchar para a revolução, nem se maculou de covardia ante a morte. Os menos arrogantes apenas temiam que a carcaça miserável tremesse, com injúria do espírito heroico, e antes que tal pudesse acontecer, matavam-se. Em face da covardia dos marechais e generais que lhes entregaram as fortalezas e se renderam sem disparar um tiro,[15] o valor dos pernambucanos sobressai com a veemência dos tiroteios pela calada da noite. Vencidos, caídos nos enleios da própria generosidade, uns, depois dos outros, entregues ao carrasco, sob a pressão dos tratamentos e castigos de um Luís do Rego, ou a justiça de Bernardo Teixeira, não houve quem desfalecesse e renegasse. Foi quando o apostolado heroico se santificou em martírio.

---

14 Presente em Pernambuco, Antônio Carlos aceitou convictamente a revolução e nunca repudiou aquela sua atitude, apesar de ter voltado a ser bragantista, e, talvez absolutista; apesar, de que, depois, nas cortes, tenha pensado ser possível a permanente união do Brasil a Portugal. E quando Varnhagen afirma que esse Andrada fora constrangido a servir à Revolução, é que o *grande historiador* se conduz como um consciente criminoso contra a verdade.

15 O próprio sr. P. da Silva reconhece que, em 6 de março, o marechal José Roberto foi covarde *(op. cit.,* II, 144). Rodrigo Lobo, que comandava a esquadra em operações no Recife, era um covarde traidor, degradado no Porto. Foi sanguinário, mas isto não é valor guerreiro: o tigre, como é carniceiro sobre os mais fracos, foge prontamente diante do mais forte.

Republicano, ou monarquista, bragantista, ou não, o brasileiro, se tem um coração para o Brasil, não pode ser indiferente à constância de ânimo e ao destemido patriotismo das vítimas de *Dezessete*. E é por isso que, a um brasileiro, as páginas de Varnhagen serão sempre injúria às suas verdadeiras tradições. Devem ser conhecidas, para serem repudiadas: "... ingratos à mão benfazeja (do Bragança,) que prescrevera o regime colonial e abrira as portas do Brasil[16] a todas as nações amigas... aos rasgos de generosidade do venerável Enéas (*Enéas* é D. João VI!...), do verdadeiro fundador do império, do primeiro imperador do Brasil...". São os seus conceitos mais cordiais, para os companheiros de Domingos Teotônio. Será isto, apenas, insuficiência mental, ou o simples babujar da subserviência?... Deve ser mal mais profundo: a incapacidade de sentir uma pátria. De fato, se o pensamento, em Varnhagen, se inspirasse de motivos brasileiros, ele nunca teria escrito tais injúrias ao melhor do nosso patriotismo, e que, sendo injúrias, são apenas sandices. Aliás, para apreciar o valor dos revolucionários de *Dezessete*, não há melhor critério do que esse mesmo: o como se atiram contra eles os historiadores do Brasil bragantino, mesmo na república. E temos de tomar pela mão o sr. Oliveira Lima, em algumas apreciações, das suas *Notas à História* de Monsenhor Tavares. O historiador acadêmico pega-se, sobretudo, a Domingos Martins, que, na espessura do seu estilo, aparece-nos como um político quase energúmeno, desencontrado de ação, sem capacidade para a missão a que se atirou: "Domingos Martins seria o único que acreditava na possibilidade de alcançar a vitória definitiva por meio do idealismo revolucionário; ele e também o padre Pessoa, dois tipos acabados de jacobino, o primeiro dotado de uma atividade ardente, não hesitando diante de qualquer ilegalidade ou violência...". Para justificar-se, o historia-

---

[16] Abriram-se os portos *às nações amigas...* No caso, quem tinha o livre trânsito dos mares era a Inglaterra, e, pois que fora impossível impedir que aqui entrassem os navios que vinham comboiando os *fugidos...* Ainda assim, foi preciso que o inglês o determinasse: "Foi a Inglaterra que obteve a Abertura dos Portos do Brasil (quatro, somente)...". Foi a Inglaterra que fez o rei declarar que, ainda volvendo a corte à Europa, continuaria o Brasil governado como um reino unido... "(Tavares Bastos, *Cartas*, p. 127)". Isto fez o inglês, para que continuassem abertos os portos — ao seu comércio.

dor junta ao peso dos seus conceitos o texto de um retrato de Martins, da pena de Francisco Luís de Souza; "... trinta a trinta e cinco anos, estatura ordinária, delgado, movimentos rápidos, olhos de uma extraordinária vivacidade, testa descoberta, fisionomia risonha, modos agradáveis e conversação atrativa, onde se misturavam sempre ideias republicanas...". Já se viu mais simpatia, em feitio de revolucionário?[17]

Em tudo que esse e os outros historiadores apontam como falhas ou defeitos dos revolucionários — idealismos, sentimentalismos, jacobinismo... um critério de justiça verá: sinceridade, entusiasmo, ardor de solidariedade humana... Com todo o seu volumoso pensamento, o sr. Oliveira Lima insiste em pretender que os revolucionários foram condenados, desde logo, na sua tentativa, devido à questão das raças, e que a *junta oscilava entre o pavor da enchente escrava...* Ora, se há assunto em que os homens de *6 de Março* se apresentassem com ideias bem nítidas e prontas, é esse, da escravidão. Ninguém sentiu melhor o grande mal que deriva diretamente da instituição servil: *"Um cancro!..."*. Vencedores, numa terra de senhores de engenho, os revolucionários tiveram de dizer muito claramente como entendiam que se devia atender ao caso: "... uma emancipação que não permita mais lavrar entre eles o cancro da escravidão, mas deseja-a lenta, regular, legal".

83. *Um cortejo de heróis*

Mesmo sem intuito de fazer cotejos, não se pode lembrar aquela época sem que se evoquem as duas grandes figuras — o

---

[17] Quem não achar bastante o retrato, tem os versos de Martins, saídos do coração, quando já pressentia os passos do algoz:

Meus ternos pensamentos que sagrados
Me fostes, quase a par da liberdade,
Em vós não tem poder a iniquidade...

Quanto aos conceitos do historiador de *D. João VI*, lembremo-nos de que ele faz questão de revolucionários —- incapazes de ilegalidades e violências... Revolucionários inofensivos... O Bragança também os aceitaria, assim. No mais, é o homem que proclamou o pirata Cockrane o *unificador* do Brasil (*Conferências* na Sorbonne).

sábio José Bonifácio e o outro, também verdadeiro sábio e patriota, igualmente conhecido do mundo científico europeu, Câmara Arruda. Ao passo que José Bonifácio é um espírito tão na feição das ideias do Portugal de D. Maria I, que o adotam para ser, ali, o grande professor, de maior saber, Arruda faz a sua existência como simples médico de Goiânia, estudioso da natureza do Brasil, apóstolo da redenção da sua terra. Apesar de seu caráter eclesiástico (professara para carmelita), Coimbra não o aceita por infectado de ideias francesas, e ele teve de passar-se para a França, onde fez os seus estudos médicos, na época, justamente, da grande crise — de 1787 a 1795. Teve nomeada nos centros franceses, e, secularizado pela Cúria Romana, a *Academia de Ciências* de Lisboa honrou-se, elegendo-o sócio, ao mesmo tempo que o designava, com José Bonifácio, para viajar pela Europa e apurar os seus estudos. Arruda preferiu voltar àquele ambiente tão brasileiro — do norte, entre Pernambuco e Paraíba, e, em 1796, já lá estava, como médico. Nunca foi mais do que brasileiro, sábio, médico, patriota. Deixou uma série de estudos, em assuntos da natureza brasileira, certamente mais copiosos que os de José Bonifácio. No entanto, ainda não era essa a atividade que ele mais apreciava, e a que dava os maiores esforços, senão a propaganda das grandes verdades de liberdade política, nos princípios de justiça; assim como o preparo de uma geração de brasileiros, capazes de libertar realmente o seu país, e de realizar, nele, um programa de governo humano, democrata. A grandeza da alma dos heróis de *Dezessete,* o seu indefectível ardor de justiça, o desprendimento de interesses, a força de caráter e a elevação de pensamento são de Arruda, que os iluminou e educou. Todo aquele movimento, igualmente literário, filosófico e político, das *lojas acadêmicas* fez-se sob a inspiração direta de Arruda, que tinha nas principais figuras da época e da revolução discípulos e pupilos. A sua carta-testamento, ao padre Ribeiro Pessoa, diz muito bem tudo isto:

"João — A morte se aproxima... A minha obra secreta manda... para a América, inglesa ao nosso amigo N. por nela se conterem coisas importantes, que não convém ao feroz despotismo ter delas o menor conhecimento... Conduzam com toda a prudência a mocidade em seus inspiros, para que nenhuma província a exceda. Tenham todo o cuidado no adiantamento dos rapazes Muniz Tavares, Manuel Paulino de Gouveia, José Martiniane de Alencar e Francisco de Brito Guerra. Como assim acabem com o atraso da gente de cor, para que logo que seja necessário se chamar aos lugares públicos, haver homens; porque jamais pode progredir o Brasil sem eles... Com a monarquia ou sem ela deve a gente de cor ter ingresso na prosperidade do Brasil... Sou dos agricultores que não colheram os frutos do trabalho, mas a semente está plantada. Dona Barata Crato (mãe de Martiniano de Alencar), devem olhá-la como heroína. Remeto logo a minha circular aos amigos da América inglesa e espanhola; sejam unidos com esses nossos irmãos, porque tempo virá de sermos todos um...".[18] Retenha-se: *Sermos todos um...*

Koster é um testemunho necessário, sempre que se trate de julgar o valor dos homens de *Dezessete,* muitos dos quais foram das suas relações. A fama de Arruda lhe deu o desejo de conhecê-lo pessoalmente: procurou uma carta de apresentação, e foi até Goiana, onde o grande brasileiro já esperava a morte. Visita-o, e a impressão que recebe é tal que ele, certamente habituado a tratar com homens de mérito científico, tudo resume nesta reflexão: "Um governo previdente, que calcula todos os serviços a obter de um homem de um talento tão superior... não poderia deixar de acolher..."[19]

O discípulo amado, e companheiro da grande confiança de Arruda, era o padre Ribeiro Pessoa, de cujo talento e saber aquele fez reiterado elogio, a ponto de lhe dedicar a designação científica da mangabeira — *riberia...* E Ribeiro Pessoa é um dos sinceros condutores do movimento de *6 de Março.* Koster confirma esse alto conceito a respeito de Pessoa, insistindo, sobretudo, no valor

---

[18] Depois dessas palavras, compreende-se bem que o império tenha tanto feito para desunir a América e, até, assassinasse povos americanos.

[19] Arruda escreveu e publicou duas brochuras, que ainda não contêm todos os seus estudos: *Dissertação sobre as plantas do Brasil, de que se pode obter substâncias fibrosas* e *Ensaio sobre a utilidade de estabelecerem-se jardins nas principais província do Brasil para a cultura das plantas novamente descobertas.* Koster, que apenas, de passagem, conheceu Arruda, tem a honra de fechar a sua obra inserindo os títulos dos trabalhos deste sábio brasileiro, e transcrevendo, deles, para mais de 50 páginas, com a menção e descrição de trinta e tantas plantas novas, estudadas e classificadas por Arruda, entre outras a *mangaba,* o *bacuri,* a *macaúba, embiras* e *carnaúba,* o *imbuzeiro,* as *ipecacuanhas* — branca e preta, *caraás, croatás, oitis...* O interessante do caso é que algumas dessas, por ignorância de sábios europeus, foram de novo classificadas, em novas designações, que, aliás, são as adotadas pelos sábios brasileiros. Tal acontece com a mangaba — *Riberia Sorbilis.* Barbosa Lima (*op, cit.*) protesta muito justamente contra os que assim renegam glórias legítimas do Brasil.

369

moral: "... João Ribeiro Pessoa de Melo Montenegro, amigo e discípulo do doutor Manuel Arruda... Devo confessar que nunca encontrei pessoa de maneiras mais agradáveis. É amado de todos que o conhecem; a gente do povo, principalmente, tem por ele uma profunda veneração. Estive por muito tempo em relações com esse bom padre, sem nunca lhe ouvir uma palavra dura, fosse a quem fosse. Os seus modos, o som da sua voz, anunciam sempre essa bondade que nele dominava. Um mulato livre, chamado Bartolomeu, disse dele, uma vez: "Se vê uma criança cair, corre, levanta-a, limpa-a, e não faz isto porque os outros o veem, mas *porque o seu coração assim manda*." E Koster transcreve, dentro do texto inglês, estas próprias palavras, em português, para continuar: "É para lamentar que ele não tenha obtido um lugar em que as suas excelentes qualidades tivessem mais vasto campo para exercerem-se; mas ele está satisfeito..." O francês Tonelare, tão citado pelos bragantistas, era amigo desse padre, cujo valor sempre enaltece: "O homem mais interessante com quem se podia encontrar um viajante, desejoso de informações do Brasil." Sacerdote católico, virtuoso e respeitado, ele era ao mesmo tempo um discípulo de Condorcet e d'Alambert, sectário, se quiserem, mas sincero e cândido, na inexcedível *bondade que o dominava*. Conhecia de leituras (ou mesmo por suas correspondências) todos os grandes revolucionários da época — de Jefferson a Bolívar. Republicano revolucionário, tinha a visão bem nítida das necessidades do Brasil — franquias municipais, unidade nacional... Mas, em tudo, tão generoso e bom que não podia vencer, lutando contra quem lutava.

Domingos Martins era a outra grande alma da revolução. E contra ele, já o vimos, desceu a nuvem dos urubus arvorados em historiadores, porque reconhecem que ele era um homem. Em nenhum momento se revela o energúmeno, ou o curto visionário, dos que dão o Brasil para glória do Bragança. Era um forte político, o grande organizador da propaganda maçônica, em relação com o movimento do estrangeiro, e que teria vencido, certamente, sem a mansuetude desorganizadora e a generosidade desacautelada dos Pessoa, Domingos Teotônio, Tavares, frei Miguelinho... O seu maior crime foi ter perdido e aceitado a responsabilidade da derrota, por ter sido o mais ativo. Negociante, é grande, na medida em que se eleva sobre os sórdidos interesses do comércio. Muniz Tavares, clérigo, condiscípulo de Ribeiro Pessoa, do mesmo ambiente de absoluta generosidade, não compreendia, algumas vezes, a rígida ação de Martins; não se segue dali que fosse um seu desafeto, nem há, na sua *História*, conceitos que o desabonem como homem, ou ponham em dúvida a sua fé revolucionária. Martins fez sumariamente uma eleição, para, prontamente, dar forma ao governo revolucionário, e Muniz Tavares estranhou o processo. Eis o mais importante. Há um depoimento do mesmo francês Tonelare, interpretado em detrimento do caráter de Martins. Que vale isto, quando toda a devassa nada revelou que o desonrasse, quando toda a maligna história dos Braganças nada pôde levantar de positivo contra ele?

Um nome singelo é o de Domingos Teotônio, capitão de artilharia, valente da legítima valentia. A sorte da revolução coloca nas suas mãos o poder ditatorial, e ele, quando já não se sente vitorioso, é ainda o magnânimo e generoso, que será acusado apenas de muita bondade. Alma de justiça, ao encontrar-se com a morte, deixa a nota do seu caráter: "... Não é a morte que me atemoriza, mas o medo do juízo que se fará da minha ação..."

André de Albuquerque Maranhão, resumo simbólico de fidalguia simples, constante coragem e amor à liberdade, é a perene afirmação de patriotismo na descendência do grande mameluco. André Maranhão é o próprio que só pode ser vencido pela traição, como é constante nas vitórias dos Braganças. Koster que o conheceu, e foi seu hóspede, testemunha: "... não tira mais riqueza das suas terras, pela muita humanidade com que trata os escravos". Monsenhor Tavares, tão sóbrio de elogios, o destaca: "No Rio Grande, abraçou a causa da revolução André de Albuquerque Maranhão, ilustre pelo nome, e mais ilustre pelas virtudes cívicas" (p. 66).

Muitos outros nomes de seculares, nomes ilustres, e de esperanças, figuram na lista dos condenados e executados: Peregrino, duplamente heroico, quando resiste às próprias súplicas do pai e quando enfrenta a morte;[20] Rabello, comandante de 22 anos; Carneiro da Cunha, Augusto Xavier de Carvalho, Amaro Coutinho, que combate ainda, quando quase todos já desesperaram, e nega-se a fugir para poupar a vida, e os que, poupados, não tomam medo de lutar e ressurgem em 23, 24: José de Barros Falcão, Guimarães Peixoto... Contudo, o rol dos mundanos cede em importância, diante dos 50 nomes de clérigos que se declaram revolucionários.

A lista começa, depois de Pessoa Montenegro, com o padre Roma, primeira vítima da repressão bragantina. Era uma grande atividade, e dos mais confiantes; viajara, fizera-se conhecido pela sua inteligência e o ardor republicano. Destacaram-no para estender a revolução até a Bahia, onde havia *lojas* de adeptos. O conde dos Arcos, que entrara, talvez, em conciliábulos com os conjurados,[21] teve aviso da chegada do revolucionário, fez prendê-lo no desembarcar, mandou condená-lo por alguns dos seus sequazes, num simulacro de conselho de guerra, para, na mesma noite, executá-lo. "Os baianos viram como morre um homem livre", comenta monsenhor Tavares. Um, como Pereira da Silva, teve de reconhecer a franqueza, a dignidade do seu heroísmo. O padre Tenório é outro, bem conhecido de Koster, que privou com ele longamente. Depois de enumerar, em página cheia, méritos e serviços substanciais do então vigário de Itamaracá, o inglês resume: "É um homem excelente, que conhece os seus deveres, e estuda como desempenhá-los do melhor modo possível. Ele esteve, igualmente, na necessidade de desenvolver uma certa força de caráter e de mostrar firmeza como sacerdote, coragem como homem, e mostrou que não lhe faltava, nem uma coisa, nem a outra... Não é indigno da alta reputação de que goza." Foi valente, sem fanfarronadas, e Monsenhor Tavares no-lo mostra empunhando a espada para defender a revolução. Temia não ter ânimo,

---

[20] Quando o pai o concitava a voltar para os portugueses e aceitar o perdão que lhe ofereciam, replicava Peregrino: "Como podeis acreditar nessa gente?" O pobre velho acreditou, para verificar, depois, quanta razão tinha o filho.

[21] Monsenhor Tavares, tão discreto, aliás, nas afirmações, dá a entender o fato, e diz, de modo peremptório, que *houve na Bahia quem traísse os republicanos.*

no momento supremo, e tentou matar-se — não se alimentando. Ao ser executado, diz o francês Tonelare, dois carrascos choravam ao influxo da bondade que no seu rosto transluzia.

Frei Miguelinho, grande saber, eloquência, virtude... valia sobretudo pela generosidade e o estoicismo. Foi quem mais influiu para que a revolução não tomasse precauções contra o enxame de reinóis que se deixaram ficar, e aderiram, para traírem ao aproximarem-se os Congominhos e Rodrigo Lobo. Não podia compreender que, no Pernambuco redimido, o triunfo da justiça não fosse uma pátria de fraternidade. Os próprios inimigos vencedores, já cansados de executar, quiseram achar o meio de poupar-lhe a vida, e, juízes, insinuaram-lhe que negasse a assinatura em certos papéis apontados: frei Miguelinho desprezou a torpe generosidade oferecida e assegurou a sua responsabilidade para maior glória da morte a que o condenavam.

Monsenhor Tavares, condiscípulo do padre Pessoa, parece, no momento, figura secundária: modesto, idealista, bondoso, será mesmo perdoado, para dar, dos companheiros, o imortal testemunho da sua obra. Aí, podemos apreciar-lhe o espírito, para refletir que: se um secundário tem todo aquele valor, quanto não valiam os outros? O tom em que fala é o da verdade: "Narrarei o que vi, e o que pessoas de suma probidade me referiram. Falo em presença de contemporâneos." O seu livro, num país que fosse realmente uma pátria livre e consciente, já teria tido o número bastante de edições populares para edificar a educação das sucessivas gerações. Na sobriedade sincera da verdade, a sua história nos mostra o mundo ignóbil que, pela força da ignorância, venceu os revolucionários mais humanos e magnânimos de que há notícia. Ainda hoje, quando já temos a mente refeita em conceitos de filosofia livre e reivindicadora, o pensamento de Monsenhor Tavares se nos impõe, e ele nos aparece como um espírito moderno. Romântico, ele não perdia, no entanto, a lucidez, na apreciação da turva atualidade que o envolveu. Considera que os companheiros perderam por não terem, desde logo, realizado os princípios democráticos: por não terem feito eleições. Não tardará, porém, que, por si mesmo, indiretamente corrija o julgamen-

373

to: "Numa revolução, os fatos marcham mais rápidos que as ideias…" Não haverá, para o caso, observação mais profunda do que esta. Os fatos são as novas necessidades, que surgem dos próprios efeitos da revolução. Adiante, ele refletirá: "Fazer — e dirigir e sustentar uma revolução não é a mesma coisa." Então, quando procura a causa efetiva do desastre, chega a este conceito, quanto aos companheiros, mais responsáveis do que ele mesmo: "Não se lembraram que com facilidade pode-se transplantar a lei, mas não o espírito da nação… Coragem não lhes faltou, o espírito de sabedoria…" Mais de uma vez, o seu pensamento subiu às grandes verdades: "O espírito humano no progresso do melhoramento é ilimitado: fraco para tudo que executar, é ao menos forte na sua concepção".[22] Da escravidão, ele diz o que diria o mais moderno dos sociólogos atuais: "… é o mais terrível dos flagelos que martiriza o Brasil, retarda a sua civilização, corrompe os costumes, e o empobrece…". Padre católico, mesmo já velho, quando escreveu a sua *história*, sustenta a doutrina da tolerância religiosa, e defende a obra de Pessoa, a esse respeito: "… prevenir os horrores do fanatismo, com o princípio salutar da tolerância religiosa". Não admira que, por si mesmo, ele ofereça a explicação da presença de tantos clérigos na revolução: "O liberalismo está na razão direta da instrução: o clero de Pernambuco não era ignorante; daí nasceram a cordialidade com que abraçou a nova ordem de coisas e a firmeza com que a sustentou até o fim."[23] E a verdade transluz nas suas páginas. Depois, cita nominalmente os mais notáveis entre os padres republicanos… O portuguesismo, nos seus diversos chalaças, não podia perdoar o legítimo patriotismo de Tavares, que deixou testemunhos assim: "… os portugueses, inocentes e culpados, tremiam da vingança dos soldados provocados: estes, porém, mostraram-se verdadeiros pernambucanos… não mancharam a vitória com o desenfreio… nenhuma casa foi violada". Compare-se esse proceder com o da soldadesca de Congominho ou de

---

[22] Compreenderemos a elevação desse pensamento quando refletirmos que Augusto Comte, considerado um dos filósofos em que a ideia de progresso mais nitidamente se formulou, vinte anos depois de Tavares, ainda considera o progresso qualquer coisa de limitado, tal se depreende da sua lei dos três estados: no *positivo* se fecharia o progresso…

[23] *História da Revolução…* p. 52.

Madeira... Nem cruéis, nem covardes: não houve exemplo de deserção. Uma má sorte fez que os chefes caíssem, ou se dispersassem, os *marinheiros*, vitoriosos, ocuparam as posições, *"e não houve um soldado que tivesse tido o pensamento de bandear-se..."*.

84. *Sobre sangue generoso, lama bragantina...*

Os homens de *Dezessete* não tiveram, certamente, o gênio político, qual consiste em triunfar apesar de tudo. Perderam, mas, no que fizeram, foram dignos da terra que amavam e da reputação de que gozavam. Nem fora humano que, nos processos de que usavam, lutando com as armas da sua virtude, apenas, pudessem eles vencer o regime de bragantismo, que aqui se implantara em cheio: violência de cancro, a mais desenvolver-se, quanto mais apodrece. Lembremo-nos de que as colônias espanholas, revoltadas, tiveram de lutar por mais de dez anos, quando tinham contra si uma metrópole que, por algum tempo, foi, até, inexistente, e nunca teve meios de transportar para este continente os pobres recursos de que dispunha. Enquanto isto, os pernambucanos de 1817 revoltaram-se contra todo o poder da metrópole aqui estabelecida. Foi a rebelião de uma parte, apenas, do Brasil, contra todos os recursos de Portugal, inclusive a sua aliança com a Inglaterra. Terem a coragem da revolução já foi indício de extremo valor.

Perderam... sobretudo porque foram generosos e confiantes. Não obstante as queixas, os agravos e os justos motivos de ódio, não houve, em parte nenhuma, um desforço, ou um atentado, contra portugueses e os seus haveres. Tudo se reduziu aos golpes de Barros Lima. Desde que os generais e capitães portugueses, que deveriam lutar, se renderam, sem coragem de arriscar a vida, eles lhes concederam e garantiram generosamente. Timbravam em dar prova de magnanimidade, que ia até ao amor pelo algoz da véspera perdão, indulgência, fraternidade, generosidade...[24] Em

---

[24] Alvear atesta que, apesar de toda a subserviência nas adesões, os pernambucanos não confiavam muito nos portugueses, que se diziam conjurados republicanos (carta de D. Carlos Alvear a D. Matias Zingoryen, violada pela diplomacia inglesa, cit. por O. Lima).

instruções do juiz do crime, em Recife, condena o padre Migueli-nho: "... quaisquer atos de violência contra as pessoas ou proprie-dades de nossos compatriotas naturais de Portugal, ousando fazer ainda diferença de brasileiros e europeus contra a proibição do governo..." Fernandes Pinheiro, que trata do assunto no fito de justificar Luís do Rego, foi obrigado a consignar: "A maior genero-sidade selou todos os atos dos revolucionários, e as palavras de perdão e esquecimento foram as primeiras pronunciadas... No manifesto da revolução, nenhum insulto à administração passada. Respirava-se uma atmosfera de paz e concórdia..." Monsenhor Tavares completa o quadro: "Brasileiros e portugueses não podiam conter as lágrimas, e juravam mútua concórdia..." Brasileiros de hoje, ainda admitimos que a revolução de 6 de março se sacrificou pela generosa confiança.[25]

Muitos dos revolucionários morreram às mãos daqueles mesmos cujas vidas haviam poupado. Morais e Silva, o do dicio-nário, magistrado em Pernambuco, convidado, como Antonio Carlos, a vir para a revolução, não a quis; os revolucionários res-peitaram-lhe a opinião de um modo absoluto: no momento em que o destino começa a dobrar-se, ei-lo, ativo, ao lado dos bra-gantistas, para facilitar-lhes a vitória.[26]

Não tardou o primeiro desastre, que lhes devia patentear o grande erro — de confundir reinóis e brasileiros republicanos... E os olhos não se lhes abriam; românticos, persistiam no enlevo, de quando cantavam:

> No campo de honra,
> Patrícios formemos,
> Que o vil despotismo,
> Sem sangue vencemos.

---

[25] Os franceses insistem muito, no tom absolutamente *benigno, generoso e pacífico*, da sua revolu-ção de 1848: *"Jamais révolution ne fut moins sanguinaire... les chants de l'église alternant avec les refrains révolutionaires..."*. E como, naturalmente, nada conhecem da generosidade dos republica-nos de Pernambuco, afirmam que 48 é o primeiro exemplo de tal magnanimidade em revolucio-nários. (L. Blanc. *Hist. de la Révolution de 48*, p. 112.)

[26] Barbosa Lima, *op. cit.*, 68.

Então, o despotismo assim poupado cobrou ânimo, voltou, e, agora, houve sangue a fartar carniceiros, o sangue generoso, dos republicanos generosos, e, sobre o precioso sangue, a lama do lusitanismo bragantino.

A constituição, ou esboço de constituição, de *Dezessete* é a absoluta garantia da honestidade política dos seus autores: condenação da escravidão, liberdade de consciência, liberdade individual, eliminação de todo poder não oriundo da democracia... Tinham fé, e, sinceros, eram tão inacessíveis aos interesses materiais que, durante toda a sua incontestável autoridade, não tocaram, os revolucionários, num vintém do estado, para qualquer espécie de retribuição pessoal: "Os membros do governo provisório, refere Monsenhor Tavares (o que não gostava de Martins) nenhum vencimento recebiam; serviam gratuitamente. Nenhum exigiu retribuição pecuniária... Nem mesmo lançaram mão da avultada soma que outrora recebiam legalmente os capitães-generais a quem haviam sucedido: ninguém lhes poderia disputar essa gratificação." Excitado pelo receio de perder o *seu* Brasil, o português abre as válvulas, e houve, como expressão de sua alma, aquela repressão, em que os mais justos e humanos eram os humildes carrascos. Seríamos indignos da glória daqueles martírios, se viéssemos lembrá-los, hoje, para motivo de ódios. Mas, a história tem de ser uma consagração orientadora, e a ninguém se dá o direito de restringi-la: não é possível ao brasileiro contemplar os dias de *Dezessete* sem que o seu coração se exalte no nacionalismo a que aqueles patriotas se sacrificaram. A covardia dos militares portugueses[27] e a adesão universal, na massa dos reinóis, tornaram fácil a vitória, e os pernambucanos nem mesmo tomaram a atitude de quem está em luta verdadeira. Monsenhor Tavares, sem receio de que lhe retrucassem, marcou-os com o ferrete: "... dois tiros bastaram; os portugueses dispersaram, deixando as duas peças (largo do Erário) e não trataram senão de salvar-se... Ninguém resistiu no Recife....". Quanto à adesão:

---

[27] Leia-se a ata da capitulação de José Roberto, assinada por ele, marechal, dois generais, um capitão-general...

"Para as despesas do *te-déum* (em regozijo pela revolução), concorreu largamente a irmandade do sacramento, quase toda de portugueses (53)." Por isso, o asco lhe vem à palavra: "Raça privilegiada, que no tempo da revolução nos adulava..." O próprio Pereira da Silva teve de deixar o conceito — *tão audazes e violentos quando se sentem senhores, como covardes quando têm de defender-se.*[28] Confiando no bem a que se propunham, os revolucionários tudo resolveram pela confraternização e foram apanhados a descoberto. Almas avessas à dignidade humana, os seus adversários "tomaram o gesto por sintoma de fraqueza..." Com a liberdade garantida, muitos ficaram nas posições de mando e armaram a contra-revolução, que rebentou apenas se viram com as costas quentes, pela reação do conde dos Arcos.

Um sarcasmo do destino: os navios mais à mão do governador da Bahia tinham nomes simbólicos, da miséria imposta ao Brasil — o *Mercúrio* e o *Carrasco* foram os barcos em que o mercantilismo podre despejou as suas hostes de sicários contra Pernambuco. O bragantismo era a escola de vencer pelo peso do número, quando não o fazia pela simples traição: contra os poucos companheiros de Felipe dos Santos, foram enviados 4.000 soldados de linha; contra os pernambucanos, sem exércitos regulares, sem armas, quase, sem munições, foram enviados um duplicado exército e uma esquadra. E, então, nunca terá havido, para os mais *humanos e generosos* dos revolucionários, inimigos mais torpes e cruéis: "... tão insolentes na prosperidade, como vis e baixos na adversidade...". Pronunciado o movimento, a 6 de março, os generais responsáveis pela defesa da situação portuguesa "aconselhavam ao governador que concluísse qualquer pacto, com tanto que as suas pessoas se salvassem". A *valentia* com que fizeram a reação está patente nas proclamações com que se apresentaram, quando os revolucionários já se tinham rendido. São no tom de um *crescendo*, sobre a primeira, a do conde dos Arcos. Rodrigo Lobo, vencedor que não combateu, ao verificar que não havia mais nenhum risco, ostentou a coragem que lhe era própria: "...

---

[28] *História da Fundação*, II, 145.

entrar no Recife com a espada na mão para castigar muito a minha vontade a todo e qualquer patriota ou infiel vassalo, que são sinônimos". E, nesse tom, *exigiu o quinto dos soldados aprisionados para serem imediatamente fuzilados.* Um cirurgião-mor do exército, em relatório[29] do que viu, refere, do Recife já tomado: "Tinha a cidade como em assédio... estabelecendo o terror e a consternação por toda parte, consentindo que os oficiais se locupletassem..." Chegado Luís do Rego, as fórmulas eram sumárias: "... que as sobreditas penas se executem nos réus; aos quais todos, depois de mortos, serão cortadas as mãos e decepadas as cabeças, e se pregarão em postes, e os restos dos seus cadáveres serão ligados às caudas de cavalos e arrastados até o cemitério". Com tal chefe, os soldados não tinham motivos para conterem-se, e, relata Monsenhor Tavares: "assaltavam as casas e violavam as mulheres..." (p. 225).

85. *Para Amaro Coutinho, Bernardo Teixeira...*

O infortúnio se completou com a alçada do magistrado Bernardo Teixeira Coutinho, tão cruelmente asqueroso, que tornou bom a Luís do Rego. Depois de encherem o bolso a Congominho, os negociantes reinóis de Pernambuco entenderam completar a sua obra, comprando a justiça de Bernardo Teixeira contra os homens cuja bondade os irritava. Ao marechal José Roberto, quando no arremesso da luta inicial, quem salvou a vida foi o abnegado Domingos Teotônio; quatro meses depois, num conselho de guerra, como vogal, a alma de enguia condena à morte o seu salvador. Em todos os tempos, para todos os guerreiros, a nobreza e a valentia do adversário sempre foram motivos de respeitosa generosidade, no vencedor; para o português, triunfante a *Dezessete*, isto era motivo para mais crueza e perversidade. Amaro Coutinho, que manteve a sua espada de luta até o último transe e ainda combatia, quando tudo estava perdido, que rejeitou fugir para salvar a vida, quando o poderia fazer facilmente; esse,

---

[29] Por conta do cônego Fernandes Pinheiro, *Luís do Rego e a Posteridade.*

apanhado, é esquartejado, e a cabeça fica exposta quinze dias, até que a piedade do inglês Stwart recolha o crânio, desnudado pelos abutres e as larvas.

Pernambuco todo foi poluído pelas *bicheiras,* que as varejeiras — dos Arcos, Luís do Rego, Rodrigo Lobo, Congominho, Teixeira Coutinho... por lá desovaram. Nem a mocidade de um Peregrino, ou José Henrique, nem a estima pública por um Tenório, ou Miguelinho, ou Domingos Teotônio, não tiveram efeito. Nada lhes abrandava a ferocidade covarde.[30] Nem podia ser de outra forma: na conferência que, sob a presidência de Montenegro, os graduados militares portugueses realizaram a 6 de março, para tomar providências contra a revolução em germe, na sua maior parte, brigadeiros e marechais foram de parecer que os chefes apontados fossem eliminados pelo veneno, ou pelo punhal. Assim o relata um reinol, muito entusiasmado, em carta que, na sinceridade de íntimo, escreve ao compatriota.[31] As execuções de Luís do Rego eram gozos para a massa dos triunfadores, e transes de lágrimas para toda outra gente, mesmo os carrascos. Tonelare assinala que era de cortar coração: "Os sequestros (que o português não castigaria sem isto) e os roubos dos triunfadores expunham as esposas e os filhos aos horrores da miséria. Os fuzilamentos cobriam a cidade de luto. Nacionais e estrangeiros voltavam o rosto de pesar e vergonha para não verem os cães lamberem nas pedras das ruas o sangue dos cadáveres mutilados." Assim, monsenhor Tavares consignará, depois, entre as suas verdades, que as poças de sangue ficavam "semanas nas calçadas das ruas, e que a cabeça do heroico Antônio Henrique estivera espetada numa ponte do Recife, até ser consumida pelo tempo". Os *executadores de dezessete,* que forçavam a ternura dos pais (Peregrino, Antônio Henrique), a escolher entre a morte dos filhos, ou o induzi-los a traírem, essas criaturas não teriam outro proceder, quando senhores da vida e da fortuna de adversário vencido. Vimos quem era o padre Ribeiro Pessoa, e

---

[30] A Antônio Carlos, preso e bem seguro, surraram, no rosto, com um gato morto. Não poderia haver valentia mais característica dos dominadores do Brasil.
[31] Está publicada na *História das Constituições,* por Melo Morais; é de um Cardoso Machado, a um compadre do Rio de Janeiro, em 15 de junho de 1817.

380

vimos também como os soldados de Congominho trataram o seu cadáver. Registremos, no entanto, as palavras de Tavares: "... lançam-se sobre o cadáver... degolam-no, mutilam-no, retiram-lhe a cabeça e com ela entram exultantes no Recife, mostram-na com escárnio, e, por ordem de Rodrigo Lobo, depositaram-na no pelourinho, donde desapareceu pelo ano de 1819".[32] Nas vascas de tanta ferocidade, os pais morriam de dor, as mães enlouqueciam... Se queremos um símbolo dessa crise: o frade que acompanha ao patíbulo Domingos Martins, e lhe tapa a boca, para cortar-lhe a palava — *liberdade*...

A intransigente ferocidade acompanhou todo o rastro da revolução, da Paraíba ao Ceará. Finalmente, como não era possível matar toda gente, e a bestialidade feroz mais se compraz nos gemidos que no sangue, os homens de Rodrigo Lobo e Luís do Roge manejaram o açoite. Desde que fosse pessoa de condição humilde, gente de cor, acusada de, em qualquer modo, ter trabalhado para os patriotas, tinha que ser cortada a chicote. É Tonelare quem o conta: era o normal — trezentas relhadas, por mão de grilhetas escolhidos. E tudo se fazia às vistas do público. Os *marinheiros*, para excitá-los, aos algozes, atiravam-lhes moedas. O fato é confirmado pelo português Cardoso Machado, na sua já citada carta: "... tem-me regalado o chefe do bloqueio Rodrigo José, porque tem levado na grade da cadeia 300, 400 e 500 açoites, mulatos forros e crioulos, e até aqueles a quem o provisório fez oficiais".

Para o despeito dos covardes de ontem, tudo isso era gozo. Triunfantes, exultavam em gritar: "Morra a liberdade! Viva o Senhor D. João VI!" Não seria mais expressivo quem procurasse forma especial para descrever o feitio da vitória. Repletos, em júbilo, erguiam as vozes:

---

[32] Segundo a *Revista do Instituto de Pernambuco*, a cabeça do mártir fora retirada do poste pelo francês Félix Naudin. Residente no Recife desde 1815, amigo do mesmo padre, recolhendo a relíquia em 1819, guardou-a, até entregá-la ao juiz Francisco Cavalcanti de Melo, parente de Pessoa, e que, depois, segundo o testemunho de diversas pessoas, entregou o crânio ao major Porto Carrero, que, em sessão de 7 de dezembro de 1827, o doou ao mesmo Instituto. (*Nota* de B. Lima, *op. cit.*, p. 76.)

> Valorosos lusitanos
> ....
> Vamos todos inspirados
> Pelo Marte tutelar,
> Resgatar um povo aflito
> O melhor dos reis vingar...

O Marte é figura de eloquência, como eles a entendem, mas o verso seguinte é pura verdade: toda a fúria era o *desabafar de um povo aflito*, pois que vira fugir-lhe a teta, em que se fartava a sua incapacidade. O *melhor dos reis* não teria ido a Pernambuco, que havia perigo: foi um retrato seu, e quando o mostravam sobre a praça, o povo de *marinheiros* (3.000, diz o cronista) ajoelhava. Fizera-os o destino para tais reverências. Enquanto isto, os dois carrascos que deviam enforcar frei Miguelinho não tiveram ânimo: choravam, e o santo teve de ser fuzilado.[33] Todos os suspeitos, por mínima que fosse a suspeita, foram apanhados e encarcerados. Por fim, Luís do Rego já se cansava com tanto trabalho de punir... à portuguesa; nem havia mais onde depositar presos. Os navios saíam apinhados, para a Bahia do Conde dos Arcos. Até moças de família: a donzela, irmã do padre Miguel Joaquim, foi presa e enviada para as enxovias de S. Salvador. Ali, redobravam os transes e maus-tratos. Até fome passaram, os presos — Monsenhor Tavares, Antônio Carlos... "De tanta miséria nenhum baiano mostrou-se compadecido", afirma o mesmo Tavares. E conta, então, o piedoso proceder das freiras brasileiras, que, compadecidas, enviaram alimentos. Estiveram presos quatro anos. Depois, os autos da devassa foram mandados roubar, por quem tinha interesse em que desaparecesse esse ativo do trono dos Braganças. Contudo, tomemos meia página do historiador da *Fundação*, insuspeitíssimo no caso: "Estragaram-se propriedades importantes. Destruíram-se engenhos de açúcar de subido preço... Atrasou-se a agricultura, minguou o comércio, desapareceu por

---

[33] Cinco anos depois, eles o confessaram explicitamente: "Malvados! Que seria de nós se perdêssemos o nosso rico Brasil?" (proclamação do presidente da Câmara do Porto, em 5 de junho de 22). "O Brasil colônia era a mais viva das questões pendentes..." em 1822 — (O. Martins, *Port. Contemp.* II, 254.)

algum tempo a indústria. Sofreu a população uma perda irreparável de homens mortos, assassinados, presos, fugidos e exilados. Suicidaram-se dois; quinze padeceram morte afrontosa nas forcas e execuções militares; entre assassinados, mortos em combates e nas prisões excede o número de trezentos e cinquenta. A cerca de outros tantos aplicou-se o sistema da proscrição e do desterro..."

CAPÍTULO XI

A DEFINITIVA CONTAMINAÇÃO

86. *Reações dissolventes e desorganizadoras*

O Brasil sofreu muitos golpes de insídia que lhe quebrantaram as energias de afirmação nacional; mas em nenhum deles houve vitória imediata contra essas mesmas energias: nem com os mercenários dos *mascates,* nem com os salteadores de Nunes Viana. Mesmo em *Dezessete.* As hienas de Congominho reconquistaram as posições perdidas, sem destruir, no entanto, o espírito de brasileirismo, que enxota Luís do Rego em 1822 e se revolta em 1824. Os efeitos do traumatismo, por mais extensos que fossem, seriam transitórios e facilmente se repariam, se não recrudescesse um mal mais grave, motivo das misérias sociais e políticas de que ainda sofremos: a incessante infecção a que ficou sujeito o Brasil, preso como estava àquele mundo degenerado e corrompido e que, na invalidez de degradado, sobre ele veio cair, para fazer definitiva a mesma contaminação.

O abjeto sistema de domínio imposto a esta pátria, os costumes que se comunicavam ao país, as ondas de mercantis sórdidos de ganância vil, as levas de funcionários ineptos, corrompidos, prevaricadores, tirânicos; isto, por toda a existência do Portugal *restaurado,* fez da primeira nacionalidade americana um mundo trôpego, desconcertado em moles espasmos, qual organismo minado pelos venenos de uma podridão íntima, e em tal dose que

384

já não podem ser depurados pelos processos normais. Assim se explica como a colônia que, por toda a sua extensão, bateu e eliminou o francês; o povo que, por decênios, resistiu aos esforços da nação mais poderosa do mundo, e finalmente a venceu, expelindo-a; que nesse Brasil, portentoso em 1650, sendo atacado, em 1710, em um ponto vivo, por uma insignificante expedição de pirataria; quando se reconhecia que havia, no próprio ponto do ataque, forças muito superiores às do inimigo, o governo se rende, sem ter lutado, quase; rende-se, apressadamente, ao pirata, quando já se aproximam reforços que o dominarão de modo absoluto!... Sebastião de Castro, os mercantis do Rio de Janeiro, que gostosamente tratam com o pirata e com ele arranjam negócios... não são casos isolados, mas os tipos normais, necessários, do que a metrópole de então para aqui enviava, como colonização e autoridades.

Desde que Portugal, restaurado em sanguessuga de tributos, se viu adstrito ao Brasil, sobre ele se estendeu, alastrado, disseminado, infiltrado por todos os interstícios com a corrente de reinóis, que incessantemente entravam no seio da população e intimamente se misturavam com ela, não para uma fusão assimilada, vivificante, organizadora, mas para os efeitos de uma crescente irritação, turbação de vida, dissociação de partes. Qualquer coisa como a indisposição do músculo contra a triquina, ou, mais propriamente, da pele contra o berne. Capitães-mores brutais, juízes venais, mercantis espoliadores e inexoráveis... e tudo isto como o vilão senhor: que sorte se fazia para as gentes brasileiras, aquelas que não aceitavam a plenitude da ignomínia?...

Até os fins do século XVII, enquanto o Brasil se caracterizou pela ação das suas populações, a colônia era um mundo de gentes coesas, em luta, apenas, contra o estrangeiro. Havia, em todos os transes, afirmação das qualidades necessárias nos povos senhores dos seus destinos: iniciativa, confiança, desinteresse em proveito do bem geral, zelo de dignidade patriótica, audácia lúcida e espírito de aventura... Até onde iria, entregue a si mesmo, aquele povo que sistematicamente fez a conquista colonizadora do norte, o defendeu intransigentemente, dominou os sertões, ainda criou uma raça bem sua, excepcionalmente válida e unificada, com que avassalou a terra ingrata do nordeste? Conduzia-o uma unidade superior, apenas entrevista, mas livremente aceita, manifesta na cordial solidariedade dos bravos que corriam a libertar a Bahia, fosse dos gueréns, fosse dos holandeses, e que, nessa mesma solidariedade, eram defensores da paz interna. As próprias reações contra as autoridades prepotentes, ou corruptas, a mesma resistência, no Pará, ou em São Paulo, contra a influência dos jesuítas, os dissídios dos potentados entre si; em todas as conjunturas, não passavam de reações pacíficas, em que uma das partes se rendia sem apelar para as armas e sem deixar resíduos de dores e de ódios dissolventes. E tudo se podia fazer sem desonra, como entre homens que haviam lutado e provado valor contra o estrangeiro. Quando, porém, o Portugal a decompor-se fez do Brasil um corpo para *bicheiras,* começaram as comichões violentas, os motins, as reações armadas e os motivos de ódio, iníquo, ou justo, multiplicaram-se. Já tivemos ocasião de demonstrar que essas lutas resultaram de causas econômicas, e que não correspondiam a qualquer ânimo faccioso, natural nas populações da colônia; foram lutas que, sendo o protesto da vítima contra os exatores, punham ao lado destes uma porção de brasileiros, e desmoralizava toda gente com o contato das perfídias e dos ignóbeis castigos.

Eram, forçosamente, reações parciais, isoladas em motivos e em recursos, e que, por isso, terminavam pela vitória ostensiva da metrópole, rapinante e brutal. Agravavam-se os rancores e desorganizavam-se cada vez mais os aparelhos sociais. Foi nesses movimentos parciais, desde logo dominados, que a metrópole adquiriu o treino — de vencer levantes da colônia, ao mesmo tempo que agregava a si aquelas facções de brasileiros predispostos às traições e ao servilismo, resultando daí que tais crimes e misérias se estenderam, como se foram propositadamente cultivados — Lázaro, Amaral Coutinho, Joaquim Silvério, Mayrink Ferrão... Ligadas aos interesses materiais, essas lutas — Maneta, Felipe dos Santos... não chegavam a exaltar, nem fortaleciam brios. Portugal cedia um pouco da sua extorsão; mas, de fato, nada perdia em autoridade, e o Brasil enfraquecia-se sensivelmente, porque os resultados de todas elas eram como outras tantas feridas, para mais intensa infecção. O mercantil reinol nada sofria, antes se fortalecia em prestígio, e o brasileiro, mesmo alheio a elas, sofria, das represálias que se generalizavam, do acréscimo de tirania, provocado pelo levante. Bem opostos eram os efeitos morais das reivindicações ostensivamente nacionais.

Apesar do número de vítimas e da crueza dos processos, a vitória do português contra a revolução de 6 de Março não enfraqueceu Pernambuco, que cinco anos depois se levanta; mas a vitória contra os *Inconfidentes,* que aproveitavam os protestos contra a iniquidade fiscal (pois foi, também, um movimento para *não pagar os quintos atrasados),* deu tal ascendente ao português, que Minas nada mais tentou, até os dias em que nobremente repeliu as pretensões de despotismo de Pedro I. Além disto, esses movimentos confundiam reinóis, que *não queriam pagar,* e brasileiros, que sonhavam liberdade, e pensavam poder aproveitar o momento. Não podiam servir para uma verdadeira diferenciação de nacionalidade e patriotismo.

87. *Finanças de degradados e economia de parasitas*

Os protestos contra as exações do fisco português eram, certamente, justos e legítimos. Ainda assim, o interesse, ostensivamente material, turbava os propósitos, desviava a ação como confundia os motivos. Proíbem-se culturas em Minas, destroem-se os engenhos de açúcar, a fim de que os quintos sejam bem copiosos.[1] É monstruoso, mas, certamente, havia brasileiros interessados nessa medida, desde que a sua fortuna pessoal se fizesse na mi-

---

[1] Em 1665 — bem ao acentuar-se o regime bragantino — foi proibido fabricar-se sal no Brasil; em 1690, um dos chegados aos potentados, Jacques Granade, contratou a venda do sal no Brasil, ou o estanco desse gênero, e, para proteger os interesses do mesmo contratador, foi proibido, até, o apanhar-se o sal que naturalmente se cristaliza nos apicuns, em Cabo Frio, Mossoró, Itamaracá, Tapuitapera, Rio do Sal...; nem mesmo podiam os miseráveis brasileiros aproveitar a água do mar para salgar, se o quisessem. Passam os tempos, e em 1737, Lisboa deu a um outro felizardo o privilégio de fabricar sabão para todo o Brasil, declarando estanco o mesmo produto.

na... No entanto, foi esse um dos motivos econômicos mais mortificantes para o Brasil, e dos mais próprios a suscitar reivindicações nacionalistas. Lê-se, entre as inépcias más do *relatório* do governador de Minas Gerais, D. Antônio de Noronha (1775): "... a respeito das fábricas estabelecidas nesta capitania, as quais eu encontrei num aumento considerável, que se continuassem nele, dentro de muito pouco tempo ficariam os habitantes desta capitania independentes das desse reino...". O Ministro de Estado, Martinho de Melo e Castro, toma do mesmo expediente, exalta-o na estupidez própria e expede as suas *ordens:* "Constando a S. M. que não só em Minas Gerais, mas em outras partes do Brasil, se haviam erigido manufaturas e se procuravam estabelecer outras... houve por bem expedir o alvará..." para que fossem inexoravelmente destruídas. Agora, é a colônia toda, que tem de ser peiada economicamente, enquanto a metrópole recolhe, das suas riquezas, as que lhe parecem mais fáceis de colher. Contudo, por todo o tempo, será Minas Gerais a especialmente visada. Cofre aberto, cuja posse levou o português ao segundo desvario de ganância, foi, por isso, a província mais premida. Em 1786, o mesmo Melo de Castro proibiu que se criassem muares ali, pela razão de que havia um forte comércio desse *artigo* com o Rio Grande e a fazenda real, que não podia ter prejuízo, "cobrava tributos, na saída, lá, e na entrada em Minas".[2] Desde os primeiros estabelecimentos, intentaram os moradores das minas obter um serviço postal regular; mas, também, desde sempre, o governo de Lisboa se opôs à satisfação dessa absoluta necessidade, e, já em 1730, vem uma ordem formal, ao governador dali — para que *não se estabeleçam correios por terra...* E só ao entrar o século XIX foram criadas as primeiras quatro agências postais, no território de Minas.

Os primeiros colonos aqui se fixaram para fazer uma pátria; mas, desde que esta se pronunciou, o Brasil passou a ser a mesa de repasto brutal, e que não merecia mais do que o servir para farta comezaina. Já do seu tempo, frei Vicente o notara. O padre Antônio Vieira chega a revoltar-se do fato.

---

[2] R. I. H. G. t. VI, 19, 51.

E isto se vem agravando, de sorte que até um Lavradio o assinala, lamentando-o.[3] Era uma gula feroz, a fechar-lhes o curto descortino: os focinhos não iam além do que estava a flor da terra, contanto que fosse muito. A gana máxima era em torno da mina, e, com isto, no tempo de maior fúria, na parvoíce essencial, a fazenda real deixava perder-se o triplo, ou o quádruplo, do que podia tirar na mineração de diamantes, tudo porque, na estupidez das suas concepções econômicas, ela não admitia lapidação de pedras na colônia. Só vendia as pedras em bruto, e chegou acontecer, como o conta Felício dos Santos, de um inglês que vendeu, lapidada, por 300$000, uma pedra que comprara por 24$000.[4]

Como estenderam por todo o Brasil a mesma estupidez de produção econômica, no governo do citado Castro de Mello, o regulo destacado para o Maranhão impõe açoites e calceta a quem cultive arroz. Pelo mesmo tempo, no Recife, proíbe-se que se festejem procissões com foguetes fabricados na terra, assim como se exige que, da cana, só se faça açúcar. Em 1802, foi proibida, pelo governador de São Paulo, a exportação dos produtos da respectiva lavoura, a não ser pelo porto de Santos, de acesso difícil, pondo-se toda a província à mercê de três ou quatro reinóis daquela praça... Passando os olhos pelos autos dessas inépcias, definhadoras da colônia, Felício dos Santos faz a síntese: "Proibições rigorosas não nos permitiam utilizar-nos das riquezas, que a natureza com tanta prodigalidade disseminara... Todo o comércio era exercido em monopólios; toda indústria fabril proibida aos brasileiros; exauria-se a colônia, para enriquecer os negociantes de Lisboa; muitos gêneros de primeira necessidade, que abundavam no país, não podíamos obter senão comprando-os às companhias portugue-

---

[3] Frei Vicente o disse muito explicitamente: "Só cuidam do que hão de levar...". O padre Antonio Vieira; escrevendo daqui, quando bem conhecia o Brasil, fala sem rebuços ao seu Bragança: "Aqui há homens de boa qualidade, que podem com mais notícias... e ainda que tratem do seu interesse, sempre será muito maior moderação... e se desfrutarem a terra será como donos, e não como rendeiros, que é o que fazem os que vêm de Portugal..." (*Carta* X). O marquês de Lavradio, depois de tratar com a classe dos comerciantes seus patrícios, e bem os conhecer como senhores do dinheiro, considera, em papel oficial, que é lamentável como tais criaturas, geralmente avessas ao progresso, hostis aos naturais, gananciosos e sórdidos, se têm apoderado de um ramo de atividade tão importante. (R. I. H. G. IV, 451, 259.)

[4] *Op. cit.*, p. 65.

389

sas...". O mesmo historiador assinala que, devido ao regime de extração adotado, de um dia para o outro, num pequeno povoado como Tijuco, ficaram sem trabalho — 4.000 homens!...[5]

Ao referir os efeitos da abertura dos portos, acentua Armitage, no seu *humor* de britânico, que, em Portugal, isto foi tido como: "a aniquilação das suas fábricas e do seu comércio". Tanto vale dizer: sem a vitória da Inglaterra sobre a ambição do grande corso, ficaríamos ainda fora do mundo, para que subsistissem *as fábricas e o comércio* de Portugal!... Esse mesmo historiador, ao anotar o seu livro, em 1838, destaca, com assombro: "Mesmo no presente século... foram publicamente destruídos no Rio de Janeiro muitos teares, por determinação do governo da metrópole."[6] Tal regime, amesquinhando economicamente todo o Brasil, teve consequências especialmente aniquilantes em Minas, que nos fins do século XVIII se encontrou em completa miséria.[7]

Ora, isto podia revoltar os trechos da colônia, mais particularmente tocados; porém, nunca seria o mais próprio para levá-la ao movimento revolucionário, em que se fizesse a indispensável joeiragem, que a redimiria para ser uma pátria. Havia uma profunda infecção a curar. Para tanto, são precisas energias reais, constantemente nutridas, e o Brasil achava-se cada vez mais exaurido. À medida que cresciam as rendas, acentuava-se a miséria, ao longo de todo o período bragantino. Nos meados do século XVIII, a receita oficial é, em média, de 4.000 contos, sem contar o que rendiam, diretamente para a coroa, os monopólios de pau-brasil, diamantes e gêneros estancados. Toda a despesa com funcionários, culto, tropas, construções... orçava em 2.000 contos... Ainda assim, essa mísera metade era de tal modo levada para outros empregos, que o estado do Brasil dava a impressão de viver em penúria permanente: "Pagava-se com extrema morosidade aos credores e aos pró-

---

[5] *Op. cit.*, 312.

[6] *Op. cit.*, p. 12, 229 e 230. O mesmo Armitage traz o precioso informe: "Era notável a extravagante prodigalidade da corte: ao mesmo tempo que a *Uxária* por si só consumia 6 milhões de cruzados, despesas pontualmente pagas, os empregados públicos... atrasados nove meses na percepção dos seus ordenados, eram obrigados à prevaricação" (p. 7).

[7] Quem quiser o quadro aproximado dessa miséria tê-lo-á em Southey, quando descreve a condição do território das Minas, após a fúria da exploração minéria.

prios funcionários. O zelo fiscal atingira o mais extremo rigorismo, criando dificuldades e sutilezas, para se não executarem os compromissos do estado, de cujos negócios fugiam os avisados..."[8] Quando a corte para aqui se transportou, trazendo-nos a definitiva contaminação, desse pequeno orçamento da colônia, saíam 1:000.000$000, só para as despesas da casa real...

Em verdade, tudo isto só tem explicação como esbanjamento, a agravar a estupidez na gestão das finanças. Criada a *Junta da Extração*, só os seus seis membros absorviam, em ordenados, 32.500 cruzados, quando, comenta, na época, o dr. Couto... "o colégio das minas, de Freyberg, a mais respeitosa corporação do mundo em mineração, não goza da terça parte dessa renda".[9] Faltou-lhe ajuntar que a caríssima junta nenhuma competência tinha, para a técnica de que estava incumbida. A prova dessa incompetência, já universalizada, nós a temos na circunstância de que toda a caudal de ouro e diamantes do Brasil não deu para que em Portugal se constituísse a menor reserva de riqueza em capitais: mal entravam as remessas em que a colônia se despejava, saíam os respectivos valores para a Inglaterra, freguês privilegiado (tratado de Methuen), e a quem era preciso comprar o tudo que a insuficiência da economia portuguesa deixava em vazio, na produção.

O caso impressionou vivamente a Pombal, que, na sua filáucia, por isso acusou e injuriou a mesma Inglaterra, em nota oficial, dirigida ao ministro da mesma nação: "De há cinquenta anos a esta parte (em 1753) a Inglaterra tem sacado de Portugal passante de 1.500 milhões — quantia enorme como a história não conhece de uma nação haver enriquecido outra com soma assim semelhante... Pelas suas indústrias a Inglaterra se apodera de nossas minas; ela nos rouba regularmente, todos os anos, o seu produto. Um mês após a chegada da frota do Brasil, dela não existe uma única moeda em Portugal." Ora, ali está: Carvalho e Melo, por suas palavras mesmas, o disse — nunca se viu tirar-se, assim,

---

[8] Balbi, *Statistique du Portugal; Relatórios* do marquês de Lavradio e de Luiz de Vasconcelos.
[9] Cit. por F. dos Santos, p. 276.

tanta riqueza, de um país para outro. Ora, toda essa riqueza era do Brasil, que, deste modo exaurido, era roubado; e tudo se ia de Portugal, porque se tornava preciso comprar o que o país não produzia... Falta, somente, substituir o nome do roubado e o do ladrão...[10] Que outra designação se lhe pode aplicar? Em face da miséria de São Paulo de 1800, destaca Paulo Prado: "Além das exações do fisco português, como quinto real, bateias, fintas, talhas, imposto dos *dez* anos (para reconstrução de Lisboa e que perdurou por quarenta anos) e outros remetidos para o reino sem lucro nenhum para a colônia, dois males assolaram a capitania: a carestia do sal e o militarismo." Todo o sal consumido tinha que vir de Portugal, mediante monopólio; para uma população de pouco mais 100.000 habitantes, 7.000 homens em armas, com serviço ativo!...

Com toda a essencial estupidez, levado pelo próprio instinto espoliante, o regime bragantino chegou à realização do despotismo mais eficaz — para deixar a pátria brasileira à sua inteira mercê, por muito tempo ainda. Triturado pelo mesmo esforço da sucção, o Brasil se tornou o inane opulento do começo do século XIX, esgotado, ao mesmo tempo poluído e infectado pelas ventosas que o exauriam. Todo chão tem o seu natural poder de depuração: pela vegetação, pelo quimismo constante do solo ao contato do oxigênio atmosférico, destroem-se e neutralizam-se os detritos que a vida vai alijando; transformam-se em terra vegetal as matérias orgânicas, e o salo conserva o seu tom normal de pureza. Será assim, desde que o afluxo de imundícies não se exagere; senão, vencido o poder purificante da terra, toda ela se torna uma massa deletéria, onde os germes se fazem mais abundantes e virulentos. Por muito tempo, quase dois séculos, foi o Brasil como o chão afogado em imundície, poluído em todos os seus poros, vencido nas

---

[10] Cit. de Antonio Torres, *As Razões da Inconfidência*, pp. 85-86. O mesmo A. transcreve a palavra oficial, do Brasil, apontando as remessas de ouro, por parte dos portugueses, ainda hoje, como um dos fatores do desequilíbrio da nossa balança comercial de 18 mil contos a 30 mil, moeda ouro, ou seja, cerca de 150 mil contos papel, anualmente. Ao mesmo tempo, mostra o governo brasileiro preocupado com o caso, a ver nessas remessas um dos motivos da queda do câmbio. Tudo resumindo: faz-se aqui a riqueza, não por eles, simples intermediários, e o melhor dela para lá se escoa... (*op. cit.*, pp. 93 e LXVI).

suas essenciais energias purificantes. Pela sua simples existência aqui, o aparelho administrativo e político de Portugal comunicava-nos a deliquescência em que existia. A denúncia de Joaquim Silvério, entregando ao patíbulo o ingênuo Tiradentes, parece-nos infâmia injustificável, até o momento em que o relatório desse mesmo Castro e Melo nos dá os trâmites da infâmia: Silvério já era uma alma vendida, ou incluída na degradação da metrópole, ao preço dos impostos que arrematava, e cujos pagamentos não fazia. Era useiro nisto e chegou a um ponto em que lhe pareceu... Deixemos falar o ministro português: " —... Joaquim Silvério, também arrematando o dito contrato de 1782 com igual vantagem, se ainda está devendo 220:423$149, é porque querem que ele se utilize desse dinheiro e não porque o contrato deixasse de lhe render com que satisfizesse o seu alcance...". Caráter na bitola da miséria reinante, apanhado na tessitura das ignóbeis finanças do bragantismo, pagou o que devia com a vida dos conjurados, qual o reclamava um regime — a viver de traições.

Como pôde a colônia que vinha da *Insurreição* e a epopeia dos sertões chegar a tal ignomínia?...

De 1650 para cá, quando não havia mais Índias válidas, e o português se tinha degradado de todo, é que ingressaram as ondas de reinóis, para serem *mascates*, ou forasteiros, onde quer que as antenas da ganância indicassem mercância, ou mineração já verificada. Muito se tem malsinado aqueles primeiros condenados e degredados, trazidos com Tomé de Souza. Réus da justiça comum, eles valiam, todavia, como homens ainda não decaídos, e ajudaram um tanto a fazer esta pátria. Como qualidade humana, os degenerados em quem ainda se agravou a miséria dos Bacalhau e Castro de Morais; esses fazem lamentar que a Portugal não fosse dado enviar senão degredados, tanto é verdade que todos aqueles desterrados e condenados, que o Brasil incluiu nas suas gentes primeiras não dão para um centésimo da degradação perene nas consciências dos que atulhavam o bojo das 8 naus fugidas do Tejo em 1807.[11] E, não só nocivo, mas continuadamente hostil a esta

---

[11] Registre-se que as loterias foram trazidas ao Brasil por D. João VI.

pátria, como quem não pode existir senão a preço de torná-la cada vez mais infeliz e miserável. Desde que houve uma afirmação de Brasil, quem lhe tem sido o vetor de corrupção, o instrumento de opressão e rapina, o obstáculo vivo a qualquer realização do seu verdadeiro progresso, ou, simplesmente, a toda fórmula de dignidade na vida da nação?... Negreiro, escravocrata, absolutista, bragantista, liberal, cortista, monarquista... o português encarnou, em todas as crises, o renitente inimigo do Brasil, empenhado em mantê-lo na mesquinha situação que o obrigue a servir de pasto ao mercantilismo de parasitas obsoletos. Colônia que em 1650 era o germe possuído de todas as energias para ser um grande povo livre, o Brasil teve que se fazer, no período decisivo, de 1650 a 1820, fora de todo influxo de progresso inteligente e de cultura política. Abafada pela insânia de tais degenerados, esta pátria via o céu das ideias pelas frestas dos contrabandos de livros, ou no longínquo escasso dos raros brasileiros que podiam conhecer o mundo onde havia ideias e ciência. Sitiado pela estupidez tirânica dos Braganças, este Brasil só podia alcançar a liberdade e a justiça a custo da luta em que se eliminassem todos esses instrumentos ativos da corrupção e da estupidez.[12]

88. *Os centros de mercância e de governança*

O Brasil primitivo, até o governo dos Braganças, era um país feito na atividade rural, donde provinha toda riqueza, atividade que, pela sua própria natureza, ligava as gentes à terra e as nacionalizava definitivamente. Nestas condições, as cidades — as povoações — eram dependências imediatas da vida rural, uma extensão das suas gentes. À parte as autoridades, os mais conspícuos entre os habitantes dos centros urbanos eram os próprios

---

[12] Mesmo depois de D. João VI e a decantada *abertura dos portos,* o Brasil continuou fechado aos influxos de pensamento: não havia bibliotecas públicas, nem se permitia a entrada de livros. Em 1827, ainda Bernardo de Vasconcelos aponta a triste condição de um centro qual São Paulo, onde só havia à venda tabuadas, cartas de A. B. C. e cartilhas da doutrina cristã... (*Carta aos Mineiros.*)

senhores rurais.[13] Assim existiam a Bahia, Pernambuco, Paraíba... Em São Paulo mesmo, onde não se fazia tanta riqueza agrícola, dada a característica atividade de expansão territorial e aventurosa, a vida geral nunca teve o aspecto de concentração urbana. Clama-se, hoje, aqui, contra o excessivo acúmulo nas cidades, e a tendência ao funcionarismo. Tudo vem do reinolismo.[14] No Brasil heroico, paulistas, pernambucanos e, mesmo, os do extremo sul sempre foram campesinos. Este fato dá tom especial à formação do Brasil e a distingue na generalidade das nações modernas, cuja vida política é o desenvolvimento da atividade urbana — burguesia, com a sua vitória sobre a aristocracia territorial. De fato, o progresso dos últimos séculos é a expressão do esforço das cidades, na cultura científica e artística, nas reivindicações políticas e sociais, como na organização industrial e mercantil. O ocidente moderno, refeito pelas burguesias, hoje exaltado nas conquistas do proletariado, vale, sobretudo, pela atividade inteligente dos grandes centros povoados.

Só nas cidades se luta eficazmente contra a rotina, porque só ali são possíveis as intensas propagandas. Por isso mesmo, a concentração urbana é intensificação da evolução social. Não há civilização evidente sem grandes cidades. O simples crescer da população, sem a sua condensação em centros urbanos, de pouco vale, mesmo para a produção industrial. No Brasil, essa necessária condição de progresso foi contrariada, e, desde cedo, desvirtuada, absolutamente pervertida, pelas incessantes imigrações de gentes da metrópole. Chegou esse momento — em que as populações urbanas vieram predominar na vida econômica, política e social da colônia; as cidades — Bahia, Recife, Rio de Janeiro, Belém, São Luís... impuseram-se à sociedade brasileira, porque haviam crescido em gentes e em riqueza, e eram, forçosamente, o único exemplo de grande vida oferecido às populações. Mas, todas essas

---

[13] Capistrano diz da Bahia, do começo do século XVII: "... casas sem moradores...", para indicar que pertenciam a senhores de engenho, habitualmente afastados, nas suas plantações. (*Notas* a Frei Vicente, IX.)

[14] E com a ganância, para satisfação dela, os mercantis reinóis tinham um nacionalismo a propósito: em 1808, enviaram ao rei uma representação para que jamais consentisse que estrangeiros retalhassem no país..." (Morais, *op. cit.*, 59.)

cidades e as outras maiores povoações, eram outras tantas concentrações de reinóis, desses reinóis, mercantis ou funcionários, prestigiados pela metrópole, e cada vez mais arrogantes e irritantes na ascendência que o urbanismo lhes dava. Assim, possuídos pelo mercantilismo lusitano e as autoridades a soldo deles mesmos, os centros, que deveriam ser da atividade burguesa, condutora do progresso nacional, eram os focos do influxo e poderio português, focos de reação contra a nacionalidade brasileira. Mercantis sórdidos, votados à guarda das suas gavetas, funcionários ineptos, brutais, corruptos, uns e outros estranhos à terra, infensos aos seus legítimos interesses, incompatíveis com a pátria que aqui existia: eis o urbanismo do Brasil, por todo o correr de 1650 aos dias da independência e, quiçá...

89. *Os juízes se vendem; as autoridades prevaricam...*

O padre Antônio Vieira, que tanto elogiou o caráter e o patriotismo de Vidal, não encontrou, entre tantos governadores de que já tinha sofrido o Brasil, um de que fizesse legenda. E quando, de Lisboa, o consultam sobre se mais convém mandar um ou dois capitães-mores para o Maranhão, responde, nas redundâncias do seu estilo: "Mandem um, que menos mal faz um ladrão do que dois." Num outro momento, para dar ideia da voracidade dos que vinham na recua dos governadores, lembra que *as sanguessugas devem ter aprendido com esses portugueses que atravessam o oceano em busca do Brasil...* Mem de Sá, um dos raros governantes com matéria para uma legenda de bem; ele, que ainda falava no tempo de um Aviz, já notava, e disto se queixava: "S. A. dá as capitanias e ofícios a quem lhes pede, sem exame se merecem..."

Daí por diante, tanto pioram as coisas, que os tempos de Mem de Sá parecem era de heroísmo e santidade. Desde começos de 1600, sucedem-se as queixas contra as autoridades enviadas de Lisboa e repetem-se as acusações formais: "... querem que mintais, que jureis falso... estes mil cruzados, Francisco Coelho de Carvalho sempre os recebeu para si e mandou matricular vinte soldados em nomes fantásticos e falsos..." Frei Cristóvão de Lisboa, o irmão de Severim de Faria, assim consigna toda a rapinagem do governador — o como corrompe os subalternos, associando-os aos roubos. Isto, ele o contava em 1627; vinte anos mais tarde, Sebastião de Lucena Azevedo relatava ao rei: "Por aqui terá V. Majestade entendido como se distribui sua real fazenda e para mais palearem estes manifestos roubos... o mais que pertencem a renda de V. Majestade de que não lança em receita a quarta parte...". Muito antes — em 1615 —, Gaspar de Sousa, um dos últimos, nos raros governadores honestos, depois de quarenta anos de serviço a el-rei, teve de informar-lhe, de coisas do Brasil, em termos que até parecem desrespeitosos: "... me manda vossa majestade o informe do provedor do Rio de Janeiro Francisco Cabral, que aceitou capitania de mais substância, na qual há três anos se mantém do que furta".[15] O historiador português Rabelo da Silva, enriquecido de citações competentes, apresenta desta forma o Brasil do primeiro quartel do século XVII: "... Em todas as capitanias, e especialmente na da Bahia, corrupção e o escândalo desenfreavam-se com insolência." São concordes os testemunhos: "... Os magistrados dobravam as varas ao peso de quatro ou cinco caixas de açúcar..."[16]

No momento do comprovar a profunda degeneração da nação portuguesa, demos exemplos bem expressivos quanto à miséria da alma dos seus representantes no governo; agora, que se trata de assinalar a prolongada infecção de que sofreu o Brasil, há necessidade de insistir em novas demonstrações. Pelo menos, no que é absolutamente oficial: é história vulgarizada — a decisão real, de 1673, que proibiu aos governadores o comerciarem, indicando, assim, as infâmias de que sofriam as gentes devoradas por esse comércio. O resultado dessa providência teria sido tão vazio que, em 1718, uma *provisão* régia determina fazerem-se devassas, ao termo de dois períodos governamentais quanto ao proceder

---

[15] *Doc. L. O.*, pp. 158, 238-260, 309-311.
[16] *História de Port.*, T. III, p. 338.

dos respectivos governadores. Aí, na provisão, vêm especificados vinte e tantos delitos, entre os quais *peculatos, concussões...* que, certamente eram normais: "... Se tomou mantimentos ou outras coisas sem as pagar, ou fiadas contra a vontade dos seus donos; se pediu empréstimos, ou fez compras, trocas ou contratos com pessoas que tiveram requerimentos perante ele; ...se mandou que ninguém vendesse mercadorias, até ele vender as suas... se fez alguma força ou violência às mulheres que com ele tivessem negócios..."

É bem de ver que tal provisão, ou quaisquer outras, não teriam a virtude de curar um mal que era de toda a classe dominante, e se estendia até onde ia a sua influência. Em 1732, o tribunal do Conselho Ultramarino teve de reconhecer que o estado de infâmias se agravara, a ponto de que, devido aos abusos dos delegados da metrópole no Brasil, e, bem especificamente, às *opressões dos povos, extorsões cometidas contra os seus bens e propriedades... era possível que se exasperassem os ânimos dos súbditos e perdessem estes o amor à metrópole...*[17] Nada disto bastava, e as câmaras municipais, ou as populações revoltadas (em Pernambuco) tinham que intervir — depondo, prendendo e recambiando para Lisboa algumas das autoridades mais destemperadas e ladras. Southey, ao pintar o estado da administração no Pará-Maranhão, quando *ainda não estava degradada a nobreza* de Portugal: "nomeavam-se pessoas que em Portugal nenhuma garantia deixavam da sua conduta... sem caráter individual que as coibisse de atos de tirania e baixeza". Pouco depois dessa época (1655), ele qualifica as condições de governo do Maranhão como "infrene cobiça e insaciável tirania a que andavam costumados a entregar-se sem reserva os funcionários públicos...". A outro próposito, o mesmo historiador analisa as cartas régias; ordens, provisões; decretos, leis... com que, em datas de 1718, 1720, 1722, 1723, 1725, 1726, 1728, 1730, 1733, 1734, 1739..., o governo de Lisboa pretendia fazer alguma moralidade na administração da colônia, e, para tudo resumir, lá deixa o conceito: "Terrivelmente corrompidos deviam estar os tribunais de

---

[17] *Consultas*, de 1732, R. I. H. G.

justiça, para que tantas precauções se tomassem... Também os governadores e comandantes subalternos frequentemente abusavam do seu poder... que sabiam como no reino se calcavam aos pés as leis e se pervertia o curso da justiça, e pouco podiam recear da sua má administração, contanto que em Lisboa tivessem bons padrinhos."[18] Em verificações assim, firmou Koster o seu definitivo juízo sobre o povo brasileiro: "... tanto tempo mantido em sujeição severa, teve agora (811) ocasião de bem demonstrar o que vale, e provou que, apesar de acabrunhado por longos sofrimentos, e tendo suportado com paciência os seus males, sempre existiu, e que se não os tratam, aos brasileiros, como homens saídos de uma muito longa infância, eles romperão e acabarão por despedaçar esses ferros a que se submeteram resignados".

90. *A purulência*

Era essa a qualidade das gentes que constantemente se vazavam para o Brasil; e a miséria já parece irremissível. Consideremos agora que, num certo momento, de chofre, foi todo aquele mundo que veio para cá: oito navios, transportando os 15.000 em quem se consubstanciava o Estado português — o mundo dos dirigentes e toda a *coisa pública*. E aqui montaram a máquina política administrativa, que ainda aí está. Nestas condições, se queremos ajuizar do que possuímos, devemos conhecer o que lá havia.

Quando as partes a examinar são muito podres, confirmam-no os franceses com o dizer: *"C'est à prende avec des pincettes..."* As pinças a usar, aqui, são os julgamentos já feitos e as palavras conhecidas, dos próprios autores portugueses. Apresentando a vida pública de Portugal em conceitos que são de lá mesmo, teremos evitado toda a eiva de paixão, afastando os motivos de suspeição. Já foram transcritos textos que dão o valor dos corrompidos governantes portugueses. Sabido que, ao longo das muitas convulsões políticas, o que se nota ali é o esforço de uma nação para purgar-se, teremos os elementos bastantes para concluir que o

---

[18] *Op. cit.*, I, 312, 70.

mal se prolongou pelas eras afora. E é isto o que se constata das palavras que aqui se repetem.

Para começo. Contemplando o vazio da vida pública, o sr. O. Martins caracteriza a sua terra no negativo das respostas a estas perguntas: "As personalidades tornaram-se fortes e conscientes dos seus direitos? A inteligência apurou-se? Cresceu o saber? Pôde, com estes elementos, constituir-se o corpo homogêneo de uma nova nação real e viva? Afigura-se-nos que não... A craveira do saber é uma vulgaridade banal... A corrupção, a sedução da vaidade... lançam no caráter uma semente de perversão que germina no corpo de uma sociedade desprovida de um escol de homens sábios, de caráter forte... Desde que o saber falta, os erros acumulam-se, precipitando a ruína; desde que falta o caráter, a venalidade concorre para encarecer o custeio dos serviços... Na numerosa classe que governa e intriga, não é lícito ver nobreza nem elevação... no mais um exame de trabalhadores obscuros, indiferentes a ideias que desconhecem... ninguém descobre nessa turba a fisionomia própria das nações... Nem estes por si, nem os que mandam, souberam tomar dessa matéria-prima, animá-la, dar-lhe a homogeneidade de forma e a vida própria dos organismos coletivos." Tomemos boa nota desses conceitos e consideremos que, sendo o Estado, aqui, uma bifurcação do Estado português, os resultados da vida pública, no Brasil, devem ser uma extensão do que por lá se deu.

O republicano histórico, português, sr. Homem Cristo, e outros que têm lutado por elevar a situação da nação portuguesa, dirão isto, mesmo, sem as mesuras de cientismo do sr. O. Martins. O propagandista republicano, que é da atualidade, lança o olhar em torno, e vem-lhe a injúria em gemidos. "País de opereta, em que tanto valem monárquicos como republicanos... relaxados e imbecis, numa velha obra de incapacidades, egoísmos, indignidades e crimes. País de opereta, que bem merece o seu castigo. Mui condescendente é o destino, que o deixou viver tantos anos à tripa forra, enquanto o resto do mundo trabalhava e sofria... Estragou-se tudo. Nem vilões, nem fidalgos... Bobos, palhaços, histriões e monstros... Sociedade apodrecida em todas as torpezas...

em crápula geral, hipocrisia, vileza, perversidade *unânime*.... pulhas, salteadores infames... País de sacristãos, de gatos pingados, de farricocos, absolutamente condenado para as lutas da razão e as conquistas da liberdade!... Quando haverá coisa limpa em Portugal?... Jamais admitirei que seja o ladrão, *o escroque*, o cavaleiro de indústria, o galeriano, quem dirija as sociedades. E eu não via no meu país senão isso. Era a escória, a ralé, o homem sem escrúpulo, a última expressão da vileza e da infâmia quem governava..." Num certo momento,[19] ele não contém a expressão de asco. "Em Portugal, não há homens — acabaram-se... Nem houve, nem há conflito... conflito de estupidez e de poucas ambições. Custa dizê-lo, mas não há grandeza, a menor elevação na alma portuguesa... Havia dois gêneros de bandidos: os que entravam na cadeia e os que entravam nas secretarias do estado... Para o regime político que vigora em Portugal... não há salvação nenhuma, a não ser o chicote de um déspota estrangeiro, para um povo caído em tal ignomínia e tal degradação... Política portuguesa? — Argamassa de sangue e pus... Corruptos, todos! Charlatães! Farsantes!... Portugal é governado pelo crime... Oh! Corja! Oh! Prostíbulo! Oh! Cloaca..."

Dir-se-á: *é tudo a veemência do ódio e do despeito, de um lutador político malsucedido*... Por certo, o sr. Homem Cristo é um vencido, intemperante nos rancores, multiplicando-os em doestos. Mas a sua veemência, sente-se bem, é nutrida no mesmo sentimento que o leva ao soluço: "Ah! meu pobre cemitério!... E nunca houve raça mais honesta!....". Altissonante, no desespero de quem não se conforma com a vida que lhe é feita, os seus conceitos só deveriam ser condenados e desprezados se a sua voz fosse a única em verberar e malsinar a vida pública da nação portuguesa. Ora, já o vimos (e mais verificaremos dentro em pouco), esse tem sido o modo de julgar em todos os escritores portugueses modernos, se apaixonados pela redenção da sua terra, pois que todos têm de fazer-se panfletários. Um Joaquim Madureira não vê na ambiência senão desenvolvida *jumência:* "... na nossa terra, cambalho-

---

[19] *Op. cit.,* p. 825.

teando, machos e fêmeas, ricos e pobres, novos e velhos, devotos e ateus, a espojar-se ao sol, as orelhas, a sacudir a mosca, espolinha-se, escouceando, zurrando... grande jumência, jumência triunfante, jumência dominadora, jumência vitoriosa... zurros denunciadores da sua estirpe atávica, do seu estado e condição... De alto a baixo... pânria relaxada, a mesma estercorosa monarquia — apenas com sete reis no terraço do Paço em vez de um caguinhas só nas necessidades e muitos mais burros... à manjedoura..."[20]

São esses mesmos, que desistiram de mentir, os que nos permitirão ver toda abjeção. Voltemos ao sr. Homem Cristo, cujas páginas cerradas constituem toda uma longa documentação. "É bem real o poder diretor dos guias... Era o que faltava, o que sempre faltou à raça portuguesa." Reparo a ser destacado, porque, de fato, o mais sensível na decadência portuguesa é a degeneração profunda dos *dirigentes*. Disto mesmo resulta o efeito notado: "Toda a obra nacional foi discordante, incongruente, estúpida... Desprezada a cultura moral e a cultura intelectual, ficamos como o aviador, quando na altura se lhe parte o aparelho... a incapacidade, a imbecilidade, dos estadistas portugueses...". Na segunda linha do seu livro, o sr. Homem Cristo diz os seus propósitos: "... pôr em relevo o infame banditismo das quadrilhas que há muitos anos exploram o país sob o nome de partidos..." E começa a sua análise nos feitos de 1820 — os mesmos que determinaram ficasse aqui um pedaço do estado português. Então, desde que as coisas se normalizam, é numa política — "dizendo, desdizendo, afirmando, negando, de todas as cores, sem cor nenhuma definida, entoando hinos a todo sol nascente, apedrejando todo sol poente, baixeza, prostituição, vilania... fanfarrões, covardões...". E aqui?... Para o caso de lá, ele afirma: "Não há solução nenhuma, absolutamente nenhuma, para a triste vida portuguesa, enquanto o país não se resolver a *reformar o seu caráter*.... Temos um povo bestial, explorado infamemente nos seus vícios... *educadores e políticos* nunca trataram de lhe corrigir os vícios... Profundaram-lhes... Aproveitaram a sua falta de educa-

---

[20] Na *Fermosa Estrivaria*, p. 3-26.

ção para a obra mais torpe de exploração, de charlatanismo, de mentira, de que há memória na história de qualquer povo do mundo. Ora, sem consciência nos dirigentes, que vem cá fazer um *regime democrático?...* os republicanos estão *unicamente* unidos pela ânsia faminta dos despojos... A pretexto de ideal, se reuniu a corja mais cínica, mais hipócrita, a mais vulgar quadrilha de assassinos e ladrões...". Note-se: dos monarquistas ele não diz melhor: "... faziam da justiça uma palavra vã, da verdade um ludíbrio, e da pilhagem a única fé, a única aspiração, a única condição e norma da política...". Ele pode variar a forma, dobrar os motivos, mas a essência do libelo se mantém: "Corte de miseráveis, que hoje desonram e aniquilam a pátria e a república... em infâmias sem nome que fariam estremecer de vergonha os forçados no fundo das galés... dissipam-se as derradeiras sombras de pudor e de hombridade... esquecidas as tradições de moralidade e de abnegação política... convertem o governo em almoeda de imoralíssimos interesses e desprestigiam as próprias instituições... sem que a consciência nacional tenha o vigor necessário para punir tais e tão frequentes aberrações... rastejando num servilismo baixo, repugnante, ignóbil, esse servilismo torpe que se exerce em Portugal a toda a hora... e que é a demonstração mais flagrante da perversão do caráter nacional... Onde conduz um parvo, um charlatão, um bandido?... Os mais apreciados eram os mais servis, os mais vis, os menos inteligentes, os mais relés de alma e de cérebro... Hominhos capazes de tudo: de matar, de roubar, de atraiçoar e vender a própria mãe e as próprias filhas..." Há, na página 587, uma *nota,* com fatos, nomes e citações, onde se verifica que Homem Cristo deve ter razão. Ele o diz, e oferece-se para dar a prova: "Assassinos. Partido de ladrões!... Bando sem caráter... que não tem uma ideia, que se prostitui aí à nossa vista... escória do crime e do vício, gatunos, rufiões, assassinos... governos de perdulários, esbanjadores, ou ladrões..."

Ainda que tais desabafos e conceitos não fossem merecidos: o simples fato de que, na luta política, um português tenha chegado a essa linguagem já é por si muito expressivo. Num lar honesto e normal, não se ouve linguagem de barregã. Demais, o responsável por esses doestos é um homem de mais de cinquenta anos, com uma carga de responsabilidade, na vida pública do país — militar, jornalista, propagandista, político... E quando ele aponta os males contra os quais combate e os vícios que condena, nós os reconhecemos tão idênticos aos deste outro ramo do Estado português — o daqui, que não lhe podemos negar razão. Ele apresenta a realidade e caracteriza-a com exatidão. Ouçamo-lo, ainda: "O país, desiludido, não espera remédio dos governos, nem acredita na virtude dos parlamentos... Prevalece sobre todas as conveniências públicas o exclusivo interesse individual... A eleição... é uma burla. O poder, dominado pelo desejo de vencer todas as resistências, não conhece restrições às suas ousadias, confiscando em seu proveito as atribuições legislativas, investe desassombradamente contra as liberdades públicas... Em Portugal, os homens nunca desceram: subiram sempre com as patifarias..." Note-se: não é só na política e na administração, também na justiça: "Os tribunais, máquinas de vingança... juízes que são verdadeiros bandidos... E se uma vez ou outra os tribunais superiores, onde se encontra ainda algum espírito de equidade, não resolvem de harmonia com vontade dos tiranos, são transferidos os julgadores para Goa..."

91. *Um consenso unânime*

Se esses conceitos parecerem muito apaixonados, busquemos a palavra de um outro contemporâneo, também propagandista republicano, mas sociólogo, por conseguinte, simples condutor de teorias, e, com isto, desapaixonado. É o nosso conhecido sr. Bruno. Ele fala da política dos seus dias os dois últimos decênios da monarquia: "... uma permanente ditadura, perseguindo a torto e a direito os seus adversários... E, que fizeram em bem da pátria? A resposta é triste, pois que atesta a radical nulidade dos seus merecimentos... Assim, lentamente, chegou-se a um estado desesperado e desesperador... Mais do que a Rússia, Portugal oferece o espetáculo tão tragicamente acusador da incapacidade dos governantes... Para que o país chegasse a esse panorama de desespero, que acorda ímpetos de raiva nos corações mais tranquilos, é que nos cercearam quase todas as liberdades... Assim se depravou ainda para pior o caráter nacional, imprimindo pusilanimidade nuns, e vilania noutros... Quando se considera na degradação a que a sociedade portuguesa chegou... o país dividido em duas castas de gentes, uma de medrosos, outra de espiões... Com uma inconsciência que toca as raias do cinismo mais alvar, pois que procede e se firma numa estupidez fundamental, crassa pela ignorância, e odiosa pela petulância, os governos procedem..." Antes, para chegar a esse momento, o sr. Bruno havia rememorado os dias de 1808 a 1830: "Deixamos de viver da Índia; passamos a viver do Brasil; mas não aprenderemos a viver de Portugal... Mas a melgueira do Brasil acabou... Era, na verdade, bem vil a condição moral portuguesa, então... A perversão do espírito público vinha de tão longe... Como hoje, os portugueses raciocinavam errôneo, e sentiam falso: ...Agora, esta cínica degradação nos aproxima do modo de ser daquela época, e no-la torna inteligível... Profunda decadência, em baixeza é grandeza eram indiferentes..."

Manifeste-se, agora, um de fora da política e bem apercebido do que é aquilo, Fialho d'Almeida: "... a mesma obsessão da força para dirimir todos os pleitos,... a mesma carência de espírito de causalidade, nos mesmos acessos genésicos sem *flirt*, a mesma falta de decoro e de *nuances*... a mesma inaptidão no refletir. Quem ensina, quem guia, quem pastoreia, quem manda esta pobre massa ululante, escória de escórias, e cuja degenerescência hereditária quotidianamente se agrava para uma escravidão social quase contínua..."[21] Southey, sempre amigo de Portugal, teve de reconhecer, todavia, que, no começo do século XIX, achavam-se corrompidas todas as instituições da nação portuguesa.[22] A pintura que ele faz dos costumes políticos do Portugal de 1808, onde viveu, e que tão bem conhecia, é a de qualquer satrapia em últi-

---

[21] *Saibam Quantos...* p. 186.
[22] *Op. cit.*, VI, p. 310.

mos transes de abjeção. Ele o diz explicitamente: "... tomou o governo em todos os seus ramos um caráter de despotismo oriental...". Nas cortes de 1820, os deputados, inflados em regeneradores, aplicavam ao trono o estigma da miséria que era de toda a política: "...corte infame, corrupta, depravada...", vociferava o célebre Borges Carneiro. Não seria apenas, a corte, senão toda a classe dirigente, onde houve gente para aderir a Junot, e reclamá-lo como rei, onde a *regência,* nomeada por D. João VI, corre a entregar-se aos revolucionários do Porto. Em verdade, tudo, no Portugal contemporâneo — do constitucionalismo aos fastos da república de 1910 —, vem direta e necessariamente dali.

Desde então, as grandes almas portuguesas, os fortes pelo caráter e pela inteligência, se vão até a política, e buscam a remissão do mal de decadência, retraem-se desalentadas, e deixam, em conceitos formais, os motivos de desespero e de condenação. Palmela, que sabia observar, e assistiu a toda aquela crise, o que deu ao serviço de Portugal uma inteligência superior à de generalidade dos outros; Palmela é peremptório: "Olhe", escrevia ele, em 1828, a um amigo, "em Portugal não há nem sombra de patriotismo, nada que se assemelhe a sentimento nacional, o que há é muita intriga e uma completa indiferença sobre os meios de satisfazer a ambição mais sórdida e baixa... crassa ignorância nos governados. Falta-me o ânimo para falar nos governantes. Olhe que tudo isto que lhe digo é pura verdade, sem exageração."

Nos grandes homens que se seguem, os conceitos se agravam. Liquidadas as lutas políticas, instituído o regime da *Constituição,* o maior, mais digno e mais sincero dos políticos portugueses foi Mousinho da Silveira, considerado por Alexandre Herculano o único português do seu tempo: "O resto não vale a pena da menção. São financeiros e barões, viscondes, condes e marqueses, de fresca e até de velha data, comendadores, grão-cruzes, conselheiros: uma turba que grunhe, borborinha, fura, atropelando-se e acotovelando-se no afã de roer um magro osso chamado orçamento, e que grita quando não pode tomar parte no regabofe." Pois bem: Mousinho foi duas vezes deputado, duas vezes ministro, sem conseguir deixar uma obra de estadista, que o ma-

406

terial humano de que se servia não se prestava a isto. Em 1840, já não tinha prestígio, talvez, e retraiu-se definitivamente, solitário e triste, descrente e abandonado: "... o primeiro dos que sucessivamente hão de ir caindo, vítimas da própria obra", reflete o Sr. O. Martins. Não: vítima da deliquescência do meio. Ao fechar o seu testamento, Mousinho dá testemunho da verdade: "Sai dos empregos por ser fiel à carta, e a carta veio e eu fiquei pior do que os infiéis: os meus inimigos foram aqueles que não querem a verdade... e desgraçadamente o mundo nos meus dias requeria gente que não tivesse fé em nada, para fingir que a tinha em tudo." Nos dias dele, e depois, e sempre... Passos Manuel, outro grande caráter, no seu último discurso, em 1844, deu como perdida, por desonrada, a causa a que se entregara: "O meu próprio partido cometeu um grande erro, direi francamente, um grande crime..." Retirou-se completamente da vida pública: "Se a política me irrita... tomo a minha filha nos braços, aperto-a contra o meu peito, e procuro assim esquecer os infortúnios da minha pátria." É a linguagem do desespero estoico, ou do desalento definitivo, como promanava do seu Portugal.

Vem, para encher o intervalo, até a antevéspera da república, Alexandre Herculano. Estudou amorosamente, à luz da sua grande inteligência, todo o caso de Portugal, e entrou na ação — para *regenerá-lo*. Dos homens que o antecederam, ele disse o que já foi notado; e dos companheiros, ele deixa esta generalização: "A história política é uma série de desconchavos, de inépcias, de incoerências, ligadas por um pensamento constante — o de se enriquecerem os chefes dos partidos. Ideias não se encontram em toda essa história, senão as que esses homens leram nos livros franceses mais vulgares e banais. Hoje achá-los-eis progressistas, amanhã reacionários; hoje conservadores, amanhã reformadores: olhai porém com atenção e encontrá-los-eis sempre nulos..." Era, já, Herculano a maior glória do pensamento português, do seu tempo, quando o nosso Gonçalves Dias publicou os seus *Primeiros Cantos*, e o grande homem recebeu-o alvissareiro, em elogios que, dirigidos ao pobre novato brasileiro, deviam ser absolutamente sinceros. Ora, lá está, no artigo de crítica, como conselho ao poeta, que se previna: "Cala-te, alma virgem e bela; cala-te que estás num prostíbulo!... Se o teu hino reboar por essas torpes alcovas, sabe que pouco tardará a hora de te prostituíres... Somos hoje o hilota embriagado... nesta terra tudo acaba...". Ao termo do seu grande labor inútil em prol de Portugal, contemplando o mundo em que vive, Alexandre Herculano soluça a definitiva forma da desesperança: "Isto dá vontade de morrer!..."

Nesse meio-tempo, já se afirmava o sr. Oliveira Martins, em história e política, como o próprio autor da *História de Portugal*, das *Lendas e Narrativas*, e, com todo o seu coração, caráter e a inteligência, dedica-se à salvação de Portugal. O essencial dos seus julgamentos já foi notado; registremos, aqui, o conceito que, ao resumir o *Portugal Contemporâneo*, ele dedica à desalentada exclamação de Alexandre Herculano: "*Isto dá vontade de morrer... Isto* deviam ser muitas coisas; a Liberdade naufragada, a vida vivida em vão, a pátria miserável, os homens cada vez mais rasos..." *Um êxodo de almas*, comenta o sr. Homem Cristo, "almas que ficavam a vaguear na solidão, chorando os desastres da pátria, na ruína das suas ilusões..."

92. *O Brasil soberano — sob o trono fugido...*

Já bastante conhecemos o Portugal que veio dominando, ferindo, espoliando, infectando esta pátria, de 1640 até que começamos a ser independentes. Conhecemo-lo, nos conceitos dos próprios portugueses, ao Portugal que se continuou daquele. Resta-nos mostrar, documentadamente, que, aqui, também se continuou, nas características espécies, aquele Portugal bragantino, sob a forma de Império do Brasil, arranjo dos interesses lusitanos contra a legítima tradição brasileira. O espírito de nacionalidade, despertado havia mais de um século, impôs-se para que não se realizasse explicitamente o sonhado império luso-brasileiro, fecundado por Tomás Antônio no cérebro estéril de D. João VI, esse império como o admitia Antônio Carlos, ainda em julho de 1822. Não foi possível burlar a nação brasileira até o ponto de guardarmos o ostensivo nome... Mas guardamos o espírito político e administrativo transplantado com os fugidos de 1808. Última carga direta de infecção, necessariamente a mais forte, ela chegou a organizar-se em tradição — o espúrio império brasileiro, que a passaria a não menos espúria república brasileira. E não será difícil, nem longo, acentuar o valor dessa última carga de infecção.

Aí está o príncipe que a simboliza, e a récua dos seus fidalgos, desembargadores e esbirros, em que se incorporou a massa da virulência. De fato, D. João VI, com quem nos veio a alma do estado português, era a síntese, bem representativa da degradação mental e de caráter, em que abatera Portugal. Legítimo e puro Bragança, através de uma longa e sinistra degeneração, ele vale realmente como símbolo. Fugiu para aqui tangido pelo francês em luta intransigente contra o inglês, luta pelas armas, luta, sobretudo, em lances diplomáticos — para ganhar nações aliadas: enquanto o corso argumentava com os seus triunfos, o inglês insinuava liberdade, sob o influxo da sua política. Então, ao longo de todo esse conflito, premido por Bonaparte contra os cálculos pertinazes do britânico, D. João VI foi carcaça, ao choque das vagas em disputa... E o lorpa chegou a pensar que imbaía a um e o outro adversário, enquanto fazia o jogo para si. O fluxo e refluxo em que ia e vinha, abandonado à própria insignificância, parecia-lhe efeito da sua esperteza mole e cretina. Finalmente, o francês obrigou-o a despejar o reino, berço de tantas glórias, e que deverá ser o digno túmulo de um príncipe digno dele — quando o destino lhe tirasse os meios de defendê-lo. Em vez disto, o desgraçado, insulso covarde, só teve ânimo para fugir.

Caso de tanta infâmia, ficaria sem referência, se não fora a necessidade qualificar a esses que vieram fundar, nesta terra, o Estado do Brasil. Qualquer das páginas da história portuguesa nos dará o valor deles. Sirva-nos o mesmo sr. Oliveira Martins: "... em 1807 — novembro, embarcava um préstito fúnebre para o Brasil... enxame de parasitas imundos... Parecia o levantar de uma feira, e a mobília de uma barraca suja de saltimbancos falidos: porque o príncipe-regente, para abarrotar o bolso... ficara a dever a todos os credores... Os cortesãos corriam pela meia-noite as ruas, ofegantes... as mulheres entrouxavam a roupa e os pós... Era um afã como quando há fogo, e não havia choro nem imprecações: havia apenas uma desordem surda. Embarcavam promiscuamente, os criados e os monsenhores, as freiras e os desembargadores... Os botes formigavam sobre a onda sombria, carregando, levando, vazando bocados da nação despedaçada, farrapos, estilhas... muita gente, por indolência, recusava ir... Mais de um regimento desobedeceu aos chefes que o mandavam embarcar; e muitos, vendo a debandada, se dissolveram... Outros embarcavam: ... e voltavam para terra, aborrecidos, enojados de tão grande vergonha... Cada qual cuidava de si e tratava de escapar... O brio, a força, a dignidade da nação portuguesa acabavam assim... Tudo mais era vergonha calada, passiva inépcia, confessada fraqueza. O príncipe decidira que o embarque se fizesse à noite, por ter a consciência da vergonha da fuga; mas a notícia transpirou e o cais se encheu de povo que apupava os ministros, os desembargadores e toda essa ralé de ineptos figurões de lodo... a esquadra perdia-se no horizonte, ia-se toda esperança, ficava um desespero, uma solidão... Soltou-se a anarquia da miséria..." Naquele momento, quando o mundo assistia, havia dezenas de anos, o espetáculo de revoluções, em sacrifícios e guerras heroicas, Portugal lhe deu o exemplo do completo desbrio e da covardia definitiva: todo o mundo dirigente que assim fugia. Os soldados, diante de quem capitulavam os exércitos regulares de Portugal, sem ensaiarem qualquer resistência, eram 9.000 estropiados, cansados, famintos... Houvesse um ânimo de homem, entre os que tinham a mando, e que tivesse o pundonor de defender a terra sagrada, e, desde logo, o francês conheceria a série de reveses, em que finalmente se desfez o prestígio das águias vitoriosas de Wagram. Mas, na deliquescência do bragantismo, não havia possibilidade disto. O que fugiu, fugiu na celeridade da covardia; o que ficou, foi para, ostensivamente, renegar a todo o passado, abrindo mão de honra e patriotismo. Contam as *Memórias Contemporâneas*, feitas no intuito sensível de justificar a fuga, que o pobre refugo de príncipes, ao decidir-se, tinha consciência de toda sua miséria: "... que se dirá de um rei que foge ao perigo, e deixa os seus Estados ao abandono?..."

93. *Um povo de bravos, para um governo de infames*

Mesmo a fugir, o príncipe regente nomeara uma regência, que, em seu nome, devia governar o reino. Ainda se divisavam as velas da esquadra fugida, e os membros da regência já se prostravam aos pés do invasor insolente, para serem menos do que criados. Eram cinco, todos do escol dos governantes. Começavam os nomes no marquês de Abrantes, passavam pelo do tenente-general da Cunha Menezes, e acabavam noutro tenente-general — Xavier de Noronha. Janot tirou-lhes toda a autoridade efetiva, e eles, rafeiros, continuaram a lamber-lhes os pés, escondendo cuidadosamente os dentes, prontos de cauda para mostrar o contentamento vil em serem insultados e batidos. Finalmente, o francês lhes atira o pontapé definitivo: "Dirigiu-se (Junot) com o seu estado-maior à casa onde o conselho da regência celebrava as suas sessões, e, encontrando-o junto, mandou-lhe ler o decreto de Napoleão, e declarou dissolvida a regência nomeada pelo príncipe D. João. Os membros da regência obedeceram-lhe imediatamente sem ousarem formular o mais pequeno protesto vocal ou por escrito."[23] Vem daí, talvez, o sonho de Junot de ter, também, a sua coroa, e insinuou a esses mesmos nobres e grandes de Portugal, assim como a outros, que manifestassem a Bonaparte o desejo de terem *um rei francês...* Foi o bastante para que "alguns fidalgos, parte do clero e o senado da câmara elegessem imediatamente o marquês de Abrantes, Marialva e Valença, o conde Sebugal, o *visconde de Barbacena*, o bispo de Coimbra, D. Francisco de Lemos, o inquisidor-geral do reino, D. José Maria de Melo, o prior-mor de Aviz, e os desembargadores Tomás Leitão e Alberto Jorge..."[24] Napoleão recebeu os renegados e respondeu como

---

[23] Pereira da Silva, *op. cit.*, T. I., 301. São coisas repetidas do historiador português, Souza Monteiro. Pereira da Silva é muito citado pelos historiadores de Portugal, prova de que não encontraram inverdades sensíveis, no que se refere aos casos dali.

[24] Não compareceu ao chamado de Junot, o brasileiro, D. Francisco de Lemos, bispo de Coimbra, reitor da universidade. Velho, que já contava mais de oitenta anos, não ousou, porém, opor-se formalmente às manobras do sargentão, e lá foi ter com Bonaparte, que, dizem, o distinguiu muito.

411

convinha a quem trata com traidores e trânsfugas: Deem-me todas as provas de servidão, e eu lhes darei a honra de terem um rei francês... Voltaram os mensageiros da abjeção com a resposta humilhante do seu imperador: "Em muitos lugares do reino, efetuaram-se públicas demonstrações de regozijo... *Te-déuns* e cânticos em ação de graças. Recebeu Junot deputações do clero, da nobreza, dos funcionários, das câmaras, agradecendo-lhe..." Foi quando, considerando já maduro o seu plano, Junot fez reunir uma deputação de representantes dos tradicionais *três Estados* — clero, nobreza e povo, para, com ele, fundar-se uma nova dinastia.[25] Na tal assembleia dos três estados, houve um homem que protestou veementemente contra a miséria dos dirigentes: foi o *Juiz do Povo*, Abreu Campos.

Na sua voz falou, realmente, a alma popular. Nesse tempo, seguindo o exemplo de populações espanholas, já várias populações portuguesas se tinham sublevado contra os franceses. Estalou na cidade de Beja, e o francês foi inexorável: O grande Kelerman ufanou-se bestialmente: "Beja se revoltou; Beja já não existe. Os seus habitantes foram passados a fio de espada, e as suas casas entregues à pilhagem e ao incêndio..." Ao mesmo tempo refere o *herói* que morreram 1.200 portugueses na luta, e muito mais foram sacrificados na chacina feroz. E foi isto o que mais estimulou a reação do povo, caracterizadamente do *povo*. Não havia armas: serviam-se de *chuços*, foices, lanças improvisadas... Apesar de dois séculos de degradação dos governantes, as virtudes essenciais da raça se mantinham. Logo depois de Beja, Marvão, Portalegre, Ouguela, Castello de Vide, Arouches, Thomar... Junot estremeceu quando viu que, até o sul, lavrava a insurreição, já agora indomável. Sem nenhum auxílio de aliados, nem a assistência dos dirigentes, como bandos sem chefes titulados, a ausência dos exércitos regulares, os indomáveis portugueses vinham eliminando o invasor, de mais metade da sua pátria. Era bem

---

[25] Essa história é contada pelo célebre jornalista brasileiro Hipólito do Amaral, no seu *Correio Braziliense*, publicado em Londres (1809). Ao mesmo tempo, refere o *Correio* que o conde da Ega, o principal Miranda e o desembargador Negrão destacaram-se pela sabujice dos discursos que dirigiram ao francês.

uma ressurreição de heroísmo patriótico, ressurreição em dobrada virtude, porque, agora, o povo, a defender os seus lares, valia por si mesmo. Não havia viriatos, nem sertórios... Fora injustiça, talvez, manter esta afirmativa. Desde o começo da reação houve, na direção dos combatentes portugueses, um Bernadim Freire de Andrade bem representativo, dessa família que parece ter escapado à geral degeneração. Foi a vontade, patriótica e inteligente, com que se levantou Portugal.

É uma rápida história, essa crise, em que o velho reino, abandonado pelos que o deviam conduzir e garantir, só foi heroico em proveito da Inglaterra, e mais sofreu do inglês, a quem os Braganças se entregaram, do que do inimigo francês. Junot governava soberanamente em Lisboa. As tropas portuguesas regulares tinham sido incluídas no exército francês, e mandadas a combater, por lá, onde Bonaparte derramava a sua ambição. Grande parte da mocidade valida tinha sido recrutada e disseminada pelos corpos franceses das guarnições locais. Parecia que não havia donde tirar mais soldados. No entanto, antes de seis meses da entrada dos franceses, as cidades mais importantes, do norte e do sul, estavam livres e já tinham constituído as suas *juntas governativas*. Foi nestas condições que as *juntas* de algumas localidades marítimas procuraram entender-se com os ingleses do bloqueio, ao mesmo tempo que a *Junta* do Porto enviava representantes a Londres, a fim de combinar com o governo inglês uma ação comum. Tão decisivos eram os feitos de reconquista, que o gabinete de Londres imediatamente aquiesceu, e enviou a Portugal o soldado que seria, depois, o grande lord Wellington. Veio a frente de 9.000 homens, de tropas regulares. Já Bernardim Freire de Andrade dispunha de uns 8.000 homens, sendo que havia, sob outros comandos, aproximadamente outro tanto, de combatentes portugueses. O general inglês, soldado de carreira, não compreendeu bem o valor da gente com quem os comandos portugueses haviam repelido o invasor, ordenou que Bernardim se limitasse a guerrilhas, e desprezou o conselho deste, quanto à marcha que tinha a fazer para alcançar o forte do exército francês; por isso, teve os seus momentos difíceis, em face de roliça. Mas com a segurança de grande soldado, chegados novos contingentes, Wellesley (lord Wellington) dominou a situação estratégica, e, aproveitando bem o esforço e o sacrifício das populações portuguesas, obrigou Junot a capitular. Aí, aparece o inglês qual é: o resultado de uma campanha iniciada pelos portugueses para libertação do seu território, e na qual tropas portuguesas combatem até o último momento; quando os portugueses foram os mais lesados pelos franceses; todo o caso se regulou numa convenção entre franceses e ingleses, com absoluto desprezo dos interesses portugueses, sendo permitido aos invasores transportarem consigo todo o produto dos seus saques. Havia uma regência do reino, e não foi ouvida. O próprio governo britânico reprovou ostensivamente o modo de tratar dos seus generais. Nestas condições, entre os justos protestos dos portugueses, um dos mais vigorosos e veementes foi o de Bernardim Freire de Andrade. Publicou um manifesto chamando a tal convenção de desairosa e prejudicial à soberania e aos interesses portugueses. Isto deu coragem à regência, que declarou não cumprir, no que lhe dizia respeito, a mesma convenção. O inglês sentiu que havia em Freire de Andrade um homem que se fazia sombra...

Por sua parte, Napoleão, bem reconhecendo que aquele desastre, iniciado pelos portugueses, devia ser reparado, ou seria mortal para o seu poder, ordenou uma segunda invasão de Portugal. Nesse tempo, já havia uns 40.000 portugueses em campo, quase todos às ordens de Bernardim. Então, os incapazes de Lisboa entregaram-se definitivamente aos ingleses, contratando o célebre Beresford para comandar o exército nacional, contra Soult à testa da nova invasão. Agora, a tática do inglês é, de modo absoluto, reduzir o país a cinzas, a fim de que os franceses não encontrem nenhum recurso. E o cumprem à risca. Quanto às tropas de Bernardim, deram-lhe ordem de não aceitar, em caso algum, batalha campal, limitando-se a atenazar o inimigo, com emboscadas e guerrilhas. O grande português assim o fez: mas, tanto fervilhavam, em torno dele, as intrigas e suspeitas, adrede preparadas pelos que tinham interesse em eliminá-lo, que as suas tropas se rebelaram e o assassinaram — por suspeita de covardia, ou de não querer guerrear os franceses. Apesar de tudo, Soult não lucrou mais resultados, naquela terra indomável, do que Junot. Mas Bonaparte insiste e envia Massena. O gabinete de Londres, para quem Wellesley já é o grande lord Wellington, a este entrega, novamente, o caso de Portugal, duelo terrível, e que, ganho nas costas da pobre população portuguesa, deu ao inglês a vitória real: Watterloo não foi mais que o espasmo último do moribundo. Wellington executou inexoravelmente o programa de tornar Portugal uma terra de desolação e penúria, tal, que o invasor não encontrasse o menor recurso. Com isto, exasperados, os franceses já não poupavam, nem gente, nem qualquer resto de haveres. Deste modo, por três vezes, foi a terra portuguesa roubada, saqueada, incendiada, atormentada, calcinada — por aliados e inimigos.

Todos os homens de Portugal tinham sido arregimentados pelo inglês, para a sua ação contra o grande adversário, e o velho reino deu tudo, nessa grande luta — sangue, riqueza, tranquilidade, soberania… Foi, de toda a Europa, o país que mais sofreu; e, como se isto não bastasse, o outro Gomes Freire foi executado. Beresford, soberano brutal naquela terra desamparada, descobriu que havia uma conspiração — contra a miséria em que estava sepultada a pátria portuguesa; os seus esbirros, às ordens de uma regência nominal e desbriada, fizeram devassa, onde nada se apurou que desse para suspeitas, sequer. O próprio inglês reconheceu a hediondez do crime que Portugal ia cometer. De nada valeu: mataram ignobilmente, na forca, um dos raros dirigentes portugueses em que havia um homem.

É inegável que os primeiros insucessos das armas francesas, em Portugal, marcaram o começo da queda de Napoleão, e foram devidos exclusivamente ao intransigente patriotismo do povo português. Mas, se tanto se fez, ali, e tais prodígios se realizaram, foi porque Portugal estava aliviado de todo aquele peso podre, que a esquadra de fujões, em novembro de 1807, trouxe para aqui, por si, os dirigentes se avaliam nos feitos dos que, ao ouvirem os primeiros rumores do inimigo, desertaram e fugiram, saqueando, antes, o país, como o fariam os próprios invasores. Salvando-se, com as libras que arrecadou à ultima hora, o príncipe regente julgou ter feito tudo o que podia e devia: "Nunca um chefe de estado fugiu mais covardemente, nem mais miseravelmente foi uma nação deixada ao desamparo." E o conceito se estende aos 15.000 ignóbeis, que abarrotavam os navios da esquadra. Era a *fina flor* da fidalguia, inteligência e administração.[26]

94. *E foi isto o que veio fazer o Estado do Brasil...*

D. João VI, sem exaltação nem veemências de delírio, combinava bem, na sua lorpice covarde, a gestação da rainha louca, fecundada pela decrepitude do tio degenerado. Repulsivo de modos e de ânimo, só não é mais odiento porque, à força de covardia, consegue fazer pena. Não hesitaria diante de nenhuma traição, se o medo não o contivesse. Vive e arrasta-se entre o nojo e a comiseração que inspira. Num mundo de pulhas, degradados e imbecis, ele conseguia ser o mais pulha e imbecil. Não é brutalmente despótico, porque lhe falta a coragem; não é rancoroso, porque, também, não tem vergonha. Não compreendia, sequer, o que é brio, sinceridade, lealdade, arrojo... A sua vida se passa numa série de *trambolhices*, em que ele vai à mercê de todas as pressões e coações, não tendo outra força contra as dificuldades senão a que ressumbra em mentiras e insídias: a 7 de março jura a constituição espanhola, sob as exigências da tropa rebelada em constitucionalismo, no dia seguinte, anula-se, e a 20 de abril desfaz tudo... Insinua deliberações e votos, na *Praça do Comércio*, e quando o filho manda espingardear os eleitores, ali reunidos, ele concorda com a carnificina, desautora os que lhe cumpriam as ordens, e imediatamente obedece à intimação de voltar para Lisboa.

---

[26] Está verificado que Gomes Freire, com a maçonaria, intentava proclamar em Portugal o regime constitucional, sob a mesma dinastia. Mas os dirigentes da época, mesmo sem compreender a coisa, não podiam ouvir falar em *cartas e constitucionalismo*, sobretudo se vinham de pedreiros livres...

Assim — hesitante, dúbio, refalsado, a tremer, contratório... assim foi ele, ao longo de todos os tristes sucessos da sua triste carreira, sempre apavorado diante da mulher, e dos filhos, e dos ministros... Até o sr. Pereira da Silva lhe marca o valor: "De reservado e tímido em 17, passou a dissimulado e covarde..."[27] E como o pouco de inteligência se subordinasse inteiramente aos motivos de covardia, teve argúcia neste sentido.[28] O movimento de 6 de março, agravando-lhe os pavores, desceu-lhe ainda mais a hombridade, para que aceitasse o conselho de Tomás Antônio — de que a independência do Brasil estava feita, e que Portugal não teria meios de dominar a reação dos brasileiros, quando entendessem romper a *união* do momento. E, assim, ele antecedeu o próprio conde dos Arcos no plano de escamotear a Independência. Submisso ao inglês, aproveitando as estultas pretensões da mulher quanto ao prata, levou o Brasil à odienta política de intervenção no sul, germe de todas as guerras que tivemos no continente.[29] Mas, alega-se: abriu os portos, criou os aparelhos de governo de um reino... Acaso, sem D. João VI, fugido, ou não, deixaria o Brasil de organizar um governo seu?... Valeria, no caso, a qualidade? Poderiam ser piores esses aparelhos de governo impostos ao Brasil?...

Como precisava de justificar-se, o império fez louvar, como benefício supremo do príncipe aqui refugiado, a criação da imprensa, com a publicação de periódicos... Ora, poderia um governo soberano, instalado no Rio de Janeiro, existir sem imprensa e a publicação de jornais? E, agora: dada esta absoluta necessidade de periódicos — que valia essa imprensa nascida com o reino de 1808? Era um único jornaleco, que "só informava o público do

---

[27] *Op. cit.*, II, 199.
[28] Talvez, nem a argúcia parva de D. João VI chegou a compreender a inevitável separação do Brasil: foi o inglês, que o levava pela mão, quem lhe abriu os olhos. É o próprio secretário de Caning quem o conta: "Se Portugal foi capaz de resistir à força inteira da monarquia castelhana, não era provável que o Brasil, separado de Portugal pela imensidade do oceano, pudesse manter a sua independência contra qualquer força que Portugal contra ele expedisse." (R. I. H. G., 1860, V, p. 298.)
[29] Sarmiento admite que Montevidéu prestou ouvidos às insinuações de Carlota Joaquina. (*Conflitos y Armonías de Razas.*)

estado de saúde de todos os príncipes da Europa, e, de quando em quando, alguns documentos de ofício, notícia dos dias natalícios, odes e panegíricos a respeito da família reinante"... O ambiente de miséria moral vinha com ele: chega ao Rio de Janeiro e deprava as gentes simplórias da colônia com as honrarias que espalha, como generalização de corrupção, na falta de outros méritos para captar os espíritos: "Não havia humilhação nem degradação a que não se sujeitassem de bom grado, para obterem alguma destas emanações do favor da corte." A onda que o acompanhou foi um completo exemplo de péssimo, porque a administração brasileira se degradasse ainda mais: "Apresentavam-se e eram aproveitadas ocasiões de se venderem os favores e as concessões; e, por este meio, cedo se tornaram os empregados públicos brasileiros tão venais como os colegas portugueses... Desde o tempo da chegada da corte de Portugal ao Rio de Janeiro, a venalidade em todas as classes tornara-se um hábito..." Eis o mais claro benefício trazido pelos fugitivos de 1808. Soberano o Brasil, da soberania que lhe dera a dinastia aqui homiziada houve a sequência normal de governos. O que valiam eles é o próprio Armitage quem melhor o informa, como quando nos fala dos três ladrões a quem se entregara o novo banco, criado para emprestar dinheiro ao governo.[30] "... o terceiro dos diretores, depois de se ter acobertado com a proteção de um ministério corrupto, fugiu com avultada soma, a maior parte da qual era devida ao banco... Na época da retirada de D. João VI, só a dívida do governo excedia consideravelmente o capital do banco". E, para completar a derrocada, os apaniguados da corte fizeram raspar o ouro que havia no banco.[31] E a ignomínia frutificou o primeiro-ministro, no governo que

---

[30] Todas estas citações são de Armitage, *op. cit.*, pp. 8-10.

[31] Retirando-se para Portugal, "a corte arrecadou o dinheiro e fundos nacionais e deixou o banco limpo de numerário e sobrecarregado de notas desvalorizadas". D. João VI, *único rei conquistador que o Brasil teve,* proclama o sr. O. Lima. O operoso... historiador poderia ter completado o quadro de méritos: ao partir do Brasil, D. João VI deixou o estado com uma dívida de 12 milhões ao banco, dois mil e tantos contos à Iowng & Finie, ao visconde do Rio Seco, mil contos, ao Arsenal do Exército, mil contos, ao da Marinha mil e cem contos, à Divisão do Sul, mil contos... (Visconde de Cairu, *História dos Principais Sucessos...*). (*História do Reconhecimento,* 109). Até o português José Clemente teve de consignar discurso da ficada: O governo de D. João VI foram 12 anos de roubos...

sucedeu a D. João VI, foi o venal, corrupto, crápula e devasso conde dos Arcos, assim classificado por todos que o conheceram, e dele deixaram menção digna de fé. Tudo isto significa, explicitamente, que o Estado do Brasil foi organizado com a nata dos canalhas e ineptos, de que se compunha a degradada classe dirigente do Portugal de 1808.

CAPÍTULO XII

TRANSMISSÃO DE DOMÍNIO

95. *A montureira permanece*

Victoriae rationen non reddi ... e prevaleceu a degradação. Teria sido possível ao Brasil impedir que aqui se implantasse e *ficasse* a horda bragantina, foragida em 1808?... Foi um golpe de súbita e imprevista desgraça, e que, mesmo prevista, seria inevitável. Já amesquinhada, desmoralizada nas suas energias essenciais, alastradamente contaminada, como poderia esta pátria furtar-se àquela onda de males?... O Estado português desistira de tudo na Europa, da própria honra, inclusive, e veio ocultar-se na colônia, que era o seu amparo reconhecido. Southey, que tão perfeitamente compreendeu e acompanhou a formação desta pátria, marca, nesse fato, o termo da história colonial: "... de Lisboa passou para o Rio de Janeiro a sede da monarquia portuguesa. Fecha, este sucesso, os anais coloniais do Brasil... e esse grande país passa a assumir outro papel na história". Tem toda razão o inglês: de 1808 em diante, há, na antiga colônia, um estado soberano, *independente*, por conseguinte, de qualquer estado-metrópole. Haverá, depois, disjunção na fórmula portuguesa, aqui instalada com o *Reino Unido*, seguindo-se os esforços do Brasil a expurgar-se... Isto, porém, não altera a significação do caso, que nos obriga a distinguir: *Independência* do Brasil em face da antiga metrópole, que, apenas, lhe fica *unida;* separação dos dois Estados portugueses ain-

420

da *unidos; soberania* da nova nacionalidade. A primeira dessas condições está nesse mesmo fato a que Southey se refere; a segunda se realiza nos sucessos de 1822; a terceira, essa tem sido objeto de longa e penosa reivindicação, por isso que foi ostensivamente contrariada pela nominal independência de 7 de Setembro.

Não há dúvida de que, amparando o asqueroso infortúnio do Bragança escorraçado, o Brasil teve que ser soberano relativamente a Portugal, macerado em misérias. Não se contesta, também, que, aspirando à autonomia nacional, ainda que apanhado nos enleios do príncipe, o Brasil de José Bonifácio separou-se politicamente da antiga metrópole. Nem por isso, deixou a nação, assim enleada, de ser apanágio do português. E tudo que há de contraditório e monstruoso nesse capítulo de história vem daí. *Vinte e dois* foi a grande crise de substancial mudança na condição nacional do Brasil — *Fico, Ipiranga...* No entanto, em essência, que diferença a notar entre o Brasil de Silvestre Pinheiro, conde dos Arcos, Caule, Tomás Antônio... e o dos Arcos, Caule, José Bonifácio, Montenegro, Álvares Machado?... É verdade que os Andradas despertaram em brasileirismo, e a sua aventura política serve, justamente, para comprovar que o Brasil de 1822, em torno do Bragança, continuou português. *A Independência* fora o recurso para garantir o mesmo domínio. A honesta sinceridade patriótica de José Bonifácio incompatibiliza-o com a empreitada de lusitanismo em que são mestres os José Clemente e Vilela Barbosa, servidos pelos neutros, pulhas ou canalhas, a quem pouco importava que a primeira luz tivesse sido de cá, ou de lá... O Brasil, irrevocavelmente independente, queria proclamar ostensivamente a sua autonomia; ia fazê-lo, e o filho de Carlota Joaquina, para tirar todo pretexto aos patriotas brasileiros, teve de titular-se em governo do Brasil independente. Fê-lo, naturalmente, com a gente que o pai lhe deixara, no mais puro bragantismo, de que jamais se redimirá, talvez, esta pátria...

A história formalística, feita sobre a casca dos grandes sucessos, pouco esclarece quanto à significação real da independência de 1822, no valor e nos motivos dos seus pró-homens. Mas os pequenos fatos, em que se traslada a própria realidade; estes são preciosíssimos de indicações. Conta Vasconcelos de Drummond, amigo íntimo e confidente político de José Bonifácio, que, mandado, por este, ao norte, a resolver dificuldades da crise política, e sendo amigo do general Madeira, propôs-lhe que aderisse à independência, mediante a gorjeta de 100 contos de réis; o general português respondeu-lhe, sem traços de afronta: que bem sentia ser a sua causa inteiramente perdida, pois que tudo não passava de pendência entre pai e filho; mas não se vendia... Madeira foi castigado e morreu na prisão. Ora, quanta coisa não aprendemos, nessa ponta de episódio, em si mesmo tão corriqueiro!... Que os ajustadores da independência de 1822 compravam portugueses para completá-la; que, na sinceridade dos conceitos, tudo não passava de manejos de herdeiro apressado, a disputar com um pai lorpa e avarento; e, que, finalmente, o próprio Madeira, um dos raros generais portugueses com quem se fez uma pouca de resistência ao arranjo de Pedro I, mesmo esse, considerava perdida a causa de Portugal se decidida pelas armas.

Drummond, grande comparsa, serviçal sincero na empreitada de 1822, é, sempre, um dos melhores depoimentos a reter. Devidamente interpretadas, as suas páginas porejam verdade. Há muita gente, dentre os independentistas, de quem ele não gosta: são os próprios adversários dos Andradas. Contudo, mesmo aceitando o seu desprezo pelos contrários a José Bonifácio, verifica-se que, naqueles dias, toda gente capaz de qualquer ação patriótica estava tomada pela ânsia de emancipação completa e legítima liberdade. Havia verdadeira exaltação do sentimento nacional, com acentuação de todas as naturais indisposições contra o lusitanismo. Se não foram os *brasileiros de D. João VI*, em posição já feita, e que, para conservarem-na, fizeram o jogo do Bragança; não fosse isto, em vez de portuguesa, a independência teria sido brasileira. A presença, aqui, do representante imediato da dinastia portuguesa alimentaria, talvez, qualquer maior resistência, de que resultaria o bem — de um expurgo mais completo, sem que possa haver dúvida quanto à vitória final da causa brasileira, contra a qual não poderia prevalecer o precário poder do príncipe real. Quem, senhor absoluto de todas as posições, depois de dez anos de poder soberano, tão facilmente cedeu em 1831, não seria, em 1822, resistência temível. O mau fado desta pátria foi que ele cá estava, para bandeira dos bragantistas brasileiros, arrebanhados nos interesses e nos arranjos portugueses.

Foi um longo mau fado: toda aquela repercussão do movimento português de 1820, tão profundamente turbadora das consciências brasileiras, que, no afã de liberdade, se misturaram às manifestações e os protestos de quem, aliás, só queria ser livre sobre um Brasil reconduzido em domínio e espoliação, e, intimamente, contrariava o seu surto nacional. Já tínhamos as nossas tradições de liberdade, consagradas em gloriosos sacrifícios, e a mistura aos revolucionários lusitanos só serviu para tornar mais graves as queixas, quando as *cortes* definiram os seus intuitos, e, criando a confusão, lançaram mais prontamente o Brasil nos braços do príncipe — inimigo natural das mesmas cortes revolucionárias. Daí, a dupla monstruosidade: liberais-constitucionalistas portugueses a restringir a liberdade e autonomia do Brasil; liberais-revolucionários brasileiros, adversários legítimos dos liberais revolucionários portugueses, e, por isso, aceitando o príncipe, para fazer com ele a independência do Brasil, em represália à política das *cortes*. Foi o grande enleio, em que não cairiam os brasileiros sinceros, se os acontecimentos ficassem na sua lógica natural, deixando-se aos portugueses a revolução que era deles.[1] Fora impossível, porém, evitar que a ingenuidade dos nossos pobres patriotas, bisonhos nessas coisas de liberdade política, ansiosos por ela, os levasse a entusiasmarem-se por uma revolução que se dizia liberal. E os brasileiros aceitaram cordialmente o revolucionarismo lusitano, imiscuíram-se nele, irmanaram-se no

---

[1] Armitage, (p. 12) apresenta explicitamente a revolução de 21, no Brasil, como coisa dos portugueses. Monsenhor Tavares também a considera assim, neste comentário precioso, para nós outros brasileiros: "O Brasil viu, em 1821, os portugueses de todas as classes, desde o herdeiro do trono, até o ínfimo taverneiro, pronunciarem ufanos o nome de constituição liberal, e dizerem-se seus defensores... (*História da Revolução de Pernambuco*, p. 239). Felício dos Santos, nas rápidas referências que faz ao caso em Minas, mostra-nos os brasileiros atônitos, na mistura com o constitucionalismo lusitano (393). Vasconcelos de Drummond, partidário dos Braganças, irmão do ajudante-de-ordens de Luís do Rego, apesar disto, reconhecia a revolução de 1821 (no Brasil) como coisa exclusivamente portuguesa, e aconselhava aos patrícios (brasileiros) que se deixassem de irmações e esperassem a sua vez. (*Anot.*, p. 12.)

entusiasmo pela liberdade proclamada no porto, e, assim, abriram a porta por onde o lusitanismo veio para o lado dos nossos patriotas, invadindo, com a desfaçatez da ganância, a Independência do Brasil. O resultado não tardou: o primeiro partido político, nitidamente diferenciado e bem ativo, no Brasil *independente*, foi o partido português, em campanha ostensiva contra o espírito nacional e democrático.

96. *Para colher a inevitável independência*

A independência caiu de madura: o português, vigilante e lampeiro, apressou-se e apanhou-a para si. Nem de outro modo se explicaria a aparente traição do lusitanismo aqui situado, então. E assim se explica, também: a tradição dos dirigentes portugueses perpetuada no Brasil; e que a crise de 1822, em vez de ser a turbação vibrante de uma nação a ensaiar-se na liberdade e soberania, seja um período de náuseas e tonteiras, de um povo consciente da sua nacionalidade, levado a incluir nos seus destinos aquilo mesmo que mais os contrariava e distorcia.

Desde que o Brasil patenteou individualidade e energia, Portugal lhe foi hostil, mesquinhamente, cruelmente, hostil; e todo motivo da bestial hostilidade era, justamente, o receio de que esta pátria pudesse ter meios de fazer-se livre.[2] Na *carta régia* de 30 de maio de 1766, reinante Pombal, com instruções reservadas a Martinho de Melo, está dito, em todas as letras, que é preciso contrariar explicitamente o desenvolvimento do Brasil... As medidas proibitivas, justificadas no pretexto de favorecer a exportação das Índias e o comércio da metrópole, tinham motivo real nesse empenho: "O Brasil é o país mais fértil e abundante do mundo", dizem as mesmas instruções; "se a estas incontestáveis vantagens reunirem-se as da indústria e das artes... ficarão os mesmos habitantes totalmente independentes da metrópole. É,

---

[2] Na representação dos fluminenses ao príncipe, em maio de 1820, está consagrada a tradição: "... Portugal, uma potência que o Brasil devia reconhecer inimiga da sua glória, zelosa da sua grandeza..."

por conseguinte, de absoluta necessidade acabar com todas as fábricas e manufaturas do Brasil." Idênticas apreensões formavam-se e cresciam no ânimo dos reinóis que exploravam o comércio e as posições do Brasil, tanto mais quanto viam aproximar-se a hora da inevitável queda do domínio português.

Passados os anos, na calma das investigações históricas, o português de hoje, sr. Antônio Viana, a estudar e explicar a *Emancipação do Brasil*, teve de reconhecer que "a mudança da corte para o Rio de Janeiro só acidentalmente determinou a mesma emancipação, que proveio, sim, da vontade irreprimível do povo brasileiro, determinado pela natureza..."[3] E tem razão o sr. Viana: vontade irreprimível... Nem de outro modo se compreende que Pedro I, apesar de tudo preparar, por duas vezes — 1823, 1826 —, para *aproximar* os dois povos numa coroa única, nunca tivesse tido a coragem de começar, sequer, a realização dos seus planos. A presença da coroa, com o seu aparelho de força e corrupção, pôde retardar a redenção do Brasil, sobretudo depois do fracasso dos pernambucanos; todavia, desde que, a pretexto de constituição, foram levados os brasileiros a manifestarem-se a favor da liberdade política, deram largas aos seus contidos anseios, e, sentindo-se fortes nas suas aspirações nacionais, nada mais os poderia conter. "O desenvolvimento gradual destas ocorrências (juramento da constituição espanhola) despertou entre os brasileiros do Rio de Janeiro um espírito que ainda não havia aparecido... Nos primeiros movimentos, os europeus haviam tomado a precedência aos brasileiros... mas, tendo entrado no movimento, foi um crescente entusiasmo... A facção portuguesa sentiu então que achava no povo (brasileiro) senhores, não escravos. Já ela se arrependia de ter avançado com tanta precipitação; mas era-lhe dado só o recurso de dissimular." Armitage, que alcançou o pleno eco daqueles dias, dá-nos, neste reparo, a compreensão perfeita do caso.

Releia-se o discurso do português José Clemente, para a farça do *fico:* todo ele é a glosa deste conceito. "A independência está

---

[3] Lisboa, 1922, p. II.

feita, nenhum meio há de evitá-la, ou, sequer, adiá-la; será com a república, para os brasileiros, se não *ficardes* aqui, para torná-la nossa." No momento, ninguém poderia julgar melhor o caso do que o inglês, que muito conhecia Portugal e o Brasil. O secretário de Canning, escrevendo-lhe a vida, deixa um julgamento que é, certamente, do grande ministro, tanto concorda com toda a sua argumentação quando pleiteou, junto ao governo de D. João VI, o reconhecimento da independência: "... o Brasil, nas condições em que se achava, podia manter a independência contra qualquer força que Portugal expedisse contra ele".[4] Este parecer justifica-se plenamente nas palavras do encarregado de negócios da Grã-Bretanha no Rio de Janeiro, o qual, julgando o que via, informava ao seu governo, em 1822; "Será difícil vencer o entusiasmo dos brasileiros...".

Nem é preciso insistir em mais demonstrações, quando temos esta prova, de valor inteiro e definitivo: se não houvera, no Brasil, um indomável espírito de reivindicação nacional, o carrasco dos pernambucanos de *Dezessete*, o conde dos Arcos, não se esforçaria para ser o primeiro-ministro do príncipe separatista. As próprias cortes acabaram compreendendo aquilo mesmo que mais lhes repugnava: que estava o Brasil independente irremissivelmente perdido. *Adeus! Sr. Brasil!... Percam-se os Brasis!...* sendo gritos de despeito em desesperança, são vozes de íntegra sinceridade. Fernandes Tomás, parelha de Borges Carneiro na má vontade e empáfia contra o Brasil, mesmo depois de retificar a discurseira, deixou a declaração: "Se é verdade que os brasileiros querem desunir-se de Portugal, eu declaro altamente: a minha opinião é que o façam!...". Os ajuizados, como Trigoso, pediam calma!... e que as cortes atendessem às reclamações dos brasileiros, *tratando com os revolucionários do Rio de Janeiro...* Em reforço de conselhos, lembrava aos intransigentes que a soberba da Inglaterra, em não tratar com os colonos sublevados, deu lugar à definitiva separação dos Estados Unidos. Quando, em vista das representações das *juntas* — São Paulo, Bahia... as coisas se agravaram, e o

---

[4] A. G. Shapleton, *Vida de G. Canning*, cap. XI.

Borges Carneiro ameaçou o Brasil com o seu *cão de fila português*, Antônio Carlos já não hesitou: "... para cães de fila, há lá, em abundância, pão, ferro e balas. Nem podem assustar-nos cães de fila que fugiram de simples cães fraldiqueiros!...". Ora, a tanto não chegariam as coisas se a atmosfera, ali, não fosse a de que a independência estava feita. E quando Lisboa injuriava e apupava os deputados brasileiros, tornando-lhes impossível a permanência ali, é que todo Portugal considerava o caso perdido e já não continha os gestos de grosseiro despeito. A situação aparece nítida na resposta de Borges de Barros ao desabusado Fernandes de Barros: "Quando lanço os olhos para o Estado do Brasil e observo os voluntários movimentos de todas aquelas províncias, na mais fraternal união, parece-me que também podia dizer agora: 'Adeus! Sr. Portugal, passe por cá muito bem.'" Finalmente, apesar de tudo, as cortes dobraram-se a aceitar o projeto de Antônio Carlos (combinado no Rio de Janeiro com o príncipe e os irmãos), projeto que refazia o império luso-brasileiro de D. João VI, dando ao Brasil a inteira soberania a par de Portugal... Mas nem isto pode prevalecer: os próprios brasileiros cortaram todas as amarras, abandonando, inesperadamente, Lisboa. E Antônio Carlos explicou muito bem a viravolta: o seu projeto fora elaborado antes de lhe chegarem informações donde concluía que o Brasil estava inteiramente separado. "Não posso ser aqui representante de povos que já não fazem parte desta nação...", são as próprias palavras em que o famoso tribuno justificou a sua retirada. Antes a 21 de maio, Muniz Tavares replicou às pretensões das cortes, quando tratavam de enviar tropas para conter o Brasil: "Se continuam assim, os brasileiros declararão por uma vez a independência."

97. *O império luso-brasileiro*

Antecipando-se de muito aos próprios brasileiros, o príncipe real escreve ao pai, em janeiro de 1821, e afirma-lhe: "Estou contendo com todas as minhas forças a declaração da independência, já por alguns bem desejada e que será a meu ver (que antes não queria ver) inevitável...". Nessa mesma carta, de janeiro, vem a informação, com vistas às cortes: "Com força armada é impossível unir o Brasil a Portugal." O futuro Pedro I não teria tanta visão política, que assim pudesse ler no futuro; mas ao seu lado estava o dos Arcos, a apontar-lhe o caminho de ambição, à custa do Brasil, e a fornecer-lhe as predições de tanta justeza. Quando os brasileiros *sensatos* ainda hesitavam, os governantes portugueses, todos, já haviam chegado à convicção de que o Brasil estava independente. E ninguém mais dentro desta convicção do que o próprio dos Arcos, que assistira a toda a maquinação do famoso império luso-brasileiro com que Tomás Antônio, Silvestre, Palmela... pretendiam escamotear a independência em favor de D. João VI. O futuro ministro de Pedro I contrariou o plano, justamente porque já tramava em favor do príncipe real, cujo governo dirigiria. E isto nos dá o fecho da prova — como, desde os fins de 1820, convenceram-se os governantes portugueses da impossibilidade de dominar por mais tempo a antiga colônia.

A revolução pernambucana de 6 de março mostrou ao governo português o perigo; mas tudo não passou de um formidável susto. E, entre pavores, incertezas e perfídias, iam os dias do bragantismo no Brasil, quando a revolução liberal de 1820 rompeu a crosta de infâmias da política portuguesa, lá mesmo, e impôs a convicção de que era indispensável consertar de qualquer forma o regime, a fim de evitar o definitivo desastre. Ora, não havia mais imperiosa reforma do que a da situação do Brasil *vis-à-vis* a antiga metrópole. Para agravar o caso, houve, ainda, que a revolução cartista exigiu a volta do soberano à Europa, quando todos aqui sentiram, desde logo, que a partida da corte, com a volta ao antigo regime colonial, era a ruptura completa de toda a ligação do Brasil a Portugal. Nesse tempo estava o neto-bisneto de D. João V entre a sensatez dedicada e conservadora de Tomás Antônio e as finuras displicentes e cartistas de Palmela, os dois melhores espécimes de estadista português da época. Reconheceram, ambos, que se tornara inevitável a soberania da nação brasileira e decidiram fazê-la na fórmula de um império luso-brasileiro. Talvez, teve Tomás Antônio a *feliz* ideia antes mesmo de Palmela, que chegou ao Rio de Janeiro em dezembro, de 1820, ao passo que a 27 de outubro do mesmo ano, logo às primeiras notícias do movimento revolucionário cartista, Tomás Antônio fez D. João VI escrever para Lisboa, donde o chamavam instantemente: "Se vos conservais na obediência ao rei, irei, mas sempre estará também no Brasil uma pessoa real, pois bem veem que o Brasil não há de já agora ser colônia e desconfiarão... e para sossegarem é preciso que contem com a união do reino do Brasil."[5]

Veio Palmela para pôr o pobre D. João VI ao corrente da situação política de Portugal, revolucionado em cartismo. Empossado de ministro, em janeiro, já apresenta ao rei um projeto de constitucionalismo para Portugal e o Brasil. Era o próprio império luso-brasileiro: "O rei outorgaria, uma carta constitucional aos seus povos, constituição que seria adaptada ao Brasil por procuradores, representantes das diversas circunscrições do país... o rei continuaria no Rio de Janeiro e mandaria, a gerir Portugal, o príncipe herdeiro." Tomás Antônio, avesso a constituições, impugnou o projeto de Palmela: "Travou-se, então, uma luta franca entre Tomás Antônio e Palmela, para cujo lado se inclinava o conde dos Arcos, lutando, porém, às escondidas, aliando-se ao príncipe."[6] Veremos, dentro em pouco, os motivos do conde dos Arcos, que explicam a insídia da forma adotada. Continuaram as objeções contra o constitucionalismo, juntando-selhe imediatamente outra dificuldade: a da capital para o império — se no Brasil, se em Portugal. A Palmela, português fino, diplomata de carreira, amante dos requintes de civilização, repugnava profundamente a ideia da capital no Brasil, patente ameaça de permanência nestas bandas de selvagens: "Triste perspectiva — de sofrer as galés do Rio de Janeiro", escrevia ele, na intimidade, ao cunhado, o duque de Linhares.[7] Mas, Tomás Antônio, que já

---

[5] Segundo Varnhagen, Palmela era tomado *de tendências anglomanas... queria uma carta constitucional,* onde ele e os parentes viessem figurar como lords, ou pares hereditários..." Tomás Antônio impugnou desde logo o constitucionalismo palmelino: "Li com toda seriedade o parecer do conde de Palmela; mas, nem posso mudar de princípios, nem me convencer dos fundamentos dele..." (Varnhagen, *op. cit.,* p. 46.)

[6] Varnhagen, *op. cit.,* da pp. 37-50.

[7] *Tratados,* T. II, p. 10.

não contava muito com Portugal, era pela capital no Rio de Janeiro. D. João VI, cuja singela lorpice preferia uma *corte da roça*, pendia para a solução Tomás Antônio, tanto mais quanto este, para forçar a mão, pagara a redação e impressão de uma brochura, em francês, tendente a demonstrar que *a família real* devia residir no Brasil. Aí, dizia-se, em todas as letras, que *Portugal não podia passar sem o Brasil*. E, pondo em efeitos a doutrina, fez converter em pensões pagas pelo Brasil certas comendas de amigos seus, pagas dantes por Portugal — de Luís do Rego e de Bernardo da Silveira.

Palmela, no primeiro momento, era pela ida do príncipe real à Europa; mas, sob as intrigas do conde dos Arcos, e, sobretudo para garantir-se com a capital em Lisboa, mudou de parecer. Foi maior ainda a diferença em face de Tomás Antônio, que dizia sem rebuços — só ligava importância ao Brasil. Finalmente, a 19 de fevereiro, chegam a uma composição: criar-se-ia o império luso-brasileiro; decretar-se-iam duas constituições e adotar-se-iam duas capitais; o príncipe iria a Portugal — ouvir as queixas dos povos... Contudo, ainda não foi definitivo: Tomás Antônio, que via o conde dos Arcos a apoiar Palmela, não quis dar imediatamente a sua assinatura; Palmela pede que se adie a partida do correio. A verdade é que, estimulado por Tomás Antônio, D. João VI procurava cansar Palmela com evasivas, até que este, realmente cansado, ou para impor uma solução, apresentou pedido de demissão. Alarmou-se D. João VI e mandou seu fiel Antônio Tomás ao conde... Reconciliaram-se, parece, mas era tarde: a soldadesca, já feita com o príncipe real, sob o influxo das intrigas de dos Arcos, desandou para o constitucionalismo e foi isto o que veio encher a cena visível da política. Varnhagen, lá para os seus ideais, lamenta a protelação, que deu em revolução constitucionalista: "Se as resoluções tomadas se houvessem promulgado logo à chegada das primeiras notícias de Portugal e antes que os planos de conjuração tivessem tomado tanto incremento... é mais que provável que a independência do Brasil se teria feito desde então", com D. João VI. Seria, talvez, melhor que a de 1822, e, certamente mais barata. Varnhagen insinua que Palmela estava com a soldadesca constitucionalista.[8] E isto é coisa mais que provável: em vista do seu cartismo, da sua aproximação do conde dos Arcos e o empenho pela volta de D. João VI.[9]

98. *Da mazorca cartista ao açougue dos Braganças*

O movimento revolucionário (?) que deu na independência começou com a repercussão, aqui, da revolução liberal-portuguesa. Então, desde os seus prenúncios, entra a ação do conde dos Arcos — a desviar o mesmo movimento para o príncipe, por ele trazido para as tricas políticas, e a cuja fortuna associara a sua ambição. Desta sorte, episódios distintos, que parecem independentes, unificam-se para expressão da mesma intriga: o fracasso do império sonhado por Tomás Antônio para D. João VI, as explosões iniciais da Bahia, a mazorca da soldadesca constitucionalista, a chacina da *Praça do Comércio*, o embarque forçado do rei... tudo em proveito do futuro Pedro I, fomentado e industriado pelo carrasco do padre Roma.[10] Para começar: fumega a Bahia, e Tomás Antônio propõe ao rei mandar tomar conta da antiga capital, para evitar que ela caísse nas mãos do constitucionalismo arruaceiro... e o dos Arcos se opôs, pelo que Tomás Antônio replicou, em carta ao rei: "... o voto do conde dos Arcos... ele diz que não, e contenta-se com impugnar... ir o conde de Vila-Flor é muito acertado; e se não o fizer, arrisca-se a perder, e principiar a revolução". Nem outra coisa queria o escuso adversário de Tomás Antônio. A carta é de 9 de dezembro (de 1820); ainda não havia chegado Palmela, que foi influxo para o constitucionalismo, e um excelente aliado de dos Arcos, por isso que estavam de boa-fé, ao

---

[8] *Op. cit.,* p. 64.

[9] Varnhagen, *op. cit.,* cap. I. O projeto último — Tomás Antônio Palmela foi depois adotado por Antônio Carlos, de acordo com o irmão e com Pedro I, sob o engodo — *União...* Da ideia de Palmela prevaleceu a *junta dos procuradores.*

[10] Varnhagen consigna "... o príncipe só desde então (fins de 1820) começou a ocupar-se de política, frequentando assiduamente a casa do conde dos Arcos...". Quando, em satisfação ao parecer de Tomás Antônio, se assentou na ida do príncipe, conseguiu dos Arcos fazer adiar a partida, e Varnhagen comenta: "... demorou-se a partida... pelas instâncias do conde dos Arcos, que já talvez maquinava em que el-rei, e não o mesmo príncipe, devia ir para Portugal (*op. cit.,* pp. 44 e 55).

passo que este apenas queria atravessar-se no caminho de Tomás Antônio — contra D. João VI, em favor das pretensões que seriam do príncipe.

Vimos que o império, concertado, finalmente, entre Tomás Antônio e Palmela, não logrou proclamar-se porque interveio isso a que Varnhagen chama de *conjura*, e que é a própria maquinação do conde dos Arcos a serviço do príncipe real, fomentando as tropas, em cio de constitucionalismo, para o fim efetivo de enxotar o bronco do D. João VI. A Bahia, cuja liberdade de rebeldia constitucional fora defendida pelo conde dos Arcos, forneceu as primícias da soldadesca desenfreada em constitucionalismo, e, dias depois, o Rio de Janeiro conheceu a qualidade cartista liberalizante da militança lusitana: motim de 26 de fevereiro. O tropel dos pelotões repetia os roncos liberais das cortes; no entanto, o projeto do abortado império trazia constituição para todos os povos irmanados. A mazorca, que, desde logo, perverteu a já infectada governança do Brasil, seria monstruosa desnecessidade, se não soubéramos hoje os seus motivos reais; obrigava-se D. João VI a jurar a longínqua e desconhecida constituição, para obrigá-lo a obedecer às cortes, que exigiam a sua volta a Portugal, e que deixaria livre o Brasil — à sofreguidão do herdeiro. Escrevendo ao cunhado (Linhares), Palmela inclui o conceito dos que tinham o príncipe como conivente com a tropa amotinada.[11] Por seu lado, Varnhagen amontoa uma preciosa coleção de fatos: "Formara-se um conluio... o padre Macamboa... padre Romão de Góis e outros portugueses estranhos aos interesses do Brasil... para fazer jurar a constituição já proclamada na Bahia... chegaram a pôr-se em inteligência, com o príncipe real, vendo-o até em palácio, na sala do seu guarda-roupa. Reconhecera o príncipe que, proclamada a constituição na Bahia, era intempestiva e perigosa a tentativa de Tomás Antônio, e prometera que, chegando o caso, auxiliaria, um movimento constitucional...". Segue a lista das grandes patentes do exército português, conjuradas para o

---

[11] *Vida do duque de Palmela*, T. I., p. 376. Felício dos Santos, *(op. cit.)*, é peremptório: "O fim da revolução (de 26 de fevereiro) era obrigar o rei a voltar para Portugal." Noutro lugar ele assegura — "que o decreto de 24 de fevereiro foi antedatado..." (pp. 348 e 353).

levante cartista, completado com esta informação pitoresca: "Para ajudar o suborno das tropas, reuniu-se avultada soma na loja de um alugador de cavalos, por nome Leal, perto do largo de São Francisco...". Combinou-se à hora para a saída dos quartéis... e que o padre Góis iria à quinta de São Cristóvão, para prevenir o príncipe... e porventura convidá-lo a colocar-se à frente do movimento... Ainda toda a tropa se não achava reunida, quando se apresentou o brigadeiro Garreti, a quem se ofereceu logo o comando, e logo depois o príncipe, entrando no quadrado formado pelas tropas com um papel, exclamou: *Está tudo feito. A tropa pode já ir a quartéis...*". Note-se: o *Almanaque da Corte*, de 1823, dá o dia 26 de fevereiro como de gala imperial, por ser o dia em que S. M. I. abraçou e deu ao Brasil o sistema constitucional.

Agora turba-se mais, ainda, a podridão política: constituiu-se o novo governo ao sabor do constitucionalismo da tropa, portanto favorável ao príncipe. Mas, no ministério há Silvestre Pinheiro, constitucionalismo acomodado a D. João VI. Aparecem os célebres *embargos*, espécie de petição imperativa para que a corte continue no Brasil... Era, o Rio de Janeiro, como cidade ocupada pela soldadesca partidária das cortes, para quem se tornara crime a ideia de permanecer aqui o soberano; o príncipe, a quem isto importava mais do que tudo, valia como fiscal ostensivo do constitucionalismo — que exigia a volta do rei; e o governo teve de mandar prender os apontados responsáveis pelos *embargos* — os desembargadores João Severiano, Luís de Carvalho Melo e o vice-almirante Pinto Guedes. Logo depois, a 7 de março, chega intimação das cortes para a volta imediata do rei; reúne-se o ministério, perante quem se submete a grotesca realeza personificada em D. João VI: Silvestre Pinheiro foi-lhe o único voto favorável. Ao saírem da sala, o marido de Carlota Joaquina chora o seu infortúnio: "*Que remédio, Silvestre Pinheiro!... Fomos vencidos!*"[12] Apesar de toda a contrariedade, a esperteza lorpa não se deu por vencida. Nos dias seguintes, andavam a assinarem-se três petições da gente de José Clemente, uma das quais insistia para

---

[12] Varnhagen, *op. cit.*, cap. I.

que o rei se não ausentasse do Brasil. *Pro forma*, respondeu D. João VI: que não podia ser atendido o pedido, em vista de poderosas razões de estado, e continuou a agir, nos manejos fracos de Silvestre Pinheiro. O plano tornou-se público, e o príncipe teve de intervir para dominar definitivamente a situação: aproveitou a ocasião do batizado do primogênito e fez que os seus partidários dessem ao rei uma prova pública de desagrado, abstendo-se de aclamá-lo. No espanto da demonstração inamistosa para com o rei, interveio o príncipe,[13] convencendo-o de que tudo aquilo era má vontade do povo — pela sua relutância em deixá-lo, a ele, D. Pedro, no governo do Brasil. O rei assustou-se, mas não cedeu, ainda, e, por intermédio de Silvestre Pinheiro, arranjou a manifestação da *Praça do Comércio*. O plano era: a pretexto de pedir *conselhos* quanto ao governo do príncipe, obter que os *eleitores* votassem contra a partida do rei. E assim se fez, em parte, chegando os convocados a mandar que se desembarcasse o tesouro real. Mas, o imprevisto da coisa, uma assembleia popular, num país que vivera, até então, no pleno despotismo, deu lugar a que a sessão tomasse um aspecto tumultuário. Nem mais desejava o futuro Pedro I: de acordo com o dos Arcos, contando com os bons serviços da soldadesca lusitana, fez fuzilar sem reservas, a mistura de brasileiros ingênuos e portugueses de faro ainda atrapalhado, ali reunidos para darem ao seu augusto senhor o pretexto de não partir. José Clemente saiu ferido: foi uma boa lição, e o faro se lhe apurou para a carreira profícua de depois. Ledo saiu incólume.

O povo não se enganou com o caso e deu ao local da chacina o nome de *açougue dos Braganças*. Um dos mais explícitos, apesar de tudo, em acentuar o jogo, do pai para o filho, e de que resultou a sangueira, foi o sr. de Porto Seguro: "...para melhor favorecer os planos, lembrou-se imprudentemente Silvestre Pinheiro de mandar um aviso ao ouvidor presidente da junta... Dir-se-ia que, desejosos de que el-rei não partisse, o ia tentar desta junta... que

---

[13] A este propósito, refere o sr. Pereira da Silva: "O príncipe procurou convencer o pai pelo susto, que era o argumento mais poderoso sobre o ânimo do soberano." *(Hist. da Fund.*, livro IX, seção II.)

os seus desejos se realizassem..."[14]. O general Caula, futuro primeiro-ministro da guerra do príncipe *lugar-tenente,* foi o próprio que comandou a carnificina. Dando-se a debandada, partiu, célere, a levar a triste nova a Silvestre Pinheiro. Houve devassa e prisões, todas por ordem do príncipe — não contra quem fuzilou eleitores inermes, mas contra esses.[15] Armitage, que conviveu com os principais comparsas e testemunhas do feito e viveu no ambiente histórico dos acontecimentos, adota esta versão, a única onde há lógica: "Pelas três horas da madrugada, chegou uma companhia da divisão auxiliadora, e, sem a mais pequena advertência prévia, deu uma descarga de fuzilaria sobre os desarmados e o povo que os cercava... morreram três indivíduos e ficaram feridos mais de vinte. É geralmente atribuída a D. Pedro a ordem à tropa de marchar sobre o colégio eleitoral. Sabe-se que, na véspera, ele estivera com ela no largo do Rocio e há razões convincentes para acreditar que ninguém desejava mais a partida do seu augusto pai do que este príncipe. Existia muita indiferença entre eles. D. Pedro havia mostrado frequentes sintomas de impaciência... E tanto ele como seu principal conselheiro e confidente, o conde dos Arcos, haviam concebido a maior aversão contra o governo de então."[16] Por sua vez, Silvestre Pinheiro, que bem conhecia a gente com quem tratava e os processos em que foi batido, deixa um conceito duplamente esclarecedor: "... quem não vê neste passo a mesma mão que fez rebentar a mina em 26 de fevereiro?..." Se não basta todo este argumentar, temos a carta de 4 de outubro, de 1821, em que o príncipe amontoa demonstrações de fidelidade ao portuguesismo ostensivo. Aí, na inepta jactância da raça, ele confessa, orgulhoso, a inteira responsabilidade do heroísmo sobre os inermes da *Praça do Comércio:* ... que os brasileiros não hão de insistir nas suas pretensões — de revolução independentista; "... não quererão ver a peça do pano, do qual

---

[14] e [15] Varnhagen, *op. cit., cap. cit.* É Varnhagen ainda quem refere que Duprat, figura saliente em toda a manobra da *Praça do Comércio,* era criatura de Silvestre Pinheiro, que o nomeou *adido de legação.*

[16] *Op. cit.,* pp. 15-16. Armitage estava bem informado de todos esses fatos, tanto que deu nota especial, a 17, para retificar erros de outros autores. Varnhagen dobra-se à verdade e confessa — "não poder duvidar que a façanha da *Praça do Comércio* se fez por ordem do príncipe" (p. 80).

viram a amostra a 21 de abril..." Quem mais aprendeu na *amostra* foi o próprio D. João VI, que, sem mais delongas, arrumou imediatamente a viagem, e, desesperançado, confessou a derrota no célebre *...toma conta do Brasil, antes...* Aliás, desde a bernarda de 26 de fevereiro, tomado o pulso ao ambicioso do filho, D. João VI preferiu contemporizar, e deu-lhe voz nos conselhos do governo.[17]

99. *O melhor do lugar-tenente e a sua* ficada...

Com a partida de D. João VI, fechou-se o primeiro ato da farça, que veio a ser a Independência do Brasil, registrando, o mais interessado no embuste, um excelente resultado: achou-se senhor do país, livre para arranjar uma independência em que se garantisse. Reconheçamos, no entanto, que a situação ainda lhe era muito difícil, porque, agora, tudo dependia de embair os brasileiros, captando-lhes a confiança, para que o aceitassem e lhe dessem o Brasil. Desde o começo, ele apareceu ligado à soldadesca, ao mesmo tempo constitucionalista, votada às cortes inimigas do Brasil, e turbulenta. Ora, bastava isto para indispô√-lo com os patriotas brasileiros e confundi-lo com os piores adversários da causa nacional. Armitage debuxa com perfeita nitidez os embaraços e as malhas que ele teve de atravessar para sair-se da situação: "A posição do príncipe era com efeito difícil. Por um lado a manifesta intimidade que existia entre ele e os oficiais da *divisão auxiliadora*, depois e antes de 21 de abril (*Praça do Comércio*), tornava-se ofensiva aos brasileiros; ao mesmo tempo que o ministério do conde dos Arcos, suspeito pelos portugueses... atraía o desagrado das

---

[17] Não há dúvida de que o dito imputado a D. João VI — *toma a coroa antes...* é absolutamente verídico. Na sua essencial covardia, ele negou, perante as cortes, as palavras proferidas na hora de embarcar; mas o príncipe, sem reservas, e no tom de quem não teme o desmentido, restabeleceu a verdade: "Eu me lembro e lembrarei sempre do que V. M. me disse, antes de partir dois dias, no seu quarto: *'Pedro, se o Brasil se separar, antes seja para ti, que me hás de respeitar, do que para algum desses aventureiros.'* Foi chegado o momento da quase separação, e estribado nas eloquentes e singelas palavras de V. M. tenho marcado adiante do Brasil..." (Carta de 19 de junho, de 22.) Armitage, e todos os historiadores que diretamente colheram informes, dão o fato como incontestável.

guardas pretorianas, sustentadoras da sua autoridade."[18] Com tudo isto, o filho de Carlota Joaquina fez o seu caminho.

Pedro I é julgado e conhecido, em geral, pelo que facilmente aparecia dos seus gestos; ora, nessa criatura, a exterioridade era justamente o oposto das efetivas qualidades de caráter. Não há dúvida de que, em toda esta aventura, ele se portou como aventureiro — no sentido pejorativo da expressão, pois que, no fundo, ele não era, nem a natureza romanticamente aventurosa, a buscar o imprevisto pelo amor dos riscos, nem o fidalgo cavalheiresco, aceitando as aventuras pelo prazer das belas empresas. Pelo contrário, era o político calculista, se bem que curto, pois que Bragança; o trameiro aliviado de toda sinceridade, e, com isto, desleal, insidioso, corruptor... mentindo, cavando, traindo... sempre que tanto lhe convinha aos planos. Mesmo sem tomar em consideração o como ele tangeu daqui a lorpa do pai — soltando-lhe em cima a tropa comprada para o constitucionalismo (p. 492): só o aprumo com que ele se houve nos dez primeiros meses de poder, entre o ostensivo antibrasileirismo da soldadesca e as aspirações independentistas dos brasileiros, só isto o eleva, com destaque, na galeria dos que Maquiavel consagra — mestres em *enganos*...[19].

Durante estes dez meses, decisivos na organização dos nossos destinos, o príncipe D. Pedro fez uma marcha por si mesma expressiva: em abril manda espingardear os brasileiros da *Praça do Comércio;* em junho é comensal de Avilez e companheiro nas bebedeiras da sua oficialidade farrista, a quem sacrifica o próprio dos Arcos; em novembro é comparsa de José Clemente-Ledo, para a farsa do *fico;* em março seguinte, preside à reivindiquita das tropas brasileiras que enxotam a *divisão auxiliadora* e faz chefe do governo a esse José Bonifácio que redigira a *desrespeitosa* representação às cortes. No entanto, o mérito não foi de inteligência, mas de desfaçatez. Nos três, ou quatro, primeiros meses, a dupli-

---

18 *Op. cit.*, p. 18.

19 Na *mazorca* com que a divisão auxiliadora obrigou a demitir o conde dos Arcos, o príncipe transigiu até a covardia. Segundo os documentos lavrados pelo senado da câmara, quando a soldadesca exigiu a demissão do conde, D. Pedro se limitou a perguntar-lhes: "— E quem o há de substituir? — É a V. A. que compete nomear o sucessor. — Bem; mas quem julgam bom? — Pedro Álvares Diniz, disse o oficial. — Pois será o desembargador Álvares Diniz...".

cidade ia facilmente com os dois lados: o conde dos Arcos era caução para os portugueses que já tinham trocado Portugal pela fartura do Brasil, e para os próprios brasileiros, que começavam a compreender a manobra da independência a pingar; o conde de Louzã e o general Caula eram os representantes diretos dos portugueses ainda adesos às cortes. Mas, desde que subiram de tom os rumores de independência, a soldadesca constitucionalista se arrepelou, veio para a rua, e exigiu a demissão do conde dos Arcos, o qual, a arranjar o Brasil para o príncipe, era como se fomentasse a independência: prenderam-no e recambiaram-no... A coisa estava tão bem encaminhada, que o dos Arcos já não fazia falta sensível, e D. Pedro sacrificou-o sem maior hesitação aos zelos anti-independentistas da tropa cartista. Ele bem sabia que, continuando no poder, acabaria arrebanhando um partido separatista, graças ao qual, no momento oportuno, poderia resistir eficazmente à fanfarronice da soldadesca. Contudo, ainda lhe foi preciso contemporizar alguns meses, alimentando a situação ambígua, em que deu o melhor de si mesmo: cartas de fidelidade que escrevia ao pai, a abjeta camaradagem com os bêbedos da divisão auxiliadora, e uma sorrateira aproximação — dos José Clemente-Ledo... A demissão do conde dos Arcos é de junho; em outubro, já o conluio para o *fico* está em ação. Nesse período, em que se decidiu a independência como a tivemos, o gênio da intriga foi o próprio D. Pedro: transigências com o liberalismo lusitano para a eleição da *junta,* mais juramento de constituição, Macamboa e Duprat, presos, recambiados definitivamente... tudo isto ele arranjou com os seus próprios meios, tergiversando, prometendo, insuflando, falhando à promessa; manejando... A universal desorientação, o momento, a escola política já militante, eram para esses processos, e o príncipe tanto obteve que, se a oficialidade embrutecida em constitucionalismo tenta, com os novos aliados, repetir o golpe com que despejou o dos Arcos, já o embusteiro pôde eficazmente resistir: ampara-o o ânimo do Brasil. De fato: a soldadesca apresentou-lhe uma lista de nomes, de brasileiros e lusitanos (suspeitos por trabalharem pela independência), para que fossem presos e enviados a Lisboa. Eram os próprios que estavam a arranjar a *ficada*.[20] Ora, para os seus intuitos de captar a confiança dos brasileiros, era preciso, agora, resistir. Foi o que fez o príncipe.

100. *Quem "fica" é Portugal...*

Chegamos, assim, ao termo do segundo ato da farsa, cujo final é o próprio *fico*, estendido até o afastamento da divisão auxiliadora, que, na sua fanfarronice brutal e soez, irritava e amesquinhava os nacionais. Eram, estes soldados, os representantes diretos e ostensivos das pretensões das cortes, que tão estupidamente ameaçavam o Brasil — de redomínio. Isto, mais do que tudo, tornava a soldadesca lusitana insuportável aos brasileiros. O príncipe bem o compreendeu, e não hesitou em optar contra ela, isto é, contra as cortes. O verdadeiro e concreto inimigo das cortes eram os Braganças, principalmente D. Pedro, cuja mocidade se traduzia forçosamente em rebeldia contra quem vinha podar-lhe os poderes. Por isso mesmo, a sua roda, desde o tempo do conde dos Arcos, forçava a nota, apontando as cortes como intransigentes inimigos do Brasil, empenhadas em recolonizá-lo. Nada mais natural, por conseguinte, do que a confiança com que o ingênuo Brasil se entregava a um defensor tão graduado... Tal era a situação, no Rio de Janeiro dos fins de 1821, entre os arrotos avinhados da soldadesca cartista e o recente brasileirismo do filho de Carlota Joaquina. Nesse meio, tão propício e tão afim, trabalhava proficuamente José Clemente, até chegar à instância em que o Brasil se entregaria definitivamente ao bragantismo. Para isto, concorreram de modo decisivo as relações do mesmo José Clemente com os Ledos, cuja canalhice tornou possível desvirtuar-se a tradição maçônica, até então brasileira e republicana. Com a

---

[20] Para prova de que a *ficada* aproveitava essencialmente aos portugueses, temos, como o afirma Varnhagen, que "a resolução de partir o príncipe havia desagradado aos portugueses". Por sua vez, Tomás Antônio, ao escrever ao amigo Soares de Paiva, quando não lhe descobria outra solução, reconhece: "Se o príncipe real quiser salvar o seu augusto pai, e os reinos de Portugal e do Brasil, e também a si, não deve, por forma alguma, deixar o Brasil." (Varnhagen, *op. cit.*, pp. 74 e 128.)

transigência dos Ledos, os ingênuos brasileiros empenhados na independência foram tentados a fazê-la com o aventureiro, que a *apressava* e *garantia*. Como explicar um tão monstruoso propósito?!... É que, na empestada atmosfera do bragantismo, os ânimos andavam fora do todo bom senso, e os mesmos sinceros (exceção de um Barata) apanhavam-se com qualquer engodo...

Assim, em meados de dezembro, o embusteiro podia anunciar ao pai, com a distância de um dia apenas, todo o enredo do *fico*. Não há, no rastro de Pedro I, clarão mais vivo que o que se reflete destas duas cartas — de 14 e de 15. E aí se verifica que era ele mesmo quem conduzia toda a maquinação: ele e comparsas empenhavam-se em impedir que se perdesse o Brasil para os interesses portugueses; e empenhavam-se porque estavam convencidos de que, deixados a si mesmos, os brasileiros fariam a verdadeira independência... Tal se lê por entre as letras das duas missivas. Há, no caso, as datas que, no absoluto das cifras, são provas definitivas. Quem apareceu com o ostensivo convite foi o próprio José Clemente, útero fecundo do produto nascido a 9 de fevereiro, mas em gestação desde outubro anterior. Para espetaculosidade da coisa, foi provocada uma manifestação das duas províncias — Minas e São Paulo. José Bonifácio foi quem redigiu e trouxe a manifestação de São Paulo; e, com isto, entrou concretamente na ação. Daí, o discutir-se a maternidade do *fico*, visto que essas manifestações se pronunciaram antes que o senado da câmara do Rio desse o seu recado. Em definitiva reivindicação, vinte anos depois, José Clemente, ministro da guerra, fez discurso, em contestação com Antônio Carlos: O sr. A. C. quer que se dê a prioridade aos paulistas; se "prioridade houve, ela pertence aos fluminenses...". A representação da província de São Paulo só pôde chegar depois do dia 9 de fevereiro (do fico)... O nobre deputado quer que se conte do dia da assinatura, 3 de fevereiro. Mesmo assim... há de estar lembrado de que, em 18 de dezembro de 21, saiu um comissário... ao governo de São Paulo, convidando-o a cooperar na ficada... E no dia 20, saiu outro para Minas... Devo declarar que os primeiros que se lembraram destas medidas, ou pelo menos que a fizeram sentir, foram o sr. José Mariano, e o José Joaquim da Rocha... Tendo eu tratado de saber qual a definitiva opinião do príncipe a esse respeito, dirigi-me logo a S. Cristóvão e S. A. ainda reservou de mim a sua opinião... Procurei novamente o príncipe, no dia 24 de dezembro... S. A. R. teve a bondade de responder que ficaria... No dia 26 fui à casa de José Mariano, onde se achavam o sr. Rocha e frei Sampaio, que foi quem redigiu a representação...". Como se vê, José Clemente engrola, para não dizer, em definitivo, de quem foi a primeira ideia da *ficada:* dá uma primeira data, 18 de dezembro, para a ida a São Paulo. Até então, parece, tudo estava no ar... Só a 24 é que o príncipe responde, e ele, sem maior pressa, só a 26 leva a resposta aos que o mandaram. Enquanto isto, o príncipe é preciso: " — 14 de dezembro, (carta ao pai). Dou parte a V. M. que os brasileiros e muitos europeus dizem pelas ruas — ... havemos de fazer um termo para o príncipe não sair, sob pena de ficar responsável pela perda do Brasil...". No dia seguinte, completa a história da maquinação: "... Hoje soube que, por ora, não fazem a representação, sem que venham as procurações de Minas e São Paulo, e que a representação é por esse modo: — *Ou vai, e nos declaramos independentes, ou fica, e então continuamos a estar unidos e seremos responsáveis pela falta de execução das ordens do congresso* (as cortes)". Aproximados assim, os dois textos — de José Clemente e do príncipe —, tem-se, então, a história exata: a 14 de dezembro, já estava tudo decidido e pronto, a fim de salvar o Brasil para os portugueses, inclusive a resolução de tomar a responsabilidade pela desobediência às cortes; já se decide o mandar emissários a Minas e São Paulo a buscar... A solidariedade? Não, somente; mas, principalmente, solicitar auxílios, no caso de reação das tropas de Avilez. É José Clemente, mesmo, quem o diz, nos subterfúgios da sua língua: "... que não julgava prudente que o Rio de Janeiro só fizesse a representação, porque não há força necessária, existindo no Rio de Janeiro uma força portuguesa assaz forte" (o mesmo discurso). E, foi por isso, visto tratar-se, apenas, de obter a solidariedade, que nem se esperou a representação de São Paulo

(Drummond).[21] É fácil de compreender como o povo propriamente dito se achava embaído em tudo aquilo: diziam-lhe que o príncipe tinha virado brasileiro e ia dar-lhe uma independência... E os brasileiros a aceitaram, na certeza de que era uma legítima liberdade e completa separação. Por isso mesmo, não ficaram satisfeitos com a primeira resposta, que foi textualmente a seguinte: "Convencido de que a presença da minha pessoa interessa a toda a nação portuguesa... demorarei a minha saída até que as cortes e meu augusto pai deliberem." Conhecidas estas palavras, houve um tal desapontamento por parte dos brasileiros sinceros, que os trameiros tiveram de voltar, redigindo-se e publicando-se, no dia seguinte, a resposta que foi pregada à história como *fico*.

Melo Morais, informado certamente por Drummond, cujo nome repete, insere uma versão do *fico*, só diferente em alguns nomes: não cita, quase, José Clemente, e dá o principal papel, junto ao príncipe, ao criado português Barbuda. "... Barbuda guarda roupa do príncipe, se ofereceu para este empenho (saber se *ele* ficava) e partiu para S. Cristóvão... visto que a respeito dele não poderia haver suspeitas. Contou-lhe tudo que se estava fazendo e então perguntou... O príncipe, a princípio, resistiu, pelo receio que tinha da divisão auxiliadora; mas, por fim, movido pelas razões de Barbuda, seu guarda-roupa, que tinha casado no Brasil onde tinha muitos bens de fortuna, disse-lhe — Fico..."[22] O cirurgião-mor reformado Manuel J. de Menezes reivindica a *ficada* para a sua maçonaria: "... conseguida do príncipe, por nossos esforços, a promessa de *ficar* no Brasil, servindo de nosso intermediário... o nosso irmão José Clemente Pereira, encarregado de pôr em execução o nosso plano... "[23]. Completa-se a psicologia dos motivos atuantes para o 9 de fevereiro, com o conceito lapidar de Duprat,

---

[21] Apesar de todas as fumaças, a tropa lusitana engoliu o *fico*: "Conformou-se com a resolução da divisão portuguesa, não só porque os oficiais... já não desejavam incomodar-se com o Brasil, como porque a via aplaudida por todos os seus patrícios, começando pelo comércio". Foi difícil, até que lhes chegasse a justa compreensão da independência arranjada para Portugal; mas chegou!... (Varnhagen, *op. cit.*, 134.)

[22] *Brasil Histórico*, 1ª série.

[23] *Exposição Histórica da Maçonaria.*

aquele mesmo com que May abriu as colunas da primeiro número da sua *Malagueta:* "O navio que sair, levando para a Europa a família de Bragança, deixa no Brasil a independência."

Agora, que estava garantida a partida, para que se fosse a tropa lusitana bastou que a enxotassem. Serviu o primeiro pretexto: uma rusga de oficiais superiores — o coronel português José Maria da Costa contra o brasileiro tenente-coronel Joaquim Lima e Silva.[24] O lusitanismo fardado ameaçou logo sair à rua e obrigar o príncipe a embarcar. Por si, este nada mais fez do que: pedir ao comandante do *3º de Caçadores* que se conservasse neutro; mandar a família para Santa Cruz; pedir asilo à fragata inglesa *Doris* e solicitar socorros a Minas e São Paulo. Enquanto isto, os brasileiros, militares e civis, pronta e espontaneamente, se armaram e vieram para o Campo de Sant'Ana, numa atitude que, finalmente, fez recuar o general de fancaria Avilez. Varnhagen, insuspeito, conta a concentração dos brasileiros, opostos à *divisão auxiliadora:* "Seja como for, é certo que nessa mesma noite (da rusga) da ameaça, começou, por seu turno, a reunir-se no campo de Sant'Ana toda a tropa da linha e miliciana do país, incluindo o regimento dos *henriques* e dos *pardos,* e um sem-nome de cidadãos de todas as classes, cada qual armado como pôde, entrando nesse número muitos eclesiásticos, até frades...". Só então, em face dos 12.000 homens armados que assim se apresenta-

---

24 Para ter-se ideia do que valiam essas tropas portuguesas, considere-se o que se passou no célebre baile de 24 de agosto (de 1821), arranjado pela oficialidade da *Auxiliadora,* para festejar o aniversário da revolução do Porto. A festança fez época, e a sua crônica dá conta de muita coisa, na vida de então. A sociedade carioca já repelia ostensivamente a soldadesca grosseira, bêbeda e constitucionalista: "Apesar do concurso dos oficiais lusitanos que davam a festa, devido a sua má educação... notou-se ausência da gente grada brasileira que, sendo convidada, só um ou outro apareceu, por condescendência com o príncipe... Este baile pôs a limpo a divergência que havia entre brasileiros e portugueses..." (Mello Morais, *Brasil Histórico),* Drummond, presente no Rio de Janeiro, e que foi dos sucessos, descreve a capital do país possuída e inteiramente dominada pela brutalidade da soldadesca portuguesa. No teatro, "até as senhoras ficavam sujeitas aos mais grosseiros insultos de uma plateia composta de militares ébrios e caixeiros malcriados, entusiasmados pelas glórias da pátria... O Rio era como uma cidade conquistada. O príncipe estava completamente unido aos conquistadores: eram eles os corpos da divisão auxiliadora, e os chatins das ruas do Rosário e Quitanda. O príncipe real afeiçoou-se à mulher de Avilez... as orgias do príncipe com os oficiais eram quase diárias... O baile foi suntuoso, mas segundo se disse, cenas escandalosas se passaram... As famílias brasileiras mais respeitáveis, não obstante o empenho do príncipe, e o receio de vinganças, não tinham comparecido. Tudo que se passou nele foi completamente português. O príncipe ficou até 6 horas da manhã." (*Anotações,* p. 15.)

443

ram, é que o príncipe teve arrogância para ameaçar os seus antigos camaradas, de *expulsá-los à força.* Logo depois, foi publicado um folheto, *A heroicidade brasileira,* onde se celebrava a façanha, admitindo que D. Pedro estivera à frente das tropas brasileiras. Imediatamente, o Governo fez confiscar a edição — "por conter esse escrito proposições não só indiscretas como até falsas..."[25].

101. *O primeiro governo brasileiro*

Dominada pelos brasileiros a tropa de Avilez, a situação ficou, nitidamente, para o Brasil. Os ministros cortistas tiveram de sair; viera ao Rio de Janeiro, em missão política relativa à independência, o sábio brasileiro, cons. José Bonifácio de Andrade e Silva, o maior prestígio intelectual do Brasil e de Portugal, e o príncipe o chamou para seu primeiro-ministro. E, por que não? Era, o velho Andrada, um excelente funcionário português, feito no regaço do trono bragantino, mas sempre alheio às tricas da política lusitana, e que se acolhera ao Brasil quando se pronunciou a revolução constitucionalista que veio dar nas *cortes.* A situação do Brasil era a da concreta independência, tão irredutível que ninguém admitia, a sério, pudesse o país voltar a ser colônia. Mas José Bonifácio, que fez o elogio de D. Maria I após o esquartejamento de Tiradentes, nada fizera para isto. Estava no seu São Paulo, onde se conservava tranquilo, à sombra do seu prestígio de sábio europeu. Alastrava o fogaréu político; o fidalgo, que governava São Paulo, era profundamente malquisto pela sua prepotência, mais irritante do que cruel, e acendeu-se uma revolta contra ele. Muito naturalmente, atraído pelo grande renome, o movimento foi buscar José Bonifácio para chefe: "Viva o conselheiro!... Queremos que o conselheiro presida os nossos trabalhos! Está deposto o déspota!... Queremos a liberdade... Viva São Paulo! Viva o Brasil! Viva a liberdade!...". O velho Andrada respondeu que "revolução não era somente gritar... Que os revolu-

---

[25] Varnhagen, *op. cit.,* 136 e 139.

cionários não dispunham de meios para a luta que desafiavam... Que os portugueses tinham exército e armada... Que se lembrassem dos de *Dezessete*... e quando Portugal não tivesse forças, a Inglaterra o ampararia...". E terminou propondo que a revolução desse a chefia do governo provincial ao mesmo Oyenhausem deposto... Ele ficaria como vice-presidente... Para outra coisa, não contassem com ele... Assim, ao mesmo tempo que entrou para os sucessos da independência, deu arras ao Bragança da sua dedicação antirrevolucionária. Segue-se o episódio da representação para o *fico*, e José Bonifácio foi chamado para presidir o primeiro governo brasileiro, em vista desses mesmos motivos — notável, bragantista, homem de ordem...[26].

Estava passada a crise, toda resolvida pelo próprio príncipe, e a independência jugulada em benefício do futuro imperador. Desta sorte, o governo do Brasil — Farinha-Louzã não fez diferença ao passar para Farinha-Andrade... não mudou, no momento, mas evoluiu, e tanto que a política brasileira de março de 1823 nem parece derivar pacificamente da de março de 22. José Bonifácio nada preparou, antes, para a independência; todavia, uma vez no governo, foi o senhor da situação, o ostensivo condutor da política, até o ponto de, apesar de tudo, fazer a mais brasileira das independências que podiam sair do *fico* de José Clemente, tão nacionalizada, que nunca mais foi possível voltar atrás para a sonhada reunião. Por isso mesmo, teve de sofrer a perseguição, a difamação, a prisão, o desterro... Não obstante, foi de tal modo patente a sua ação para o desfecho de 22 que logo o proclamaram *o patriarca* da independência. Mas não tardou que o atacassem duramente para tirar-lhe a glória do *patriarcado*. Começou com o romper dos longos e calados despeitos de José Clemente, a reclamar para si mesmo, no eufemismo de *fluminenses*, a iniciativa do *fico* (pp. 438-441). Vem a estátua e os protestos se repetem. Em 1874, L. F. da Veiga; herdeiro das incompatibilidades dos *moderados* contra os Andradas, renovou o ataque, dando, no seu

---

[26] Seria dessa manifestação de José Bonifácio, em junho de 21, que a Maçonaria tirou a conclusão de ser inútil o esforço para fazer uma independência republicana? Parece que não, pois que em outubro ainda se trama um movimento republicano, pela Maçonaria.

livro, *O Primeiro Reinado,* todo um capítulo contra o patriarca. Finalmente, é uma campanha que se reabre toda vez que brasileiros, em aspirações brasileiras, vêm verificar a obra da independência: acham-na má, incompleta, antinacional, amesquinhadora... e resolvem o caso não só com o condenar o apontado chefe ou empreiteiro da obra, como lhe tiram, a ele, todo valor. Não há dúvida: o velho Andrada não era nenhum gênio como estadista. Fazia política, pouco mais ou menos, como versejava: conscienciosamente, sem maior inspiração, à custa de esforço inteligente e boa vontade. Em todo caso, compunha as suas odes, relativamente corretas, e que, se não tinham marejante poesia, podiam contudo comover e continham ideias bem nítidas. Assim se fez a sua ação política, começada no declinar da vida, a denotar que ele não era um ambicioso, e que foi bem a força das circunstâncias que o trouxe para a função.

Já o acentuamos, talvez, a independência, tão pobre foi de inspiração e espírito revolucionário, que não deu com que compor a legenda de um herói, que fosse. Os dois vultos a destacar, incompletos, sempre adversários, só se aproximam na pureza do caráter, na sinceridade dos motivos e na honestidade dos propósitos — Cipriano Barata e José Bonifácio. Falta-lhes muita coisa para o heroísmo de que o Brasil carecia. E a independência passa: começa, desenvolve-se e acaba, sem que apareça a figura de um homem no nível do acontecimento. Foi uma revolução? Não: não pode haver realidade revolucionária sem a substituição da classe dirigente, sem a inteligência de um programa a defini-la e o valor de uma vontade a conduzi-la. Sobre a fatalidade histórica, armaram uma tramoia, e foi preciso a velhice de José Bonifácio para que se desenhasse ação digna e a tramoia se enobrecesse um pouco. Dos consagrados, é a única figura a impor-se ao respeito dos brasileiros. O mais — secundários, nulos, reles, canalhas... A vitória dos Braganças em 1817, com a ação diabólica do conde dos Arcos, deixara o Brasil desamparado. Havia auxiliares; mas faltava, em absoluto, quem fosse capaz de condensar as energias nacionais, para fazer o estado do Brasil no lineamento das suas puras tradições. O homem que se revelou, na singular revolução da independência, foi mesmo o bragantista, conservador e antirrevolucionário José Bonifácio. Tudo quanto se alega contra ele, como não autor da independência, demonstra, apenas, que esta não passou de escamoteação em favor dos Braganças e dos portugueses em geral. O pouco que se salvou, foi ele quem o garantiu.

Eram todos bragantistas, salvo um Barata, por isso mesmo perseguido, condenado à prisão perpétua, esquecido nas masmorras da ilha das Cobras, onde o descobre um adversário. Ou um Lino Coutinho, modesto, sem virtude de ação, idêntico a um José Custódio; ou um Tavares, coerente, mas ineficaz, como náufrago que era, e já meio descrente. Barata, simples agitador revolucionário, sincero, essencialmente brasileiro, seria o precioso companheiro, voz de propaganda inflamada, a serviço da democracia brasileira se tal houvera. Dentro do bragantismo, destacava-se um Feijó — descortino, coragem, caráter, honestidade, inteligência, puro patriotismo, valor de ação, mas ainda hesitante, e inteiramente isolado, naquele mundo *acoimbrado*. Não compreendera, porventura, a sua função naquele transe da pátria brasileira. Também não possuía, mesmo, as outras qualidades de agremiador, necessárias para conduzir e garantir a obra de proselitismo, indispensável na mutação revolucionária para torná-la eficaz. Todos os mais salientes eram criaturas pressurosas aos pés do príncipe. A reação anterior havia rareado os republicanos de prestígio; os que existiam, se numerosos, eram simples ecos de uma tradição, vivaz, mas perseguida, limitada em efeitos, principalmente porque, na mesma conjuntura, fora traída pelos que deram a Maçonaria, o seu reduto, ao próprio príncipe. Se houve agitação, não foi para modificar o caráter da obra e purificá-la democraticamente, mas para angariar as boas graças do príncipe, tanto que a luta cessou, ou suspendeu-se, em 1823, com a vitória absoluta dos adversários dos Andradas. E da vitória só resultou uma agravação de absolutismo, em profundas ofensas do sentimento nacional. Donde a conclusão: Ledos e comparsas não lutavam pela causa brasileira, e, menos ainda, pela causa da liberdade. Isto, que é verdade verificada, tira qualquer valor aos repetidos argumentos contra os antecedentes de José Bonifácio.

Ninguém o contesta: o velho Andrada nunca se mostrara independentista; era um funcionário português graduado, de tirocínio, bragantista, quase absolutista; ao passo que a tradição de independência, no Brasil, era radicalmente republicana, liberal, maçônica, nacionalista... Ora, se José Bonifácio fez a independência com a monarquia do Bragança, estava coerente com os seus sentimentos, e foi além do que se podia esperar. Então, se se fez a independência sem a república, e, mesmo, sem legítima democracia, a culpa não deve caber ao aristocrata, monarquista, elevado com o favor do trono, e, sim, aos que, surgindo no prestígio da tradição independentista radical, democrática, maçônica, tudo abandonam em troca das boas graças do príncipe. O velho Andrada não se levava por estímulos democráticos, nem se preocupava de liberdade, como se espera num estadista que vem criar o estado numa nação americana. Por isso, parecia faltar-lhe a audácia, reflexo do ânimo ardente pela liberdade. Parecia, mesmo, nos primeiros momentos, sem ardor combativo. Mas, desde que se viu na contingência de agir como brasileiro, foi audaz e forte. Infelizmente, encontrou-se num desvio de caminho, e sua ação nunca foi a de uma revolução para redimir a antiga colônia, peada no absolutismo parasita do regime bragantino. Contudo, teve talento e honestidade para fazer de modo completo aquilo a que se propôs: levantar a soberania do Brasil. Teve prestígio incontrastável, enquanto foi governo, tudo devido somente ao seu valor.

O gesto do Ipiranga foi o momento capital, no terceiro ato da força da independência, e é o que se salva de toda ela. Ora, por todo espaço brasileiro, o senhor da cena foi, inegavelmente, José Bonifácio. A traça geral do enredo era do príncipe, em correspondência com o interesse português; mas, desde que o velho Andrada entrou para o governo, por si se fez o condutor ativo e lúcido dos acontecimentos. Sim: no uso da definitiva autoridade, autoritária e inteligente, ele não era homem para manter-se como figura secundária, ou simples títere, nas mãos do príncipe, matreiro, certamente, mas sem vigor de caráter, nem grande descortino de pensamento. E, com isto, sobrevêm os ataques das cortes à dignidade naciomal, ataques a que José Bonifácio respondeu numa vigorosa reação, em que falavam vivamente todos os brios dos grandes senhores brasileiros da época. Chamado à luta, respondeu desassombradamente, e a cada um dos golpes do lusitanismo cartista respondeu com outro mais eficiente. Foi quando o seu caráter se patenteou, por completo: franco, honesto, decidido, despótico, orgulhoso até a vaidade, e, ao mesmo tempo, simples até a puerilidade, imprevidente, ao ponto de não sentir a impropriedade da obra que pretendia ser — um estado brasileiro feito exclusivamente com as tradições da política portuguesa-bragantina, em oposição formal com as tradições legitimamente brasileiras. Em todo caso, no curso de uma transformação toda tramada em insídias para o efeito da suprema traição, o velho Andrada foi sempre inteiriço. Agia como o forte destemido. A lusitanada tinha entrado já, toda, para a independência; era poderosa, pois que se achava montada nas melhores posições; estava disposta a fazer-se senhora da mesma independência, ideada para serviço dos seus interesses... E José Bonifácio, em face dela, procedia com a temeridade do suicida: deixou-lhe todas as posições, ao passo que, sem reservas nem complacências, se declarou seu inimigo. É o próprio satélite dos Andradas quem o diz: "... a independência respeitou todos os direitos, bem ou mal adquiridos..." (Drummond). Tanto vale dizer: a política da independência guardou, nas posições privilegiadas em que se achavam, todos os portugueses...[27]. Desta sorte, entrou para o ministério do príncipe, a fazer a independência, um antigo funcionário português, zeloso da sua lealdade para com o trono bragantino, e, antes de finda a missão, aparecia um ministro brasileiro, sinceramente e intransigentemente realizador de um estado brasileiro, absolutamente independente de Portugal, um Estado feito para o príncipe da casa de Bragança, mas com condição de ser exclusivamente brasileiro, até o ponto de lutar concretamente com o português, para manter a sua qualidade nacional: fez guerra deveras a Madeira e aos do Pará, Maranhão; decretou o confisco contra os portugueses não legitimamente naturalizados, e teria chegado à necessária expulsão dos reconhe-

---

[27] V. Nota apêndice.

cidamente inimigos do Brasil. Por isso mesmo, a independência prevalecente o abateu, o eliminou, o prendeu, o perseguiu e o desterrou.

102. *Os beneficiados da Independência...*

Assaltada, tomada, ocupada a independência pelo lusitanismo, não houve lugar, nem possibilidade, por mais nada: nem tradição brasileira, nem democracia, nem legítima soberania nacional, nem dignidade de política e eficácia de administração. O movimento separatista, que começa logicamente em 1817, foi o esforço, no espremedor do bragantismo, para eliminar, na organização do estado brasileiro, tudo que fosse legítima tradição nacional, nas suas puras aspirações de democracia e liberdade. E chegaram a este monstruoso resultado: toda a portuguesada ficou, para ser o Brasil autônomo, e saíram todos os puros brasileiros, inclusive, finalmente, os Andradas, apesar de que não defendiam a integridade das tradições nacionais — independência com a república, absoluta separação de Portugal por legítima incompatibilidade. Ora, em antagonismo com estas aspirações, a obra da independência tinha que ser falha. Podia, todavia, não ser criminosa, tal o tentou José Bonifácio; mas o bragantismo, malfazejo por natureza, deu razão aos seus destinos e foi até o crime. Reconheçamos, no entanto, que, mesmo na plenitude do programa andradino, a independência seria viciosa, incompleta e desorientadora, uma vez que contrariava os patentes intuitos da nacionalidade, segundo a tradição santificada e consagrada no sangue dos nossos mais legítimos e característicos patriotas.

José Bonifácio é quem arrasta a responsabilidade da não república, em 1822. De fato, o velho Andrada não faria nunca a república. Nem mesmo se adaptaria a uma sincera monarquia democrática. Todavia, já o vimos, quem desviou, desde logo, o movimento independista para a monarquia bragantina foi Ledo, a serviço de José Clemente. E o fato vale por uma traição, pois que a tradição das lutas pela independência, se estava ligada à Maçonaria, era, em si mesma, essencialmente republicana. As lojas donde saiu o 6 de Março tinham ligações no Rio de Janeiro, tanto que, para esse fim, mandaram um emissário. No entanto, de tal modo decaíram os ânimos ao contato da montureira de 1808, que não houve uma qualquer manifestação de solidariedade, ou simples simpatia, para com os grandes brasileiros, mártires de Congominho, Rodrigues Lobo e Luís do Rego. Nem mesmo quando começaram a falar em *liberdade* e *independência;* nem sob tão generoso influxo houve quem lembrasse e evocasse os nomes dos que, cinco anos antes, em Pernambuco, tinham sofrido a pior das mortes — na ignomínia da justiça bragantina. Pelo contrário: desde que o ambiente carioca se agitou com as patacoadas do constitucionalismo lusitano, recomeçaram os movimentos maçônicos — para entregar a Independência do Brasil aos Braganças. É verdade que José Bonifácio aparece desde o começo — no 5 de junho, em São Paulo, e imediatamente se opôs a qualquer realidade revolucionária, bem demonstrando que não admitiria uma independência republicana; mas também é verdade que todos se conformaram com isto, e que não há outros motivos para acreditar que os revolucionários paulistas de 1821 fossem pela república a não ser a sua qualidade maçônica. Ora, os nomes que ali aparecem são de criaturas que, em seguida, ao lado de Ledo e José Clemente, são dedicadíssimos monarquistas. E tudo isto nos traz a convicção de que a Maçonaria, ativa em 1821-22, se não era convencidamente Monárquica, desinteressava-se cordialmente da forma de governo, esforçando-se, apenas, pela independência, que os mais salientes dos *irmãos* queriam fosse em benefício próprio.

Por si mesmos, os homens da independência não valem as linhas que já lhes foram consagradas. Dado, porém, que a separação obtida em 1822 não foi o natural desenvolvimento da nossa evolução nacional, senão um atentado contra essa mesma evolução, temos de caracterizar a independência nos homens que a fizeram. Então, é de justiça destacar a personalidade de José Bonifácio, principal figura, já o vimos, naquilo que haja de aceitável, nos sucessos de 1822. Era um caráter, como afirmação de princípios, sinceridade e pureza de intuitos. O seu maior crime está em aceitar de vir fazer essa independência, uma vez que não a podia realizar no lineamento das nossas tradições e de acordo com as nossas necessidades mais sensíveis. Não a podemos aceitar por boa; mas, por oposição aos motivos monarquistas de José Bonifácio, não vamos transformar os pulhas e canalhas dos seus adversários, valor José Clemente, em homens a admirar, e, menos ainda, em devotados democratas, sacrificados ao bragantismo dos Andradas. Certamente, o velho santista era intolerante contra Ledo... Mas tudo não passava, a princípio, da repugnância do aristocrata são, autoritário, honesto e culto, em face de um caráter poluído e uma mentalidade acafajestada. Quanto a José Clemente, tudo indica que o velho Andrada desprezava-o. E, em verdade, toda essa disputa não passaria de caciquismo obscuro e fútil, se, com ela, não se inclinassem os destinos desta pátria. José Bonifácio nunca faria o regime democrata e livre de que o Brasil oprimido tanto carecia. Todavia, não foi ele o único a fechar o caminho, senão todos que, de fato, tiveram poder sobre aqueles acontecimentos; todos contra a república. E, com isto, ao mesmo tempo abriam as portas, largas, francas, que ao portuguesismo que nos assolava.

Foi maior, então, a desgraça, porque aquele era o momento próprio, inadiável, de levar a antiga colônia à legítima liberdade, fecundante e organizadora, como o tem sido para os povos americanos. Em vez disto, para apavorante agravação de misérias, entregou-se a nação brasileira, nascente, ao lusitanismo bragantino, à propria infecção em que esta pátria se consumia; e a independência resultou em puro benefício do português. Sim: arranjada em torno do príncipe, que aqui ficou, ela veio corresponder, em absoluto, aos motivos com que José Clemente justificou o seu pedido, e que era o de todos eles: "Se partirdes, os brasileiros, republicanos, farão a independência radical de seu país... *Ficai*, senhor, para garantir a união do Brasil a Portugal!...". Prevaleceu José Clemente, e, tanto que, se as *cortes* tivessem logrado impor ao Brasil o regime que lhe preparavam, não nos teriam afastado mais da verdadeira independência, na prática da liberdade, do que se fez na obra de 1822, que deverá ser o radical e profundo expurgo.

Estávamos embebidos na ignomínia: depois de tudo que recebêramos desde 1840, a supercarga de 1808!... Toda aquela montureira das oito naus, D. João VI a fixou aqui[28] — a farandulagem das muitas repartições com que se acabrunhou o orçamento da ingênua colônia em nada alterou a essência do regime, porque, na prática, tudo consistiu em dar pasto aos milhares do *enxame de aventureiros imundos*. E piorou a situação geral do Brasil, uma vez que tudo consistiu na entrada e incorporação, nas tradições da terra, desse mesmo "enxame imundo, sem-vergonha e sem princípios", como no-lo pinta Armitage (p. 20), que respirou o ambiente político e moral infectado por eles. *Gente reconhecidamente incapaz*, insiste o próprio Pereira da Silva, e que serviu, apenas, para sementeira da variedade etnográfica-política, de que tanto tem sofrido esta pátria — *os brasileiros de D. João VI*. Foi a preponderância dessa gente, na vida pública do Rio de Janeiro, que tornou possível o monstruoso crime de uma população carioca, dando assistência, louvores e aplausos, ao governo que fazia martirizar os brasileiros mais puros, votados a esta pátria até o sacrifício supremo, governo cujos representantes ainda profanavam as sepulturas das suas vítimas, para mutilar os cadáveres... Como explicar que esta sujeira se incluísse na nação proclamada independente?... É a própria miséria da alma, deles, que nos dá a explicação.

Afastado D. João VI, verificada a impotência da tropa de Avilez para conter o Brasil, se lhe viesse a gana de ser independente, estimulados os brios nacionais pela estupidez das cortes, os portugueses funcionários, como os outros, logo reconheceram que a *coisa estava para breve*, e que só lhes restava uma salvação: uma independência em que eles pudessem ser primazia. O seu refletir encontrava-se, muito naturalmente, com o do príncipe, de tal sorte que, a anunciar-se a resolução das cortes, de extinguir os serviços criados por D. João VI, todos os respectivos apaniguados, toda a crosta da purulência administrativa e judiciária aqui

---

[28] Segundo Varnhagen, havia, em Pernambuco, Bahia e Rio de Janeiro, 2.000 funcionários portugueses... Tudo isto ficou. (*Op. cit.*, p. 94.)

deixada pelo marido de Carlota Joaquina, fez-se partidária acirrada da independência. É certo que, no primeiro momento da baderna constitucionalista, um grande número de mercantis lusitanos se declararam partidários das cortes. Não sabiam, comenta monsenhor Tavares, *o que quer dizer constituição; mas constitucionalizavam-se*, explica-nos Armitage, na esperança de que o Portugal cartista restaurasse a antiga subordinação da colônia, para florescência dos seus privilégios de espoliação, sem concorrência de estrangeiros.[29] Isto, porém, rápido passou, e, antes mesmo da partida de Avilez, já o comércio do Rio de Janeiro era todo, como no-lo mostra Varnhagen, franco partidário da independência, como a arranjava José Clemente. Finalmente, não havia português que não tivesse justificação explícita para ser partidário da independência: os *constitucionais* (os próprios que tramaram o *fico*), porque o Brasil independente tinha que ser constitucional, e mais liberal ainda do que Portugal; os *funcionários*, porque só seriam conservados nos empregos se o Brasil fosse independente; os *legitimistas*, porque eram inimigos das *cortes*, inimigas do príncipe; os simples *realistas* e *bragantistas*, porque uma independência imediata, com o príncipe, era o único meio de salvar o princípio da realeza, com um representante dos Braganças. Esta verificação não chegava a ser um segredo, na época. Nas cortes, o sr. Borges Carneiro o disse, com todas as letras: "Sabemos que essa perturbação (o movimento independentista do Rio de Janeiro) é obra de facciosos, aristocratas e empregados públicos, que viram se lhes secar a fonte, onde saciavam a sua ociosa ambição, bebendo o sangue dos pobres por taças de ouro."

Já o acentuamos: com a responsabilidade dos destinos do Brasil, sem sair, embora, das suas convicções políticas, José Boni-

---

[29] *Op. cit.*, p. 20. Páginas adiante, o inglês é mais explícito: "A notícia dos decretos de 29 de setembro produziu um fenômeno com que as cortes não haviam contado. Todos os indivíduos espoliados dos seus empregos (portugueses) pela extinção dos tribunais converteram-se em patriotas exaltados; e, como se tivessem sido transformados por um agente sobrenatural, aqueles mesmos que haviam, pela maior parte da sua vida, serpejado entre os mais baixos escravos do poder, ergueram-se como ativos e extremos defensores da independência." (p. 28.) Felício dos Santos assinala que, na sua Minas, apenas D. Manuel de Portugal e Castro se negou a ficar no cargo para o qual o elegera a independência: "... que se chamava *Portugal:* não podia pertencer ao Brasil..." (p. 394).

fácio sentiu *brasileiramente,* e pendeu de modo decisivo para os interesses essenciais do Brasil. Foi patriota e tentou realizar o estado brasileiro como afirmação nacional, em contestação necessária com os interesses do português. Teria conseguido essa parte da verdadeira independência, se não fora o vício original — de ter pactuado com o princípe português, por essência incompatível com a nacionalização efetiva desta pátria, como o patenteou dissolvendo a primeira assembleia brasileira, expressão da soberania do Brasil. Um estrangeiro, Armitage, compreendeu isto mesmo quando assinala que este fato indispôs completamente a nação brasileira contra Pedro I. Podemos descer à miudeza dos sucessos, e encontraremos a mesma significação. Para defender e justificar o partido de Ledo, na sua oposição aos Andradas, um brasileiro de hoje[30] tem de argumentar nestes termos: "Tendo Clemente Pereira muitas amizades na colônia portuguesa no Brasil de então, sendo quase toda partidária de Ledo (pudera!), José Bonifácio mandou lavrar o decreto de 11 de dezembro de 1822, mandando confiscar os bens dos súditos de Portugal..." Nunca ninguém defendeu melhor o proceder do governo brasileiro de então... Faltou ao sr. Cintra o acentuar que o estado do Brasil, em dezembro de 1822, estava em guerra efetiva com o estado de Portugal... Os portugueses, ativos na política, em franca hostilidade ao governo de José Bonifácio, que era o governo do Brasil, tinham que ser tratados como inimigos. A quem a culpa, se a maior parte dos partidários de Ledo era desses portugueses?... O confisco, medida universalizada para casos tais, era indispensável defesa, não de José Bonifácio, mas do Brasil. E, como o mesmo Brasil tinha que ser sacrificado ao interesse do português, foram os Andradas abatidos, afastados da defesa em que se empenhavam — para que os próprios soldados de Madeira, depois de toda infâmia do procedimento para com os baianos, fossem incorporados ao exército brasileiro. Um espírirto de puro brasileirismo, como Carlos Maul, tem razão quando condena a obra geral dos independentistas de 1822. Mas não o tem quando opõe o ledismo,

---

[30] Assiz Cintra, *o Homem da Independência* (cap. IV).

preferindo-o a José Bonifácio. Gonçalves Ledo da independência é o constante instrumento do português José Clemente; e, dentre os urubus de 1822, não há nenhum mais nocivo ao Brasil e mais desagradável ao sentimento nacional do que o torvo arranjador do *fico*, a que se sacrificou a independência.[31]

---

[31] O concreto dos fatos patenteia tudo isto; para comprová-lo, fecha-se este volume com uma nota — apêndice — onde se condensam esses mesmos fatos.

PERSPECTIVAS

Estamos longe do remate conclusivo. O pensamento que vem por estas páginas não pode ainda fechar-se em síntese, pois que lhe falta verificar, na vida da nação brasileira, soberana e livre (?), as influências, os vícios, as perversões e turbações, que nos foram comunicados da metrópole degradada. Só então, teremos disposto os motivos e conceitos para concluir logicamente, numa fórmula que assim se resumiria: somos uma nação ineducada, conduzida por um Estado pervertido. Ineducada, a nação se anula, retida na sua evolução de humanidade, desvalorizada como realização de progresso, enleada em convencionalismos seródios e estéreis. Representada num estado pervertido, a mesma nação se degrada em materialismos vis, desorientadores e tórpidos. Ora, em critério social, tudo isto se traduz como sintomas de grave doença, a exigir tratamento — ao mesmo tempo preparo e depuração. Será o fecho da conclusão definitiva, ao termo de toda a obra a que nos propusemos. Por enquanto, nestas páginas, temos de verificar, apenas, que essa independência, realizada numa traiçoeira transmissão de domínio, foi a própria confirmação da miséria política e social em que se encontrava esta pátria: vínhamos possuídos pela degradação portuguesa-bragantina, degradação que a nós se comunicou definitivamente, no mesmo ato em que pretendíamos liberar-nos dela.

Nesta forma, e bem explicitamente, faremos destes últimos conceitos projeção para as páginas que nos levarão às afirmações realmente conclusivas. A emancipação nacional como a fizemos dá caráter a toda a nossa deplorável história política, como origem que é das mais constantes e profundas misérias nacionais. Possuíamos tradições lídimas e puras de brasileirismo. Para uma existência efetivamente livre e soberana, tinha o Brasil de levar-se por elas, até sentir-se em plenitude de vida. E foi o que nos negou o destino. Para um Brasil jungido a Portugal, que o oprimia e desnaturava, a soberania devia ser absolutamente nacionalizante, inspirada de tudo que nos distinguia e separava. Contrariaram explicitamente a essa necessidade primeira, e temos uma história de independência que, tomada ao pé da letra, é tão incongruente como desestimulante. Inspira horror pela obra e ensina a buscar o contrário do que ali se consagrou.

Insistamos ainda: o conde dos Arcos, que fez assassinar o padre Roma, e acumulou torpezas para dominar e trucidar os heróis de *Dezessete,* foi o primeiro-ministro, do primeiro ministério, do príncipe que aqui ficou, para fazer a independência; foi a iniciativa dela e o seu primeiro empreiteiro. O resto, o episódio Andrada, vale como energia brasileira para a enunciação do que tinha de ser afirmativo. Aceitaram-no, exploraram-no, por indispensável, para afastá-lo, quando o Bragança se sentiu no usufruto incontestável dessa independência, que lhe dava o Brasil. No mais, Vilela Barbosa, José Clemente, Álvares de Gouveia, Ferreira França, marquês de Jacarepaguá, Nogueira da Gama... de 1823, 1825, 1827... são, apenas, o desenvolvimento natural de José Clemente, Mariano da Fonseca, Barbuda, Caula, Cairu, Álvares de Gouveia... de 1821, 1822... Quanto à significação geral da obra, basta-nos destacar a inteira oposição entre 1821-1822 e -1817. Esta, uma página de límpido patriotismo heroico, em múltiplos sacrifícios, sem um momento de desfalecimento, sem um gesto de covardia nos sacrificados. O 1822, uma trama contra o Brasil, realizado como arranjo, em que esta pátria é infamemente ludibriada, e cujos raros parceiros onde há caráter e brasileirismo são tratados como criminosos vulgares, mesmo depois de trazerem ao embusteiro os melhores serviços.

Adotamos o Estado português-bragantino, trazido com os fujões de 1808, e que, pulando sobre 1831-32, veio a ser a miserável e feia tradição política em que ainda vivemos, contra a qual nada têm podido as revoluções falhas, em que a nação brasileira acusa seu mal-estar. Toda a vida pública se viciou. Por isso, os próprios movimentos de reivindicação se desfazem em ludíbrio, enquanto o Estado trazido por D. João VI e a política criada com os *seus brasileiros* subsistem, na plenitude da miséria que lhes é própria. Foi uma herança de infâmias, e que se fixou como estrutura íntima de toda a nossa política, de tal sorte que, mesmo nos sinceros e decididos, a fórmula de ação é sempre uma imbecil, covarde e sensaborona sensatez, a encobrir o vazio das concepções e a fragilidade do caráter. Por isso, 1831 anula-se no *moderatismo*, donde, com os Hermeto e Vasconcelos, sairá a repetida traição ao Brasil, para o enleio da *maioridade*, canalhice sob desorientação, monstro de revolução, onde é possível ver, lado a lado, Vilela Barbosa e Antônio Carlos, ou, mesmo, Vilela e Otoni!...

E tudo deu na longa mentira tórpida do segundo império, para chegar a esta mentira funesta — de uma república em oligarquias pobres, corruptas, ineptas, desbriadas. Em verdade, através de revoluções pacíficas, apagadas e adesistas, cada uma das crises políticas tem sido para o Brasil uma agravação de males. Antes as revoluções sangrentas, em que os outros neo-ibéricos têm apurado o sentimento de nacionalidade, para a conquista da liberdade. Com toda a sua crueza, são revoluções depuradoras, ao passo que as nossas acabam em dissolução de caráter. Seriam depuradoras, aquelas — 1789, 1817, 1824, 1848... em que o ânimo brasileiro se abafou pelo bragantismo. Com todos os *contras* — da instabilidade e desconfiança na vida geral —, as nossas revoluções não trazem a benéfica correção de processos essenciais nem a indispensável substituição de gentes. Programas insinceros, fazem o motivo exclusivo de todas elas. E como 1808 injetou na política da nação uma sobrecarga de miséria e infâmias que ainda não pode ser saneada, sobre o país continua a obra funesta da incompetência, recheada de torpezas, crimes públicos e, já agora, rapinagens.

Reconheçamos que não podiam ser outros os destinos de um Brasil — independente para o uso do Bragança, os seus portugueses e a variedade etnológico-patriota — dos *brasileiros de D. João VI*. Foi o que se perpetuou, numa descendência de furunculose — mais perversos, quanto mais se multiplicam. Anuncia-se a soberania de uma pátria, para o viver mesquinho desse Brasil, em que as minguadas aspirações de 1831 são ideais, e que, na definitiva revolução de 1889, ainda ignora a questão social! ... E, destarte, sonha-se uma ascensão e realiza-se um novo declínio, até os dias do parlamentarismo, chulo e mentiroso, a vacilar no remanso da pulhice, ou a atualidade desta democracia, em ondas de sujeira e podridão, e que nos faz aspirar em vão — a verdade, caráter, justiça, higiene moral...

No entanto, apesar de tudo, a vida fez por nós muita coisa: somos uma grande pátria, com gentes conscientes de ser uma pátria, feita numa tradição desinteressada e cordial. Afirmamos a nossa existência, num povo bondoso, maleável, acessível a todo progresso, essencialmente tranquilo, ordeiro, e que, bem coeso na sua nacionalidade, não é, contudo, nenhuma ameaça à paz do mundo. Temos, pois, o direito de confiar, aspirando a outros destinos, apesar da herança má que pesa sobre os mesmos destinos. Mas faz-se preciso discernir a caminho das nossas aspirações... Será relativamente fácil.

Em toda consciência que reflete a humanidade, há cimos que mostram para onde deve subir o espírito e como se sublimarão os caracteres, na conquista da inteira justiça. Busquemos os cimos que nos orientarão, decididos a afastar as misérias que nos aviltam ainda, e não mais podem subsistir. Pensemos da sociedade — fênix a refazer-se nas próprias destruições. Nas classes sociais se faz a ação conjunta; o progresso total é a súmula do que elas vão deixando. Mas, cada classe traz um determinado potencial: uma limitada capacidade de realização, correspondente a determinado estágio de ascensão. Desta sorte, desde que deu a medida da sua capacidade, está a classe esgotada e deve ser substituída, renovada em ideais, atividades e processos. A vida assim o exige, como para as outras concretizações de existência humana

— instituições, regimes e indivíduos... Senil, exaurida, degradada, por isso mesmo, a classe só se pode manter em domínio com sacrifício da comunidade, porque tem de tirar, para ser vida sua, o que faria a vida e expansão do resto da sociedade. E, se queremos que a vida social deixe de ser a interminável luta, na substituição dos sucessivos domínios, demos o nosso esforço, ou, pelo menos, a boa vontade, para extinguir todos os domínios, e que a humanidade não seja mais o atropelo de rebanhos, tosquiados por maus pastores.

No Brasil, essa generalidade de males se agrava em ignorância, tibieza, ou, já, desesperança. Temos vivido nesses longos decênios de existência, em nominal soberania, tudo que não é sonolência passa-se em contorção de mal-estar, de quem apenas pode sentir a renovação do entorpecimento. Prosseguimos porque o mundo nos arrasta, mal obtendo com que nutrir a incapacidade dos dirigentes em quem se perpetua a classe aqui deixada pelo Bragança. Em verdade, conduz-nos ainda o espírito de Coimbra. Então, reconhecer esta verdade é o primeiro lance, na obra revolucionária que desafogará a nação brasileira da onda que a submerge. Será a própria consciência da nossa condição como povo. Ora, bastará esta lucidez de compreensão social e política para afastar todos esses embustes com que a direção geral do mundo brasileiro pretende arremedar as formas arcaicas e anti-humanas, comuns nas grandes nações, prisioneiras de um passado de glória e de grandeza guerreira.

Pois não é acabrunhante o verificar que em nós, povo de mocidade, não é que a vida social se refaz, é que as instituições se renovam?... Começamos ontem; nada nos obriga, nesta América pacífica e úbere, aos encargos de bárbaros militarizados: no entanto, arrastamos o peso e a grosseria de tudo que o barbarismo deixou de mau nos velhos povos. Andamos a recolher preconceitos e ônus, esquecendo o essencial como formação humana, desprezando a pura experiência, quando nos mostra que a nação só prevalece e ascende no valor humano dos que a compõem... Por que não mudar o rumo dos propósitos em realização? Não pensemos em situação eminente, ou privilegiada, no continente. Sejamos o que sincera e dignamente podemos ser, e não nos arreceiemos de contestações que nada significariam... Mas, pensemos, com orgulho, no privilégio que a própria história nos confere, de representarmos um largo trato da Terra votada à paz, de podermos dar toda expansão à nossa tradição, sem deixarmos de ser uma nação de bondade.

APÊNDICE

A HISTÓRIA DA INDEPENDÊNCIA

A história consagrada alonga-se em contar a *conjura* dos independentistas de 1822... Tortuosa como foi, a independência tem o dom de fazer desatinar. O Brasil que, então, se proclamou autônomo e soberano, estava sob o governo de *legitimíssimos* representantes da metrópole: fez-se a revolução separatista, e ele continuou sob o governo da mesma gente, sem nenhuma alteração no pessoal do Estado. Foi, tudo, como continuidade do próprio governo, que, apenas, mudou de dístico. Simples substituição de placa. No entanto, este passo, fácil e simples, perde-se em escaninhos, desvãos e segredos — clube, conjuras, maçonaria, apostolado, conciliábulos... como se fora tramado e preparado nas trevas de recônditos esconderijos, sob a implacável vigilância de prepotentes dominadores.

Em verdade, à parte de sigilos e riscos da independência, se vai além do ridículo, é para tornar-se vergonhosa. Não havia o que esconder, nem de quem esconder, a não ser que os essenciais intuitos da obra não deviam ser revelados ao povo brasileiro. No mais, foi uma conjura *pro forma*, brinquedo de crianças velhas, exploradas por trameiros, cujos riscos se cifravam em serem mais ou menos aquinhoados, ao lado do grande risco, e que já era condenação — do Brasil votado ao bragantismo.

Em si mesmo, o desenvolvimento da obra compreende três partes, já o notamos: a que se fecha com o despejo do bronco

D. João VI; a que vai até o *fico* e a que se define a 7 de Setembro. A primeira é obra do conde dos Arcos, a tramar com o príncipe, que move o tropel constitucionalista. A segunda é conduzida pelo mesmo príncipe, servido por Ledo-José Clemente. Nestas duas, há conjura de insídias contra o Brasil, em benefício do português. A terceira corre toda por conta de José Bonifácio. Da primeira trama fez parte até a Rainha (Varnhagen, 65); era o segredo: na casa do padre Macamboa, nos salões do dos Arcos, nos aposentos do príncipe, e, finalmente, nas casernas da tropa, alçada em constitucionalismo. O segundo conluio teve sede necessária por entre os emblemas maçônicos, no guarda-roupa do príncipe, e naquele clube a que se refere Melo Morais — a casa de José Joaquim da Rocha. A terceira parte se inclui toda na própria ação de José Bonifácio, e se faz nos mesmos gabinetes oficiais, até que o português o alija.

O velho Andrada entrou para o movimento de 23 de junho, em São Paulo, porque o foram buscar. Por si não conspirou, nem fez conjuração. Chamaram-no, de novo, para colaborar no *fico,* e ele aceitou, mas não participou, de modo patente, da conjura dos Rocha, José Clemente, Barbuda, Ledo... vigiados pela soldadesca de Avilez e contravigiados pela milícia de Vidigal. Entrou para o governo porque, ao príncipe, que precisava ostentar governo *brasileiro,* nenhum nome se impunha mais formalmente; mas não conspirou para ser governo, que o seu temperamento não lhe dava para isto. Ministro, com a responsabilidade capital da gerência política, a orientação do poder e a atividade independentista correram por sua conta. Desta sorte, a concreta proclamação de 7 de Setembro foi obra sua. Dentro em pouco, virá a demonstração. Não há, em tudo isto, possibilidade, nem necessidade de sigilo. Incumbido de redigir a representação de São Paulo, José Bonifácio é explícito e ostensivo: "Não obedeça V. A. às cortes, *confie* nos seus paulistas; fique no Brasil... até para independência e prosperidade futura de Portugal." Que seja: a justificar o *Manifesto às nações amigas,* a convocar a *junta de procuradores,* a decidir o golpe de *7 de Setembro,* ou a *declarar a guerra* a Portugal ... a sua ação é franca e desafrontada.

Consignemos, no entanto, que, dados os antecedentes da independência, desde que José Bonifácio foi governo, bifurcou-se a atividade política, e que equivaleria às possíveis conspirações: de um lado José Clemente-Ledo, do outro, os Andradas. Aqueles, não contentes com a parte que lhes coubera no governo (Nóbrega), entram a trabalhar por conta própria, numa necessária conspiração, pois que entram a minar o poder e o prestígio de José Bonifácio, até que ganham as boas graças de Domitila. Do outro lado, *conspirava-se...* a descoberto, nos próprios conselhos do Governo, onde o velho Andrada decidiu o rompimento de 7 de Setembro. É verdade que, chefe do governo, empenhado em concentrar toda a autoridade, José Bonifácio entrou para a Maçonaria, e logo aceitou o seu grão-mestrado, visto que este era um centro de grande atividade política. Tentou, mesmo, reorganizá-la; mas, de fato, a influência, ali, continuou com Ledo, *primeiro vigilante*. Nestas condições, toda a atividade maçônica ficou a serviço do grupo Ledo-José Clemente, já contra os Andradas. E, com isto, a política oposicionista, já de si insidiosa, tomou um aspecto de fictício sigilo e sectarismo, como convinha à vida maçônica daqueles tempos. Por si, os amigos de José Bonifácio, tomados pela maré de falso carbonarismo, fundaram também um clube, mais ou menos secreto, para *trabalhar pela Independência*. Drummond, um dos filiados, diz que eram, de começo, uns nove. Tudo não passava de desfastio ingênuo, entre conjurados amadores, sempre inofensivos. Finalmente, espicaçado pela atividade maçônica de Ledo, José Bonifácio fechou-lhe a loja, e criou, para substituir a Maçonaria, o seu *Apostolado,* com a missão explícita de defender a dinastia...

* * *

Foi a independência de José Bonifácio que deu significação à assembleia proposta por Ledo. No decreto de convocação, palavreado de Ledo, está dito: "... convocação de uma assembleia luso-brasiliense... para constituir a base da independência na sua união... como parte integrante da família portuguesa...". Depois, já, da convocação, ainda o príncipe escreve ao pai, propondo-lhe (19 de junho): ser o velho proclamado imperador do reino unido, e ele, D. Pedro, rei do Brasil. Também é certo que "José Bonifácio apenas se *conformou*, disse-o, textualmente, com a ideia".

Melo Morais, o velho, que tem verdadeira competência para o julgamento, é decisivo em favor de José Bonifácio. Isso transparece na longa obra que dedicou aos sucessos da independência. O sr. Assis Cintra fez todo um livro, para destruir o velho Andrada, opondo-lhe o patriotismo e a ação republicana de Ledo. No entanto, não pôde evitar a verdade, que deixa implicitamente confirmada nestas palavras: "A Maçonaria preparava movimentos subversivos em todas as províncias. O plano era derrubarem-se os governadores portugueses, elegerem-se juntas compostas de brasileiros e depois disto lançar-se o grito da independência com a república... (Que prova há disto?...) A revolução abandonou as veredas republicanas e fez-se monárquica, em favor do príncipe..." Ora, isto se fez, justamente e integralmente, com o *fico*, de Ledo e a sua gente. Logo: quem desviou a independência da república para a monarquia foi Ledo... Tal o reconhece e proclama Carlos Maul, num desenvolvimento de conceitos que são, aliás, mais desagradáveis a José Bonifácio do que a Ledo.

É verdade que, então, os democratas brasileiros, de Barata a Feijó, passando por Frei Caneca, Gervásio Pires Ferreira, Soares Lisboa, Pais de Carvalho... tinham justas prevenções contra o antigo intendente de polícia do Porto, e que este, governo, em nada procurava dissipá-las. Tratando de dar cores nacionais ao Brasil, ele adotou o feio verde — por ser a cor da casa de Bragança. Procurou atenuar o dislate, escolhendo uma nuança suave como a da nossa vegetação; mas o príncipe fez questão de que fosse o mesmo verde bragantino. Para escudo, adotou o mesmo que nos foi doado por D. João VI, em 1816. Na festança da coroação e sagração, pôs em prática um ritual ridiculamente pomposo, sem igual mesmo no Portugal dos Burgonhas, e escolheu para a solenidade o dia da elevação da casa de Bragança... Demite-se do ministério, num rasgo de hombridade; mas, como D. Pedro o chama de novo, ajoelha-se, literalmente, aos pés dele, desfeito em lágrimas de reconhecimento. Quem o refere é Drummond, aliás, a título de benemerência. Esse mesmo amigo, revela-nos o epitáfio que o velho Andrada escolhera, para seu túmulo, que devia ser mandado levantar por D. Pedro, como única recompensa, pelo império do Brasil que o velho Andrada lhe dera:

> Eu desta glória só fico contente
> Que o *meu príncipe* amei, e a minha gente.

Paulista, José Bonifácio teve a coragem de trocar a terra pátria, que o épico erguera no seu dístico, substituindo-a pelo *príncipe...* Perdoa-se-lhe, porque ele era sincero e acreditava poder fazê-lo. Franco, excessivo, sem as meias-tintas dos arranjadores, ele ia além dos próprios propósitos: "Hei de mandar enforcar a esses constitucionalistas...", teria ele exclamado, em referência aos detestados democratas... E não houve governo mais puro de sangue brasileiro do que o seu. Patriota, em extremos nacionalistas, ele afrontou a desfortuna e o desterro. No entanto, é daí mesmo que vem a sua carta com a exclamação blasfêmica — *A minha bestial pátria...*

A história corrente dá a José Bonifácio a iniciativa da convocação de um *Conselho de Procuradores das Províncias*. O barão do Rio Branco, porém (notas a *Hist. da Ind.* de Varnhagen), traz a paternidade da ideia para Ledo e a sua grei maçônica. Varnhagen, sem maiores referências, dá a entender que José Bonifácio só se apegou a esta ideia quando teve de resistir à proposta de Ledo — da assembleia brasileira (*His. da Ind.*, pp. 146-147). No entanto, segundo o discurso de José Bonifácio ao príncipe, em 22 de janeiro de 1822, esse caso dos *procuradores* já era coisa assentada no seu espírito.

O sr. Xavier Marques, num discorrer ostensivamente objetivo, qual faríamos hoje, aqui, acerca dos generais de Alexandre Magno, tem, na *História da Independência*, um capítulo — para demonstrar a insignificância do partido republicano em 21-22. Vêm longos e copiosos *idens* de argumentação. E, como toda prova longa e abundante, o capítulo não prova o que devia demonstrar, para demonstrar o justo contrário. Seja exemplo a instância de pensamento em que o acadêmico historiador nivela, em rápida referência, a nebulosa inconfidência baiana de 1799 e a vigorosíssima e retumbante revolução de 6 de março, em Pernambuco. Meditam-se as suas páginas, e não há meio de ter-se a ideia de um movimento, que alastra por todo o norte, Alagoas ao Ceará, e que, levando de vencida toda a aparelhagem da metrópole aqui estabelecida, é soberano absoluto, por três meses, de todo aquele Brasil. Menos, ainda, aprendemos que a vitória dos Braganças foi a expressão de uma luta em que a metrópole se batia entrincheirada na ignomínia invulnerável, que vai do conde dos Arcos a Bernardo Teixeira, a fuzilar a intrepidez generosa e incauta dos Tenório Peregrino, frei Miguelinho, batendo-se a peito descoberto...

* * *

De todo modo, secreta, ou não, a atividade maçônica de Ledo não era mais revolucionária que a ação oficial dos Andradas. Todavia, aparecia mais insistentemente, e, visto o tom autoritário de José Bonifácio, Ledo-José Clemente fazendo-lhe oposição, crismaram-se de *partido liberal*. De fato, toda oposição não passava de esforço para suplantar os Andradas, tanto em face do público, como, sobretudo, aos pés do príncipe. É dessa quadra, levado por esses motivos, a iniciativa *ledesca* da convocação de uma *assembleia de representantes*, eleitos pelas províncias, assim como a consagração do príncipe, no título de *Defensor Perpétuo do Brasil*. Ledo fora mais longe: propusera *Defensor e Protetor*... D. Pedro é que dispensou o *protetor*, isto ainda antes de 7 de Setembro... Depois do Ipiranga, Ledo-José Clemente forçaram a mão: aproveitando uma rápida ausência de José Bonifácio, introduziram o já imperador na Maçonaria, fazendo-o desde logo grão-mestre, ao mesmo tempo que lhe arrancavam três *assinaturas em branco*... Não está bem explicado o fim a que deviam servir tais assinaturas. Chamado a contas por José Bonifácio, D. Pedro desculpou-se puerilmente e fez recolher imediatamente as mesmas assinaturas. O velho Andrada aproveitou o ensejo e fez processar, prender e exilar os cabeças da atividade maçônica, inclusive Ledo, que, todavia, atirara toda culpa a José Clemente. Afirma Drummond que as assinaturas deviam servir para levar o imperador a aceitar a constituição votada pela constituinte, qualquer que fosse. Devemos aceitar a explicação, pois que, vindo de intransigente adversário, ela é a mais honrosa (muito honrosa, mesmo) para a política de Ledo. Devemos aceitar, ainda, porque uma das preocupações de José Bonifácio era evitar que se votasse uma constituição democrática. Ele o disse explicitamente: *O imperador não é obrigado a aceitar e conformar-se com a constituição votada pela assembleia,* se tal não estiver de acordo com ele; a assembleia tem de dar, *não uma constituição democrática, mas uma constituição monárquica...* Em tal situação, dada a absoluta divergência que já havia entre as duas bandas de independentistas, era natural que o partido Ledo se preparasse para dar combate aos Andradas dentro mesmo da constituinte a eleger-se... É possível, também, que José Bonifácio, que continuava a tratar Ledo de *republicano,* tivesse aventado essa hipótese para indispor Pedro I contra os adversários, e obter, como obteve, autorização para persegui-los e puni-los... até que, reinante Domitila, veio a Pedro I o estímulo de coragem para eliminar os Andradas, que o levaram até o Ipiranga e teimavam em fazer do 7 de setembro coisa definitiva.

* * *

Quando as cortes tiveram a lembrança, tão infeliz para Portugal, de requisitar o trono podre que aqui se achava, estava feita e irrevogável a independência. Se sobreveio o *fico* foi justamente para adiá-la; ou suspendê-la nos principais efeitos. Então, o subsequente 7 de Setembro é que teve significação realmente separatista, efetiva ruptura do cordão umbilical, tão real e efetiva que não foi possível voltar atrás, apesar de quanto se esforçou o imperador português, que conseguira imbair os brasileiros. Enquanto bastou a rasteirice de gosto para acamaradar-se com os bêbedos da *divisão auxiliadora* e subsidiar-lhes o zelo constitucionalista, os talentos do príncipe real bastaram, como bastaram, ainda, quando foi para aproveitar as habilidades de José Clemente e Barbuda no arranjo do *fico*. Desde, porém, que se tratou de dar realidade à existência de um Estado brasileiro, em franca desobediência à antiga metrópole, e que houve de organizar-se a ação lúcida e profícua em que se exprime politicamente a vida de uma nação autônoma, o príncipe fanfarrão e trameiro desapareceu, e o governo do Brasil, como convinha, foi José Bonifácio.

Destarte, uma vez patente a realidade do Estado brasileiro, deu-se, como consequência natural, inevitável, a ruptura do cordão umbilical, ainda que *protegido* pelo *fico*.

"*Ficai!* Implorara o português: É o meio de conservar unido o Brasil a Portugal." Seria..., sem a afirmação política do velho Andrada.

O primeiro a consignar a verdade foi Armitage: "O ministério dos Andradas, a cujos esforços deve o Brasil a independência, e D. Pedro a coroa..." Noutro lugar é mais explícito: "Foi José Bonifácio quem fixou as resoluções do volúvel D. Pedro..." Note-se: isto o diz o inglês, quando aliás censura fortemente os Andradas e os condena, como o fariam esses *moderados* que o inspiravam. É bem de ver que, *volúvel,* na sua frase, encobre, por eufemismo, as tergiversações do Bragança a imbair o Brasil. Outro, constante adversário dos Andradas, a repetir a verdade, é Varnhagen, ao longo do cap. VI, do livro dedicado à Independência. Ele pensa provar contra o grande paulista, e dá a demonstração de que tudo resultou a ação dele. De fato, depois da declaração de guerra a Madeira, guerra de verdade, e, sobretudo, dos decretos e manifestos de agosto, o grito do Ipiranga era desnecessário. A 14 de agosto, já na ausência do príncipe, em viagem a São Paulo, José Bonifácio diz, na sua circular ao corpo diplomático: "Tendo o Brasil, que se considera tão livre como Portugal, sacudido o jugo da sujeição e inferioridade... e passando a *proclamar solenemente a sua independência,* e a exigir uma assembleia legislativa...".

Diz Varnhagen: "O príncipe partiu quase resolvido a declarar a independência...", e a prova que dá é a mesma circular de José Bonifácio, que foi sempre o senhor da política enquanto governo. Nestas condições, ainda que a iniciativa e a decisão para o gesto de 7 de Setembro fossem do príncipe, o autor da independência ali proclamada não era ele, senão quem tornou inevitável o mesmo gesto. No entanto, essa mesma iniciativa e decisão vieram de José Bonifácio. Dizem as histórias que a resolução do príncipe foi devida aos despachos que recebeu. Acrescentam algumas, sem nenhuma prova que tais despachos eram de Lisboa, na forma de ordens inexequíveis. Ora, se há momento histórico bem-documentado é este — do Ipiranga. Há, quanto à natureza e origem dos despachos, a definitiva prova das datas: O decreto (das cortes) que, dizem, provocou a resolução do príncipe foi o de 24 de julho, onde se declara *írrita e nula* a convocação do conselho de procuradores (ideia de José Bonifácio), *responsabilizando-se os ministros que a decretaram...* ao mesmo tempo que mandava processar e julgar os membros da junta de São Paulo (inclusive os Andradas), por terem assinado a representação de 24 de dezembro (de 1821)". De fato, esse é o primeiro ato das cortes em resposta à atitude do governo do Brasil depois do *fico*. Mas, e isto é história verificada, os respectivos papéis oficiais, das cortes, só chegaram ao Brasil em começo de outubro. Todavia, graças aos seus agentes, José Bonifácio teve informações seguras de tudo que se resolvia, em carta enviada pelo primeiro navio partido de Lisboa em julho. Chegaram essas cartas a 30 de agosto. Logo, a 7 de setembro, o que o príncipe teve em mão não foram despachos de Lisboa, mas o contexto das notícias recebidas por José Bonifácio, com os comentários, observações e resoluções do mesmo ministro, que era, no momento, senhor incontestável das decisões do governo. E foi ele quem decidiu que se proclamasse, imediatamente, a absoluta independência, antes que chegassem os decretos das cortes. Aliás, há, sobre o caso, três depoimentos — um de testemunha no Rio de Janeiro, os outros de testemunhas no Ipiranga, e que, perfeitamente acordes, completam-se para demonstrar que a decisão e os motivos últimos foram mandados por José Bonifácio, pelo correio que encontrou D. Pedro, detido nas *margens plácidas* por dolorosos tenesmos. O primeiro depoimento é o de Vasconcelos de Drummond, que assistiu ao conselho de ministros presidido pela princesa, futura imperatriz; os

471

outros dois são de Canto e Melo e do padre Belchior, da comitiva do príncipe, e que participaram do grito... *ou morte!*

Drummond, mandado por José Bonifácio a resolver dificuldades em Pernambuco, chegara, no dia 29 de agosto, com a boa-nova de estar resolvida a situação daquele norte. Fora imediatamente a procurar José Bonifácio, o qual, relata o mesmo Drummond: "... havia recebido na véspera, notícias de Lisboa, e, juntas com as que eu trazia, julgava conveniente acabar com os paliativos... Despediu-me, e ordenou-me que me achasse às 11 horas da manhã no paço de S. Cristóvão... lá me achei... às 11 horas da manhã José Bonifácio já lá estava. Havia conselho... decidiu-se de se proclamar a independência. Enquanto o conselho trabalhava, já Paulo Bragaro estava na varanda, pronto a partir em toda diligência, para levar os despachos. José Bonifácio lhe disse: 'Se não arrebentar meia dúzia de cavalos no caminho, nunca mais será correio...'"[1] Como se vê, fala-se em notícias recebidas de Lisboa, e não em *decretos*. Drummond usa da expressão: *despachos,* aplicada ao que José Bonifácio enviou, como chefe do governo. Canto e Melo, oficial da comitiva do príncipe, confirmado pelo major Ramos Cordeiro, que acompanhava o correio, diz peremptoriamente que os despachos eram "de José Bonifácio e da princesa... Continham notícias de Lisboa até o dia 3 de julho, vindas pelo *Três Corações,* chegado no dia 28 de agosto". Esta é a versão aceita pelo antiandradista Varnhagen, adotada em notas pelo outro não menos antipático aos Andradas — o barão do Rio Branco. O mais importante das notícias era a certeza de que não passaria, nas cortes, o ato adicional proposto pelos deputados brasileiros. Vinha, também, o anúncio de próximas providências, as contidas nas cinco cartas régias de 1 a 3 de agosto, cuja última ordenava devassa contra José Bonifácio e outros. Demitia-se, ao mesmo tempo, o ministério José Bonifácio, anulava-se o decreto de convocação da assembleia de procuradores, submetendo-se as províncias diretamente à Lisboa.[2] Uma carta

---

[1] *Op. cit.,* Cap. VI.

[2] Por que há de um brasileiro negar a verdade?... José Bonifácio foi a ação imediata para o 7 de Setembro. O sr. Antônio Viana, português, e que, de onde escreveu o podia fazer, tendo consultado toda a documentação oficial, afirma: "Os atos de julho foram as primeiras medidas que em resposta às reclamações de janeiro (representação dos paulistas), e só chegaram ao Rio de Janeiro em começo de outubro..." (*Op. cit.,* Cap. III.)

de Antônio Carlos, pelo mesmo correio, dava a entender que D. João VI era virtualmente prisioneiro das cortes. Foi para prevenir tais providências que José Bonifácio levou o príncipe a proclamar a independência. Varnhagen não hesita em dar a autoria do 7 de Setembro ao velho Andrada: "Provavelmente José Bonifácio escreveu alguma carta, insistindo acerca da necessidade de romper de uma vez o véu, e proclamar a independência."[3]

O padre Belchior, com uma minúcia de clérigo exigente antes de absolver, dá o rol do que vinha nos despachos: "...instruções das cortes, uma carta de D. João VI, outra da princesa, outra de José Bonifácio e ainda outra de Chamberlain, agente secreto do príncipe". Em seguida, ao debulhar o conteúdo, o padre fala de *notas*, em vez de instruções, deixando ver bem que se tratava não de decretos das cortes, mas de notícias dos seus intuitos: "As notas exigiam o regresso imediato...". Para tirar a José Bonifácio a autoria do 7 de Setembro, alega-se que a ideia partiu da Maçonaria. Note-se em primeiro lugar que, no momento, era José Bonifácio o grão-mestre: logo, a atividade maçônica também corria por sua conta. Admita-se, no entanto, que ele era estranho às *pranchas;* aí estão as datas apontadas, e os mesmos depoimentos citados, para provar que as decisões maçônicas foram sem influência imediata no grito do Ipiranga. Veiga, Varnhagen, P. da Silva, Melo Morais e muitos outros historiadores datam a *prancha* onde se fala em independência de 13 de setembro. Rio Branco, Menezes... datam de 20 de agosto... Pouco importa seja esta a data verdadeira: os que fizeram coro à beira do Ipiranga nenhuma referência fazem a quaisquer motivos maçônicos. Nem a Maçonaria mandaria indicações ou sugestões ao príncipe, em viagem, principalmente porque, no seio da maçonaria, o assunto foi adiado — a esperar-se a opinião das províncias.

Nestas condições, se se tira o 7 de Setembro a José Bonifácio, há que deixá-lo exclusivamente ao príncipe, que, para uma tal decisão, devia ser essencialmente sincero. Ora, não há momento, ao longo da sua carreira, de fanfarrão refalsado, em que fosse mais

---

[3] *Op. cit.,* Assis Cintra, *José Bonifácio*, p. 8.

sensível a sua trêfega insinceridade do que no gritar a independência. Inveterado cabotino, ele fez aquilo num gesto de exibicionismo, análogo ao de 21 de fevereiro, ao *vivar* o pai, que ali mesmo entregara à fúria constitucionalista da soldadesca das cortes. Fez aquilo, como José Bonifácio lhe dissera de fazer, num ímpeto de despeito contra as cortes, sem compreender bem o alcance do ato, certo, na sua tola vaidade, de que poderia voltar dele quando o quisesse. E bem o quis... mas o Brasil cortou-lhe os meios. A verdade dos seus sentimentos está nessa carta ao pai, em 4 de agosto, e onde, a minúcias sinceras, ele junta a submissão, assinando "súbito fiel e filho obedientíssimo...". Há todos os manifestos de agosto; segue-se-lhes o definitivo gesto do Ipiranga, e, a 22 de setembro, já no Rio de Janeiro, ele escreve ao pai uma outra carta, bem longa, bem sua e sincera — porque despeitada, e onde, não só os despeitos, como os doestos, explicam perfeitamente o íntimo e efetivo dos seus intuitos e motivos, ao cortar os tenesmos para gritar pelo Brasil: foi tudo um repto às *cortes* suas inimigas, que o trataram de *rapazinho,* e lhe feriram a vaidade, como lhe ameaçavam o exercício do poder: "... cortes, uma cáfila sanguinosa... cortes que nunca foram gerais...". Então, nos intervalos dos xingamentos, entra o Brasil — somente para ostentação da força com que resistirá às mesmas cortes: "... o povo brasileiro, sabendo prezar a sua liberdade, se empenha em respeitar a autoridade real (do pai), pois não é um bando vil como o que tem V. M. no cativeiro... Enquanto houver sangue nas nossas veias há de correr, e primeiramente hão de conhecer melhor o rapazinho, e até que ponto chega a sua capacidade... e assim, Deus guarde a vida de V. M. como todos nós brasileiros o desejamos. Sou de V. M. filho que muito o ama, e *súdito* que muito venera, PEDRO".

Pese-se o *hão de conhecer melhor o rapazinho,* dirigido às cortes: é a mesma essência de grosseira fanfarronice do *Não quererão conhecer o pano de que já tiveram a amostra...* com que ameaçava os que pensassem em fazer deveras a independência.

* * *

Apesar da *política dos Andradas,* bem verificadas as coisas, toda a independência não passou de uma transmissão de domínio, e ainda é preciso insistir nos seus desenvolvimentos, qual seja, a atividade deles, Andradas, e dos seus contrários, porque ali se patenteiam, justamente, os vícios de constituição que nos foram comunicados e que se exprimem nesse tom pessoal de política: criaturas a confundir o Estado com os seus interesses pessoais, desamparadas de ideias, alheias a princípios. Proclama-se o Estado brasileiro, divide-se a política em dois grupos, que são dois bandos, e quando lhes analisamos os propósitos e as diretrizes, há de que arrepiar.... A disputar influência aos Andradas, autoritários e presumidos, a gente Ledo-José Clemente arvora-se em *liberal-democrata,* principalmente porque representam a Maçonaria, de tradição liberal, nacionalista, republicana... Os processos, porém, sempre escusos, logo patenteiam que não se trata de defender a liberdade, nem de instituir a democracia brasileira, e, sim, de despejar os Andradas. Toda luta é aos pés do príncipe, a disputar-lhe os favores. E tanto que, levantada a portuguesada contra José Bonifácio, já ostensivamente nativista, os Ledos vieram formar com os declarados inimigos da nacionalidade. Abatidos os Andradas num golpe de abjeta perfídia, em que a mais ferida foi mesmo a nação brasileira, arvorando-se o imperador em déspota sobre o Brasil, não houve mais pressurosos apoiadores da sua política do que os Ledo-José Clemente... Daí por diante, veremos Andradas liberais contra Pedro I e a sua cáfila de marqueses, até que aparecem refeitos em *caramurus* e *corcundas* contra os liberais de 28-35, para ressurgirem liberais em 40, contra aqueles antigos liberais, que vieram a ser os degradados conservadores do segundo império. E, note-se, os Andradas ainda eram dos mais dignos, sinceros e limpos, na espúria política da independência.

De todo modo, no fermentar daqueles dias, a atividade política mais racional é a dos Andradas. Toda ela resulta, em lógica transparente, dos antecedentes e dos caracteres deles, nas circunstâncias em que se encontraram, tendo de lutar com os adversários que lhes foram dados. É bem de ver que a ação de José Bonifácio não podia assimilar francamente Ledo-José Clemente;

475

mas não foi aquele quem provocou a monstruosa distribuição dos bandos políticos. Há essencial diferença de compleição política, mental e moral entre o velho Andrada e os Ledos; no entanto, a indisposição suprema é contra José Clemente, a quem se entrega Gonçalves Ledo, roído de despeitos. A indisposição contra José Clemente só se patenteia de abril em diante, e vem como represália ao proceder do português, que fizera o *fico* bem no intuito de guardar o Brasil para Portugal, e sente-se frustrado com a política de José Bonifácio, ostensivamente brasileiro. Não esqueçamos que, então, era essa a questão principal para o Brasil soberano. Monarquista intransigente, cordialmente bragantista, sempre avesso a revoluções, José Bonifácio foi o mais radical independentista, de todos que, de fato, concorreram na obra. Ledo, tradição republicana e maçônica, trai a mesma tradição, entrega a Maçonaria ao Bragança, como ele próprio se entrega a José Clemente, que nunca falara de independência, e só fazia questão de conservar o Brasil para Portugal.

Nisto se tem a prova de que a independência não se levou por motivo de ideias e sentimentos nacionais, mas por interesses inferiores — os da dinastia bragantina, confundidos nos do meio lusitano onde ela proliferava: a disputa Ledo-José Clemente x Andradas deu tom aos sucessos da *Independência*, mas não passa de uma contenda gerada e conduzida por fora dos legítimos interesses brasileiros, e que só tomou importância porque a política do momento era absolutamente destituída de valor nacional. Todavia na planície baixa da situação, tal disputa pessoal tanto avulta, que a apreciação da crise de 1821-22-23 não é completa se não se destacam, um ao pé do outro, os minguados pró-homens da situação. É um cotejo em que, apesar de tudo, o velho paulista se destaca, quase a exemplo da *palmeira ufana*... E chega a ser pueril que lhe soneguem a verdade: foi José Bonifácio quem nos deu a independência de 22, subordinando-a, embora, aos seus preconceitos políticos. Com isto, ele fez toda uma patriótica evolução, no sentido das tradições nacionais, ao passo que Ledo, emergido no prestígio da tradição maçônico-republicana, renega todo esse passado e faz do seu prestígio um peso contra as legítimas reivindicações brasileiras. No intuito de destituir o velho Andrada do precário *patriarcado*, Nóbrega, ministro sem prestígio, dá o seu depoimento: "De tal modo procedemos (ele e Ledo) que, a um nosso aceno, metade das forças se levantaria contra as cortes e contra o próprio príncipe... A entrada de José Bonifácio para a Maçonaria transformou a revolução de republicana que era em monárquica, em favor de Pedro I. O chefe supremo, ou seja, a alma de todo movimento revolucionário foi... Gonçalves Ledo. Os Andradas aderiram quando a revolução já se poderia considerar triunfante. Toda a iniciativa coube ao Rio de Janeiro (aquele que José Clemente incorporou à sua atividade). Minas e São Paulo foram colaboradores, a convite da Maçonaria carioca e do senado da câmara."[4] Como se vê, nesta página, Nóbrega reduz a revolução da independência ao *fico*. Ora, foi a *ficada* que, desde logo, disvirtuou a independência e a entregou (e com ela o Brasil) ao príncipe. Do momento do *fico* em diante, desapareceram as possibilidades de república: como pretender que foi José Bonifácio quem transformou a revolução — de republicana em monárquica? Não sendo os Andradas, mas os Ledo — José Clemente, quem maquinou e realizou o 9 de fevereiro, não podem ser aqueles os desviadores da independência. Se não é gabolice de Nóbrega (e a reação contra Avillez prova que *não*); se havia forças capazes de resistir às cortes e ao próprio príncipe; não o detivessem aqui, e, segundo Duprat, na ausência dele, ter-se-ia feito a independência, que seria necessariamente com a república. Não houvera os Nóbrega, Ledo, José Clemente e os Andradas, para darem a sua atividade ao Brasil, e ter-se-ia adotado a república, como se fizera em 1817.

Fossem quais fossem os antecedentes dos Andradas e os erros que cometeram no poder, tudo se redime na atitude de desafrontada defesa do Brasil como a fizeram, em face de Pedro I, já desfivelado em imperador. O lusitanismo, estimulado pelo que via no trono, convertia a independência em nova vitória de mascates; José Bonifácio fez-lhe frente, numa afirmação de brasilei-

---

[4] *Carta* ao Malagueta.

rismo que ainda hoje comove. "A hostilidade manifesta contra os nascidos em Portugal", define, despeitado, o tórpido Varnhagen, para, logo depois, acentuar que esta sua política, a guerra efetiva contra Madeira e a destemida hombridade em resposta ao Estado português, deram tom irrevogável à independência.[5] O Chalaça, com toda a autoridade de absoluta intimidade com o imperador, confirma, Varnhagen, com alegados concretos: "Sua Majestade desejava que se efetuasse um pacto amigável entre o Brasil e Portugal, para pôr termo a esse estado de guerra (na Bahia)... porque mantendo ambas as nações em desconfiança e inimizade, sendo a causa da detenção de navios portugueses e de propriedades portuguesas...".

Baldos na demonstração de que os serviços dos Andradas, em 1822, houvessem sido mais funestos ao Brasil, os seus detratores inflam na alegação: eram despóticos... Sim; mas, naquele mundo que vinha da servidão e nela persistia, como obter governantes para garantir a liberdade? Eram *despóticos*... e, uma vez eliminados, agravou-se o despotismo, apoiado nesses mesmos pretensos liberais antiandradistas. Eram despóticos, mas os seus adversários, da época e póstumos, encontram-se justamente no rol dos que, no Brasil, sempre se esforçaram por burlar a verdadeira liberdade. Na realidade, José Bonifácio era bem menos despótico do que parecia. Tendo feito a maior parte da vida inteiramente fora da política e de posições que o obrigassem a condescender e contemporizar, ele chegara aos exageros da franqueza. A palavra e as atitudes iam, muitas vezes, além do pensamento. Daí, o mostrar-se, nas cartas íntimas, impatriótico, desbocado, difamador: *que se arrependia de ter feito a independência... que os brasileiros não eram dignos da liberdade...* E blasfemava — *a nossa bestial pátria...* ou injuriava os outros — *corruptos, ineptos, venais...* À Constituinte, que lhe deu toda confiança, ele chama de *inepta* e *fraca...* Noutros momentos, parece-nos insípido vaidoso, com as suas odes de curta inspiração: "Vejam o que é poesia!...". O imperador, que o conhecia, e era mais matreiro, armava-lhe manifes-

---

[5] *Op. cit.*, pp. 171, 173 e 279, *Memórias*.

tações *populares*, que ele recebia como se fora a voz espontânea do aplauso. Drummond, eco do seu pensamento, dá-nos uma ideia nítida da mentalidade dele, quando faz a resenha da sua obra: "No espaço de onze meses, fez que o Brasil resistisse aos iníquos decretos de Portugal, declarasse a sua independência, *aclamasse* e *coroasse* o seu imperador..." Futilidades ao lado de grandes feitos. E, acrescenta Drummond: "No dia da coroação — andava como criança que ganhou brinquedo..." Não é de estranhar, por conseguinte, que, depois de tudo, Pedro I o recambiasse, como a um rapazelho. Em plena ação, quando apenas afirmavam a vontade do Brasil, os Andradas foram sacrificados e castigados, para satisfação dos seus piores inimigos. Foi o justo e fatal castigo de quem, não querendo orientar-se pelas legítimas tradições desta pátria e não sabendo compreender os seus necessários destinos, decidiu segundo os seus sentimentos pessoais — de bragantista e conservador. Por isso mesmo, antiportuguês até o ponto de inspirar a campanha do *Tamoio* e ufanar-se com o subscrever as cartas íntimas — amigo e *brasileiro*, teve o supremo desgosto de ver que o império saído do seu 7 de Setembro foi um rega-bofe para os reinóis... E, o que é pior: quando voltou à política, encontrou-se — *corcunda* e *caramuru*...

* * *

A fórmula Ledo-José Clemente x Andradas deu o tom a toda a política do império nascente. Já vimos o que fez e o que valia José Bonifácio, cuja obra, sempre combatida pelos adversários, não pôde ser apresentada sem que, no seu avesso, se retratassem alguns traços dos mesmos adversários. Verifiquemo-los, agora, mais demoradamente, e teremos a feição completa do estado brasileiro, derivação imediata da montureira que D. João VI nos trouxe. De quanto a história nos deixou de Ledo-José Clemente, irmanados na obra de dar o Brasil ao português, a conclusão sintética assim se formula: o intrigante para o *fico* (a colher brasileiros que guardassem o príncipe para evitar a verdadeira independência) foi José Clemente, tão empenhado nessa empreitada de lusitanismo, que veio formar a primeira oposição ao governo nacionalista de José Bonifácio; Ledo foi o brasileiro desde logo utilizado por José Clemente na obra a que se propôs, resultando daí que, se era possível a república em 21-22, quem a desviou da independência foi Ledo, de direito *o brasileiro mais útil ao trono bragantino.* (Maul). A expressão disto nós a temos no fato de que, enquanto o velho Andrada avançava do burocratismo bragantino e absolutista (chefe de polícia do porto) até as atitudes brasileiríssimas de 1823, o outro degradava a sua conduta política até o aparceirar-se com Vilela Barbosa e os mais marqueses da Domitila. Destaca-se, para glória de Ledo, a iniciativa da convocação de uma constituinte, ideia a que ele deu a sua retórica empolada e fofa, com o respectivo *manifesto.* Sim: mas, aí mesmo, junho de 22, ele ainda não tem coragem de falar na radical separação, e, em vez de separação, advoga explicitamente a união com Portugal, não indo além do que já ideara Palmela para uso de D. João VI. José Bonifácio, pois que não é democrata, repele a ideia da assembleia; mas, bem antes, quando ainda não era ministro, propõe que se convoque uma junta, ou qualquer que seja, de representantes, *procuradores,* disse ele, eleitos pelas paróquias, em todas as províncias, e que venham formar, na capital do país, um centro onde se coordenem os interesses gerais da nação. A ideia, que já se encontra no seu ofício-representação de dezembro de 1821, é extensamente desenvolvida em discurso. Depois, quando funciona essa assembleia a que ele se opusera, todo fidalgo e absolutista como fosse, José Bonifácio colabora na obra da constituição, por sinal que mais liberal e garantidora da nação brasileira do que a outorgada pelo Bragança, que só atacara e eliminara a Constituinte, para eliminar a mesma constituição — liberal e brasileira. Tudo resumindo: o aristocrata sacrificava dos seus princípios às necessidades da política brasileira, enquanto o plebeu republicano sacrificava república e Brasil à gula de conquistar o príncipe. Então, entre Ledo, que vinha da tradição republicana e nativista, para desaparecer nas mãos de José Clemente, e os intransigentes brasileiros da campanha do Tamoio, não há que hesitar.

Em verdade, Ledos, Nóbregas, Januários, Clementes... e mesmo Andradas, pulhas, velhacos, ou insuficientes, não fariam os fastos de um grande povo. Foram, no entanto, decisivos naquele momento do Brasil, e isto nos obriga a dar-lhes importância além do seu valor efetivo. Pormenores insignificantes se tornam, com isto, dos mais significativos. O tom personalíssimo, já o notamos, da contenda Ledo-Andrada *pegou* em toda a política nacional, e tanto que, ainda hoje (hoje, principalmente), não se encontra, para lógica dos sucessos, senão a feição individual dos interesses. E vemos, assim, o Ledo republicano aliado, desde logo, ao capitão-general Oyanhausem, que, para o próprio Varnhagen, é *ultramonárquico,* como é para o moderno antiandradista sr. Cintra: "absolutista, fidalgo devotadíssimo aos Braganças, tirânico e reacionário contra os liberais...". Tudo isto, e somente, porque o absolutista fazia oposição aos Andradas. Atarantados, nos desvãos dessa independência pervertida pelo bragantismo, patriotas brasileiros têm querido consagrar, em Ledo, o radicalismo democrata e republicano de então. Que façam a boa crítica dos homens e as suas ideias, e verão que o seu tom republicano é apenas o escorrer da tinta maçônica, em que ele se pinta para aparecer. No Ledo primeiro, quem fala não é a voz própria, senão a daquela tradição de *Dezessete,* traída por ele, quando teve meios de mostrar o que lhe era próprio.

Em outubro de 1821, Gonçalves Ledo esteve à frente de um movimento revolucionário, por conta própria, no prestígio da Maçonaria: qual o intuito da conjura? Fazer imediatamente a independência com o príncipe. E foi este quem repeliu, no momento, a dádiva *ledesca.* Qual o efeito real desta sua atividade? O príncipe reconheceu que a independência se faria — desde que os brasileiros o quisessem, descobriu que havia brasileiros — para entregar-lhe o Brasil independente e entrou a concertar os meios de transformar o movimento radical em salvação da casa de Bragança. De tudo isto, ele, o príncipe, dá conta ao seu augusto pai, com quem sempre esteve, desde que o despejou daqui: "A independência tem se querido cobrir comigo (carta de 4 de outubro) e com a tropa; com nenhum conseguiu nem conseguirá, porque minha honra é maior que todo a Brasil (bem se viu...); queriam-me e dizem que me querem aclamar imperador..."[6] Em dois meses, ele levou a termo a obra principal com José Clemente, para poder anunciar ao pai, em 14 de dezembro, toda a trama do *fico*. Então, vemos, trabalhando, a burlar o Brasil — D. Pedro, Ledo, Maçonaria, José Clemente, Nóbrega, Januário e todo o séquito de ingênuos, ou canalhas, que fizeram o dique para desviar a corrente independentista em favor do português. Antes, entre 1820 e 1821, já vemos Ledo trabalhando pelos Braganças: ora pelo príncipe real, a promover, com José Clemente, a representação em que se pede ao rei que deixe aqui o herdeiro; ora pelo próprio lorpa do D. João VI, quando prepara os ânimos na *Praça do Comércio...*

De todo modo, Ledo é o primeiro brasileiro da independência a esforçar-se para fazê-la privativamente com o príncipe. Muitos outros haveria; mas quem aparece e se destaca, arrastando consigo José Mariano, Januário Barbosa... é ele. Não contente do quanto concorre para a tramoia do *fico,* nas pretensiosas páginas do seu *reverbero*, ele se dá, em meneios de absoluta indecência: "Príncipe! Não desprezes a glória de ser o fundador de um novo império. O Brasil de joelhos te mostra o peito e nele, gravado em letras de diamante, vê o teu nome...". Antes, ele havia derramado as zumbaias em honra às cortes, inimigas do príncipe: "... Congresso ilustre da lusa monarquia, nós vos agradecemos a proclamação da nossa liberdade. Se nossas vozes tiverem a fortuna de ressoar no vosso recinto, nesse templo augusto da filosofia e da liberdade, que elas pregoem que eterno vínculo nos ligará

---

[6] A carta prossegue: "... protesto a V. M. que nunca serei perjuro, que nunca serei falso, e que eles farão essa loucura, mas será depois de eu e de todos os portugueses estarem feitos em postas; e é o que juro a V. M. escrevendo nesta com o meu sangue estas seguintes palavras: 'Juro ser sempre fiel a V. M. à nação e à constituição portuguesa'". Crescem os ânimos brasileiros, e um mês depois (9 de dezembro), ele tem de noticiar, em carta: "... em Pernambuco, já não querem portugueses europeus... É este em geral o estado da província de Pernambuco, uma das mais interessantes da América, e que, por conseguinte há de dar o exemplo às mais, que, por vontade ou por necessidade e vergonha, o há de tomar..." E, com essa verificação, ele, o príncipe real, resolveu recolher aquela honra maior que o Brasil; desistiu de ficar em postas, mais os outros portugueses, renegou o tal juramento fixado em sangue das suas veias bragantinas, e decidiu adotar o Brasil, ainda que fosse contra o pai e a nação portuguesa com a respectiva constituição, desligando-se da proclamada fidelidade.

eternamente... que em vós tudo confiamos... Vomite embora a calúnia os seus venenos, tais são os votos dos brasileiros..." Note-se: nesse mesmo outubro, ele já maquinava para levar o príncipe a desobedecer às cortes. Aponta-se, para benemerência máxima de Ledo, a convocação da assembleia, que foi a constituinte. A ideia foi aceita pelo príncipe, e Ledo fez publicar a representação com que falou. É a lógica, no desenvolvimento do *fico*. Aí, o antigo republicano se penitencia publicamente: "... o Brasil queria romper os laços... quebrava de uma vez a integridade da nação (portuguesa) e não tinha deparado com V. A. Real, herdeiro de uma casa que ele adora, e serve ainda mais por amor e lealdade. O Brasil adora a V. A. Real, mas existe em uma oscilação de sentimentos, movido pelo receio do despotismo, que as facções secretas muito fazem valer e muito forcejam por aproveitar... (tais facções são os próprios republicanos)... O Brasil não quer atentar contra os direitos de Portugal... O Brasil quer ter o mesmo rei, mas não quer ter senhores nos deputados do congresso de Lisboa. O Brasil quer ter independência, mas firmada sobre a união bem entendida com Portugal...". Ora, era isto mesmo o que queriam todos os portugueses não irremissivelmente ensandecidos; todos os portugueses suficientemente inteligentes para compreender que o essencial contra a independência seria essa união bem entendida, por isso mesmo que união de colônia à metrópole deixaria sempre àquela a preponderância, e seria o permanente e absoluto embaraço à consciência da nacionalidade.

Nesse tempo, Gonçalves Ledo dava ao príncipe o testemunho da completa subserviência, ao oferecer-lhe o título de *Defensor perpétuo do Brasil*.. E, no orgulho da iniciativa, insiste, a elogiar a própria obra: "... o dia 9 de fevereiro (da *ficada*), aos olhos da Europa justiçosa e política, fez do príncipe real um Herói (com maiúscula, sim), e o salvador da realeza no Brasil". É quando ele afirma o seu ideal, num entusiasmo que comoveria o mais empedernido lusitano: "... Defensor perpétuo do Brasil, a bem... da grandeza e integridade". A assembleia nascida da sua iniciativa veio a ser a constituinte, que o Bragança dissolveu, sem nenhum protesto seu, e que só foi constituinte porque José Bonifácio fez um Brasil independente.

A obra de Ledo é o que transpassa o seu caráter. O príncipe, mesmo depois de imperador, governava na política de José Bonifácio, dava-lhe toda a força, ainda para ferir duramente Ledo e *ledistas*, e o cafajeste continuava aos seus pés, a lamber-lhe as solas. O Sr. P. da Silva, sempre antipático aos Andradas, sem o querer, deixou notada a verdade: "Ledo e os seus partidários... trataram de não se deixar vencer pelos adversários nas demonstrações de regozijo pelo feliz regresso de D. Pedro (em abril de 22)." Ora, nessa época, justamente, o governo de José Bonifácio trazia os ledistas acuados (portaria de 10 de abril), combatendo-os fortemente, como perturbadores da ordem pública. Caem os Andradas, volta Ledo, dos recantos onde se escondera: que importância tem a sua ação, naqueles momentos decisivos — de reivindicação liberal e nacional?... Agora, a política torva do Bragança o arrasta, mesmo quando ele não tem coragem de ser ostensivamente antibrasileiro e o seu nome será penumbra, sombra, até desaparecer numa antecipação de morte.[7]

Esquecido Ledo, e a sua ligação com a tradição maçônica-republicana, resta-nos o seu aliado, o português José Clemente, o perspicaz explorador da mesma tradição em benefício dos seus interesses, que eram nitidamente antinacionais. Com o Senado da Câmara e a Maçonaria, ele, José Clemente, fez toda a sua obra primeira, e isto lhe bastava. Armitage, que o conheceu pessoalmente, qualifica-o de versátil e adulador... Com isto, ele completava os seus recursos de ação. Mais arguto do que qualquer dos companheiros, ambicioso, despatriado, especulador sem fé e sem outra coerência que a dos seus interesses e despeitos, José Clemente, apresentado por Pereira da Silva como o homem de caráter no partido de Ledo,[8] é o independentista-português, tão sincero e esforçado na campanha que, antes de 7 de Setembro, nunca falou em independência; trabalhava com os outros, para estar dentro, mas, como manifestação ostensiva, ele ficava no que

---

[7] Nas vésperas, mesmo, da reação que abateu Pedro I, quando uma assembleia brasileira tomava conta ao governo antinacional dos seus atos contra a nação, Ledo, que não tivera coragem de ser governista, levanta-se para defender o ministro acusado e o imperador que, da janela do Paço, acompanhava a discussão, não se conteve que não comentasse o caso.

[8] *Fundação do Império*, III, pp. 8, 134 e 373. Armitage, p. 46.

havia dos sentimentos expressos na fala do fico: "A saída de V. A. dos estados do Brasil será o fatal decreto que sancionará a independência deste reino. Exige, por tanto, a salvação da pátria, que V. S. suspenda a sua ida... Pernambuco, guardando as matérias-primas da independência, que proclamou um dia, malograda por imatura, mas não extinta, quem duvida que a levantará de novo, se um centro próximo de união política (com Portugal) a não prender? Será possível que V. A. Real ignore que um partido republicano, mais ou menos forte, existe semeado, ali e aqui... São espíritos fortes e poderosos, e não é incrível que tenham mudado de opinião..." Assim falava o homem cujas tramoias foram sempre secundadas por Ledo. Era tão essencial esse modo de sentir, que o português volta a ele: "... exige a salvação da pátria que V. A. R. viva no Brasil para conservá-lo unido a Portugal. Ah! Senhor, se V. A. R. nos deixa a desunião é certa. O partido da independência, que não dorme, levantará o seu império: e em tal desgraça, oh! que de horrores... hoje todos (os portugueses) querem o governo de V. A. R. como remédio único de salvação contra os partidos da independência... Por isso rogamos a V. A. R. ficar para que aqueles vínculos (com Portugal) mais e mais se estreitem, e se não quebrem. Por outra forma, o ameaçado rompimento de independência e anarquia (república) parece certo". Tal era o político português, só preocupado de Portugal, a quem o brasileiro, republicano e independentista serviu sempre e para tudo. Refalsado, desbriado, ele, a alma danada contra José Bonifácio, dizia-se seu amigo, até que foi tratado ostensivamente como inimigo, preso e desterrado...

Melhor que o critério Ledo-José Clemente x José Bonifácio para julgar a política deste, há a constante oposição de Barata. Este, realmente, nunca se iludiu com a independência feita pelo velho Andrada, cuja política intransigentemente combatia — por antiliberal e retrógrada. Só lhe deu tréguas na campanha nativista de 23.[9] O mesmo foi com os pernambucanos. No entanto, nem Barata, nem os companheiros de Paes de Andrada e de Frei Ca-

---

[9] Tanto que, processados os Andradas, em 23, fizeram-lhes carga da campanha do jornal *Sentinela da Liberdade*, redigido por Barata.

neca, nunca foram de Ledo e José Clemente, e, desaparecidos os Andradas, continuaram a ser perseguidos pela política que dera vitória aos Ledo e José Clemente. Em rigor, diríamos a mesma coisa de Diogo Feijó, atacado e suspeitado, ou mesmo perseguido pelo José Bonifácio de 1822, e, que, no entanto, foi adversário da facção José Clemente. Barata, os pernambucanos, Feijó... tinham razão: José Bonifácio nunca faria a conveniente independência do Brasil. Vivendo na Europa todo o período da Revolução francesa, ele se comportou como o afidalgado, ofendido nas suas convicções tradicionais. Foi isto o que se demonstrou com a sua conduta no governo, e, sobretudo, no período último da sua vida. Tendo contra o imperador os dolorosos motivos que tinha, José Bonifácio mais facilmente voltou a ele (se bem que muito dignamente), do que se irmanou com os brasileiros que se esforçavam por fazer no Brasil um regime constitucionalmente livre. Foi na gente da *Constituinte* que ele encontrou companheiros para a oposição que veio fazer a Pedro I, em 23; no entanto, de começo, tanto lhe repugnava aquele ensaio de democracia, que opôs o poder do príncipe à vontade dos brasileiros eleitos para organizar politicamente a nação, e lhes negava o direito de fazer uma constituição democrática, ou simplesmente diferente do que parecesse bem ao imperador.

Impressão e Acabamento

arvato
BERTELSMANN
Arvato do Brasil Gráfica